法律常识速查速用大全集

一实用百科速查速用一
案例应用版
每天学点法律常识

—— 增订7版 ——

王旭　乐雯晴◎著

LEGAL
KNOWLEDGE

LEGAL KNOWLEDGE

一本书囊括你想要了解的所有法律问题

中国法制出版社
CHINA LEGAL PUBLISHING HOUSE

每天学点法律常识

现代社会是法治社会。基本的法律知识、良好的法律意识是一种素养，是一种能力，也是现代社会对每个人提出的新要求。

人一生不可避免地会遇到很多法律问题。但是现实生活中，不少朋友却普遍欠缺法律知识，法制意识淡薄。当生活中与他人发生争议或纠纷时、当发现自己的权利或利益受到损害时、当你想拿起法律武器保护自己时，往往感到不知从何入手。

为了让广大读者更方便、更快捷且更系统地学习和掌握生活法律知识，我们精心编写了这本《法律常识速查速用大全集》。本书特点如下：

一、实用全面

本书非常实用，从当事人的角度出发，针对人们在日常生活中遇到的各种纠纷和人们所关心的法律问题，列举了大量案例并进行深入分析。作为一本法律常备手册，本书可以帮助读者掌握法律知识，开阔视野，帮助读者用法律手段维护权益，让读者的生活更轻松、更自如。

本书内容全面，涉及社会生活的方方面面，涵盖民法基本知识、婚姻、继承、物权、侵权、合同、民事诉讼、劳动、消费者权益、物业、治安等领域的常见问题。

二、通俗易懂

在内容上，本书没有高深的逻辑，也没有晦涩的术语，而是通过朴实的文字、简明的案例、通俗的解读将大众最常见、最实用的法律常识加以详尽的展现。在体例上，本书采取实用问答与典型案例相结合的方式，语言通俗易懂，条理清楚明晰。“现实问题”栏目，主要以现实生活中的案例作为问题，取材于社会，来源于生活，实际生活中人人都可能会遇到。“律师解答”栏目，律师针对该问题进行细致解答，对法律知识的解释深入浅出，让读者能轻松看懂。此外，本书还设有“法条链接”

栏目，每一个问题都有其对应的法律依据，让读者在实际的应用中做到“有法可依”，知其然又知其所以然。

三、检索方便

本书把人一生中常遇的法律问题分门别类地汇编在一起，能让读者便捷地找到自己想要了解的知识。读者遇到一个问题，可以先翻开本书的目录，找到相应的章节，再根据标题检索相应的问题，就可以很快找到解决方案和确切的法律条文。这就为读者节省了很多的时间，有利于读者迅速、及时地解决问题。

我们衷心期望，读者朋友能每天挤出几分钟的时间，读一下这本书，学一学法律常识；我们也衷心祝愿，读者朋友都能学好用好法律，早懂法律常识早过好日子！

王旭　乐雯晴

增订说明

《法律常识速查速用大全集》自2011年9月第一版出版以来，深受读者喜爱和支持，迅速售罄。还有很多单位，把本书列为单位“六五”普法培训用书。

应读者强烈要求，我们在增补修订后推出第二版。主要是增补了《婚姻法司法解释（三）》的相关内容，并出于完美的考虑对第一版中的个别词句进行了调整，以更好地满足读者朋友的学法用法需求。

截至2012年底，《民事诉讼法》等诸多法律进行了较大的修改，作者及时对本书的内容作了相应修订，并在第一时间推出第三版，以期为读者提供最新最实用的法律指引！

在前六版广受欢迎的基础上，作者结合最新的法律政策和社会热点，及时对全书进行了梳理和更新，并结合《民法典》等新出台的法律法规对内容进行了修订，推出了最新的第七版。

感谢读者朋友的支持，相信本书会给大家带来更大的帮助！

目　录
Contents

第一章　民法基础知识篇——基础权利，不可不知

第二章　婚姻篇——结婚离婚，有法可依

第三章　继承篇——子承父业，明明白白

第四章　物权篇——私有财产，不可侵犯

第五章　合同篇——常用合同，伴您左右

第六章 侵权篇——遇害不慌，依法维权

第八章　劳动篇——安心工作，依法用工

第九章　消费者权益篇——开心消费，明白维权

第十章　物业篇——小区是我家，大家管理它

第一章 民法基础知识篇
——基础权利，不可不知

一、民事权利能力和民事行为能力

什么是完全民事行为能力人？

现实问题

小屈今年17周岁，一直通过做自由撰稿人赚钱，虽然年纪不大，但每月的收入已有3000元，独自居住在家中的另一套房屋内，每月除了生活开支也略有剩余。某家报社欣赏小屈的文笔，想招小屈为专职记者，但是当知道小屈的年龄后称因小屈为未成年人，不是完全民事行为能力人，所以不能与该报社订立劳动合同。小屈感到很纳闷，自己真的不是完全民事行为能力人吗？

律师解答

根据《民法典》的规定，18周岁以上的自然人是成年人，具有完全民事行为能力，可以独立进行民事活动，是完全民事行为能力人。16周岁以上的未成年人，以自己的劳动收入为主要生活来源的，视为完全民事行为能力人。因此，小屈虽然未满18周岁，但是他已能依靠自己的劳动收入作为主要生活来源，已经视为完全民事行为能力人，能与报社订立劳动合同。

法条链接

《中华人民共和国民法典》

第十七条　十八周岁以上的自然人为成年人。不满十八周岁的自然人为未成年人。

第十八条　成年人为完全民事行为能力人，可以独立实施民事法律行为。

十六周岁以上的未成年人，以自己的劳动收入为主要生活来源的，视为完全民事行为能力人。

未成年人从事民事活动是否有限制？

现实问题

贾女士有一儿子肖某，已满12周岁。一日，贾女士要儿子去楼下小卖部买包盐给自己。肖某买盐回家后，贾女士发现不是自己喜欢的牌子，于是找到楼下小卖部要求换盐，但是遭到了小卖部的拒绝。贾女士称，其儿子还没成年，为限制民事行为能力人，因此购买盐的行为在得不到自己追认的情况下无效，要求小卖部退钱。那么，贾女士的说法正确吗？

律师解答

根据《民法典》的规定，8周岁以上的未成年人是限制民事行为能力人，实施民事法律行为由其法定代理人代理或者经其法定代理人同意、追认；但是，可以独立实施纯获利益的民事法律行为或者与其年龄、智力相适应的民事法律行为。对一个年满12岁的未成年人来说，购买盐属于与其年龄、智力相适应的民事活动，理应有效，所以贾女士的说法不正确。

法条链接

《中华人民共和国民法典》

第十九条　八周岁以上的未成年人为限制民事行为能力人，实施民事法律行为由其法定代理人代理或者经其法定代理人同意、追认；但是，可以独立实施纯获利益的民事法律行为或者与其年龄、智力相适应的民事法律行为。

第二十条　不满八周岁的未成年人为无民事行为能力人，由其法定代理人代理实施民事法律行为。

第二十二条　不能完全辨认自己行为的成年人为限制民事行为能力人，实施民事法律行为由其法定代理人代理或者经其法定代理人同意、追认；但是，可以独立实施纯获利益的民事法律行为或者与其智力、精神健康状况相适应的民事法律行为。

第一百四十五条　限制民事行为能力人实施的纯获利益的民事法律行为或者与其年龄、智力、精神健康状况相适应的民事法律行为有效；实施的其他民事法律行为经法定代理人同意或者追认后有效。

相对人可以催告法定代理人自收到通知之日起三十日内予以追认。法定代理人未作表示的，视为拒绝追认。民事法律行为被追认前，善意相对人有撤销的权利。撤销应当以通知的方式作出。

未成年人接受赠与有效吗？

现实问题

梁某有两个儿子，分别为大梁和小梁，大梁有一儿子明明，刚满5岁。因梁某特别宠爱明明这个孙子，于是将自己名下的一套房屋送给明明，小梁知道后感到相当气愤，自己结婚的婚房都没着落，但是父亲竟然把房子送给只有5岁的孙子，于是小梁诉至法院，以明明尚未成年为由，要求法院判决梁某的赠与无效。那么，小梁的诉请会得到法院的支持吗？

律师解答

根据《最高人民法院关于贯彻执行〈中华人民共和国民法通则〉若干问题的意见（试行）》的规定，无民事行为能力人、限制民事行为能力人接受奖励、赠与、报酬，他人不得以行为人无民事行为能力、限制民事行为能力为由，主张以上行为无效。因此，梁某对其孙子明明的赠与有效。

法条链接

《最高人民法院关于贯彻执行〈中华人民共和国民法通则〉若干问题的意见（试行）》

6. 无民事行为能力人、限制民事行为能力人接受奖励、赠与、报酬，他人不得以行为人无民事行为能力、限制民事行为能力为由，主张以上行为无效。

二、监护

监护人可以自行变更吗？

现实问题

郝某与邢某为夫妻，生有儿子小邢，年仅8岁，后双方因为感情不和离婚，法院将小邢判给郝某抚养。离婚后，郝某的工作上发生了变动，公司把郝某派到意大利分公司工作，于是郝某便把小邢交给自己的姐姐代为承担监护责任，并与姐姐签署了“变更监护人协议书”。郝某的姐姐因为工作忙，不能好好照顾小邢，小邢因此常常饥一顿饱一顿。小邢住所地的居委会的工作人员发现这一情况后，找到郝某的姐姐，但是郝某的姐姐称，自己不是小邢的监护人，没有义务承担监护责任。那么，法律对此是如何规定的呢？

律师解答

根据《民法典》的规定，监护人被指定后，不得自行变更。擅自变更的，由原被指定的监护人和变更后的监护人承担监护责任。因此，虽然法律规定监护人不能擅自变更，但是已经擅自变更的，变更后的监护人也应当承担监护责任。郝某的姐姐作为已经被郝某擅自变更的监护人，有义务尽到监护人的责任，好好照顾小邢。

法条链接

《中华人民共和国民法典》

第三十一条第四款　监护人被指定后，不得擅自变更；擅自变更的，不免除被指定的监护人的责任。

监护人有哪些权利和义务？

现实问题

小单年仅13岁，其父母因为一次交通事故双双身亡。后来法院指定由小单的小姨顾某作为小单的监护人，顾某想知道究竟监护人有哪些权利和义务，那么法律对此是如何规定的呢？

律师解答

根据《民法典》的规定，监护人应当履行监护职责，保护被监护人的人身、财产及其他合法权益，除为被监护人的利益外，不得处理被监护人的财产。监护人依法履行监护的权利，受法律保护。监护人不履行监护职责或者侵害被监护人的合法权益的，应当承担责任；给被监护人造成财产损失的，应当赔偿损失。人民法院可以根据有关人员或者有关单位的申请，撤销监护人的资格。

法条链接

《中华人民共和国民法典》

第三十四条　监护人的职责是代理被监护人实施民事法律行为，保护被监护人的人身权利、财产权利以及其他合法权益等。

监护人依法履行监护职责产生的权利，受法律保护。

监护人不履行监护职责或者侵害被监护人合法权益的，应当承担法律责任。

因发生突发事件等紧急情况，监护人暂时无法履行监护职责，被监护人的生活处于无人照料状态的，被监护人住所地的居民委员会、村民委员会或者民政部门应当为被监护人安排必要的临时生活照料措施。

第三十五条　监护人应当按照最有利于被监护人的原则履行监护职责。监护人除为维护被监护人利益外，不得处分被监护人的财产。

未成年人的监护人履行监护职责，在作出与被监护人利益有关的决定时，应当根据被监护人的年龄和智力状况，尊重被监护人的真实意愿。

成年人的监护人履行监护职责，应当最大程度地尊重被监护人的真实意愿，保障并协助被监护人实施与其智力、精神健康状况相适应的民事法律行为。对被监护人有能力独立处理的事务，监护人不得干涉。

第三十六条　监护人有下列情形之一的，人民法院根据有关个人或者组织的申请，撤销其监护人资格，安排必要的临时监护措施，并按照最有利于被监护人的原则依法指定监护人：

（一）实施严重损害被监护人身心健康的行为；

（二）怠于履行监护职责，或者无法履行监护职责且拒绝将监护职责部分或者全部委托给他人，导致被监护人处于危困状态；

（三）实施严重侵害被监护人合法权益的其他行为。

本条规定的有关个人、组织包括：其他依法具有监护资格的人，居民委员会、村民委员会、学校、医疗机构、妇女联合会、残疾人联合会、未成年人保护组织、依法设立的老年人组织、民政部门等。

前款规定的个人和民政部门以外的组织未及时向人民法院申请撤销监护人资格的，民政部门应当向人民法院申请。

夫妻离婚后，一方能单方取消另一方对子女的监护权吗？

现实问题

杜某与沈某生有孩子小杜，年仅6岁。因杜某在外“包二奶”，两人离婚，法院判决由沈某享有对小杜的抚养权。因沈某始终对杜某背叛婚姻的行为耿耿于怀，于是告诉杜某小杜已归自己抚养，其有权取消杜某对小杜的监护权，并且不准杜某看望小杜，双方因此发生争执。那么，法律对此是如何规定的呢？

律师解答

根据《民法典》的规定，夫妻离婚后，与子女共同生活的一方无权取消对方对该子女的监护权，未与该子女共同生活的一方，对该子女有犯罪行为、虐待行为或者对该子女明显不利的行为，人民法院认为可以取消的除外。因此，沈某无权取消杜某对小杜的监护权，除非其能证明杜某对小杜有犯罪行为、虐待行为或者对小杜明显不利的。

法条链接

《最高人民法院关于贯彻执行〈中华人民共和国民法通则〉若干问题的意见（试行）》

21. 夫妻离婚后，与子女共同生活的一方无权取消对方对该子女的监护权；但是，未与该子女共同生活的一方，对该子女有犯罪行为、虐待行为或者对该子女明显不利的，人民法院认为可以取消的除外。

监护人将监护职责部分委托给他人的，被监护人发生侵权行为的，责任怎样分摊？

现实问题

施某是小施的爸爸，小施年仅9岁。一日，施某的舅舅蒋某到施某家做客，提出带小施去公园玩，施某同意。但在公园中，小施和其他小朋友玩时，与另一名8岁小朋友小刘发生争执，于是两人扭打在一起，小施不小心将小刘打伤，小刘的爸爸看到后上前拉住小施并找到坐在一边打盹的蒋某，要求蒋某赔偿损失，蒋某辩称自己不是小施的监护人所以没有赔偿责任，双方因此发生争执。那么，法律对此是如何规定的呢？

律师解答

根据《民法典》的规定，监护人可以将监护职责部分或者全部委托给他人。因被监护人的侵权行为需要承担民事责任的，应当由监护人承担，但另有约定的除外；被委托人确有过错的，负连带责任。蒋某作为被委托暂时履行对小施监管职责的被委托人，应当好好照看小施，而因其不管不顾在一旁打盹的过错，造成小施打伤小刘的后果，其应当与监护人一起负有连带责任。

法条链接

《中华人民共和国民法典》

第一千一百八十九条　无民事行为能力人、限制民事行为能力人造成他人损害，监护人将监护职责委托给他人的，监护人应当承担侵权责任；受托人有过错的，承担相应的责任。

什么人可以申请宣告精神病人为限制民事行为能力人？

现实问题

水某为章某的母亲，章某已年满25周岁。章某因与男友房某分手而受到重大精神刺激，整天在家大哭大喊，后水某带章某至医院检查，诊断为间歇性精神病。因章某整天大哭大喊，其邻居王某感到很讨厌，于是想到法院申请宣告章某为限制民事行为能力人并送去精神病院，王某有权向法院提出申请吗？

律师解答

根据《民法典》的规定，精神病人的利害关系人，可以向人民法院申请宣告精神病人为无民事行为能力人或者限制民事行为能力人。王某作为章某的邻居，显然不属于利害关系人，所以无权向人民法院申请宣告章某为限制民事行为能力人。

法条链接

《中华人民共和国民法典》

第二十四条　不能辨认或者不能完全辨认自己行为的成年人，其利害关系人或者有关组织，可以向人民法院申请认定该成年人为无民事行为能力人或者限制民事行为能力人。

被人民法院认定为无民事行为能力人或者限制民事行为能力人的，经本人、利害关系人或者有关组织申请，人民法院可以根据其智力、精神健康恢复的状况，认定该成年人恢复为限制民事行为能力人或者完全民事行为能力人。

本条规定的有关组织包括：居民委员会、村民委员会、学校、医疗机构、妇女联合会、残疾人联合会、依法设立的老年人组织、民政部门等。

三、宣告失踪和宣告死亡

公民下落不明多久后，利害关系人可以申请宣告失踪？

现实问题

小顾是一名登山爱好者，一次与驴友一同去外地登山，此后就一直没有小顾的消息了。失踪一年后，小顾的父亲老顾感到小顾回来的希望不大了，不知道是不是可以到法院宣告小顾失踪呢？

律师解答

根据《民法典》的规定，自然人下落不明满二年的，利害关系人可以向人民法院申请宣告自然人为失踪人。本案中，小顾失踪还未满二年，老顾还不能宣告小顾失踪。

法条链接

《中华人民共和国民法典》

第四十条　自然人下落不明满二年的，利害关系人可以向人民法院申请宣告该自然人为失踪人。

第四十一条　自然人下落不明的时间自其失去音讯之日起计算。战争期间下落不明的，下落不明的时间自战争结束之日或者有关机关确定的下落不明之日起计算。

《关于贯彻执行〈中华人民共和国民法通则〉若干问题的意见（试行）》

24. 申请宣告失踪的利害关系人，包括被申请宣告失踪人的配偶、父母、子女、兄弟姐妹、祖父母、外祖父母、孙子女、外孙子女以及其他与被申请人有民事权利义务关系的人。

什么情况利害关系人可以申请自然人宣告死亡？

现实问题

邓某到泰国旅游，在当地发生意外事故而下落不明。两年后，其妻子钱某欲向法院申请宣告邓某死亡，但是遭到了邓某父母的反对，邓某父母称，要下落不明满四年才能申请宣告死亡，现在只有两年不符合法律的规定。那么，法律对此究竟是如何规定的呢？

律师解答

根据《民法典》的规定，自然人有下列情形之一的，利害关系人可以向人民法院申请宣告自然人死亡：（1）下落不明满四年；（2）因意外事件，下落不明满二年。邓某系因意外事故而失踪的，不适用下落不明满四年的规定，而应当适用因意外事故下落不明，从事故发生之日起满二年的情况，因此其妻子可以向人民法院申请宣告邓某死亡。

法条链接

《中华人民共和国民法典》

第四十六条　自然人有下列情形之一的，利害关系人可以向人民法院申请宣告该自然人死亡：

（一）下落不明满四年；

（二）因意外事件，下落不明满二年。

因意外事件下落不明，经有关机关证明该自然人不可能生存的，申请宣告死亡不受二年时间的限制。

未死亡的人被宣告死亡后实施的民事行为有效吗？

现实问题

2001 年 9 月成某在出差时失踪，其妻子林某于 2006 年 5 月向法院申请宣告成某死亡。2008 年，成某在外地向张某借款 10 万元后回到老家。2010 年，张某找到成某索要欠款，成某称，2006 年其妻子林某已经向法院申请宣告自己死亡，2008 年借款时，自己是“死人”，因此无需承担在此期间的民事法律行为的后果，双方因此发生争执。那么，法律对此是如何规定的呢？

律师解答

根据《最高人民法院关于贯彻执行〈中华人民共和国民法通则〉若干问题的意见（试行）》的规定，被宣告死亡和自然死亡的时间不一致的，被宣告死亡所引起的法律后果仍然有效，但自然死亡前实施的民事法律行为与被宣告死亡引起的法律后果相抵触的，则以其实施的民事法律行为为准。因此，成某在被宣告死亡后的民事法律行为依然有效，张某有权要求成某还款，成某不能赖账。

法条链接

《最高人民法院关于贯彻执行〈中华人民共和国民法通则〉若干问题的意见（试行）》

36. 被宣告死亡的人，判决宣告之日为其死亡的日期。判决书除发给申请人外，还应当在被宣告死亡的人住所地和人民法院所在地公告。

被宣告死亡和自然死亡的时间不一致的，被宣告死亡所引起的法律后果仍然有效，但自然死亡前实施的民事法律行为与被宣告死亡引起的法律后果相抵触的，则以其实施的民事法律行为为准。

被宣告死亡的人又出现的，其与配偶的婚姻关系自行恢复吗？

现实问题

全某与甘某结婚后，因全某失踪满四年，甘某向法院申请宣告了全某的死亡。一年后，甘某与古某结婚，然而，在结婚两个月后，古某因发生交通事故而死亡。就在古某死亡后没几天，全某找到了甘某，告知甘某自己并没有死亡的事实，甘某感觉全某太自私，抛下自己不管不顾就到外地那么多年，现在想回来就回来，甘某感到不能接纳全某。但是全某表示，古某已经死亡，所以全某依然和自己有夫妻关系，如果想离开自己，必须去法院起诉，双方因此发生争执。那么，法律对此是如何规定的呢？

律师解答

根据《民法典》的规定，被宣告死亡的人与配偶的婚姻关系，自死亡宣告之日起消灭。死亡宣告被人民法院撤销，如果其配偶尚未再婚的，夫妻关系从撤销死亡宣告之日起自行恢复。甘某已经与古某再婚，因此即便古某已经死亡，甘某与全某的夫妻关系也并不自行恢复。

法条链接

《中华人民共和国民法典》

第五十一条　被宣告死亡的人的婚姻关系，自死亡宣告之日起消除。死亡宣告被撤销的，婚姻关系自撤销死亡宣告之日起自行恢复。但是，其配偶再婚或者向婚姻登记机关书面声明不愿意恢复的除外。

四、个体工商户、个人合伙

个体户的民事责任如何承担？

现实问题

黎某与乔某是夫妻，黎某为了家计申请了个体户执照，并在自己的家中开设了假花制作小作坊，后因打算扩充作坊规模而向郁某借款5万元，约定三个月后偿还。但后来因生意不好，黎某无力偿还债务而躲到乡下亲戚家“躲债”。郁某找到乔某要求其还债，但是乔某称是丈夫黎某借的，与其无关，双方因此发生争执。那么，法律对此是如何规定的呢？

律师解答

根据《民法典》的规定，个体工商户的债务，个人经营的，以个人财产承担；家庭经营的，以家庭财产承担；无法区分的，以家庭财产承担。同时，根据《最高人民法院关于贯彻执行〈中华人民共和国民法通则〉若干问题的意见（试行）》的规定，以公民个人名义申请登记的个体工商户和个人承包的农村承包经营户，用家庭共有财产投资，或者收益的主要部分供家庭成员享用的，其债务应以家庭共有财产清偿。因此，乔某作为黎某的妻子，也有义务偿还郁某的债务。

法条链接

《中华人民共和国民法典》

第五十六条　个体工商户的债务，个人经营的，以个人财产承担；家庭经营的，以家庭财产承担；无法区分的，以家庭财产承担。

农村承包经营户的债务，以从事农村土地承包经营的农户财产承担；事实上由农户部分成员经营的，以该部分成员的财产承担。

《最高人民法院关于贯彻执行〈中华人民共和国民法通则〉若干问题的意见（试行）》

42. 以公民个人名义申请登记的个体工商户和个人承包的农村承包经营户，用家庭共有财产投资，或者收益的主要部分供家庭成员享用的，其债务应以家庭共有财产清偿。

44. 个体工商户、农村承包经营户的债务，如以其家庭共有财产承担责任时，应当保留家庭成员的生活必需品和必要的生产工具。

夫妻一方为欠债个体户的，另一方有义务偿还吗？

现实问题

戴某与宋某为夫妻，戴某以自己的名义申请了一张个体户营业执照，与宋某一起经营一家面馆。后戴某拖欠华某的货款，华某找到宋某要其偿还，宋某表示，该面馆是以戴某的名义申请的执照，欠款与自己无关，遂拒绝偿还。那么，法律对此是如何规定的呢？

律师解答

根据《最高人民法院关于贯彻执行〈中华人民共和国民法通则〉若干问题的意见（试行）》的规定，在夫妻关系存续期间，一方从事个体经营或者承包经营的，其收入为夫妻共有财产，债务亦应以夫妻共有财产清偿。所以，虽然面馆系戴某个人名义申请执照经营，但在戴某与宋某夫妻关系存续期间，债务应以夫妻共有财产清偿，宋某不能以自己不是借款人为由拒绝清偿。

法条链接

《最高人民法院关于贯彻执行〈中华人民共和国民法通则〉若干问题的意见（试行）》

43. 在夫妻关系存续期间，一方从事个体经营或者承包经营的，其收入为夫妻共有财产，债务亦应以夫妻共有财产清偿。

合伙人有哪些民事责任？

现实问题

董某、苗某、李某开设一家饮食店（普通合伙企业），后因拖欠巨额货款，董某感到这家饮食店已经无望了，于是卷走全部资金逃跑。当债主找到苗某与李某时，苗、李二人认为对于大多数货款无法证实其真实性，且董某已经卷款逃跑，二人拒绝偿还债务，因此债主们纷纷诉至法院。那么，法律对此是如何规定的呢？

律师解答

根据《民法典》的规定，合伙人对合伙的债务承担连带责任，法律另有规定的除外。偿还合伙债务超过自己应当承担数额的合伙人，有权向其他合伙人追偿。对于苗、李二人来说，负有对合伙债务的连带责任，只是在偿还合伙债务超过自己应当承担数额的情况下，有权向董某追偿。

法条链接

《中华人民共和国民法典》

第一百零二条　非法人组织是不具有法人资格，但是能够依法以自己的名义从事民事活动的组织。

非法人组织包括个人独资企业、合伙企业、不具有法人资格的专业服务机构等。

第一百零四条　非法人组织的财产不足以清偿债务的，其出资人或者设立人承担无限责任。法律另有规定的，依照其规定。

《中华人民共和国合伙企业法》

第四十条　合伙人由于承担无限连带责任，清偿数额超过本法第三十三条第一款规定的其亏损分担比例的，有权向其他合伙人追偿。

能否有只提供技术性劳务，不提供资金、实物的合伙人？

现实问题

吴某为特级厨师，并在行业内小有名气。

其好友史某开了一家小饭店（普通合伙企业），想邀请吴某成为合伙人，但是吴某不愿意投入资金入伙，想以做菜这种技术性劳务入伙，史某感到很奇怪，难道提供技术性劳务也能成为合伙人？

律师解答

根据《最高人民法院关于贯彻执行〈中华人民共和国民法通则〉若干问题的意见（试行）》的规定，只提供技术性劳务，不提供资金、实物的合伙人，对于合伙经营的亏损额，对外也应当承担连带责任；对内则应当按照协议约定的债务承担比例或者技术性劳务折抵的出资比例承担；协议未规定债务承担比例或者出资比例的，可以按照约定的或者合伙人实际的盈余分配比例承担；没有盈余分配比例的，按照其余合伙人平均投资比例承担。因此，可以有只提供技术性劳务，不提供资金、实物的合伙人。

法条链接

《中华人民共和国民法典》

第九百七十二条　合伙的利润分配和亏损分担，按照合伙合同的约定办理；合伙合同没有约定或者约定不明确的，由合伙人协商决定；协商不成的，由合伙人按照实缴出资比例分配、分担；无法确定出资比例的，由合伙人平均分配、分担。

《最高人民法院关于贯彻执行〈中华人民共和国民法通则〉若干问题的意见（试行）》

48. 只提供技术性劳务，不提供资金、实物的合伙人，对于合伙经营的亏损额，对外也应当承担连带责任；对内则应当按照协议约定的债务承担比例或者技术性劳务折抵的出资比例承担；协议未规定债务承担比例或者出资比例的，可以按照约定的或者合伙人实际的盈余分配比例承担；没有盈余分配比例的，按照其余合伙人平均投资比例承担。

第二章　婚姻篇
——结婚离婚，有法可依

一、结婚

我国法律是否承认同性婚姻？

现实问题

蔡某（女）和徐某（女）都是演艺圈的艺人，签约在同一家经纪公司，因长期共同工作和生活，两人由无话不谈的好姐妹，逐渐产生了异样的好感，并很快过上了同居生活。两人了解到国外同性可以登记结婚，为了能更好地互相照顾，两人也决定登记结婚。但当两人到当地民政部门办理登记手续时，却被告知在我国结婚双方必须是一男一女，同性之间是不能结婚的，那么我国法律是否承认同性婚姻呢？

律师解答

我国法律不承认同性婚姻。目前，绝大多数国家只承认一男一女之间的婚姻关系，只有极个别国家给予同性婚姻合法地位，如比利时、荷兰、加拿大等。

我国《民法典》多处明文强调“男女双方”，如《民法典》第一千零四十六条规定，“结婚应当男女双方完全自愿”，第一千零四十九条规定，“要求结婚的男女双方必须亲自到婚姻登记机关申请结婚登记”。因此，我国法律不允许同性结婚，在这则案例中，蔡某和徐某是不能登记结婚的。

法条链接

《中华人民共和国民法典》

第一千零四十六条　结婚应当男女双方完全自愿，禁止任何一方对另一方加以强迫，禁止任何组织或者个人加以干涉。

第一千零四十九条　要求结婚的男女双方应当亲自到婚姻登记机关申请结婚登记。符合本法规定的，予以登记，发给结婚证。完成结婚登记，即确立婚姻关系。未办理结婚登记的，应当补办登记。

男女双方多大年龄可以结婚？

现实问题

同为20周岁的赵某（男）和钱某（女），都是进城打工的农民工，由于是老乡，又在同一个工地打工，双方很自然地产生了好感，经过数次接触，两人的感情迅速升温，为了能更好地互相照顾，两人决定登记结婚。但当两人到当地民政部门办理登记手续时，却被告知赵某还没达到法定婚龄，不能结婚，那么法律对结婚年龄是如何规定的呢？

律师解答

由于婚姻的自然属性和社会属性要求，结婚只有达到一定的年龄，才能具备适合的生理条件和心理条件，也才能履行夫妻义务，承担家庭和社会的责任。所以，尽管我国法律赋予每个公民结婚的权利能力，但并非所有公民都可以成为婚姻法律关系的主体，只有达到法律规定的结婚年龄的人，才享有结婚的权利。我国《婚姻法》规定，结婚年龄，男不得早于二十二周岁，女不得早于二十周岁。

在这则案例中，同为20周岁的赵某和钱某，却不能同时结婚。钱某由于是女性，20周岁的年龄已经可以结婚，而赵某是男性，要等到22周岁才能结婚。

法条链接

《中华人民共和国民法典》

第一千零四十七条　结婚年龄，男不得早于二十二周岁，女不得早于二十周岁。

表兄妹之间可以结婚吗？

现实问题

周某（男）和吴某（女）是表兄妹，两人从小在一个院子里长大，青梅竹马，随着年龄的增长，两人很快坠入了爱河，在达到法定婚龄后，两人决定登记结婚建立家庭，两家的长辈也对能够亲上加亲表示赞成。但就当两人带着相关证件到婚姻登记机关办理登记时，办事人员却拒绝为两人办理婚姻登记，理由是两人是三代以内旁系血亲。两人为什么不能结婚？什么是三代以内旁系血亲呢？

律师解答

禁止血亲结婚是优生的要求，血缘过近的亲属间通婚，容易把双方生理上的缺陷遗传给后代，影响家庭幸福，危害民族健康。因此，各国法律都禁止一定范围内的血亲结婚。我国《民法典》规定了两类血亲禁止结婚，具体为：

（1）直系血亲。包括父母子女间，祖父母、外祖父母与孙子女、外孙子女间。即父亲不能娶女儿为妻，母亲不能嫁儿子为夫。爷爷（姥爷）不能与孙女（外孙女）婚配，奶奶（姥姥）不能与孙子（外孙子）结合。

（2）三代以内旁系血亲。包括：①同源于父母的兄弟姊妹（含同父异母、同母异父的兄弟姊妹）。即同一父母的子女之间不能结婚。②不同辈的叔、伯、姑、舅、姨与侄（女）、甥（女）。即叔叔（伯伯）不能和兄（弟）的女儿结婚；姑姑不能和兄弟的儿子结婚；舅舅不能和姊妹的女儿结婚；姨妈不能和姊妹的儿子结婚。

在这则案例中，男青年周某和女青年吴某是表兄妹关系，属于三代以内的旁系血亲，依照我国《民法典》的规定，两人不能结婚。

法条链接

《中华人民共和国民法典》

第一千零五十一条　有下列情形之一的，婚姻无效：

（一）重婚；

（二）有禁止结婚的亲属关系；

（三）未到法定婚龄。

异父异母的继兄妹可以登记结婚吗？

现实问题

卫某（男）和蒋某（女）是对异父异母的继兄妹，两人从小便生活在一起，青梅竹马，两小无猜，随着年龄的增长，两个人很自然地互相产生了好感，在父母的允许下，两人建立了恋爱关系，并打算登记结婚组建家庭。在达到适婚年龄后，两人带着相关证件到民政部门办理婚姻登记。但办事人员却以两人在户口本上显示的关系是兄妹为由，拒绝为两人办理结婚登记，那么办事人员的做法正确吗？

律师解答

在这则案例中，办事人员的做法是错误的。卫某和蒋某虽然名义上以兄妹相称，但实际上没有任何血缘关系，也没有《民法典》和《婚姻登记条例》规定的其他禁止结婚的情况。两人完全可以自愿登记结婚，办事人员应为两人办理结婚登记。

法条链接

《中华人民共和国民法典》

第一千零五十一条　有下列情形之一的，婚姻无效：

（一）重婚；

（二）有禁止结婚的亲属关系；

（三）未到法定婚龄。

《婚姻登记条例》

第六条　办理结婚登记的当事人有下列情形之一的，婚姻登记机关不予登记：

（一）未到法定结婚年龄的；

（二）非双方自愿的；

（三）一方或者双方已有配偶的；

（四）属于直系血亲或者三代以内旁系血亲的；

（五）患有医学上认为不应当结婚的疾病的。

子女可以委托父母代领结婚证吗？

现实问题

冯某（男）与陈某（女）恋爱期间外出打工并同居生活，因在家乡的父母抱孙心切，于是冯某出具了一份委托书，委托其父母同陈某领取了结婚证，委托书也交给婚姻登记机关。后由于双方关系恶化，冯某提出离婚，但遭到陈某拒绝。冯某遂提出，自己委托父母代领结婚证的行为无效，婚姻关系亦无效。但陈某认为，委托父母代领结婚证，是冯某的真实意思表示，结婚证应当合法有效。那么，男女双方自愿委托父母代领结婚证的行为是否有效？

律师解答

委托他人代领结婚证的行为是违法的。一方面，结婚是一种必须由本人实施的、不能代理的法律行为。另一方面，《民法典》和《婚姻登记条例》也明确规定，无论任何情况，结婚登记都不可以用任何方式委托、代替。冯某与陈某虽符合法定的结婚条件，冯某也是基于完全自愿而出具委托书，但毕竟没有亲自到婚姻登记机关进行结婚登记，属违法办证，只能作为同居关系对待。

因此，冯某与陈某的婚姻是无效的，冯某可以申请婚姻登记机关撤销他们的结婚证。

法条链接

《中华人民共和国民法典》

第一千零四十九条　要求结婚的男女双方应当亲自到婚姻登记机关申请结婚登记。符合本法规定的，予以登记，发给结婚证。完成结婚登记，即确立婚姻关系。未办理结婚登记的，应当补办登记。

哪些情况下婚姻是无效的？

现实问题

沈某（男）和韩某（女）是同村老乡，经过一段时间的恋爱，双方到婚姻登记机关进行了结婚登记。婚后，沈某到城里开了家服装公司，而韩某则留在村里照顾老人。一次，沈某因生意关系出差外地，结识了热情漂亮的杨某，两人互有好感，此后，沈某经常借“出差”之机与杨某同居生活在一起。一年多之后，不知道沈某已结婚的杨某多次催促沈某办理登记结婚，沈某为了稳住杨某，瞒着妻子在杨某的家乡办理了结婚登记。天下没有不透风的墙，沈某的重婚行为终于被韩某发现，随后，韩某作为原告向法院提起诉讼，请求法院宣告沈某与杨某的婚姻关系无效。那么在本案中，法院会如何处理呢？

律师解答

一夫一妻是我国婚姻制度的基本原则。重婚不仅侵犯了公民个人的合法权益，破坏了公民之间的合法婚姻关系，给合法婚姻关系的一方及其子女造成伤害，而且侵犯了我国婚姻法所保护的一夫一妻的婚姻制度，具有一定的社会危害性。

在本案中，沈某喜新厌旧，瞒着韩某与杨某登记结婚，后一次的登记结婚行为侵犯了我国一夫一妻制的法律原则，破坏了国家正常的婚姻管理秩序，公民之间的合法婚姻关系，侵犯了韩某个人的合法权益，属法律禁止的行为，为无效婚姻，法院应宣告沈某与杨某之间的婚姻关系无效。

法条链接

《中华人民共和国民法典》

第一千零五十一条　有下列情形之一的，婚姻无效：

（一）重婚；

（二）有禁止结婚的亲属关系；

（三）未到法定婚龄。

第一千零五十四条　无效的或者被撤销的婚姻自始没有法律约束力，当事人不具有夫妻的权利和义务。同居期间所得的财产，由当事人协议处理；协议不成的，由人民法院根据照顾无过错方的原则判决。对重婚导致的无效婚姻的财产处理，不得侵害合法婚姻当事人的财产权益。当事人所生的子女，适用本法关于父母子女的规定。

婚姻无效或者被撤销的，无过错方有权请求损害赔偿。

登记结婚时未到法定婚龄，过了法定婚龄还能申请宣告婚姻无效吗？

现实问题

朱、秦两家是世交，为了亲上加亲，在两家家长的主持下，同为21周岁的朱某（男）和秦某（女）通过关系办理了结婚登记，但天有不测风云，三年后，朱某家由于生意失败，欠了很多外债。秦某的父母觉得女儿跟着朱某之后肯定要吃苦，于是向法院提起诉讼，以朱某在登记结婚时未到法定婚龄为由申请宣告婚姻无效，那么法院会如何处理呢？

律师解答

本案涉及无效婚姻的认定问题。无效婚姻是指因欠缺婚姻的有效成立要件而不具有法律效力的违法婚姻，即男女双方的结合由于不符合法律规定的结婚实质条件而自始不具备婚姻的法律效力。未到法定婚龄确实是婚姻无效的理由之一，但为了维护社会稳定，法律法规同时还规定，在申请婚姻无效时，如果法定的无效婚姻情形已经消失的，人民法院将不予支持。

在这则案例中，当秦某父母提出申请时，朱某和秦某都已经24周岁，达到了法定婚龄，因此法院将不会支持秦某父母的申请。

法条链接

《最高人民法院关于适用〈中华人民共和国婚姻法〉若干问题的解释（一）》

第七条　有权依据婚姻法第十条规定向人民法院就已办理结婚登记的婚姻申请宣告婚姻无效的主体，包括婚姻当事人及利害关系人。利害关系人包括：

（一）以重婚为由申请宣告婚姻无效的，为当事人的近亲属及基层组织。

（二）以未到法定婚龄为由申请宣告婚姻无效的，为未达法定婚龄者的近亲属。

（三）以有禁止结婚的亲属关系为由申请宣告婚姻无效的，为当事人的近亲属。

（四）以婚前患有医学上认为不应当结婚的疾病，婚后尚未治愈为由申请宣告婚姻无效的，为与患病者共同生活的近亲属。

第八条　当事人依据婚姻法第十条规

定向人民法院申请宣告婚姻无效的，申请时，法定的无效婚姻情形已经消失的，人民法院不予支持。

第九条　人民法院审理宣告婚姻无效案件，对婚姻效力的审理不适用调解，应当依法作出判决；有关婚姻效力的判决一经作出，即发生法律效力。

涉及财产分割和子女抚养的，可以调解。调解达成协议的，另行制作调解书。对财产分割和子女抚养问题的判决不服的，当事人可以上诉。

被胁迫结婚的当事人该怎么办？

现实问题

尤某（女）在饭店打工期间，与许某（男）相识并相恋。但是经过一段时间的深入了解后，尤某发现许某不仅性格暴躁，还有酗酒、赌博等恶习，便提出分手。许某坚决不同意，并多次扬言，如果尤某不与其结婚，要让尤某身败名裂，还要杀死尤某一家，并三番五次到尤某所在的饭店和家里吵闹。无奈之下，尤某与许某办理了结婚登记。婚后共同生活期间，许某依然如故、恶习难改，并常因生活琐事对尤某大打出手。绝望的尤某决定通过法律手段解除痛苦的婚姻关系，半年后，尤某走进了法院，申请法院撤销与许某之间的婚姻关系。那么在本案中，法院会如何处理呢？

律师解答

本案涉及有关可撤销婚姻的问题。所谓可撤销婚姻，是指当事人因意思表示不真实而成立的婚姻，或者当事人成立的婚姻在结婚的要件上有欠缺，法律赋予当事人一定的撤销婚姻的请求权，该当事人可以通过行使该请求权而使该婚姻无效的一种婚姻关系。通过有撤销权的当事人行使撤销权，可以使已经发生法律效力的婚姻关系失去法律效力。

在这则案例中，尤某与许某结婚前，确实受到了许某的威胁，符合《民法典》关于可撤销婚姻的相关规定，两人的婚姻属可撤销婚姻，法院应判决予以撤销。

法条链接

《中华人民共和国民法典》

第一千零五十二条　因胁迫结婚的，受胁迫的一方可以向人民法院请求撤销婚姻。

请求撤销婚姻的，应当自胁迫行为终止之日起一年内提出。

被非法限制人身自由的当事人请求撤销婚姻的，应当自恢复人身自由之日起一年内提出。

第一千零五十四条　无效的或者被撤销的婚姻自始没有法律约束力，当事人不具有夫妻的权利和义务。同居期间所得的财产，由当事人协议处理；协议不成的，由人民法院根据照顾无过错方的原则判决。对重婚导致的无效婚姻的财产处理，不得侵害合法婚姻当事人的财产权益。当事人所生的子女，适用本法关于父母子女的规定。

婚姻无效或者被撤销的，无过错方有权请求损害赔偿。

《最高人民法院关于适用〈中华人民共和国婚姻法〉若干问题的解释（一）》

第十条　婚姻法第十一条所称的“胁迫”，是指行为人以给另一方当事人或者其近亲属的生命、身体健康、名誉、财产等方面造成损害为要挟，迫使另一方当事人违背真实意愿结婚的情况。

第十一条　人民法院审理婚姻当事人因受胁迫而请求撤销婚姻的案件，应当适用简易程序或者普通程序。

二、家庭关系

结婚后，丈夫能强迫妻子改名字吗？

现实问题

何某（男）和吕某（女）是同一个村子的老乡，经人介绍后开始交往，经过一段时间的接触后，吕某发现何某平时除了有些大男子主义外，其他方面都还不错，在双方家长的催促下，两人办理了结婚登记。结婚后，何某突然提出让吕某改名字，将姓氏由“吕”改成“何”，以体现是自己的妻子。但吕某不愿意改名，于是双方发生了争执，那么何某可以要求吕某改名字吗？

律师解答

旧中国男娶女嫁，女方嫁给男方后要从夫姓，将丈夫的姓放在自己的姓之前。有些妇女往往只有小名，有些甚至没有自己的名，如“何吕氏”，意思就是姓吕的嫁给姓何的做妻子。这是封建夫权婚姻中妻子对丈夫依附关系的表现。新中国成立以来，除了在我国台湾、香港、澳门等地，仍然保留了结婚后随夫姓的习惯，在中国大陆，女子结婚后使用自己的姓名已成为习惯。

在这则案例中，除非吕某自愿，何某不能强迫吕某改名字。夫妻之间是平等的关系，应该相互尊重意愿。

法条链接

《中华人民共和国民法典》

第一千零五十六条　夫妻双方都有各自使用自己姓名的权利。

结婚后，丈夫能强迫妻子放弃工作吗？

现实问题

施某（男）是一名“富二代”，家里非常有钱，在一次朋友聚会上，认识了张某（女），两人相识后，很快坠入了爱河，经过一段时间的交往后，两人办理了结婚登记。婚后，施某提出家里不缺钱，要求张某不要再外出工作，留在家里当全职太太。但由于张某立志成为一名女强人，坚持要外出工作，因此两人产生了争执。那么施某可以要求张某放弃工作吗？

律师解答

公民的劳动就业权，是公民享有的各项权利的基础，如果公民劳动不能实现，其他一切权利也就失去了基础和意义。我国《宪法》规定，中华人民共和国公民有劳动的权利和义务，任何人不得干涉公民劳动的权利。

在这则案例中，除非张某自愿，否则施某不能要求张某在家做全职太太。即使是丈夫，也不能干涉妻子劳动的权利。

法条链接

《中华人民共和国民法典》

第一千零五十七条　夫妻双方都有参加生产、工作、学习和社会活动的自由，一方不得对另一方加以限制或者干涉。

夫妻在婚姻关系存续期间受赠的财产，属于夫妻共有财产还是一方财产？

现实问题

孔某（男）是一家高科技公司的工程师，由于业务水平高，工作不久便搞出了一项发明创造，给公司带来了巨大的经济效益。为了奖励孔某，公司送给孔某一辆小轿车。回到家后，孔某将这个好消息告诉了妻子曹某，但对于如何使用小轿车，两人发生了争执。孔某提出小轿车是公司奖励给他个人的，如何使用他说了算，曹某则表示该小轿车是夫妻共同财产，应该由两个人商定。那么这辆小轿车到底是夫妻共同财产还是一方的财产呢？

律师解答

夫妻共同财产是指在婚姻关系存续期间，夫妻双方或一方所得的财产，除法律另有规定或者夫妻另有约定外，均为夫妻共同所有，夫妻对共同所有的财产，平等地享有占有、使用、收益和处分的权利。

在这则案例中，该辆小轿车是公司在孔某和曹某婚姻关系存续期间奖励给孔某的，如果公司没有在赠与合同中确定只归孔某一方所有，那么这辆小轿车就应该是孔某和曹某共同所有的财产。

法条链接

《中华人民共和国民法典》

第一千零六十二条　夫妻在婚姻关系存续期间所得的下列财产，为夫妻的共同财产，归夫妻共同所有：

（一）工资、奖金、劳务报酬；

（二）生产、经营、投资的收益；

（三）知识产权的收益；

（四）继承或者受赠的财产，但是本法第一千零六十三条第三项规定的除外；

（五）其他应当归共同所有的财产。

夫妻对共同财产，有平等的处理权。

第一千零六十三条　下列财产为夫妻一方的个人财产：

（一）一方的婚前财产；

（二）一方因受到人身损害获得的赔偿或者补偿；

（三）遗嘱或者赠与合同中确定只归一方的财产；

（四）一方专用的生活用品；

（五）其他应当归一方的财产。

夫妻一方以个人财产投资取得的收益属于个人财产还是夫妻共同财产？

现实问题

刘某（男）在和耿某（女）结婚前是一名专业的股民，由于当时股市还在牛市，刘某又操作得当，赚了不少钱。之后刘某将赚的钱投入一家公司后，与耿某结了婚。结婚后，两人一起为公司的发展出谋划策，一起参与了公司的经营管理，在夫妻两人以及其他股东的努力下，公司生产经营情况良好，刘某也凭借在公司的股权分红赚了不少钱。但对于公司分红属于刘某个人财产还是夫妻共同财产，夫妻两人却有着不同的意见。刘某认为投入公司的钱是婚前自己的个人财产，所取得的收益也应是个人财产；而耿某则认为该收益是在婚后取得的，应属于夫妻共同财产。那么，法律是如何规定的呢？

律师解答

依照《民法典》及相关司法解释的规定，一方以个人财产投资取得的收益，应为夫妻双方共同所有。一般来说，具体实践中，判断个人财产在婚姻关系存续期间所取得的收益是否属于夫妻共同所有时，人民法院会根据案件实际情况，对各种形式的个人财产的婚后收益，从是基于原个人财产的自然增值还是基于夫妻共同经营行为所产生来判断，前者原则为个人所有，后者原则为共同所有。此外，若收益是基于个人财产与共同财产混同后进行投资行为所产生，无证据证明具体比例的，推定为共同财产投资收益，归夫妻共同所有。

法条链接

《最高人民法院关于适用〈中华人民共和国婚姻法〉若干问题的解释（二）》

第十一条　婚姻关系存续期间，下列财产属于婚姻法第十七条规定的“其他应当归共同所有的财产”：

（一）一方以个人财产投资取得的收益；

（二）男女双方实际取得或者应当取得的住房补贴、住房公积金；

（三）男女双方实际取得或者应当取得的养老保险金、破产安置补偿费。

婚后购房的房产证上只有夫妻一方的名字，该方可以单方出售房产吗？

现实问题

严某（男）是一家跨国公司的经理，在和华某（女）结婚后，便被公司派遣到国外进行为期一年的培训，严某在国外期间得知国内房价飞涨，便嘱咐华某立刻购买一套房屋用于投资，由于华某在办理购房手续的时候严某还在国外，房产证上便只写了华某一个人的名字。几年后，严某和华某的感情出现危机，华某打算将该套房屋出售。那么华某有权单方决定出售该房产吗？

律师解答

依据我国相关法律法规的规定，夫或妻在处理夫妻共同财产上的权利是平等的。因日常生活需要而处理夫妻共同财产的，任何一方均有权决定。夫或妻非因日常生活需要对夫妻共同财产做重要处理决定，夫妻双方应当平等协商，取得一致意见。

在这则案例中，由于购买房屋时双方已经结婚，虽然房产证上只有华某一个人的名字，但仍属于夫妻共同财产，华某不能单独处置。

法条链接

《最高人民法院关于适用〈中华人民共和国婚姻法〉若干问题的解释（一）》

第十七条　婚姻法第十七条关于“夫或妻对夫妻共同所有的财产，有平等的处理权”的规定，应当理解为：

（一）夫或妻在处理夫妻共同财产上的权利是平等的。因日常生活需要而处理夫妻共同财产的，任何一方均有权决定。

（二）夫或妻非因日常生活需要对夫妻共同财产做重要处理决定，夫妻双方应当平等协商，取得一致意见。他人有理由相信其为夫妻双方共同意思表示的，另一方不得以不同意或不知道为由对抗善意第三人。

婚后由一方父母出资为子女购买的不动产，属于夫妻一方个人财产还是夫妻共同财产？

现实问题

张某（男）与王某（女）结婚后一直租房子住，王某的父母心疼女儿，于是出资购买了一套住房，房屋产权登记在王某一个人名下。几年后，王某和张某由于感情破裂打算离婚。这时张某表示，离婚可以，但这套房子是夫妻共同财产，应由两人平均分割。对此，王某表示反对，王某认为购房的所有资金全部是其父母出具，产权证上也是王某一人的名字，怎么成为夫妻共同财产了？那么，法律对此是如何规定的呢？

律师解答

目前中国已经进入了以80后人群为主的婚姻时代，80后由父母购买房产的现象较为普遍，很多父母辛辛苦苦存了一辈子钱，就是为了给子女购买一套房产，如果在子女离婚的时候流失，这将会对很多父母的晚年生活造成莫大的阴影。依据我国《民法典》及相关司法解释的规定，婚后由一方父母出资为子女购买的不动产，产权登记在出资人子女名下的，可视为只对自己子女一方的赠与，该不动产应认定为夫妻一方的个人财产。

在这则案例中，购房款是由王某的父母支付，产权登记在王某一人名下，应为王某个人财产，张某无权在离婚时要求分割。

法条链接

《中华人民共和国民法典》

第一千零六十三条　下列财产为夫妻一方的个人财产：

（一）一方的婚前财产；

（二）一方因受到人身损害获得的赔偿或者补偿；

（三）遗嘱或者赠与合同中确定只归一方的财产；

（四）一方专用的生活用品；

（五）其他应当归一方的财产。

《最高人民法院关于适用〈中华人民共和国婚姻法〉若干问题的解释（三）》

第七条　婚后由一方父母出资为子女购买的不动产，产权登记在出资人子女名下的，可按照婚姻法第十八条第（三）项的规定，视为只对自己子女一方的赠与，该不动产应认定为夫妻一方的个人财产。

由双方父母出资购买的不动产，产权登记在一方子女名下的，该不动产可认定为双方按照各自父母的出资份额按份共有，但当事人另有约定的除外。

夫妻一方的财产，会因婚姻关系的延续而转化为夫妻共同财产吗？

现实问题

金某（女）与魏某（男）准备登记结婚。他们双方都是再婚，各有一个小孩。为筹备结婚，金某出钱购买了一套住宅。另外，金某还有一个店面在对外出租。这两件不动产都是她的个人财产。为避免今后双方因财产问题发生纠纷，金某希望与魏某做婚前财产公证，但魏某不愿意。那么如果两人对婚前财产没有公证，婚后这两件原本属于金某的不动产会转化为夫妻双方的共同财产吗？

律师解答

个人财产是否会因为婚姻的延续而转化为共同财产取决于婚姻双方当事人之间是否有约定以及如何约定。如果双方并没有进行过相关的约定，根据《民法典》相关规定属于夫妻一方所有的财产，就不因婚姻关系的延续而转化为夫妻共同财产。

因此，在这则案例中，如果二人对上述两件不动产没有约定，则房屋与店面均为金某的个人财产，不会因婚姻关系的延续转化为共同财产。

法条链接

《中华人民共和国民法典》

第一千零六十三条　下列财产为夫妻一方的个人财产：

（一）一方的婚前财产；

（二）一方因受到人身损害获得的赔偿或者补偿；

（三）遗嘱或者赠与合同中确定只归一方的财产；

（四）一方专用的生活用品；

（五）其他应当归一方的财产。

《最高人民法院关于适用〈中华人民共和国婚姻法〉若干问题的解释（二）》

第十三条　军人的伤亡保险金、伤残补助金、医药生活补助费属于个人财产。

《最高人民法院关于适用〈中华人民共和国婚姻法〉若干问题的解释（一）》

第十九条　婚姻法第十八条规定为夫妻一方所有的财产，不因婚姻关系的延续而转化为夫妻共同财产。但当事人另有约定的除外。

什么是婚前财产公证？婚前财产公证有什么作用？

现实问题

陶某（男）今年58岁，经人介绍认识了56岁的姜某（女），经过交往，两人感到很合得来，并有结婚的愿望，但是双方子女都在财产（尤其是房产）上存有很多顾虑。他们各自的财产都是辛苦了大半生积攒下来的，两位老人对此并不十分在意，可双方的子女却无论如何要对各方老人的财产有个说法，免得以后因财产问题争长论短、打官司上法庭。后来经人指点，两位老人申请办理了婚前财产公证，随后领取了结婚证书。那么什么是婚前财产公证？婚前财产公证有什么作用呢？

律师解答

婚前财产公证是指夫妻或者是未婚夫妻对双方婚前的个人财产或者是婚后共同财产的界定。婚前财产公证有两种形式：一是未婚夫妻在结婚登记前达成协议，办理婚前财产公证；二是夫妻双方在婚姻关系存续期间达成协议，办理婚前财产公证。

从法律角度来看，婚前财产公证起到一个证据作用，以减少发生纠纷的可能。两人结婚并不是所有财产都需要婚前财产公证，一般来说，比较容易举证的财产，就不需要婚前财产公证，比较难举证的财产，需要婚前财产公证。像不动产，如房子、汽车等，因为实行登记制度、产权明确，就不需要婚前财产公证。而产权随时处于变动状态的动产，像存款、玉器、金银首饰等贵重物品，为避免离婚时无法说明白，需要婚前财产公证。

法条链接

《中华人民共和国民法典》

第一千零六十五条　男女双方可以约定婚姻关系存续期间所得的财产以及婚前财产归各自所有、共同所有或者部分各自所有、部分共同所有。约定应当采用书面形式。没有约定或者约定不明确的，适用本法第一千零六十二条、第一千零六十三条的规定。

夫妻对婚姻关系存续期间所得的财产以及婚前财产的约定，对双方具有法律约束力。

夫妻对婚姻关系存续期间所得的财产约定归各自所有，夫或者妻一方对外所负的债务，相对人知道该约定的，以夫或者妻一方的个人财产清偿。

夫妻一方的婚前债务，另一方在婚后有义务承担吗？

现实问题

戚某（男）与谢某（女）是对新婚夫妻，但不幸的是，两人结婚不到半年，戚某便在出差途中遇车祸当场死亡，戚某属于工薪阶层，基本上没有什么遗产。戚某死后不久，戚某的朋友邹某就拿着一张两人结婚前一年戚某签字的欠条向谢某索债3万元。谢某认为戚某该笔欠款是婚前所欠，其没有还债的责任，便拒绝偿还。于是邹某便向法院提起了诉讼，那么在本案中，谢某有义务偿还这笔债务吗？

律师解答

一般来说，夫妻一方婚前借的债务，依法属于其个人债务，原则上应由其个人偿还。除非债权人能够证明其所负债务用于婚后家庭共同生活。

因此，在这则案例中，除非债权人邹某能够证明戚某生前所负债务用于婚后家庭共同生活，否则不能要求谢某以个人财产偿还。

法条链接

《最高人民法院关于适用〈中华人民共和国婚姻法〉若干问题的解释（二）》

第二十三条　债权人就一方婚前所负个人债务向债务人的配偶主张权利的，人民法院不予支持。但债权人能够证明所负债务用于婚后家庭共同生活的除外。

婚姻关系存续期间，一方以个人名义所负债务是个人债务还是夫妻共同债务?

现实问题

喻某（男）是一家贸易公司的老板，家底殷实，经人介绍认识了水某（女），经过一段时间的交往两人准备登记结婚，喻某发现水某平时花钱大手大脚，于是两人在婚前办理了财产公证，约定了婚后财产和债务均由个人承担，水某在好友章某的陪同下办理了公证。婚后，水某花钱依旧大手大脚，很快经济上就出现了问题，她向好友章某借了3万元，可是却没有按期还款。于是章某找到喻某，要喻某替水某还款，喻某认为这些钱是水某借的，与自己无关，那么喻某有义务替水某还钱吗?

律师解答

依照法律相关规定，婚姻关系存续期间以一方名义所欠的债务，原则上应当认定为夫妻共同债务，应该由夫妻共同偿还。但是，如果夫妻一方能够证明该债务确为欠债人个人债务，那么未欠债的婚姻关系当事人可以对抗债权人的请求。属于个人债务的情形主要有两种：一种是债权人与债务人明确约定该项债务属于个人债务；另一种是夫妻对婚姻关系存续期间所得的财产约定归各自所有的，夫或妻一方对外所负的债务，第三人知道该约定的，以夫或妻一方所有的财产清偿。

在这则案例中，章某明知喻某和水某在婚前办理了财产公证，约定婚后债务各自承担，那么她就只能向水某主张债权，而不能要求喻某还款。

法条链接

《中华人民共和国民法典》

第一千零六十五条　男女双方可以约定婚姻关系存续期间所得的财产以及婚前财产归各自所有、共同所有或者部分各自所有、部分共同所有。约定应当采用书面形式。没有约定或者约定不明确的，适用本法第一千零六十二条、第一千零六十三条的规定。

夫妻对婚姻关系存续期间所得的财产以及婚前财产的约定，对双方具有法律约束力。

夫妻对婚姻关系存续期间所得的财产约定归各自所有，夫或者妻一方对外所负的债务，相对人知道该约定的，以夫或者妻一方的个人财产清偿。

夫妻有互相扶养的义务吗?

现实问题

苏某（男）与潘某（女）结婚已经七年，婚后苏某在外做生意，潘某在家照顾老人，因为业务关系，苏某在外有了“小三”，经常夜不归宿。苏某与潘某两人也开始发生争执，终于在一个周末两人狠狠地吵了一架后，潘某住回了娘家。潘某长期身体不好，也没有经济来源，于是要求苏某每月支付一定数额的扶养费，但遭到苏某拒绝。无奈之下，潘某向法院起诉，要求苏某每月支付一定数额的扶养费，那么在本案中，法院会如何处理呢?

律师解答

我国《民法典》规定，夫妻有互相扶助和供养的义务。在一般情况下，由于夫妻双方都有同等的就业权利，因此往往不会发生互相扶养。即使有的家庭中夫妻一方在外就业，另一方操持家务，收入由双方共同使用，这也只是夫妻双方对家庭事务所作的分工。履行夫妻互相扶养的义务通常是在夫妻一方一段时间内丧失就业或谋生能力，而另一方则具有一定的扶养能力的时候发生的。

在本案中，苏某与潘某出现了上述情况，苏某应当履行扶养妻子的义务。至于应当给多少扶养费，要根据潘某的实际需要，苏某的实际经济能力，并参照当地居民的平均生活水平来确定。

法条链接

《中华人民共和国民法典》

第一千零五十九条　夫妻有相互扶养的义务。

需要扶养的一方，在另一方不履行扶养义务时，有要求其给付扶养费的权利。

生父离婚后再婚的，子女还有赡养扶助的义务吗?

现实问题

葛某的生父和生母在其10岁的时候离了婚，葛某随母亲生活，之后其生父和生母都再婚了。二十年后，一个偶然的机会，葛某遇到了生父，这才了解到，生父再婚的妻子早已去世，生父现在也因病丧失了劳动能力，仅靠领取社会低保度日。葛某看到生父这个状况，希望尽一点赡养扶助的义务，葛某把这个情况告诉了母亲，但母亲不同意，说生父没有对葛某履行抚养教育的义务，葛某对其也就再无赡养义务。那么，法律对子女的赡养扶助义务是怎么规定的呢?

律师解答

我国《民法典》规定，父母与子女间的关系，不因父母离婚而消除。离婚后，子女不论由父方或母方直接抚养，仍然是父母双方的子女，子女仍应履行对父母的赡养扶助义务。

在这则案例中，葛某虽是由母亲抚养长大，且父亲没有尽到抚养教育的义务，但父亲与葛某之间的父子血亲关系是不会改变的。因此，在生父生活困难之时，葛某应履行其作为儿子的赡养扶助义务。

法条链接

《中华人民共和国民法典》

第一千零六十七条　父母不履行抚养义务的，未成年子女或者不能独立生活的成年子女，有要求父母给付抚养费的权利。

成年子女不履行赡养义务的，缺乏劳动能力或者生活困难的父母，有要求成年子女给付赡养费的权利。

第一千零六十九条　子女应当尊重父母的婚姻权利，不得干涉父母离婚、再婚以及婚后的生活。子女对父母的赡养义务，不因父母的婚姻关系变化而终止。

子女一定要随父亲姓吗?

现实问题

彭某（男）和奚某（女）是对刚刚结婚的小夫妻，感情非常的好，一年后，两人顺利地升级成了爸爸妈妈，但在孩子应该姓什么的问题上，两人产生了争执。彭某认为自己是父亲，从古到今孩子都是随父姓的，孩子理应姓“彭”，而奚某则认为，“奚”姓比较少，孩子应该跟她姓，两人为了此事吵得不可开交。那么，我国法律对孩子姓氏有什么规定吗?

律师解答

我国《民法典》规定，子女可以随父姓，也可以随母姓，所以子女不一定随父姓。在我国，子女刚出生后，一般由父母协商确定子女的姓名，子女长大后，可以自己选择姓氏。

就这则案例而言，法律并没有硬性规定孩子应该随父姓还是随母姓，彭某和奚某应好好协商，来决定孩子的姓氏。

法条链接

《中华人民共和国民法典》

第一千零一十五条　自然人应当随父姓或者母姓，但是有下列情形之一的，可以在父姓和母姓之外选取姓氏：

（一）选取其他直系长辈血亲的姓氏；

（二）因由法定扶养人以外的人扶养而选取扶养人姓氏；

（三）有不违背公序良俗的其他正当理由。

少数民族自然人的姓氏可以遵从本民族的文化传统和风俗习惯。

未成年子女对他人造成损害，谁来承担民事责任？

现实问题

一天，鲁某照例正常上班，其9岁的儿子小鲁独自在自家阳台上玩耍，由于家里刚刚装修好，阳台上还放着一些装修剩下来的材料，小鲁拿起一块瓷砖就从阳台的窗口扔了下去，不幸这块瓷砖正好击中楼下路过的郎某，郎某顿时头破血流，到医院看病花去了医疗费5000余元。那么在这则案例中，郎某应该向谁来主张权利，是鲁某还是小鲁？

律师解答

我国《民法典》明确规定，父母有保护和教育未成年子女的权利和义务。在未成年子女对国家、集体或他人造成损害时，父母有承担民事责任的义务。

在这则案例中，郎某身体受到伤害是小鲁扔瓷砖的行为直接所致，但由于小鲁是未成年人，受其父亲鲁某的监护，因此，小鲁行为造成郎某的损失应全部由鲁某承担。

法条链接

《中华人民共和国民法典》

第一千零六十八条　父母有教育、保护未成年子女的权利和义务。未成年子女造成他人损害的，父母应当依法承担民事责任。

非婚生子女与婚生子女享有同等的权利吗？

现实问题

马某（男）与苗某（女）经人介绍相识，经过几次接触后，两人很快发生了性关系，不久苗某便怀孕了，并在次年生下女儿小马，小马出生后一直随苗某生活。后来苗某多次向马某提出结婚要求，马某均不同意，反而另寻新欢，在外面认识了其他女人，对苗某也渐渐地疏远了。无奈之下，苗某遂向法院提起诉讼，要求马某负担孩子的抚养费。但马某却以两人并未结婚为由拒绝支付，那么非婚生子女小马是否享有婚生子女一样的权利？马某对小马有抚养义务吗？

律师解答

父母子女间的权利义务，不受婚生或非婚生的影响。我国《民法典》明确规定，非婚生子女享有与婚生子女同等的权利，任何人不得加以危害和歧视。该条文确认了非婚生子女与婚生子女在法律上享有平等的权利，在人身权利上和社会生活中，应该一视同仁。《民法典》还规定，非婚生子女的生父，应负担子女必要的生活费和教育费的一部或全部，直到子女能独立生活为止。这一规定适用于生父与生母未结婚的情况，非婚生子女抚育费的数额和负担方式，应当由当事人双方协商确定，协商不成时，由人民法院根据生父和生母的经济收入、子女的实际需要确定。

就本案来说，非婚生子女小马与生母苗某共同生活，生父马某应当负担小马的部分生活费和教育费，直至小马成年或能独立生活为止。

法条链接

《中华人民共和国民法典》

第一千零七十一条　非婚生子女享有与婚生子女同等的权利，任何组织或者个人不得加以危害和歧视。

不直接抚养非婚生子女的生父或者生母，应当负担未成年子女或者不能独立生活的成年子女的抚养费。

养父母离婚后，不与养子女共同生活的一方，还有抚养的义务吗？

现实问题

任某（男）和袁某（女）结婚多年，由于身体原因一直没有小孩，后来通过合法途径收养了小史，收养小史后，任某和袁某两人在对小史的教育培养等问题上不断产生争执，其他方面的矛盾也越来越多，终于在一次大吵后两人离了婚，小史跟着袁某生活。随着小史的一天天长大，所需要的费用也越来越多，袁某要求任某每月支付一定的抚养费，但任某以小史不是其亲生且不随他生活为由拒绝支付。那么，任某对小史还有抚养的义务吗？

律师解答

我国《民法典》明确规定，养父母和养子女间的权利和义务，适用本法对父母子女关系的有关规定。该条文确认了养子女与养父母在法律上的权利，在人身权利上和社会生活中，应该与生父母子女一视同仁。

就本案来说，养子小史虽是与养母袁某共同生活，但养父任某应当履行法律上对生父规定的义务，负担小史的部分生活费和教育费，直至小史成年或能独立生活为止。

法条链接

《中华人民共和国民法典》

第一千一百一十一条　自收养关系成立之日起，养父母与养子女间的权利义务关系，适用本法关于父母子女关系的规定；养子女与养父母的近亲属间的权利义务关系，适用本法关于子女与父母的近亲属关系的规定。

养子女与生父母以及其他近亲属间的权利义务关系，因收养关系的成立而消除。

生母过世后，继子对继父还有赡养义务吗？

现实问题

唐某（男）和费某（女）婚后生有一子小唐，小唐 8 岁的时候，两人离了婚，小唐随费某生活。之后费某又再婚嫁给了薛某，由于不是亲生子女，虽然薛某履行了抚养教育小唐的义务，但其与小唐的关系一直不好。这样的生活也持续了 20 年，不幸的是，在一起交通事故中，费某丧生，薛某也因伤丧失了劳动能力。由于薛某没有其他生活来源，生活困难，薛某要求小唐每月支付其一笔赡养费，但小唐认为其生母已经过世，薛某不是其生父，其不需要赡养薛某。那么薛某能得到小唐的赡养吗？

律师解答

我国《民法典》明确规定，继父或继母和受其抚养教育的继子女间的权利和义务，适用本法对父母子女关系的有关规定。该条文确认了继子女与继父母在法律上的权利，在有抚养教育关系的前提下，继子女与继父母应该与生父母子女一视同仁。

就本案来说，继子小唐虽不是继父薛某亲生，但继父薛某在之前履行法律上规定的抚养教育的义务，将小唐抚养成人，那么在薛某生活困难需要赡养的时候，小唐也应该履行相应的赡养义务。

法条链接

《中华人民共和国民法典》

第一千零七十二条　继父母与继子女间，不得虐待或者歧视。

继父或者继母和受其抚养教育的继子女间的权利义务关系，适用本法关于父母子女关系的规定。

兄、姐在什么情况下有扶养弟、妹的义务？

现实问题

雷甲和雷乙是对亲兄弟，两人父母在雷乙10岁那年因为一次意外事故去世了，此后两人一直相依为命，由于雷甲比雷乙大10多岁，便承担起了照顾弟弟的责任。一晃雷乙就过了18岁，由于不喜欢读书，雷乙便开始在社会上有一搭没一搭地打起了零工，但工作不稳定，雷乙常常向雷甲要钱。雷甲认为雷乙已经成年，应该自食其力，而雷乙则认为哥哥有义务照顾扶养弟弟，那么，两人的意见究竟谁对谁错呢？

律师解答

我国《民法典》规定，有负担能力的兄、姐，对父母已经死亡或父母无力抚养的未成年弟、妹，有扶养的义务。据此，兄、姐扶养弟、妹有如下三个条件：（1）父母已经死亡或父母无力抚养未成年子女；（2）兄、姐必须有负担能力；（3）弟、妹尚未成年。上述三个条件必须同时具备，才形成兄、姐扶养弟、妹的法律关系。当然，现实生活中有时弟、妹虽已成年，但因上学、待业、患病等尚未独立生活，兄、姐出于亲情而给予无私帮助，是应当受到鼓励和赞扬的，但这并不是法定的义务。

因此在这则案例中，哥哥雷甲在法律上没有再扶养弟弟雷乙的义务。

法条链接

《中华人民共和国民法典》

第一千零七十五条　有负担能力的兄、姐，对于父母已经死亡或者父母无力抚养的未成年弟、妹，有扶养的义务。

由兄、姐扶养长大的有负担能力的弟、妹，对于缺乏劳动能力又缺乏生活来源的兄、姐，有扶养的义务。

子女能干涉父母再婚吗？

现实问题

贺某（女）早年与汤某（男）结婚后，夫妻恩爱，生有一子小汤，但不幸丈夫早亡。贺某独自一人含辛茹苦将小汤养大成人。由于小汤的工作单位离家较远，经常不在家，年迈的贺某晚年生活十分孤独，后经他人介绍，贺某与退休工人罗某相识，经过一段时间的交往，彼此互有好感，愿结为夫妻，共度晚年。小汤得知其母准备再婚的消息后，大为恼火，认为其母不遵妇德，对其母冷嘲热讽，并以各种方式阻止贺某与罗某的婚事。小汤可以干涉母亲再婚的自由吗？

律师解答

我国《民法典》规定，子女应当尊重父母的婚姻权利，不得干涉父母再婚以及婚后的生活。因此，父母再婚权利是受法律保护的。子女干涉父母再婚是侵犯父母婚姻自由权的行为。父母可到人民法院起诉要求干涉婚姻自由的子女承担相应的民事责任，对干涉婚姻自由情节严重的，以暴力干涉婚姻自由罪依法追究其刑事责任。

法条链接

《中华人民共和国民法典》

第一千零六十九条　子女应当尊重父母的婚姻权利，不得干涉父母离婚、再婚以及婚后的生活。子女对父母的赡养义务，不因父母的婚姻关系变化而终止。

三、离婚

夫妻双方自愿离婚的，应如何办理相关手续？

现实问题

于某（男）与傅某（女）都是大龄青年，在一次相亲中相识，经过几次交往，便在父母的催促下办理了结婚登记。结婚后，随着两人一起生活日子的增多，两人均发现对方的性格与自己不合，在很多生活习惯上也有很大的差异。经过几次深谈，两人决定和平分手，自愿离婚。那么，双方自愿离婚，该如何办理离婚手续呢？

律师解答

我国《民法典》规定，夫妻双方自愿离婚的。应当签订书面离婚协议，并亲自到婚姻登记机关申请离婚登记。离婚登记是夫妻双方自愿离婚的必经程序，它是由婚姻登记机关依照行政程序办理的。

夫妻双方自愿离婚，并对子女抚养和财产处理达成协议的，必须双方亲自到一方户口所在地的婚姻登记机关申请离婚登记。婚姻登记机关收到离婚登记申请之日起三十日内，任何一方不愿意离婚的，可以向婚姻登记机关撤回离婚登记申请。期限届满后三十日内，双方应当亲自申请发给离婚证；未申请的，视为撤回离婚登记申请。

法条链接

《中华人民共和国民法典》

第一千零七十六条　夫妻双方自愿离婚的，应当签订书面离婚协议，并亲自到婚姻登记机关申请离婚登记。

离婚协议应当载明双方自愿离婚的意思表示和对子女抚养、财产以及债务处理等事项协商一致的意见。

第一千零七十七条　自婚姻登记机关收到离婚登记申请之日起三十日内，任何一方不愿意离婚的，可以向婚姻登记机关撤回离婚登记申请。

前款规定期限届满后三十日内，双方应当亲自到婚姻登记机关申请发给离婚证；未申请的，视为撤回离婚登记申请。

第一千零七十八条　婚姻登记机关查明双方确实是自愿离婚，并已经对子女抚养、财产以及债务处理等事项协商一致的，予以登记，发给离婚证。

夫妻双方签订了离婚协议，是不是就意味着离婚？

现实问题

齐某（男）与伍某（女）结婚多年，感情一直不好，双方经过协商决定离婚，签订了离婚协议并开始分居生活。由于当时齐某临时出国培训，双方便没有去婚姻登记机关办理相关手续，后来时间一长，双方也就把这件事情忘记了。几年后，齐某认识了余某，经过交往准备结婚。那么此时齐某与伍某已经离婚了吗？齐某可以和余某结婚吗？

律师解答

我国《民法典》规定的离婚方式有两种，一种是登记离婚，一种是诉讼离婚，除此之外的任何方式均不能达到离婚的法律效果。

在这则案例中，齐某虽然与伍某签订了离婚协议，但没有办理离婚登记手续，在法律上，齐某与伍某仍然是夫妻关系，在此期间齐某不能与余某结婚，否则就构成了法律上的重婚。

法条链接

《中华人民共和国民法典》

第一千零七十八条　婚姻登记机关查明双方确实是自愿离婚，并已经对子女抚养、财产以及债务处理等事项协商一致的，予以登记，发给离婚证。

未达成离婚协议的夫妻，可以直接去婚姻登记机关办理离婚登记吗？

现实问题

元某（男）与顾某（女）已经结婚数年，由于两人的脾气均比较暴躁，在生活中经常发生争吵，在一次大吵后，顾某提出离婚，元某想也没想就同意了，并约定第二天就去办理离婚登记。但当第二天两人来到婚姻登记机关办理离婚登记时，办事人员却不受理两人的请求，理由是双方没有达成离婚协议。那么，双方自愿离婚时一定需要离婚协议吗？

律师解答

离婚除了解除双方的婚姻关系，还涉及两人生活的其他方方面面。如果双方仅有离婚的意思表示，而没有对离婚后相关问题达成一致意见，那么即使离婚，之后也容易产生新的纠纷。因此，我国《民法典》规定，在自愿离婚的情况下，双方必须达成书面的离婚协议，否则婚姻登记机关可以不予受理。

离婚协议是指即将解除婚姻关系的夫妻双方所签署的、关于离婚原因、财产分割、债权债务分担、子女抚养、配偶赡养费以及经济补偿等内容的书面协议。离婚协议书必须为书面形式，由夫妻双方当事人签字，并经法庭或婚姻登记管理部门认可，才具有法定效力。

法条链接

《中华人民共和国民法典》

第一千零七十六条　夫妻双方自愿离婚的，应当签订书面离婚协议，并亲自到婚姻登记机关申请离婚登记。

离婚协议应当载明双方自愿离婚的意思表示和对子女抚养、财产以及债务处理等事项协商一致的意见。

《婚姻登记条例》

第十二条　办理离婚登记的当事人有下列情形之一的，婚姻登记机关不予受理：

（一）未达成离婚协议的；

（二）属于无民事行为能力人或者限制民事行为能力人的；

（三）其结婚登记不是在中国内地办理的。

夫妻一方要求离婚，另一方不同意的，应如何申请离婚？

现实问题

黄某（男）和萧某（女）在一次相亲中相识，经过几次交往，两人确定了恋爱关系，不久在双方父母的催促下，办理了结婚登记。由于萧某从小娇生惯养，结婚以后也从不做家务，只知道花钱，因此两个人的矛盾越积越多，并经常吵架。终于在一次大吵后，黄某提出离婚，但萧某坚决不同意。那么此时心意已决的黄某应该通过什么途径离婚呢？

律师解答

诉讼离婚是指夫妻双方就是否离婚或者财产的分割、债务的分担、子女的抚养等问题无法达成一致意见时，而向人民法院起诉，人民法院经过审理后，通过调解或判决解除婚姻关系的一种离婚制度。

在这则案例中，如果萧某坚持不离婚，而黄某又坚持离婚的话，黄某只能通过向法院提起离婚诉讼来达到离婚的目的。

法条链接

《中华人民共和国民法典》

第一千零七十九条　自婚姻登记机关收到离婚登记申请之日起三十日内，任何一方不愿意离婚的，可以向婚姻登记机关撤回离婚登记申请。

前款规定期限届满后三十日内，双方应当亲自到婚姻登记机关申请发给离婚证；未申请的，视为撤回离婚登记申请。

妻子遭受家庭暴力，提出离婚会被法院支持吗？

现实问题

姚某（男）和邵某（女）结婚已经有好几年了，姚某在外面做生意赚钱，邵某在家照顾家人，感情一直较好。但姚某生意失败，欠了很多外债后，一切都改变了。姚某开始酗酒，脾气越来越大，还经常为琐事打骂邵某。邵某为此找了居委会干事调解，但无济于事。长期下来，邵某的身体和精神受到了很大的伤害。那么，邵某该怎样保护自己呢？

律师解答

我国《民法典》规定，夫妻一方要求离婚的，可由有关部门进行调解或直接向人民法院提起离婚诉讼。人民法院审理离婚案件，应当进行调解；实施家庭暴力或虐待、遗弃家庭成员的，调解无效，应准予离婚。

在这则案例中，在家庭暴力发生时，邵某应该及时报警，进行验伤，以收集对方过错的证据。在取得相关证据后，邵某可以向法院提起诉讼，请求法院判令其与姚某离婚，并要求姚某进行赔偿。

法条链接

《中华人民共和国民法典》

第一千零七十九条　夫妻一方要求离婚的，可以由有关组织进行调解或者直接向人民法院提起离婚诉讼。

人民法院审理离婚案件，应当进行调解；如果感情确已破裂，调解无效的，应当准予离婚。

有下列情形之一，调解无效的，应当准予离婚：

（一）重婚或者与他人同居；

（二）实施家庭暴力或者虐待、遗弃家庭成员；

（三）有赌博、吸毒等恶习屡教不改；

（四）因感情不和分居满二年；

（五）其他导致夫妻感情破裂的情形。

一方被宣告失踪，另一方提起离婚诉讼的，应当准予离婚。

经人民法院判决不准离婚后，双方又分居满一年，一方再次提起离婚诉讼的，应当准予离婚。

《最高人民法院关于适用〈中华人民共和国婚姻法〉若干问题的解释（一）》

第一条　婚姻法第三条、第三十二条、第四十三条、第四十五条、第四十六条所称的“家庭暴力”，是指行为人以殴打、捆绑、残害、强行限制人身自由或者其他手段，给其家庭成员的身体、精神等方面造成一定伤害后果的行为。持续性、经常性的家庭暴力，构成虐待。

老公在外“包二奶”，老婆提出离婚会被法院支持吗？

现实问题

汪某（男）和毛某（女）结婚已经有好

几年了，汪某在外面做生意赚钱，毛某在家照顾家人，感情一直较好。但随着汪某的生意做到外地，这种情况改变了。汪某经常借口外地有生意，一去就是几个星期不回家。这种情况一直持续了两年，后来一次偶然的机会，毛某从汪某朋友那里得知，汪某在外地买了套房，早已与一名女子计某过起了同居生活。毛某提出离婚，但汪某不同意。那么，毛某该怎样保护自己呢？

律师解答

我国《民法典》规定，夫妻一方要求离婚的，可由有关部门进行调解或直接向人民法院提起离婚诉讼。人民法院审理离婚案件，应当进行调解；重婚或有配偶者与他人同居的，调解无效，应准予离婚。

在这则案例中，在发现丈夫在外“包二奶”后，毛某应该及时收集对方过错的证据。在取得相关证据后，毛某可以向法院提起诉讼，请求法院判令其与汪某离婚，并要求汪某进行赔偿。

法条链接

《中华人民共和国民法典》

第一千零七十九条　夫妻一方要求离婚的，可以由有关组织进行调解或者直接向人民法院提起离婚诉讼。

人民法院审理离婚案件，应当进行调解；如果感情确已破裂，调解无效的，应当准予离婚。

有下列情形之一，调解无效的，应当准予离婚：

（一）重婚或者与他人同居；

（二）实施家庭暴力或者虐待、遗弃家庭成员；

（三）有赌博、吸毒等恶习屡教不改；

（四）因感情不和分居满二年；

（五）其他导致夫妻感情破裂的情形。

一方被宣告失踪，另一方提起离婚诉讼的，应当准予离婚。

经人民法院判决不准离婚后，双方又分居满一年，一方再次提起离婚诉讼的，应当准予离婚。

《最高人民法院关于适用〈中华人民共和国婚姻法〉若干问题的解释（一）》

第二条　婚姻法第三条、第三十二条、第四十六条规定的“有配偶者与他人同居”的情形，是指有配偶者与婚外异性，不以夫妻名义，持续、稳定地共同居住。

夫妻分居满两年，一方提出离婚，另一方不同意该怎么办？

现实问题

成某（男）和戴某（女）结婚多年，由于性格原因，常常为了琐事发生争吵，随着争吵的增多，两人的矛盾也越积越多。终于在一次激烈的争吵后，戴某搬回了娘家居住，从此两人开始了分居生活。在分居期间，戴某几次提出离婚，成某坚决不同意，但也没提出什么好的解决方案。这样的日子一晃就过了两年。戴某觉得不能再这样拖下去了，可是成某的态度又让戴某一筹莫展。那么，戴某该怎样保护自己呢？

律师解答

我国《民法典》规定，夫妻一方要求离婚的，可由有关部门进行调解或直接向人民法院提起离婚诉讼。人民法院审理离婚案件，应当进行调解；因感情不和分居满二年，调解无效的，应准予离婚。

需要注意的是，夫妻必须是因感情不和而分居，分居必须是连续的，且已满二年，“夫妻分居满二年”须以证据证明。戴某在取得上述相关证明材料后，可以向法院提起诉讼，请求法院判令其与成某离婚。

法条链接

《中华人民共和国民法典》

第一千零七十九条 夫妻一方要求离婚的，可以由有关组织进行调解或者直接向人民法院提起离婚诉讼。

人民法院审理离婚案件，应当进行调解；如果感情确已破裂，调解无效的，应当准予离婚。

有下列情形之一，调解无效的，应当准予离婚：

（一）重婚或者与他人同居；

（二）实施家庭暴力或者虐待、遗弃家庭成员；

（三）有赌博、吸毒等恶习屡教不改；

（四）因感情不和分居满二年；

（五）其他导致夫妻感情破裂的情形。

一方被宣告失踪，另一方提起离婚诉讼的，应当准予离婚。

经人民法院判决不准离婚后，双方又分居满一年，一方再次提起离婚诉讼的，应当准予离婚。

男方有赌博恶习屡教不改的，女方提出离婚会被支持吗？

现实问题

庞某（男）和章某（女）结婚多年，由于庞某喜欢赌博，开始是麻将扑克，后来发展到赌球赌马，家里的积蓄很快被庞某用掉，两人也常常为此发生争吵，随着争吵的增多，两人的矛盾也越积越多。庞某因为赌博被公安机关处理过几次，但庞某却屡教不改。无奈之下，章某提出离婚，但庞某坚决不同意。那么，章某该怎样保护自己呢？

律师解答

我国《民法典》规定，夫妻一方要求离婚的，可由有关组织进行调解或直接向人民法院提起离婚诉讼。人民法院审理离婚案件，应当进行调解；有赌博、吸毒等恶习屡教不改的，调解无效，应准予离婚。

在现实生活中，因有赌博、吸毒等恶习而导致的离婚案件不在少数。沾染上这些恶习的人好逸恶劳，不务正业，不但不履行家庭义务，反而常常引发家庭暴力，消耗家庭的经济积蓄，使家庭的安宁、正常的生活难以为继。对于这类案件，人民法院一般会先行查明有赌博、吸毒等行为一方的一贯表现和事实情况。对情节较轻，有真诚悔改表现，对方也能谅解的，应着眼于调解和好。对于恶习难改，一贯不履行家庭义务，夫妻感情难以重建，夫妻难以共同生活的，经调解无效，应准予离婚。

在这则案例中，章某可以向法院起诉离婚。

法条链接

《中华人民共和国民法典》

第一千零七十九条 夫妻一方要求离婚的，可以由有关组织进行调解或者直接向人民法院提起离婚诉讼。

人民法院审理离婚案件，应当进行调解；如果感情确已破裂，调解无效的，应当准予离婚。

有下列情形之一，调解无效的，应当准予离婚：

（一）重婚或者与他人同居；

（二）实施家庭暴力或者虐待、遗弃家庭成员；

（三）有赌博、吸毒等恶习屡教不改；

（四）因感情不和分居满二年；

（五）其他导致夫妻感情破裂的情形。

一方被宣告失踪，另一方提起离婚诉讼的，应当准予离婚。

经人民法院判决不准离婚后，双方又分居满一年，一方再次提起离婚诉讼的，应当准予离婚。

夫妻一方下落不明的，另一方可以提出离婚吗?

现实问题

宋某（男）和茅某（女）是一对结婚多年的夫妻，婚后生活一直很好。宋某是一名“驴友”，平时喜欢和一帮朋友到处旅游，在一次去深山探险的过程中，由于突发山洪，宋某与其他“驴友”失去联系后便音信全无。之后茅某不但报了警，自己也到处寻找丈夫，但始终没有消息。这样的日子一晃就过了三年，后来茅某经人介绍认识了庞某，两人准备组建家庭，但此时茅某与宋某的婚姻关系尚未解除。那么，茅某该怎么办呢？宋某下落不明时，茅某可以提出离婚吗？

律师解答

依照法律相关规定，配偶下落不明，另外一方可以提起离婚诉讼。配偶下落不明满两年或两年以上，当事人可以依法向人民法院申请宣告下落不明人失踪（下落不明满两年）或死亡（下落不明满四年以上）。人民法院依法宣告下落不明人死亡的，其婚姻关系在宣告之日起解除，申请人可持人民法院的公告在婚姻登记机关办理再次结婚手续。人民法院依法宣告下落不明人失踪的，申请人可持人民法院公告向法院提起离婚诉讼，请求法院判决双方离婚。

在这则案例中，由于宋某失踪两年以上不满四年，符合宣告失踪的条件，茅某可以先向法院申请宣告宋某失踪，再请求法院判决双方离婚。

法条链接

《中华人民共和国民法典》

第一千零七十九条　夫妻一方要求离婚的，可以由有关组织进行调解或者直接向人民法院提起离婚诉讼。

人民法院审理离婚案件，应当进行调解；如果感情确已破裂，调解无效的，应当准予离婚。

有下列情形之一，调解无效的，应当准予离婚：

（一）重婚或者与他人同居；

（二）实施家庭暴力或者虐待、遗弃家庭成员；

（三）有赌博、吸毒等恶习屡教不改；

（四）因感情不和分居满二年；

（五）其他导致夫妻感情破裂的情形。

一方被宣告失踪，另一方提起离婚诉讼的，应当准予离婚。

经人民法院判决不准离婚后，双方又分居满一年，一方再次提起离婚诉讼的，应当准予离婚。

夫妻一方起诉解除同居关系的，法院应如何处理?

现实问题

项某（男）与祝某（女）是对刚刚毕业的大学生，两人在校期间就确立了恋爱关系，毕业后很自然地住在了一起。一开始的日子过得还算开心，但由于项某工作不顺利，一直处于失业状态，脾气也是越来越大，两人不断发生争吵，有几次项某还动手打了祝某。祝某提出分手，项某坚决不同意，还表示已经住在一起了，除非法院判决，否则就不准祝某离开。那么，祝某可以向法院起诉解除同居关系吗?

律师解答

我国《民法典》及相关司法解释规定，对于无配偶者之间要求解除同居关系的，人民法院不予受理。而对于有配偶者与无配偶者、有配偶者要求解除非法同居关系的，人民法院应予受理并依法予以解除。因此对于单纯的解除同居关系，法院是不予受理的。人民法院在审理解除非法同居关系时，如涉及非婚生子女抚养和财产分割问题，应与解除非法同居关系一并解决。具体分割财产时，应照顾妇女、儿童的利益，考虑财产的实际情况和双方的过错程度，妥善进行分割。

在这则案例中，由于项某和祝某不存在子女、财产分割问题，祝某完全可以自行离开项某，不需要经过法院判决，更不需要得到项某的同意。

法条链接

《最高人民法院关于适用〈中华人民共和国婚姻法〉若干问题的解释（二）》

第一条　当事人起诉请求解除同居关系的，人民法院不予受理。但当事人请求解除同居关系，属于婚姻法第三条、第三十二条、第四十六条规定的“有配偶者与他人同居”的，人民法院应当受理并依法予以解除。

当事人因同居期间财产分割或者子女抚养纠纷提起诉讼的，人民法院应当受理。

夫妻一方可以以另一方不尊重老人为由起诉离婚吗？

现实问题

董某（女）的父亲在她很小的时候就去世了，董某从小跟随母亲杜某生活，杜某为了保护董某不受欺负，也没有再婚，母女俩的关系非常好。董某大学毕业后，经人介绍认识了梁某，两人很快确立了恋爱关系，并建立了家庭。婚后，董某为了照顾杜某，还把杜某接来一起生活。谁知道，杜某始终觉得梁某配不上董某，怕董某受委屈，总是对梁某冷嘲热讽，弄得杜某和梁某的关系很僵。梁某几次向董某提出让杜某回老家住，董某不但不同意，还认为梁某不尊重老人，与梁某大吵大闹。甚至有几次在杜某的挑唆下，董某提出了离婚。那么，在这种情况下，董某可以以梁某不尊重老人为由提出离婚吗？

律师解答

敬老爱幼是中华民族的传统美德，但仅仅没有敬老爱幼却不是离婚的理由，我国《民法典》也明确规定，当事人仅以另一方不敬老爱幼为依据提起诉讼的，人民法院不予受理；已经受理的，裁定驳回起诉。

在这则案例中，梁某与杜某之间存在矛盾，董某应努力调和，而不是草率地提出离婚。如果董某仅以梁某不尊重杜某为由向法院起诉，法院是不会受理的。

法条链接

《中华人民共和国民法典》

第一千零四十三条　家庭应当树立优良家风，弘扬家庭美德，重视家庭文明建设。

夫妻应当互相忠实，互相尊重，互相关爱；家庭成员应当敬老爱幼，互相帮助，维护平等、和睦、文明的婚姻家庭关系。

《最高人民法院关于适用〈中华人民共和国婚姻法〉若干问题的解释（一）》

第三条　当事人仅以婚姻法第四条为依据提起诉讼的，人民法院不予受理；已经受理的，裁定驳回起诉。

军人配偶要求离婚，应如何处理？

现实问题

季某（男）是一名现役军人，在休探亲假的时候，经人介绍和贾某相识，两人很快确立了恋爱关系，经过一段时间的交往后，两人办理了结婚手续。季某回到部队后，两人便开始用书信和电话保持联系，一开始贾某还觉得没问题，可是时间一长，贾某感到空虚寂寞，平时有事丈夫又不在身边，感觉很不好。这样的日子持续了两年，贾某终于忍不住提出了离婚，但季某不同意。那么，贾某能以夫妻分居两地要求离婚吗？

律师解答

对现役军人的配偶提出离婚，我国《民法典》规定，现役军人配偶要求离婚，须得军人同意，但军人一方有重大过错的除外。这是对作为非军人的现役军人配偶提出离婚请求权的限制性规定。现役军人指的是在中国人民解放军和中国人民武装警察部队服役的、具有军（警）籍和军（警）衔的军官、士兵和警官、警士及其文职干部。

在这则案例中，季某是现役军人，除非其同意，或者其有重大过错，否则作为非军人配偶的贾某是不能离婚的。

法条链接

《中华人民共和国民法典》

第一千零七十九条　夫妻一方要求离婚的，可以由有关组织进行调解或者直接向人民法院提起离婚诉讼。

人民法院审理离婚案件，应当进行调解；如果感情确已破裂，调解无效的，应当准予离婚。

有下列情形之一，调解无效的，应当准予离婚：

（一）重婚或者与他人同居；

（二）实施家庭暴力或者虐待、遗弃家庭成员；

（三）有赌博、吸毒等恶习屡教不改；

（四）因感情不和分居满二年；

（五）其他导致夫妻感情破裂的情形。

一方被宣告失踪，另一方提起离婚诉讼的，应当准予离婚。

经人民法院判决不准离婚后，双方又分居满一年，一方再次提起离婚诉讼的，应当准予离婚。

第一千零八十一条　现役军人的配偶要求离婚，应当征得军人同意，但是军人一方有重大过错的除外。

《最高人民法院关于适用〈中华人民共和国婚姻法〉若干问题的解释（一）》

第二十三条　婚姻法第三十三条所称的“军人一方有重大过错”，可以依据婚姻法第三十二条第二款前三项规定及军人有其他重大过错导致夫妻感情破裂的情形予以判断。

女方在怀孕期间，男方可以提出离婚吗？

现实问题

路某（男）和娄某（女）结婚多年感情一直很好，但就是一直没有小孩。一次，路某到外地出差一个月回到家后，娄某告诉路某她已经怀孕了。狂喜过后的路某开始疑神疑鬼，怀疑孩子不是自己的，于是两人的感情开始出现问题，经常为了一些琐事争吵，路某始终认为孩子不是自己的，娄某给自己戴了“绿帽子”，终于路某在娄某怀孕六个月后向法院起诉要求离婚。那么，路某可以在这个时候提出离婚吗？

律师解答

怀孕期间的妇女，因其身体、生理、心理等各方面不同程度地发生变化，需要特殊的照顾，为了保护特殊时期女性的权利，我国《民法典》明确规定，女方在怀孕期间，分娩后一年内或终止妊娠后六个月内，男方不得提出离婚。

在这则案例中，路某在妻子娄某怀孕期间，无视妻子身体感情之需，整日疑神疑鬼，还与其争吵，更单方提出离婚，这侵害了娄某的合法权益。路某在娄某怀孕期间提起离婚诉讼，不符法律规定，法院应驳回路某的离婚请求。

法条链接

《中华人民共和国民法典》

第一千零八十二条　女方在怀孕期间、分娩后一年内或者终止妊娠后六个月内，男方不得提出离婚；但是，女方提出离婚或者人民法院认为确有必要受理男方离婚请求的除外。

离婚后又住在一起，就算是自动复婚了吗？

现实问题

江某（男）和郭某（女）结婚数年，虽然有时会吵吵小架，但感情还算不错。但随着郭某到了更年期，脾气不受控制地越来越大，两人之间也常为了琐事大吵大闹，在一次激烈的争吵后，两人一气之下办理了离婚手续，郭某搬回了娘家居住。离婚后，两人均非常后悔，经过亲朋好友的劝解和几次深刻的交流后，两人决定重归于好，郭某又重新搬回江某的住处，两人又住在了一起。那么，是不是从两人又住在一起开始，就算是复婚了呢？

律师解答

我国《民法典》规定，离婚后，男女双方自愿恢复夫妻关系的，必须到婚姻登记机关进行复婚登记。也就是说，复婚只有经过婚姻登记机关的登记，才能受到法律的保护。

在这则案例中，江某和郭某已经离婚，并办理了离婚手续，如果仅仅是又住在一起，并不能产生法律上复婚的法律效果，两人必须到婚姻登记机关办理复婚手续，才能算是正式复婚。

法条链接

《中华人民共和国民法典》

第一千零八十三条　离婚后，男女双方自愿恢复婚姻关系的，应当到婚姻登记机关重新进行结婚登记。

父母离婚时，不满二周岁的子女一般会判给谁？

现实问题

林某（男）和刁某（女）结婚三年，有一个 1 岁半的宝宝。由于两人是相亲认识，没有谈多久恋爱就在父母的催促下结了婚，婚后两人发现彼此在生活习惯上有很多的不同，虽然已经生下孩子，但始终没有建立起夫妻感情。经过再三思考，两人决定离婚。由于两人都喜欢孩子，在孩子的抚养权问题上产生了争执。两人互不相让，最后闹上了法院。那么，法院会把孩子判给谁呢？

律师解答

父母离婚时，如何确定子女的抚养关系，应从有利于子女身心健康，保障子女的合法权益出发，结合父母双方的抚养能力和抚养条件等具体情况解决。我国相关司法解释也规定，夫妻双方离婚时，对两周岁以内的子女，除非双方协商一致由父方抚养，或者母方存在严重疾病、没有抚养能力、有抚养能力而不尽抚养义务等情况，子女一般随母方生活。

在这则案例中，除非林某能够证明刁某存在不适宜抚养子女的情况，否则法院会将孩子判给母方刁某。

法条链接

《中华人民共和国民法典》

第一千零八十四条第三款　离婚后，不满两周岁的子女，以由母亲直接抚养为原则。已满两周岁的子女，父母双方对抚养问题协议不成的，由人民法院根据双方的具体情况，按照最有利于未成年子女的原则判决。子女已满八周岁的，应当尊重其真实意愿。

父母离婚时，二周岁以上的子女一般会判给谁？

现实问题

钟某（男）和邱某（女）结婚七年后离婚了，两人的女儿钟女随钟某生活，之后钟某又与徐某结婚，并在次年生下了儿子钟男，儿子出生后，钟某与徐某过了几年的幸福生活，但五年后随着钟某在外面有了女人，一切都改变了，两人开始无休止地争吵，终于有一天徐某提出了离婚。钟某对离婚没有意见，但条件是儿子钟男跟他生活，徐某坚决不同意。两人于是闹上了法院，那么，法院会将儿子判给谁呢？

律师解答

父母离婚时，如何确定子女的抚养关系，应从有利于子女身心健康，保障子女的合法权益出发，结合父母双方的抚养能力和抚养条件等具体情况解决。我国相关司法解释也规定，夫妻双方离婚时，对两周岁以上未成年的子女，父方和母方均要求随其生活，在一方存在已做绝育手术或因其他原因丧失生育能力，子女随其生活时间较长，无其他子女，或者另一方不宜与子女共同生活等情况的，可予优先考虑。

在这则案例中，徐某没有其他子女，只有钟男一个儿子，而钟某还有一个女儿钟女，因此，除非钟某能够举证徐某存在不宜与子女共同生活的情况，否则法院将把钟男判给徐某。

法条链接

《最高人民法院关于人民法院审理离婚案件处理子女抚养问题的若干具体意见》

3. 对两周岁以上未成年的子女，父方和母方均要求随其生活，一方有下列情形之一的，可予优先考虑：

(1) 已做绝育手术或因其他原因丧失生育能力的；

(2) 子女随其生活时间较长，改变生活环境对子女健康成长明显不利的；

(3) 无其他子女，而另一方有其他子女的；

(4) 子女随其生活，对子女成长有利，而另一方患有久治不愈的传染性疾病或其他严重疾病，或者有其他不利于子女身心健康的情形，不宜与子女共同生活的。

父母离婚时，由外公外婆带大的子女一般会判给谁？

现实问题

骆某（男）和高某（女）经人介绍认识交往后，很快办理了结婚手续，并在次年生下一个儿子小骆。由于两人都是公司白领，平时工作都非常忙，没有时间照顾孩子，于是两人决定将小骆交由高某的父母照顾。一晃六年过去了，小骆与外公外婆建立了深厚的感情，但骆某和高某的婚姻却走到了尽头。两人决定离婚，但都要求小骆跟随自己生活，外公外婆也舍不得小骆，希望小骆能够继续由他们照顾。在协商无果的情况下，只得闹上了法院，那么，法院会将小骆判给谁呢？

律师解答

父母离婚时，如何确定子女的抚养关系，应从有利于子女身心健康，保障子女的合法权益出发，结合父母双方的抚养能力和抚养条件等具体情况解决。我国相关司法解释还规定，父方与母方抚养子女的条件基本相同，双方均要求子女与其共同生活，但子女单独随祖父母或外祖父母共同生活多年，且祖父母或外祖父母要求并且有能力帮助子女照顾孙子女或外孙子女的，可作为子女随父或母生活的优先条件予以考虑。

在这则案例中，小骆从小由外公外婆照顾长大，且外公外婆愿意继续照顾小骆，骆某和高某的经济状况也差不多，除非骆某能够举证高某存在不宜与子女共同生活的情况，否则法院将把小骆判给高某。

法条链接

《最高人民法院关于人民法院审理离婚案件处理子女抚养问题的若干具体意见》

4. 父方与母方抚养子女的条件基本相同，双方均要求子女与其共同生活，但子女单独随祖父母或外祖父母共同生活多年，且祖父母或外祖父母要求并且有能力帮助子女照顾孙子女或外孙子女的，可作为子女随父或母生活的优先条件予以考虑。

父母双方可以协议轮流抚养子女吗?

现实问题

夏某（男）与蔡某（女）结婚七年后，由于性格不合无法继续共同生活，决定平静分手办理离婚。对于两人五岁的儿子小夏，两人都非常喜欢，都希望小夏能够随自己生活，但考虑到对方的感受，双方希望能够由两人轮流抚养小夏，每人一年，一直到小夏能够独立生活。但夏某听说孩子只能随父母一方生活，那么法律对于这种情况是如何规定的？父母双方可以协议轮流抚养子女吗？

律师解答

一般情况下，父母离婚时，子女只随一方共同生活或者较多地随一方共同生活。但相关司法解释规定，在有利于保护子女利益的前提下，父母双方协议轮流抚养子女的，可予准许。根据此规定，父母双方轮流抚养子女的，一般需要由双方当事人达成协议，由人民法院认可。采用这种抚养方式，需要一定的客观条件，要有利于子女的健康成长和保护其合法权益。有的当事人在达成协议后，一方或者双方反悔，不履行协议，当事人双方可以就抚养问题另行起诉。

法条链接

《最高人民法院关于人民法院审理离婚案件处理子女抚养问题的若干具体意见》

6. 在有利于保护子女利益的前提下，父母双方协议轮流抚养子女的，可予准许。

父母离婚的，子女抚育费的数额该如何确定?

现实问题

田某（男）和胡某（女）两人结婚多年，育有一子小田。田某在外上班赚钱，胡某在家照顾老人和孩子，小日子过得还算不错。但随着田某在外面认识了“小三”霍某，家里的情况就发生了变化，田某和胡某开始无休止地争吵，最后两人选择了离婚。两人同意小田和胡某生活，但在抚育费的问题上，两人产生了分歧，胡某认为田某的收入每月至少1万元，应该拿出2000元到3000元作为抚育费，而田某则认为当地消费水平不高，1000元就足够了。两人协商不成闹到了法院，那么法院会如何确定抚育费的数额呢？

律师解答

依照相关司法解释的规定，子女抚育费的数额，可根据子女的实际需要、父母双方的负担能力和当地的实际生活水平确定。有固定收入的，抚育费一般可按其月总收入的百分之二十至三十的比例给付。负担两个以上子女抚育费的，比例可适当提高，但一般不得超过月总收入的百分之五十。无固定收入的，抚育费的数额可依据当年总收入或同行业平均收入，参照上述比例确定。有特殊情况的，可适当提高或降低上述比例。

在这则案例中，田某每月有固定的收入至少1万元，一般按其月总收入的百分之二十至三十的比例给付，也就是每月2000到3000元。除非田某有特殊情况可适当降低比例，否则法院一般会在这个范围内确定抚育费的数额。

法条链接

《最高人民法院关于人民法院审理离婚案件处理子女抚养问题的若干具体意见》

7. 子女抚育费的数额，可根据子女的实际需要、父母双方的负担能力和当地的实际生活水平确定。

有固定收入的，抚育费一般可按其月总收入的百分之二十至三十的比例给付。负担两个以上子女抚育费的，比例可适当提高，但一般不得超过月总收入的百分之五十。

无固定收入的，抚育费的数额可依据当年总收入或同行业平均收入，参照上述比例确定。

有特殊情况的，可适当提高或降低上述比例。

《中华人民共和国民法典》

第一千零八十五条　离婚后，子女由一方直接抚养的，另一方应当负担部分或者全部抚养费。负担费用的多少和期限的长短，由双方协议；协议不成的，由人民法院判决。

前款规定的协议或者判决，不妨碍子女在必要时向父母任何一方提出超过协议或者判决原定数额的合理要求。

《最高人民法院关于适用〈中华人民共和国婚姻法〉若干问题的解释（一）》

第二十一条　婚姻法第二十一条所称“抚养费”，包括子女生活费、教育费、医疗费等费用。

子女已满18周岁但尚在校就读的，离婚的父母还需要负担抚育费吗?

现实问题

万某（男）和柯某（女）在女儿小万10岁那年离了婚，两人约定女儿随柯某生活，万某每月支付1000元的抚育费，直到小万年满18周岁。小万很争气，高中毕业后考进了名牌大学。但就在小万考入大学后，万某却以小万已经年满18周岁为由，停止支付抚育费，柯某则认为小万还在读书，万某应继续支付抚育费，直到小万毕业工作为止。那么两人的观点谁对谁错呢?

律师解答

我国相关司法解释规定，一般情况下，抚育费的给付期限，以子女18周岁为止。但如果子女有丧失劳动能力或虽未完全丧失劳动能力但其收入不足以维持生活或尚在校就读，确无独立生活能力和条件的情况，且父母又有给付能力的，仍应负担必要的抚育费。

在这则案例中，虽然小万已经年满18周岁，但仍是在校学生，没有工作，不能独立生活，因此万某仍应支付必要的抚育费。

法条链接

《最高人民法院关于人民法院审理离婚案件处理子女抚养问题的若干具体意见》

11. 抚育费的给付期限，一般至子女十八周岁为止。

十六周岁以上不满十八周岁，以其劳动收入为主要生活来源，并能维持当地一般生活水平的，父母可停止给付抚育费。

12. 尚未独立生活的成年子女有下列情形之一，父母又有给付能力的，仍应负担必要的抚育费：

（1）丧失劳动能力或虽未完全丧失劳动能力，但其收入不足以维持生活的；

（2）尚在校就读的；

（3）确无独立生活能力和条件的。

夫妻离婚时，继父母对继子女有抚养义务吗?

现实问题

丁某（男）和洪某（女）结婚七年后离

婚，3 岁的儿子小丁随母亲洪某生活。洪某之后又与邓某结婚组建了家庭，但不幸的是，3 年后，洪某和邓某的婚姻之路还是走到了尽头，两人由于性格不合，决定离婚。小丁自然仍然随洪某生活，但在邓某是否需要支付抚育费的问题上，两人产生了争执。洪某认为小丁是邓某的继子，邓某理应支付抚育费，而邓某认为小丁并非自己亲生，不同意继续抚养。那么，在这则案例中，谁的观点正确呢？

律师解答

我国相关司法解释规定，生父与继母或生母与继父离婚时，对曾受其抚养教育的继子女，继父或继母不同意继续抚养的，仍应由生父母抚养。也就是说，继父母对继子女的抚养义务，以继父母与子女生父母之间的婚姻关系为基础，如果双方离婚，继父母可以不继续抚养继子女。

在这则案例中，小丁不是邓某亲生，在邓某与洪某结婚期间，邓某有抚养教育的义务，而一旦两人离婚，邓某就不存在继续抚养的义务了。

法条链接

《最高人民法院关于人民法院审理离婚案件处理子女抚养问题的若干具体意见》

13. 生父与继母或生母与继父离婚时，对曾受其抚养教育的继子女，继父或继母不同意继续抚养的，仍应由生父母抚养。

离婚后，一方可以要求变更子女抚养关系吗？

现实问题

包某（男）和石某（女）结婚七年后离婚，3 岁的女儿小包随母亲石某生活。石某之后又与崔某结婚组建了家庭，并在次年生下了儿子小崔，小崔出生后，崔某和石某对儿子宠爱有加，对女儿小包日渐冷淡，有时候遇到不顺心的事情，还会对小包进行打骂出气。包某知道这种情况后非常心疼，向石某提出由其来抚养小包，但石某不同意。那么，此时包某有什么办法来争取小包的抚养权？

律师解答

子女抚养权的归属，是以有利于保护子女的利益为原则的，如果出现了不利于子女健康成长的情形，就应变更子女的抚养关系。所以，离婚后，子女抚养关系可以变更，但必须符合法律规定，且通过向法院起诉的方式进行变更。

在这则案例中，与小包共同生活的石某不尽抚养义务而且有虐待子女行为，符合相关司法解释关于变更抚养权的情况，包某可以向法院提起诉讼，要求变更小包的抚养权。

法条链接

《最高人民法院关于人民法院审理离婚案件处理子女抚养问题的若干具体意见》

15. 离婚后，一方要求变更子女抚养关系的，或者子女要求增加抚育费的，应另行起诉。

16. 一方要求变更子女抚养关系有下列情形之一的，应予支持。

（1）与子女共同生活的一方因患严重疾病或因伤残无力继续抚养子女的；

（2）与子女共同生活的一方不尽抚养义务或有虐待子女行为，或其与子女共同生活对子女身心健康确有不利影响的；

（3）十周岁以上未成年子女，愿随另一方生活，该方又有抚养能力的；

（4）有其他正当理由需要变更的。

17. 父母双方协议变更子女抚养关系的，应予准许。

离婚后，子女可以要求增加抚育费吗？

现实问题

龚某（男）和程某（女）结婚八年后离

婚，4岁的女儿小龚随母亲生活，龚某每月支付抚育费800元。随着小龚一天天长大，开销日渐增大，而且由于通货膨胀，800元已经不足以维持小龚的日常生活，随着小龚考上外地大学，花费急剧增加。于是程某向龚某提出增加抚育费，但龚某认为数额是当初定好的，不愿意增加。那么，小龚可以根据实际需要要求龚某增加抚育费吗？

律师解答

我国《民法典》以及相关司法解释规定，子女可以在必要时向父母任何一方提出超过原定抚育费数额的合理要求。当因原定抚育费数额不足以维持当地实际生活水平，或因子女患病、上学，实际需要已超过原定数额等正当理由请求增加的，父或母有给付能力的，应予支持。

在这则案例中，由于原定800元的抚育费数额不足以维持实际生活水平，且由于小龚到外地上大学，实际需要已远远超过原定数额。那么此时小龚可以要求龚某增加抚育费，但应通过向法院起诉的方式进行。

法条链接

《中华人民共和国民法典》

第一千零八十五条　离婚后，子女由一方直接抚养的，另一方应当负担部分或者全部抚养费。负担费用的多少和期限的长短，由双方协议；协议不成的，由人民法院判决。

前款规定的协议或者判决，不妨碍子女在必要时向父母任何一方提出超过协议或者判决原定数额的合理要求。

《最高人民法院关于人民法院审理离婚案件处理子女抚养问题的若干具体意见》

15. 离婚后，一方要求变更子女抚养关系的，或者子女要求增加抚育费的，应另行起诉。

18. 子女要求增加抚育费有下列情形之一，父或母有给付能力的，应予支持。

（1）原定抚育费数额不足以维持当地实际生活水平的；

（2）因子女患病、上学，实际需要已超过原定数额的；

（3）有其他正当理由应当增加的。

离婚后，父母可以因为子女变更姓氏而拒付子女抚育费吗？

现实问题

陆某（男）与翁某（女）结婚七年后离婚，两人5岁的女儿小陆随母亲翁某生活，陆某每月支付抚育费1000元。三年后，翁某和于某再婚，由于于某没有子女，又特别喜欢小陆，于是便提出让小陆改姓于，这样显得更是一家人。翁某想想有道理，就到公安机关为小陆办理了改名手续。陆某得知这个消息后，大发雷霆，认为女儿改姓了就不是自己的女儿了，并开始拒绝支付抚育费。那么，陆某这样的做法有道理吗？

律师解答

父母离婚后，父母子女关系依然存在，即便孩子改随他姓，这种父母子女关系也没有发生变化，父亲对改名后的孩子仍然负有抚养义务。相关司法解释也规定，父母不得因子女变更姓氏而拒付子女抚育费。该条同时规定，父或母一方擅自将子女姓氏改为继母或继父姓氏而引起纠纷的，应责令恢复原姓氏。但这必须以诉讼为前提。

在这则案例中，小陆改姓后，父亲陆某应该继续支付抚养费，不得以孩子已经改姓为由抗辩。

法条链接

《最高人民法院关于人民法院审理离婚案件处理子女抚养问题的若干具体意见》

19. 父母不得因子女变更姓氏而拒付

子女抚育费。父或母一方擅自将子女姓氏改为继母或继父姓氏而引起纠纷的，应责令恢复原姓氏。

在离婚诉讼期间，双方均拒绝抚养子女的，该怎么办？

现实问题

曲某（男）与段某（女）结婚七年后准备离婚，两人有一个3岁的女儿小曲，由于两人平时工作都很忙，小曲一直随外公外婆生活。在处理离婚相关问题时，两人在财产债务等问题上产生了争议，于是决定去法院解决。起诉到法院后，段某提出自己父母照顾小曲已经这么久了，诉讼期间应该由曲某抚养，曲某却表示小曲判给谁还不一定，不同意在这段时间抚养小曲。那么在两人都不同意抚养小曲的情况下，法院会如何处理呢？

律师解答

父母离婚，但孩子是无辜的，不能因为父母的问题让孩子受到伤害。在离婚诉讼期间，双方均拒绝抚养子女的，可先行裁定暂由一方抚养。

在这则案例中，法院应立即作出先行裁定，由曲某或段某一方履行诉讼期间的抚养义务。

法条链接

《最高人民法院关于人民法院审理离婚案件处理子女抚养问题的若干具体意见》

20. 在离婚诉讼期间，双方均拒绝抚养子女的，可先行裁定暂由一方抚养。

离婚后，不直接抚养子女的父或母，有探望子女的权利吗？

现实问题

巫某（男）和宫某（女）结婚七年后离婚，两人5岁的儿子小巫随母亲宫某生活，巫某每月支付抚育费1000元，每月探望子女一次。三年后，宫某与甘某再婚，宫某再婚后向巫某提出，由于宫某已经再婚，巫某再来探望小巫不方便，让巫某以后不要再来探望小巫了。巫某坚决不同意，于是宫某随后搬了家，并换了手机号码。巫某在宫某再婚后还能探望小巫吗？

律师解答

探望权是指离婚后未直接抚养子女的父母一方依法享有的在一定时间、以一定方式探视、看望子女的权利。我国《民法典》规定，离婚后，不直接抚养子女的父或母享有探望子女的权利，另一方有协助的义务。行使探望权利的方式、时间由当事人协议；协议不成的，由人民法院判决。由此可见，享有探望权的主体是离婚后未直接抚养子女的父亲或母亲，探望权是法律赋予没有监护权的父或母的一项基本权利。

在这则案例中，宫某虽然再婚，但小巫仍然是巫某的儿子，除非巫某出现不利于子女身心健康的情况，否则宫某不能中止巫某的探望权。

法条链接

《中华人民共和国民法典》

第一千零八十六条 离婚后，不直接抚养子女的父或者母，有探望子女的权利，另一方有协助的义务。

行使探望权利的方式、时间由当事人协议；协议不成的，由人民法院判决。

父或者母探望子女，不利于子女身心健康的，由人民法院依法中止探望；中止的事由消失后，应当恢复探望。

《最高人民法院关于适用〈中华人民共和国婚姻法〉若干问题的解释（一）》

第二十四条 人民法院作出的生效的离婚判决中未涉及探望权，当事人就探望权问题单独提起诉讼的，人民法院应予受理。

父或母探望子女，不利于子女身心健康的，可以中止探望吗？

现实问题

宁某（男）和甘某（女）结婚七年后离婚，两人5岁的儿子小宁随母亲甘某生活，宁某每月支付抚育费1000元，每月探望子女一次。由于宁某没有一技之长，离婚后很快就误入歧途，和一帮狐朋狗友混在一起，开始吸毒。甘某知道这个情况后，告诉宁某，吸毒的父亲接触儿子不好，除非其戒毒，否则不准宁某再来探望小宁。宁某坚决不同意，表示小宁是自己儿子，自己有权探望。那么两个人的说法哪个是正确的呢？

律师解答

我国《民法典》及相关司法解释规定，父或母探望子女，不利于子女身心健康的，由人民法院依法中止探望的权利；中止的事由消失后，应当恢复探望的权利。未成年子女、直接抚养子女的父或母及其他对未成年子女负担抚养、教育义务的法定监护人，有权向人民法院提出中止探望权的请求。

在这则案例中，宁某存在吸毒行为，显然不利于小宁的身心健康，甘某可以向法院提出请求，中止宁某的探望权。

法条链接

《中华人民共和国民法典》

第一千零八十六条　离婚后，不直接抚养子女的父或者母，有探望子女的权利，另一方有协助的义务。

行使探望权利的方式、时间由当事人协议；协议不成的，由人民法院判决。

父或者母探望子女，不利于子女身心健康的，由人民法院依法中止探望；中止的事由消失后，应当恢复探望。

《最高人民法院关于适用〈中华人民共和国婚姻法〉若干问题的解释（一）》

第二十五条　当事人在履行生效判决、裁定或者调解书的过程中，请求中止行使探望权的，人民法院在征询双方当事人意见后，认为需要中止行使探望权的，依法作出裁定。中止探望的情形消失后，人民法院应当根据当事人的申请通知其恢复探望权的行使。

第二十六条　未成年子女、直接抚养子女的父或母及其他对未成年子女负担抚养、教育义务的法定监护人，有权向人民法院提出中止探望权的请求。

离婚时，处理夫妻共同财产的原则是什么？

现实问题

武某（男）和刘某（女）结婚七年，因为感情破裂准备离婚，两人对于孩子由谁抚养没有争议，但对于如何分配夫妻共同财产产生了争议。武某认为夫妻共同财产就应该一人一半，平均分配。刘某则认为她是女性，且孩子随其生活，她应该多分。两人为此争执不下，那么，法律对于夫妻离婚时如何处理共同财产有什么规定呢？

律师解答

我国《民法典》规定，离婚时，夫妻的共同财产由双方协议处理；协议不成的，由人民法院根据财产的具体情况，依据照顾子女和女方权益的原则判决。夫或妻在家庭土地承包经营中享有的权益等，应当依法予以保护。

除此之外，为了维护夫妻双方当事人的利益，维护整个社会关系的稳定，根据《民法典》的立法精神以及各国的立法例，在分割共同财产过程中还要坚持以下一些原则：（1）有利于生产和生活的原则；（2）夫妻均等分割的原则；（3）夫妻对共同财产协议不成的，由人民法院根据财产的具体情况判决；(4）照顾无过错方的原则；(5）适当照顾女方和子女利益的原则；(6）不损害国家、集体和他人利益的原则；(7）未成年子女的财产，应由抚养子女的一方代为管理。

法条链接

《中华人民共和国民法典》

第一千零八十七条　离婚时，夫妻的共同财产由双方协议处理；协议不成的，由人民法院根据财产的具体情况，按照照顾子女、女方和无过错方权益的原则判决。

对夫或者妻在家庭土地承包经营中享有的权益等，应当依法予以保护。

离婚时，如何分割夫妻共同财产中的有价证券？

现实问题

龙某（男）和叶某（女）婚后一直感情不和，经常吵架，经过几次深谈，两人决定离婚，但在分割家庭财产上产生分歧，由于龙某在结婚后购买了一些股票、债券等有价证券，叶某主张按面值与龙某平分，但龙某考虑到有价证券存在增值减值问题，不同意按面值平分，提出每人拿一部分股票、债券等有价证券。两人都不同意对方提出的分配方案。那么，这些有价证券应当如何分割呢？

律师解答

夫妻双方分割共同财产中的股票、债券、投资基金份额等有价证券以及未上市股份有限公司股份时，协商不成或者按市价分配有困难的，人民法院可以根据数量按比例分配。

也就是说，在分割有价证券时，应遵循先协商、再市价、后数量的先后顺序，双方能协商的最好，不能协商的按市价分配，若按市价分配还是有困难，人民法院可以根据数量按比例分配。

法条链接

《最高人民法院关于适用〈中华人民共和国婚姻法〉若干问题的解释（二）》

第十五条　夫妻双方分割共同财产中的股票、债券、投资基金份额等有价证券以及未上市股份有限公司股份时，协商不成或者按市价分配有困难的，人民法院可以根据数量按比例分配。

离婚时，如何分割夫妻共同财产中的公司股份？

现实问题

黎某（男）在和白某（女）结婚后，与朋友一起设立一家有限公司，黎某占有公司30%的股份。七年后，黎某和白某因为性格不合准备离婚。对于子女由谁抚养，以及房子车子如何分配，两人均没有意见。但对于如何处理黎某在公司中的股权，两人均没有了主意。股份看不见摸不着，也很难明确计算具体的价值。那么对于如何分割夫妻共同财产中的公司股份，法律是如何规定的呢？

律师解答

夫妻双方可以协商一致将出资额部分或者全部转让给该股东的配偶，使该股东的配偶成为该公司的股东。如果其他股东不同意转让，也可以将出资额转让给其他股东，就所得财产进行分割。

法条链接

《最高人民法院关于适用〈中华人民共和国婚姻法〉若干问题的解释（二）》

第十六条　人民法院审理离婚案件，涉及分割夫妻共同财产中以一方名义在有限责任公司的出资额，另一方不是该公司股东的，按以下情形分别处理：

（一）夫妻双方协商一致将出资额部分或者全部转让给该股东的配偶，过半数股东同意、其他股东明确表示放弃优先购买权的，该股东的配偶可以成为该公司股东；

（二）夫妻双方就出资额转让份额和转让价格等事项协商一致后，过半数股东不同意转让，但愿意以同等价格购买该出资额的，人民法院可以对转让出资所得财产进行分割。过半数股东不同意转让，也不愿意以同等价格购买该出资额的，视为其同意转让，该股东的配偶可以成为该公司股东。

用于证明前款规定的过半数股东同意的证据，可以是股东会决议，也可以是当事人通过其他合法途径取得的股东的书面声明材料。

离婚时，如何分割夫妻共同财产中的对合伙企业的出资？

现实问题

赖某（男）在和屠某（女）结婚后，与朋友一起设立一家合伙企业。七年后，赖某和屠某因为性格不合准备离婚。对于子女由谁抚养，以及房子车子如何分配，两人均没有意见。但对于如何处理赖某在合伙企业中的出资，两人均没有了主意。是让屠某加入合伙企业成为合伙人，还是屠某退出合伙企业，两人感到很困惑。那么对于如何分割夫妻共同财产中的对合伙企业出资，法律是如何规定的呢？

律师解答

夫妻双方可以协商一致将财产份额全部或者部分转让给该合伙人的配偶，使该股东的配偶成为该合伙企业的合伙人。如果其他合伙人不同意转让，也可以将财产份额转让给其他合伙人，就所得财产进行分割。也可以退伙，对退还的财产进行分割。

法条链接

《最高人民法院关于适用〈中华人民共和国婚姻法〉若干问题的解释（二）》

第十七条　人民法院审理离婚案件，涉及分割夫妻共同财产中以一方名义在合伙企业中的出资，另一方不是该企业合伙人的，当夫妻双方协商一致，将其合伙企业中的财产份额全部或者部分转让给对方时，按以下情形分别处理：

（一）其他合伙人一致同意的，该配偶依法取得合伙人地位；

（二）其他合伙人不同意转让，在同等条件下行使优先受让权的，可以对转让所得的财产进行分割；

（三）其他合伙人不同意转让，也不行使优先受让权，但同意该合伙人退伙或者退还部分财产份额的，可以对退还的财产进行分割；

（四）其他合伙人既不同意转让，也不行使优先受让权，又不同意该合伙人退伙或者退还部分财产份额的，视为全体合伙人同意转让，该配偶依法取得合伙人地位。

离婚时，如何分割夫妻以一方名义投资设立的独资企业？

现实问题

乔某（男）在和党某（女）结婚后，以自己的名义投资设立了一家独资企业。七年后，乔某和党某因为性格不合准备离婚。对于子女由谁抚养，以及房子车子如何分配，两人均没有意见。但对于如何处理乔某投资设立的独资企业，两人均没有了主意。那么对于如何分割夫妻以一方名义投资设立的独资企业，法律是如何规定的呢？

律师解答

分割独资企业的关键是看双方是否愿意继续经营该企业。如果一方主张经营该企业的，应对企业资产进行评估后，由取得企业一方给予另一方相应的补偿；如果双方均主张经营该企业的，在双方竞价基础上，由取得企业的一方给予另一方相应的补偿；如果双方均不愿意经营该企业的，按照《个人独资企业法》等有关规定办理。

法条链接

《最高人民法院关于适用〈中华人民共和国婚姻法〉若干问题的解释（二）》

第十八条 夫妻以一方名义投资设立独资企业的，人民法院分割夫妻在该独资企业中的共同财产时，应当按照以下情形分别处理：

（一）一方主张经营该企业的，对企业资产进行评估后，由取得企业一方给予另一方相应的补偿；

（二）双方均主张经营该企业的，在双方竞价基础上，由取得企业的一方给予另一方相应的补偿；

（三）双方均不愿意经营该企业的，按照《中华人民共和国个人独资企业法》等有关规定办理。

离婚时，如何分割夫妻共同财产中的房屋？

现实问题

谭某（男）和牛某（女）是大学同学，大学时候就开始谈恋爱了，毕业后不久便办理了结婚登记，结婚后，两人购买了一套商品房用于居住。三年后，由于生活琐事两人开始产生争执，之后争吵越来越激烈，终于在几次深谈后，两人决定离婚。两人对于各自名下的财产如何分割没有意见。但对于房子该如何分割，两人均没有了主意。那么对于该房屋，法律是如何规定的呢？

律师解答

分割房屋的关键是看双方是否主张房屋的所有权。双方均主张房屋所有权的，可以通过竞价的方式来确定由谁取得；一方主张房屋所有权的，由评估机构按市场价格对房屋作出评估，取得房屋所有权的一方应当给予另一方相应的补偿；双方均不主张房屋所有权的，可以根据当事人的申请拍卖房屋，就所得价款进行分割。

法条链接

《最高人民法院关于适用〈中华人民共和国婚姻法〉若干问题的解释（二）》

第二十条 双方对夫妻共同财产中的房屋价值及归属无法达成协议时，人民法院按以下情形分别处理：

（一）双方均主张房屋所有权并且同意竞价取得的，应当准许；

（二）一方主张房屋所有权的，由评估机构按市场价格对房屋作出评估，取得房屋所有权的一方应当给予另一方相应的补偿；

（三）双方均不主张房屋所有权的，根据当事人的申请拍卖房屋，就所得价款进行分割。

《国家税务总局关于离婚后房屋权属变化是否征收契税的批复》

广东省财政厅《关于对离婚后房屋权属变化是否征收契税的请示》收悉，经研究，现批复如下：

根据我国婚姻法的规定，夫妻共有房屋属共同共有财产。因夫妻财产分割而将原共有房屋产权归属一方，是房产共有权的变动而不是现行契税政策规定征税的房屋产权转移行为。因此，对离婚后原共有房屋产权的归属人不征收契税。

离婚时，如何分割夫妻共同财产中尚未取得所有权的房屋？

现实问题

燕某（男）和尚某（女）都是大龄青年，经人介绍后开始谈恋爱，两人很快就在家长的催促下办理了结婚登记。结婚后，两人购买了一套两年后交房的期房，准备用于日后居住。买好期房后，两人之间矛盾开始激化，口角不断，争吵越来越激烈，终于在几次深谈后，决定离婚。两人对于各自名下的财产如何分割没有意见。但对于那套还没有交房的房子该如何分割，两人均没有了主意。那么对于如何分割夫妻共同财产中尚未取得所有权的房屋，法律是如何规定的呢？

律师解答

离婚时双方对尚未取得所有权或者尚未取得完全所有权的房屋有争议且协商不成的，人民法院不宜判决房屋所有权的归属，应当根据实际情况判决由当事人使用。当事人就前款规定的房屋取得完全所有权后，有争议的，可以另行向人民法院提起诉讼。

法条链接

《最高人民法院关于适用〈中华人民共和国婚姻法〉若干问题的解释（二）》

第二十一条　离婚时双方对尚未取得所有权或者尚未取得完全所有权的房屋有争议且协商不成的，人民法院不宜判决房屋所有权的归属，应当根据实际情况判决由当事人使用。

当事人就前款规定的房屋取得完全所有权后，有争议的，可以另行向人民法院提起诉讼。

父母为双方购置房屋出资的，如何界定出资的归属？

现实问题

温某（男）和庄某（女）经人介绍相识，经过一段时间的交往，两人办理了结婚手续。结婚后，两人打算购买一套商品房用来居住。但由于两人工作不久，积蓄不足以购买房屋。于是温某的父母拿出50万元，帮助小两口购买了房屋。三年后，两人因为感情破裂准备离婚。对于该套房产如何分割，两人产生了争执。温某认为房子是其父母出资购买，和庄某无关。而庄某则认为该房子是温某父母为小两口购买的，是夫妻共同财产。那么，谁的观点正确呢？

律师解答

父母为双方购置房屋出资的时间非常关键。当事人结婚前，父母为双方购置房屋出资的，该出资应当认定为对自己子女的个人赠与，但父母明确表示赠与双方的除外。当事人结婚后，父母为双方购置房屋出资的，该出资应当认定为对夫妻双方的赠与，但父母明确表示赠与一方的除外。

在这则案例中，温某父母在小两口结婚后出资，如果没有证据证明当时是明确表示赠与一方，则该出资应认定为对小两口的赠与，房子属于夫妻共同财产。

法条链接

《最高人民法院关于适用〈中华人民共和国婚姻法〉若干问题的解释（二）》

第二十二条　当事人结婚前，父母为双方购置房屋出资的，该出资应当认定为对自己子女的个人赠与，但父母明确表示赠与双方的除外。

当事人结婚后，父母为双方购置房屋出资的，该出资应当认定为对夫妻双方的赠与，但父母明确表示赠与一方的除外。

在离婚案件中，当事人对公房的使用、承租问题发生争议，人民法院可否予以处理？

现实问题

饶某（男）和辛某（女）是对夫妻，由于感情破裂，现在正在法院诉讼离婚。饶某和辛某没有买房，平时住在租赁的公有住房里。在诉讼过程中，两人就由谁继续承租公房没能协商达成一致，于是希望法院能够一并处理两人公房承租问题，但又担心租赁的公房不是两人财产，法院不会处理。那么，法律对此是如何规定的呢？

律师解答

依照相关司法解释的规定，在离婚案件中，当事人对公房的使用、承租问题发生争议，协商不成的，人民法院应根据案件的具体情况，依法予以妥善处理。

在这则案例中，由于两人就公房承租争议自行协商不成，那么法院应该予以妥善处理。

法条链接

《最高人民法院关于审理离婚案件中公房使用、承租若干问题的解答》

一、在离婚案件中，当事人对公房的使用、承租问题发生争议，自行协商不成，或者经当事人双方单位或有关部门调解不成的，人民法院应根据案件的具体情况，依法予以妥善处理。

夫妻共同居住的公房，在什么情况下，离婚后双方均可承租？

现实问题

古某（男）和易某（女）是对夫妻，两人住在古某婚前租赁的公有住房里，两人结婚七年后，因为感情破裂决定离婚。在谈到公房租赁问题上，古某认为公房是自己结婚前承租的，与易某无关，但易某认为自己与古某结婚多年，应该也有权承租。那么，法律对此是如何规定的呢？

律师解答

依照相关司法解释的规定，夫妻共同居住的公房，婚前由一方承租的公房，婚姻关系存续五年以上的，离婚后，双方均可承租。

在这则案例中，古某和易某结婚已经七年，在离婚后，易某也有权对公房进行承租。

法条链接

《最高人民法院关于审理离婚案件中公房使用、承租若干问题的解答》

二、夫妻共同居住的公房，具有下列情形之一的，离婚后，双方均可承租：

（一）婚前由一方承租的公房，婚姻关系存续5年以上的；

（二）婚前一方承租的本单位的房屋，离婚时，双方均为本单位职工的；

（三）一方婚前借款投资建房取得的公房承租权，婚后夫妻共同偿还借款的；

（四）婚后一方或双方申请取得公房承租权的；

（五）婚前一方承租的公房，婚后因该承租房屋拆迁而取得房屋承租权的；

（六）夫妻双方单位投资联建或联合购置的共有房屋的；

（七）一方将其承租的本单位的房屋，交回本单位或交给另一方单位后，另一方单位另给调换房屋的；

（八）婚前双方均租有公房，婚后合并调换房屋的；

（九）其他应当认定为夫妻双方均可承租的情形。

对夫妻双方均可承租的公房，应依照什么原则处理？

现实问题

廖某（男）和耿某（女）是对夫妻，婚后生下一个女儿小廖，两人没有买房，住在两人承租的公房里，结婚六年后，两人因为感情破裂决定离婚。两人商定由耿某抚养小廖，家里的现金和存款归耿某所有。但对于公房，两人都想承租。那么，法律对此是如何规定的呢？

律师解答

依照相关司法解释的规定，对夫妻双方均可承租的公房，应照顾抚养子女的一方；男女双方在同等条件下，照顾女方。

在这则案例中，双方因为感情破裂离婚，耿某既是女方，又要照顾抚养子女，应照顾其承租公房。

法条链接

《最高人民法院关于审理离婚案件中公房使用、承租若干问题的解答》

三、对夫妻双方均可承租的公房，应依照下列原则予以处理：

（一）照顾抚养子女的一方；

（二）男女双方在同等条件下，照顾女方；

（三）照顾残疾或生活困难的一方；

（四）照顾无过错一方。

对夫妻双方均可承租的公房而由一方承租的，承租方对另一方是否应给予经济补偿？

现实问题

温某（男）和庄某（女）是对夫妻，两人没有买房，住在两人承租的公房里。三年后，两人因为感情破裂决定离婚。两人没有子女，在对现金、存款等动产进行分割后，两人商定由温某继续承租公房，庄某回娘家住，但庄某表示温某必须给她一定的经济补偿。那么，法律对此是如何规定的呢？

律师解答

依照相关司法解释的规定，对夫妻双方均可承租的公房而由一方承租的，承租方对另一方可给予适当的经济补偿。

在这则案例中，两人均可承租公房，双方约定离婚后由温某继续承租的，温某应对庄某给予经济补偿。

法条链接

《最高人民法院关于审理离婚案件中公房使用、承租若干问题的解答》

四、对夫妻双方均可承租的公房而由一方承租的，承租方对另一方可给予适当的经济补偿。

夫妻双方均可承租的公房能够隔开分室居住使用的，可否由双方分别租住？

现实问题

牛某（男）和尚某（女）是对夫妻，两人没有买房，住在两人承租的公房里，两人婚后生下女儿小牛。三年后，两人因为感情破裂决定离婚。由于生活条件不好，除公房外，都没有其他地方可以居住。两人承租的是套两室一厅的公房，面积比较大，可以隔开使用。那么，有没有办法可以解决两人的难题呢？法律对此是如何规定的呢？

律师解答

依照相关司法解释的规定，夫妻双方均可承租的公房，如其面积较大能够隔开分室居住使用的，可由双方分别租住；对可以另调房屋分别租住或承租方给另一方解决住房的，可予准许。

在这则案例中，由于双方均可承租公房，该公房面积较大可以隔开分室居住使用，可由双方分别与公房出租单位重新签订公房租赁合同分别租住。

法条链接

《最高人民法院关于审理离婚案件中公房使用、承租若干问题的解答》

五、夫妻双方均可承租的公房，如其面积较大能够隔开分室居住使用的，可由双方分别租住；对可以另调房屋分别租住或承租方给另一方解决住房的，可予准许。

离婚时，一方对另一方婚前承租的公房无权承租的，可否暂时居住？

现实问题

谭某（男）和申某（女）是对夫妻，两人没有买房，住在谭某婚前承租的公房里，两人婚后生下女儿小谭。三年后，两人因为感情破裂决定诉讼离婚。由于生活条件不好，除了公房外，申某没有其他地方可以居住。谭某婚前承租的是套两室一厅的公房，申某向法院提出希望能够暂住，但谭某表示拒绝。那么，法律对此是如何规定的呢？

律师解答

依照相关司法解释的规定，离婚时，一方对另一方婚前承租的公房无权承租而解决住房确有困难的，人民法院可调解或判决其暂时居住，暂住期限一般不超过两年。暂住期间，暂住方应交纳与房屋租金等额的使用费及其他必要的费用。

在这则案例中，公房虽然是谭某在婚前租住，但申某确实生活困难，没有其他地方可以居住，法院在调解不成的情况下可以判决申某暂住。

法条链接

《最高人民法院关于审理离婚案件中公房使用、承租若干问题的解答》

六、离婚时，一方对另一方婚前承租的公房无权承租而解决住房确有困难的，人民法院可调解或判决其暂时居住，暂住期限一般不超过两年。暂住期间，暂住方应交纳与房屋租金等额的使用费及其他必要的费用。

离婚时，一方对另一方婚前承租的公房无权承租而另行租房经济上确有困难的，如何处理？

现实问题

乔某（男）和郁某（女）是对夫妻，两人没有买房，住在乔某婚前承租的公房里。三年后，两人因为感情破裂决定诉讼离婚。由于郁某没有固定工作，除了公房外，郁某没有其他地方可以居住。乔某租住的公房只有一间房，不方便隔开分室居住。乔某经济条件不错，郁某希望能够得到一定的经济帮助，但遭到乔某的拒绝。那么，法律对此是如何规定的呢？

律师解答

依照相关司法解释的规定，离婚时，一方对另一方婚前承租的公房无权承租，另行租房经济上确有困难的，如承租公房一方有负担能力，应给予一次性经济帮助。

在这则案例中，郁某无权租住公房，另行租房经济上又有困难，在乔某有经济能力的情况下，应给予郁某一次性经济帮助。

法条链接

《最高人民法院关于审理离婚案件中公房使用、承租若干问题的解答》

七、离婚时，一方对另一方婚前承租的公房无权承租，另行租房经济上确有困难的，如承租公房一方有负担能力，应给予一次性经济帮助。

离婚时，一方付出较多义务的，是否有权向另一方请求补偿？

现实问题

文某（男）和饶某（女）都是独立的年轻白领，经人介绍后恋爱结婚，结婚时两人约定婚后各自所得财产归各自所有。二年后，两人的孩子小文出世，为了照顾孩子和老人，饶某放弃了工作，专心在家相夫教子，文某则在外打拼。几年后，两人的感情出现问题，最终决定离婚。由于饶某几年来早已没有工作，没有生活来源，在离婚时向文某要求补偿，但文某表示两人签有财产协议，应按照协议执行，其没有补偿的义务。那么饶某的要求能够被支持吗？

律师解答

根据《民法典》的规定，一方因抚育子女、照料老人、协助另一方工作等付出较多义务的，离婚时有权向另一方请求补偿，另一方应当予以补偿。

在这则案例中，文某和饶某虽然有财产约定，但饶某为了家庭放弃了工作，抚育子女、照料老人，文某应当给予补偿。

法条链接

《中华人民共和国民法典》

第一千零八十八条　夫妻一方因抚育子女、照料老年人、协助另一方工作等负担较多义务的，离婚时有权向另一方请求补偿，另一方应当给予补偿。具体办法由双方协议；协议不成的，由人民法院判决。

离婚时，如何处理夫妻共同债务？

现实问题

关某（男）和游某（女）结婚七年后通过法院诉讼程序离了婚，法院对如何分割夫妻财产和债务进行了判决。判决生效后，关某的朋友赵某将两人起诉到了法院，要求两人共同偿还关某在两人结婚期间对其的欠款5万元。关某承认债务的事实，但游某提出法院已经对债务分割进行了判决，其不该再承担债务，关某则认为该笔借款应由两人共同偿还。那么法院将如何处理呢？

律师解答

依据《民法典》及相关司法解释的规定，离婚时，原为夫妻共同生活所负的债务，应当共同偿还。共同财产不足清偿或财产归各自所有的，由双方协议清偿；协议不成时，由人民法院判决。当事人的离婚协议或者人民法院的判决书、裁定书、调解书已经对夫妻财产分割问题作出处理的，债权人仍有权就夫妻共同债务向男女双方主张权利。一方就共同债务承担连带清偿责任后，基于离婚协议或者人民法院的法律文书向另一方主张追偿的，人民法院应当支持。

在这则案例中，虽然法院对关某和游某的债务分割进行了判决，但这并不影响赵某对两人的诉权，游某和关某应共同承担相应的债务，如果一方承担的部分超出应付份额，可以向另一方追偿。

法条链接

《中华人民共和国民法典》

第一千零八十九条　离婚时，夫妻共同债务应当共同偿还。共同财产不足清偿或者财产归各自所有的，由双方协议清偿；协议不成的，由人民法院判决。

《最高人民法院关于适用〈中华人民共和国婚姻法〉若干问题的解释（二）》

第二十五条　当事人的离婚协议或者人民法院的判决书、裁定书、调解书已经对夫妻财产分割问题作出处理的，债权人仍有权就夫妻共同债务向男女双方主张权利。

一方就共同债务承担连带清偿责任后，基于离婚协议或者人民法院的法律文书向另一方主张追偿的，人民法院应当支持。

离婚时，如一方生活困难，另一方是否应当给予适当帮助?

现实问题

钱某（男）和孙某（女）经人介绍相识，经过一段时间的恋爱后两人办理了结婚登记。婚后孙某在一次交通事故中受伤，丧失了劳动能力。七年后，两人因为感情破裂决定离婚。离婚时，孙某提出自己丧失劳动能力，又没有其他经济来源，希望钱某能够给予帮助，而钱某认为自己也是工薪阶层，不同意孙某的要求。两人为此闹到了法院，那么法院对此会如何处理呢?

律师解答

我国《民法典》规定，离婚时，如一方生活困难，有负担能力的另一方应给予适当帮助。具体办法由双方协议；协议不成的，由人民法院判决。

关于帮助的形式，可以是金钱，也可以是住房，还可以是其他财产。对于双方当事人自行协商离婚的，具体问题由当事人自行解决，对于人民法院判决离婚的，如果一方生活困难，另一方决定采用金钱作为帮助形式的，可以判决由另一方一次性提供一定数额的金钱进行帮助。

法条链接

《中华人民共和国民法典》

第一千零九十条　离婚时，如果一方生活困难，有负担能力的另一方应当给予适当帮助。具体办法由双方协议；协议不成的，由人民法院判决。

哪些情形下导致离婚的，无过错方有权请求损害赔偿?

现实问题

李某（男）与周某（女）恋爱3年后登记结婚，结婚后，李某在外做生意赚钱，周某在家照顾家庭。后周某发现，李某在外包起了“二奶”，还另外买了套房子与“二奶”同居。在几次劝说李某回头无果后，周某向法院提出了离婚，要求适当多分财产，并要求李某赔偿其遭受的损失。李某同意适当多分财产，但认为周某没有损失，不同意赔偿。那么法院会如何处理呢?

律师解答

我国《民法典》规定，有配偶者与他人同居导致离婚的，无过错方有权请求损害赔偿。损害赔偿包括物质损害赔偿和精神损害赔偿。离婚的损害赔偿制度和离婚时的夫妻财产分割并无必然联系，它是一项单独的损害赔偿金，所以当无过错一方在财产分割时请求法院有所倾斜照顾的时候，同时还可以单独提起损害赔偿诉求。

法条链接

《中华人民共和国民法典》

第一千零九十一条　有下列情形之一，导致离婚的，无过错方有权请求损害赔偿：

（一）重婚；

（二）与他人同居；

（三）实施家庭暴力；

（四）虐待、遗弃家庭成员；

（五）有其他重大过错。

《最高人民法院关于适用〈中华人民共和国婚姻法〉若干问题的解释（一）》

第二十八条 婚姻法第四十六条规定的“损害赔偿”，包括物质损害赔偿和精神损害赔偿。涉及精神损害赔偿的，适用最高人民法院《关于确定民事侵权精神损害赔偿责任若干问题的解释》的有关规定。

第二十九条 承担婚姻法第四十六条规定的损害赔偿责任的主体，为离婚诉讼当事人中无过错方的配偶。

人民法院判决不准离婚的案件，对于当事人基于婚姻法第四十六条提出的损害赔偿请求，不予支持。

在婚姻关系存续期间，当事人不起诉离婚而单独依据该条规定提起损害赔偿请求的，人民法院不予受理。

第三十条 人民法院受理离婚案件时，应当将婚姻法第四十六条等规定中当事人的有关权利义务，书面告知当事人。在适用婚姻法第四十六条时，应当区分以下不同情况：

（一）符合婚姻法第四十六条规定的无过错方作为原告基于该条规定向人民法院提起损害赔偿请求的，必须在离婚诉讼的同时提出。

（二）符合婚姻法第四十六条规定的无过错方作为被告的离婚诉讼案件，如果被告不同意离婚也不基于该条规定提起损害赔偿请求的，可以在离婚后一年内就此单独提起诉讼。

（三）无过错方作为被告的离婚诉讼案件，一审时被告未基于婚姻法第四十六条规定提出损害赔偿请求，二审期间提出的，人民法院应当进行调解，调解不成的，告知当事人在离婚后一年内另行起诉。

协议离婚的当事人可以请求损害赔偿吗？

现实问题

张某（男）与王某（女）于2005年10月结婚。由于两人恋爱时间短，双方缺乏了解。婚后，张某一反婚前温柔的性格，经常因一些家庭琐事或酗酒后对王某大打出手，两人的矛盾也越积越深。终于在2007年1月两人达成离婚协议，并到婚姻登记机关办理了离婚手续。2007年6月，王某以在婚姻存续期间，张某对其实施家庭暴力，使其身体遭受伤害与精神遭受巨大痛苦为由，向法院起诉，要求张某赔偿精神损害抚慰金。张某接到法院的应诉通知书后，感到很惊讶，既然已经协议离婚，何来精神损害赔偿？那么法院会如何处理呢？

律师解答

我国《民法典》及相关司法解释规定，实施家庭暴力导致离婚的，无过错方有权请求损害赔偿。当事人在婚姻登记机关办理离婚登记手续后，向人民法院提出损害赔偿请求的，人民法院应当受理。但当事人在协议离婚时已经明确表示放弃该项请求的，或者在办理离婚登记手续一年后提出的，不予支持。

在这则案例中，两人虽然已经协议离婚，但未超过一年，王某在离婚协议中也未放弃损害赔偿请求，只要王某有证据证明张某存在过错行为，法院会支持她的请求。

法条链接

《中华人民共和国民法典》

第一千零九十一条 有下列情形之一，导致离婚的，无过错方有权请求损害赔偿：

（一）重婚；

（二）与他人同居；

（三）实施家庭暴力；

（四）虐待、遗弃家庭成员；

（五）有其他重大过错。

《最高人民法院关于适用〈中华人民共和国婚姻法〉若干问题的解释（二）》

第二十七条　当事人在婚姻登记机关办理离婚登记手续后，以婚姻法第四十六条规定为由向人民法院提出损害赔偿请求的，人民法院应当受理。但当事人在协议离婚时已经明确表示放弃该项请求，或者在办理离婚登记手续一年后提出的，不予支持。

离婚时一方隐藏、转移共同财产，另一方在离婚后发现的该怎么办?

现实问题

吴某（男）和郑某（女）结婚7年后离了婚，离婚时，吴某将一笔10万元的存款转移到了其父母名下，之后两人协议分割了双方的财产和债务。离婚后三个月，郑某发现了吴某转移财产的行为。于是郑某向吴某提出要求分割该笔存款，但吴某称两人已经离婚，双方财产在离婚时已经进行了分割，故不同意分割。那么对于这笔存款，郑某有权进行分割吗?

律师解答

根据我国《民法典》规定，离婚时，一方隐藏、转移、变卖、毁损、挥霍夫妻共同财产，或伪造夫妻共同债务企图侵占另一方财产的，在离婚分割夫妻共同财产时，对隐藏、转移、变卖、毁损夫妻共同财产或伪造债务的一方，可以少分或者不分。离婚后，另一方发现有上述行为的，可以向人民法院提起诉讼，请求再次分割夫妻共同财产。

在这则案例中，吴某转移财产的行为侵害了郑某的合法权益，虽然两人已经离婚，郑某仍能向法院提起诉讼，请求分割该笔存款。

法条链接

《中华人民共和国民法典》

第一千零九十二条　夫妻一方隐藏、转移、变卖、毁损、挥霍夫妻共同财产，或者伪造夫妻共同债务企图侵占另一方财产的，在离婚分割夫妻共同财产时，对该方可以少分或者不分。离婚后，另一方发现有上述行为的，可以向人民法院提起诉讼，请求再次分割夫妻共同财产。

《最高人民法院关于适用〈中华人民共和国婚姻法〉若干问题的解释（一）》

第三十一条　当事人依据婚姻法第四十七条的规定向人民法院提起诉讼，请求再次分割夫妻共同财产的诉讼时效为两年，从当事人发现之次日起计算。

当事人请求返还按照习俗给付的彩礼的，法院应如何处理?

现实问题

王某（男）和冯某（女）是对农村青年，经人介绍相识，在交往了一段时间后准备结婚。按照当地的风俗，王家给了冯家3万元人民币作为彩礼。在筹办婚礼的过程中，王某和冯某因为意见不合常常产生争吵，最后竟然决定分手不结婚了。两人分手后，王家提出让冯家返还3万元的彩礼，而冯家认为该笔钱是王家送给冯家的，不同意归还。无奈之下，王家将冯家告上了法院，那么法院会如何处理呢?

律师解答

依据我国《民法典》及相关司法解释的规定，双方未办理结婚登记手续的，当事人请求返还按照习俗给付的彩礼的，人民法院应当予以支持。除此之外，双方办理结婚登记手续但确未共同生活以及婚前给付并导致给付人生活困难的，在双方离婚的前提下，当事人请求返还按照习俗给付的彩礼的，人民法院应当予以支持。

法条链接

《最高人民法院关于适用〈中华人民共和国婚姻法〉若干问题的解释（二）》

第十条　当事人请求返还按照习俗给付的彩礼的，如果查明属于以下情形，人民法院应当予以支持：

（一）双方未办理结婚登记手续的；

（二）双方办理结婚登记手续但确未共同生活的；

（三）婚前给付并导致给付人生活困难的。

适用前款第（二）、（三）项的规定，应当以双方离婚为条件。

对拒不执行法院关于探望子女判决的，法院应如何处理？

现实问题

陈某（男）和卫某（女）结婚七年后通过法院诉讼离婚，儿子小陈随卫某生活，陈某每周探望儿子一次。三年后，卫某与蒋某再婚，蒋某不愿意小陈过多地与陈某接触，于是卫某告诉陈某以后不要再来看小陈了。陈某不同意，于是卫某采取搬家、换电话等方法阻止陈某探望小陈。那么，此时陈某应该如何维护自己探望小陈的权利呢？

律师解答

我国《民法典》规定，对拒不执行有关扶养费、抚养费、赡养费、财产分割、遗产继承、探望子女等判决或裁定的，由人民法院依法强制执行。有关个人和单位应负协助执行的责任。

在这则案例中，如果卫某拒不履行协助陈某行使探望权，陈某可以申请人民法院依法强制执行。

法条链接

《中华人民共和国民法典》

第一千零八十六条　离婚后，不直接抚养子女的父或者母，有探望子女的权利，另一方有协助的义务。

行使探望权利的方式、时间由当事人协议；协议不成的，由人民法院判决。

父或者母探望子女，不利于子女身心健康的，由人民法院依法中止探望；中止的事由消失后，应当恢复探望。

《最高人民法院关于适用〈中华人民共和国婚姻法〉若干问题的解释（一）》

第三十二条　婚姻法第四十八条关于对拒不执行有关探望子女等判决和裁定的，由人民法院依法强制执行的规定，是指对拒不履行协助另一方行使探望权的有关个人和单位采取拘留、罚款等强制措施，不能对子女的人身、探望行为进行强制执行。

协议离婚后一方对财产分割问题反悔向法院起诉的，法院应如何处理？

现实问题

沈某（男）和韩某（女）相识不久便登记结婚，结婚后两人经常为了琐事争吵，终于在结婚三年后决定离婚。离婚时，两人达成了离婚协议，对财产等问题进行了处理，并到民政部门办理了离婚登记。但在办理了离婚登记不久，韩某对财产分割感到后悔，认为自己作为女性，最好的时光没有了，应该多分一些财产。于是她准备诉至法院，请求法院变更或者撤销财产分割协议。对此请求，法院会如何处理呢？

律师解答

我国《民法典》及相关司法解释规定，

男女双方协议离婚后一年内就财产分割问题反悔，请求变更或者撤销财产分割协议的，人民法院应当受理。人民法院审理后，未发现订立财产分割协议时存在欺诈、胁迫等情形的，应当依法驳回当事人的诉讼请求。

在这则案例中，韩某在订立离婚协议时并不存在欺诈、胁迫等情形，法院在受理案件后，应该驳回其诉讼请求。

法条链接

《最高人民法院关于适用〈中华人民共和国婚姻法〉若干问题的解释（二）》

第八条　离婚协议中关于财产分割的条款或者当事人因离婚就财产分割达成的协议，对男女双方具有法律约束力。

当事人因履行上述财产分割协议发生纠纷提起诉讼的，人民法院应当受理。

第九条　男女双方协议离婚后一年内就财产分割问题反悔，请求变更或者撤销财产分割协议的，人民法院应当受理。

人民法院审理后，未发现订立财产分割协议时存在欺诈、胁迫等情形的，应当依法驳回当事人的诉讼请求。

第三章 继承篇
——子承父业，明明白白

一、遗产和继承权

父母对外的债权属于遗产吗？

现实问题

赵某老伴早已去世，与独子小赵共同生活。赵某与钱某是同事，一次钱某由于急需用钱，向赵某借了5万块钱，并写了借条，约定两年后归还。不料一年后，赵某突然因车祸去世。赵某去世后，赵某的儿子小赵拿着借条问钱某要钱，但钱某称钱是问赵某借的，与小赵无关。现在赵某去世了，钱就不用归还了吗？

律师解答

依照《民法典》及相关司法解释的规定，公民的遗产包括：收入、房屋、储蓄和生活用品、文物、图书资料、生产资料、著作权、专利权中的财产权利、有价证券和履行标的为财物的债权等。

在这则案例中，赵某对钱某的债权属于履行标的为财物的债权，是赵某死亡时遗留的个人合法财产，属于遗产，可以由小赵继承，钱某应向小赵归还相关欠款。

法条链接

《中华人民共和国民法典》

第一千一百二十二条　遗产是自然人死亡时遗留的个人合法财产。

依照法律规定或者根据其性质不得继承的遗产，不得继承。

《最高人民法院关于贯彻执行〈中华人民共和国继承法〉若干问题的意见》

3. 公民可继承的其他合法财产包括有价证券和履行标的为财物的债权等。

人身保险金属于遗产吗？

现实问题

孙某是位退休老人，老伴早已过世，育有一子一女，孙某中年的时候为自己购买了一份人身保险，指定女儿为受益人。孙某百年后，子女开始继承相关财产，在顺利继承了房产、现金等财产后，子女对保险金该如何继承产生了争议。儿子认为这属于遗产，应由两人继承，女儿认为自己是受益人，应由其一人继承。那么，法律对此是如何规定的呢？人身保险金属于遗产吗？

律师解答

依照《保险法》的相关规定，人身保险金能否列入被保险人的遗产，取决于被保险人是否指定了受益人。指定了受益人的，被保险人死亡后，其人身保险金应付给受益人；未指定受益人的，被保险人死亡后，其人身保险金应作为遗产处理，可以用来清偿债务或者赔偿。

因此，在本案中，由于孙某在购买人身保险的时候已经指定了受益人，那么在他身故后的保险金就不属于遗产，应当由女儿来领取。

法条链接

《中华人民共和国保险法》

第四十二条　被保险人死亡后，有下列情形之一的，保险金作为被保险人的遗产，由保险人依照《中华人民共和国继承法》的规定履行给付保险金的义务：

（一）没有指定受益人，或者受益人指定不明无法确定的；

（二）受益人先于被保险人死亡，没有其他受益人的；

（三）受益人依法丧失受益权或者放弃受益权，没有其他受益人的。

受益人与被保险人在同一事件中死亡，且不能确定死亡先后顺序的，推定受益人死亡在先。

法律规定的继承方式有哪几种？

现实问题

李某是一位独居老人，老伴早已去世，两个子女都在外地打工，平时由居委会负责照顾日常生活。李某去世后，两个子女从外地回来，要求继承财产，但却不知道该如何继承。那么，法律对此是如何规定的呢？法律规定的继承方式有哪几种？

律师解答

依照《民法典》的相关规定，继承开始后，按照法定继承办理；有遗嘱的，按照遗嘱继承或者遗赠办理；有遗赠扶养协议的，按照协议办理。

因此，在本案中，李某的子女应先看看李某生前是否立有遗嘱，或者与居委会是否签有遗赠扶养协议，如果有的话，按遗嘱或协议办理。如果没有的话，则按照法定继承的方式进行继承。

法条链接

《中华人民共和国民法典》

第一千一百二十三条　继承开始后，按照法定继承办理；有遗嘱的，按照遗嘱继承或者遗赠办理；有遗赠扶养协议的，按照协议办理。

既有遗赠扶养协议，又有遗嘱的，该如何进行继承？

现实问题

周某是一位孤老，与街道签有遗赠扶养协议，约定周某百年后财产赠与街道，而周某平日的生活起居则全部由街道照顾。由于街道人手不够，从外面聘请了吴某来照顾周某。吴某平时对周某照顾有加，渐渐地周某对吴某有了感激之情，加上平时吴某常说自己家里穷，于是周某又立下遗嘱，约定百年后财产由吴某继承。几年后周某过世，吴某和街道为了该由谁来继承周某的财产产生了争议。那么，法律对此是如何规定的呢？

律师解答

依照《民法典》及相关司法解释规定，被继承人生前与他人订有遗赠扶养协议，同时又立有遗嘱的，继承开始后，如果遗赠扶养协议与遗嘱没有抵触，遗产分别按协议和遗嘱处理；如果有抵触，按协议处理，与协议抵触的遗嘱全部或部分无效。

那么，在本案中，周某既与街道签有遗赠扶养协议，又立有遗嘱，且两份文件内容存在抵触，故应当按照协议处理，由街道获得相关遗产。

法条链接

《最高人民法院关于贯彻执行〈中华人民共和国继承法〉若干问题的意见》

5. 被继承人生前与他人订有遗赠扶养协议，同时又立有遗嘱的，继承开始后，如果遗赠抚养协议与遗嘱没有抵触，遗产分别按协议和遗嘱处理；如果有抵触，按协议处理，与协议抵触的遗嘱全部或部分无效。

相互有继承关系的几个人在同一事件中死亡，如何进行继承？

现实问题

有一个四口之家，母亲、大哥、二哥和小妹。大哥、二哥都已娶妻生子，小妹未婚。某日，小妹驾驶自家汽车，拉着母亲、大哥、二弟外出旅游，不料途中发生交通事故，导致四人全部死亡。那么，在这种情况下，该如何进行继承呢？

律师解答

依据《民法典》的规定，相互有继承关系的几个人在同一事件中死亡，难以确定死亡先后时间的，推定没有其他继承人的人先死亡。死亡人各自都有其他继承人的，如几个死亡人辈分不同，推定长辈先死亡；几个死亡人辈分相同，推定同时死亡，彼此不发生继承。

在这则案例中，如果不能确定四个人的死亡先后时间的，首先推定没有晚辈继承人的小妹先死亡，其财产应由其母一人继承，其次推定作为长辈的母亲死亡、由兄弟二人分割母亲的遗产，包括母亲已继承的小妹的遗产。最后推定大哥、二哥同时死亡，彼此不发生继承，由他们的妻子和子女分别继承。

法条链接

《中华人民共和国民法典》

第一千一百二十一条　继承从被继承人死亡时开始。

相互有继承关系的数人在同一事件中死亡，难以确定死亡时间的，推定没有其他继承人的人先死亡。都有其他继承人，辈份不同的，推定长辈先死亡；辈份相同的，推定同时死亡，相互不发生继承。

子女虐待父母的，还有继承权吗？

现实问题

卫某是一位退休老人，老伴已经去世，育有卫男和卫女，卫女嫁到外地，卫某和卫男一家一起生活。卫某几十年来存了一笔养老钱，但卫男总是找种种借口向卫某要钱，卫某不给，卫男就拳脚相加，有几次打得太狠了，还闹到了派出所，居委会和警署数次调解，但效果不佳。这种状况持续了几年，无奈之下，卫某只好到外地投靠卫女生活。几年后，卫某去世，卫男此时却跑来找到卫女要求继承遗产。那么，卫男还有继承权吗？

律师解答

依照《民法典》及相关司法解释的规定，继承人遗弃被继承人的，或者虐待被继承人情节严重的，丧失继承权。继承人虐待被继承人情节是否严重，可以从实施虐待行为的时间、手段、后果和社会影响等方面认定。

本案中，卫男对卫某长期存在虐待行为，从实施的时间、手段、后果和社会影响等方面可以认定为情节严重，且卫某在生前没有对其表示宽恕，故卫男丧失继承权，卫某的遗产应由卫女继承。

法条链接

《中华人民共和国民法典》

第一千一百二十五条　继承人有下列行为之一的，丧失继承权：

（一）故意杀害被继承人；

（二）为争夺遗产而杀害其他继承人；

（三）遗弃被继承人，或者虐待被继承人情节严重；

（四）伪造、篡改、隐匿或者销毁遗嘱，情节严重；

（五）以欺诈、胁迫手段迫使或者妨碍被继承人设立、变更或者撤回遗嘱，情节严重。

继承人有前款第三项至第五项行为，确有悔改表现，被继承人表示宽恕或者事后在遗嘱中将其列为继承人的，该继承人不丧失继承权。

受遗赠人有本条第一款规定行为的，丧失受遗赠权。

《最高人民法院关于贯彻执行〈中华人民共和国继承法〉若干问题的意见》

10. 继承人虐待被继承人情节是否严重，可以从实施虐待行为的时间、手段、后果和社会影响等方面认定。

虐待被继承人情节严重的，不论是否追究刑事责任，均可确认其丧失继承权。

13. 继承人虐待被继承人情节严重的，或者遗弃被继承人的，如以后确有悔改表现，而且被虐待人、被遗弃人生前又表示宽恕，可不确认其丧失继承权。

子女伪造遗嘱的，还有继承权吗？

现实问题

蒋某老伴早已去世，只有一个儿子小蒋。蒋某退休后，与沈某组建了新的家庭。但小蒋担心沈某会分走蒋某的遗产，几次让蒋某先将财产过户到他的名下，但遭到了蒋某的拒绝。于是小蒋伪造了一份遗嘱，将所有财产都归到自己名下。几年后蒋某去世，小蒋就拿出了这份遗嘱。由于沈某原来是农民没有退休金，这份遗嘱顿时让沈某的生活陷入了困境。后来，小蒋伪造遗嘱的事情败露，沈某打算向小蒋要回属于她的遗产。那么，法律对此是如何规定的呢？

律师解答

依照《民法典》及其司法解释的规定，继承人伪造、篡改或者销毁遗嘱，情节严重的，丧失继承权。继承人伪造、篡改或者销毁遗嘱，侵害了缺乏劳动能力又无生活来源的继承人的利益，并造成其生活困难的，应认定其行为情节严重。

本案中，小蒋伪造了遗嘱，造成了沈某的生活困难，应认定情节严重，小蒋丧失继承权，蒋某生前的所有遗产应由沈某继承。

法条链接

《中华人民共和国民法典》

第一千一百二十五条　继承人有下列行为之一的，丧失继承权：

（一）故意杀害被继承人；

（二）为争夺遗产而杀害其他继承人；

（三）遗弃被继承人，或者虐待被继承人情节严重；

（四）伪造、篡改、隐匿或者销毁遗嘱，情节严重；

（五）以欺诈、胁迫手段迫使或者妨碍被继承人设立、变更或者撤回遗嘱，情节严重。

继承人有前款第三项至第五项行为，确有悔改表现，被继承人表示宽恕或者事后在遗嘱中将其列为继承人的，该继承人不丧失继承权。

受遗赠人有本条第一款规定行为的，丧失受遗赠权。

《最高人民法院关于贯彻执行〈中华人民共和国继承法〉若干问题的意见》

14. 继承人伪造、篡改或者销毁遗嘱，侵害了缺乏劳动能力又无生活来源的继承人的利益，并造成其生活困难的，应认定其行为情节严重。

二、法定继承

法定继承的继承人范围及继承顺序是怎样的？

现实问题

杨某是一家大型企业的老总，父母健在，与妻子朱某结婚后生下女儿小杨，家境殷实，生活滋润。但不幸的是，在一次交通事故中杨某突然去世。杨某生前没有立遗嘱，由于家大业大，杨某的兄弟姐妹们都想继承杨某的遗产。那么，法律对此是如何规定的呢？法定继承的继承人范围及继承顺序是怎样的？

律师解答

依照《民法典》的相关规定，遗产按照下列顺序进行法定继承：第一顺序：配偶、子女、父母。第二顺序：兄弟姐妹、祖父母、外祖父母。继承开始后，由第一顺序继承人继承，第二顺序继承人不继承。没有第一顺序继承人继承的，由第二顺序继承人继承。

在这则案例中，应由排在第一顺序的杨某父母、妻子朱某、女儿小杨来继承杨某的遗产。

法条链接

《中华人民共和国民法典》

第一千一百二十七条　遗产按照下列顺序继承：

（一）第一顺序：配偶、子女、父母；

（二）第二顺序：兄弟姐妹、祖父母、外祖父母。

继承开始后，由第一顺序继承人继承，第二顺序继承人不继承；没有第一顺序继承人继承的，由第二顺序继承人继承。

本编所称子女，包括婚生子女、非婚生子女、养子女和有扶养关系的继子女。

本编所称父母，包括生父母、养父母和有扶养关系的继父母。

本编所称兄弟姐妹，包括同父母的兄弟姐妹、同父异母或者同母异父的兄弟姐妹、养兄弟姐妹、有扶养关系的继兄弟姐妹。

非婚生子女有继承权吗？

现实问题

孔某与曹某结婚多年，育有一子孔男。但在婚姻关系存续期间，孔某长期与严某在外保持不正当男女关系，还生下了一个女儿孔女，此女长期由严某抚养。数年后，孔某去世，已经成年的孔女要求与曹某、孔男共同继承遗产。但曹某认为孔女不是婚生，没有继承权。那么，法律对此是如何规定的呢？

律师解答

依据《民法典》的相关规定，继承法中所说的子女，包括婚生子女、非婚生子女、养子女和有扶养关系的继子女。

在这则案例中，虽然孔女不是孔某的婚生子女，但却是孔某的亲生子女，与婚生子女享有同等的权利，对于孔某的遗产享有继承权。

法条链接

《中华人民共和国民法典》

第一千一百二十七条第三款、第四款、第五款

本编所称子女，包括婚生子女、非婚生子女、养子女和有扶养关系的继子女。

本编所称父母，包括生父母、养父母和有扶养关系的继父母。

本编所称兄弟姐妹，包括同父母的兄弟姐妹、同父异母或者同母异父的兄弟姐妹、养兄弟姐妹、有扶养关系的继兄弟姐妹。

养子女有继承权吗？

现实问题

金某和魏某结婚多年，但一直没有子女。于是两人通过民政部门收养了小陶作为养女，并办理了相关登记手续。随着小陶长大成人，与魏某之间渐渐有了矛盾，两人时常争吵。数年后，金某去世。在继承金某遗产的时候，魏某提出小陶不是亲生子女，没有继承权。那么，法律对此是如何规定的呢？

律师解答

依据《民法典》的相关规定，继承法中所说的子女，包括婚生子女、非婚生子女、养子女和有扶养关系的继子女。

在这则案例中，虽然小陶不是金某和魏某的亲生子女，但却是两人办理了正规手续的养子女，与亲生子女享有同等的权利，因此小陶对于金某的遗产享有继承权。

法条链接

《中华人民共和国民法典》

第一千一百二十七条第三款、第四款、第五款

本编所称子女，包括婚生子女、非婚生子女、养子女和有扶养关系的继子女。

本编所称父母，包括生父母、养父母和有扶养关系的继父母。

本编所称兄弟姐妹，包括同父母的兄弟姐妹、同父异母或者同母异父的兄弟姐妹、养兄弟姐妹、有扶养关系的继兄弟姐妹。

被继承人的子女先于被继承人死亡的，该如何继承？

现实问题

秦某和尤某是对退休老人，生有一子秦男和一女秦女。秦男已经结婚，有个儿子小秦。不幸的是，秦男在一次车祸中去世。数年后，秦某去世。在如何继承秦某遗产的问题上出现了争议，秦女认为秦男已经去世，秦某的遗产应该由母亲和其两人继承，而秦男的老婆则认为遗产小秦也有一份。那么，法律对此是如何规定的呢？

律师解答

依照《民法典》的相关规定，被继承人的子女先于被继承人死亡的，由被继承人的子女的晚辈直系血亲代位继承。代位继承人一般只能继承他的父亲或者母亲有权继承的遗产份额。

在这则案例中，秦男先于秦某去世，则应由小秦代位继承秦某遗产中属于秦男的份额，故秦某的遗产应由尤某、秦女、小秦来继承。

法条链接

《中华人民共和国民法典》

第一千一百二十八条　被继承人的子女先于被继承人死亡的，由被继承人的子女的直系晚辈血亲代位继承。

被继承人的兄弟姐妹先于被继承人死亡的，由被继承人的兄弟姐妹的子女代位继承。

代位继承人一般只能继承被代位继承人有权继承的遗产份额。

养子女可以继承生父母的遗产吗？

现实问题

许某和何某婚后生下儿子许男和女儿许女，由于生活困难，两人决定将女儿许女送给同事张某收养，双方到民政部门办理了相关收养手续，之后张某带着许女到外地生活，大家渐渐就没了联系。许某和何某经过数年

的打拼，生活渐渐好了起来。不料许某却在一次交通事故中死亡，许某去世后，许女突然出现，要求继承遗产。那么，养子女可以继承生父母的遗产吗？

律师解答

依据《民法典》及相关司法解释的规定，被收养人对养父母尽了赡养义务，同时又对生父母扶养较多的，除可继承养父母的遗产外，还可分得生父母的适当的遗产。也就是说，被收养人分得生父母遗产的前提是对生父母扶养较多。

在这则案例中，许女被收养后，与生父母几乎没有联系，也没有对生父母进行扶养，因此其不能分得许某的遗产。

法条链接

《中华人民共和国民法典》

第一千一百三十一条　对继承人以外的依靠被继承人扶养的人，或者继承人以外的对被继承人扶养较多的人，可以分给适当的遗产。

《最高人民法院关于贯彻执行〈中华人民共和国继承法〉若干问题的意见》

19. 被收养人对养父母尽了赡养义务，同时又对生父母扶养较多的，除可依继承法第十条的规定继承养父母的遗产外，还可依继承法第十四条的规定分得生父母的适当的遗产。

继子女可以同时继承继父母和生父母的遗产吗？

现实问题

吕某（女）和施某（男）经人介绍后结婚，施某是再婚，上小学的儿子小施随施某生活。婚后吕某对施某和小施照顾有加，尽心尽力地抚养小施。不料几年后，吕某在一次意外中丧生，在继承遗产的时候，吕某的父母认为小施不是吕某亲生，没有继承权。而就在此时，小施的亲生母亲张某也因病去世，张某的父母认为小施已经随施某和吕某生活，也不同意小施继承张某的遗产。那么，法律对此是如何规定的呢？

律师解答

依据《民法典》及相关司法解释的规定，继子女继承了继父母遗产的，不影响其继承生父母的遗产。继父母继承了继子女遗产的，不影响其继承生子女的遗产。关键是看继父母子女之间是否形成了扶养关系。

在这则案例中，小施作为张某的亲生子女，作为吕某有扶养关系的继子女，对两人的遗产均有权利进行继承。

法条链接

《最高人民法院关于贯彻执行〈中华人民共和国继承法〉若干问题的意见》

21. 子女继承了继父母遗产的，不影响其继承生父母的遗产。

继父母继承了继子女遗产的，不影响其继承生子女的遗产。

养子女与生子女之间可以互相进行继承吗？

现实问题

谢某的父母还健在，妻子早已去世，生有一子小谢，后来又收养了一个孤儿小沈，并办理了相关的收养手续。数年后，谢某在一次意外中去世后，谢某的父母、小谢、小沈继承了相关遗产。不久小谢也在一次车祸中丧生。小谢还没有结婚，在继承小谢遗产时，谢某的父母认为小沈不是小谢的亲兄弟，不能继承小谢的遗产。那么，法律对此是如何规定的呢？

律师解答

依据相关司法解释的规定，养子女与生

子女之间、养子女与养子女之间，系养兄弟姐妹，可互为第二顺序继承人。

在这则案例中，小沈被谢某收养时办理了正规的手续，小谢与小沈是养兄弟姐妹关系，小沈可以作为小谢的第二顺序继承人，与谢某的父母一起来继承小谢的遗产。

法条链接

《最高人民法院关于贯彻执行〈中华人民共和国继承法〉若干问题的意见》

23. 养子女与生子女之间、养子女与养子女之间，系养兄弟姐妹，可互为第二顺序继承人。

被收养人与其亲兄弟姐妹之间的权利义务关系，因收养关系的成立而消除，不能互为第二顺序继承人。

继兄弟姐妹之间可以互相进行继承吗?

现实问题

章某和苏某都是再婚，两人成年的儿子小章和小苏随两人一起生活。苏某的父母早已去世，章某的父母还健在。章某和苏某在一起意外中死亡。小章也在一次车祸中丧生。在继承小章遗产的时候，章某的父母认为小苏不是小章的亲兄弟，没有继承权，而小苏则认为两人是继兄弟，可以继承。那么，法律对此是如何规定的呢?

律师解答

依据相关司法解释的规定，继兄弟姐妹之间的继承权，因继兄弟姐妹之间的扶养关系而发生。没有扶养关系的，不能互为第二顺序继承人。

在这则案例中，小章和小苏虽然是继兄弟关系，但两人之间没有扶养关系，因此，小苏不能作为小章的第二顺序继承人来继承遗产。

法条链接

《最高人民法院关于贯彻执行〈中华人民共和国继承法〉若干问题的意见》

24. 继兄弟姐妹之间的继承权，因继兄弟姐妹之间的扶养关系而发生。没有扶养关系的，不能互为第二顺序继承人。

继兄弟姐妹之间相互继承了遗产的，不影响其继承亲兄弟姐妹的遗产。

丧偶儿媳、女婿享有继承权吗?

现实问题

潘某和葛某是对夫妻，没有孩子。潘某的父母已经去世，葛某的父母还健在。两人与葛某的父母共同生活。不幸的是，葛某在一次意外中去世。葛某死后，潘某承担起了赡养葛某父母的义务，对老人照顾有加。两位老人去世后，潘某继承了房产，不料这时葛某父亲的弟弟跑来要求继承房产，理由是潘某与两位老人没有血缘关系，不能继承老人的遗产。那么，法律对此是如何规定的呢?

律师解答

依据《民法典》及其相关司法解释的规定，丧偶儿媳对公、婆，丧偶女婿对岳父、岳母，尽了主要赡养义务的，可以作为第一顺序继承人。

在这则案例中，潘某在葛某去世后作为丧偶女婿承担起了对岳父、岳母主要赡养义务，即使葛某去世，潘某仍能作为第一顺序继承人来继承老人的遗产。

法条链接

《中华人民共和国民法典》

第一千一百二十九条　丧偶儿媳对公婆，丧偶女婿对岳父母，尽了主要赡养义务的，作为第一顺序继承人。

《最高人民法院关于贯彻执行〈中华人民共和国继承法〉若干问题的意见》

29. 丧偶儿媳对公婆、丧偶女婿对岳父、岳母，无论其是否再婚，依继承法第十二条规定作为第一顺序继承人时，不影响其子女代位继承。

同一顺序继承人继承遗产的份额一定是均等的吗？

现实问题

范某和彭某的父母都已去世，两人生有一子一女。子女都已成年，儿子是公务员，女儿因为身体有残疾，一直赋闲在家。不幸的是，范某在一次意外中丧生。在继承范某遗产时，彭某提出多留点给残疾的女儿，但儿子不同意，认为应该均分。那么，法律对此是如何规定的呢？

律师解答

依据《民法典》的相关规定，同一顺序继承人继承遗产的份额，一般应当均等。对生活有特殊困难又缺乏劳动能力的继承人，分配遗产时，应当予以照顾。

在这则案例中，虽然母亲、儿子、女儿都是第一顺序继承人，在一般情况下应当均分。但由于女儿身体有残疾，在分配遗产时，应当予以照顾。

法条链接

《中华人民共和国民法典》

第一千一百三十条　同一顺序继承人继承遗产的份额，一般应当均等。

对生活有特殊困难又缺乏劳动能力的继承人，分配遗产时，应当予以照顾。

对被继承人尽了主要扶养义务或者与被继承人共同生活的继承人，分配遗产时，可以多分。

有扶养能力和有扶养条件的继承人，不尽扶养义务的，分配遗产时，应当不分或者少分。

继承人协商同意的，也可以不均等。

哪些人可以酌情分得被继承人的遗产？

现实问题

郎某是位退休老人，老伴早已去世，儿子小郎在国外定居。老人一直由远方亲戚鲁某照顾，鲁某对郎某照顾有加，一直尽心尽力地扶养郎某。数年后，郎某去世。小郎在得知消息后，回国料理了郎某的后事。在继承遗产问题上，鲁某要求适当分配遗产，但遭到了小郎的拒绝。那么，法律对此是如何规定的呢？

律师解答

依据《民法典》及相关司法解释的规定，对继承人以外的依靠被继承人扶养的人，或者继承人以外的对被继承人扶养较多的人，可以分配给他们适当的遗产。

在这则案例中，鲁某在小郎不在国内期间，承担起扶养郎某的责任，在遗产继承上，鲁某可以适当分得遗产。

法条链接

《中华人民共和国民法典》

第一千一百三十一条　对继承人以外的依靠被继承人扶养的人，或者继承人以外的对被继承人扶养较多的人，可以分给适当的遗产。

《最高人民法院关于贯彻执行〈中华人民共和国继承法〉若干问题的意见》

31. 依继承法第十四条规定可以分给适当遗产的人，分给他们遗产时，按具体情况可多于或少于继承人。

三、遗嘱继承和遗赠

遗嘱可以剥夺法定继承人的继承权吗？

现实问题

韦某是位退休老人，老伴早已去世，只有一个儿子小韦。但韦某与小韦的关系不好，自打小韦结婚以来就再也没有来往。韦某平时的日常生活一直都是由街道干部马某照顾，日子长了，韦某对马某有了感激之情。特别在一次韦某突发疾病住院，马某日夜照顾直到康复后，韦某立下遗嘱将自己的财产都由马某继承。数年后，韦某去世，小韦突然前来继承遗产，并且不承认韦某遗嘱的效力，称遗嘱不能剥夺他的继承权。那么，法律对此是如何规定的呢？

律师解答

依据《民法典》的相关规定，公民可以依照本法规定立遗嘱处分个人财产，并可以指定遗嘱执行人。公民可以立遗嘱将个人财产指定由法定继承人的一人或者数人继承，也可以立遗嘱将个人财产赠与国家、集体或者法定继承人以外的组织、个人。

在这则案例中，韦某立遗嘱将财产赠给马某，符合法律规定，小韦没有权利再继承韦某的遗产，所有遗产应由马某继承。

法条链接

《中华人民共和国民法典》

第一千一百三十三条　自然人可以依照本法规定立遗嘱处分个人财产，并可以指定遗嘱执行人。

自然人可以立遗嘱将个人财产指定由法定继承人中的一人或者数人继承。

自然人可以立遗嘱将个人财产赠与国家、集体或者法定继承人以外的组织、个人。

自然人可以依法设立遗嘱信托。

遗嘱一定要经过公证才有效吗？

现实问题

苗某是位退休老人，老伴已经去世，苗某有一子一女，儿子在外地打工，苗某随女儿生活。女儿平时对苗某照顾有加，苗某决定把自己的财产多留些给女儿，并亲笔书写立下了遗嘱。数年后，苗某去世。在继承遗产时，女儿认为应该按照遗嘱执行，儿子则认为遗嘱没有经过公证是无效的，应按照法定继承。那么，法律对此是如何规定的呢？

律师解答

依据《民法典》的相关规定，遗嘱的方式包括公证遗嘱、自书遗嘱、代书遗嘱、录音遗嘱、口头遗嘱等方式。公证遗嘱并非遗嘱的唯一方式。

在这则案例中，苗某的遗嘱属于自书遗嘱，符合遗嘱的法定方式，虽然没有经过公证，仍具有法律效力，应按照遗嘱内容来继承苗某的遗产。

法条链接

《中华人民共和国民法典》

第一千一百三十四条　自书遗嘱由遗嘱人亲笔书写，签名，注明年、月、日。

继承人可以作为遗嘱的见证人吗？

现实问题

方某和任某是对夫妻，生有一子一女，方某的父母还健在。子女成年后都结婚搬出去住了，和两人的关系也不好。方某在一次意外中受了重伤，在送医院抢救过程中，方某对着父母和任某立下口头遗嘱，表示死后遗产全部由父母和妻子继承，最终方某抢救无效死亡。方某死后，子女前来要求继承遗产，但遭到任某拒绝，表示方某已经立下口头遗嘱，子女无权继承。那么，法律对此是如何规定的呢？

律师解答

依据《民法典》及相关司法解释的规定，遗嘱人在危急情况下，可以立口头遗嘱。口头遗嘱应当有两个以上见证人在场见证。但继承人、受遗赠人不能作为遗嘱见证人。

在这则案例中，方某的遗嘱见证人是父母和妻子，都是继承人，不能作为遗嘱见证人，因此该口头遗嘱无效，应按照法定继承来继承方某的遗产。

法条链接

《中华人民共和国民法典》

第一千一百四十条　下列人员不能作为遗嘱见证人：

（一）无民事行为能力人、限制民事行为能力人以及其他不具有见证能力的人；

（二）继承人、受遗赠人；

（三）与继承人、受遗赠人有利害关系的人。

《最高人民法院关于贯彻执行〈中华人民共和国继承法〉若干问题的意见》

36. 继承人、受遗赠人的债权人、债务人，共同经营的合伙人，也应当视为与继承人、受遗赠人有利害关系，不能作为遗嘱的见证人。

什么是遗嘱中的“特留份”规定？

现实问题

袁某和柳某是夫妻，生有一子一女，儿子已经成家，女儿因为残疾一直没有工作，在家与两人共同生活。由于生活中摩擦不断，袁某与女儿的关系一直不好，慢慢地发展到互不理睬。随着年纪增大，袁某想立份遗嘱将所有的财产由柳某和儿子继承，一分钱也不给女儿。为此他咨询了律师，但律师告诉他，遗嘱中应当对女儿保留必要的遗产份额。那么，法律对此是如何规定的呢？什么是遗嘱中的“特留份”规定？

律师解答

依据《民法典》及相关司法解释的规定，遗嘱应当为缺乏劳动能力又没有生活来源的继承人保留必要的遗产份额。遗嘱人未保留缺乏劳动能力又没有生活来源的继承人的遗产份额，遗产处理时，应当为该继承人留下必要的遗产，所剩余的部分，才可参照遗嘱确定的分配原则处理。这里所说的“必要的遗产份额”就是“特留份”。“特留份”就是指被继承人不能用遗嘱加以处分的，必须为缺乏劳动能力又没有生活来源的法定继承人所保留的必要的遗产份额。

在这则案例中，由于女儿缺乏劳动能力又没有生活来源，故袁某在遗嘱中应当为女儿保留必要的遗产份额。

法条链接

《中华人民共和国民法典》

第一千一百四十一条　遗嘱应当为缺乏劳动能力又没有生活来源的继承人保留必要的遗产份额。

《最高人民法院关于贯彻执行〈中华人民共和国继承法〉若干问题的意见》

37. 遗嘱人未保留缺乏劳动能力又没有生活来源的继承人的遗产份额，遗产处理时，应当为该继承人留下必要的遗产，所剩余的部分，才可参照遗嘱确定的分配原则处理。

继承人是否缺乏劳动能力又没有生活来源，应按遗嘱生效时该继承人的具体情况确定。

立有数份遗嘱，内容相抵触的，该如何处理？

现实问题

鲍某的老伴已经去世，鲍某退休后轮流和三个子女生活。为了能够继承老人的遗产，三个子女都软磨硬泡地让鲍某立下了自书遗嘱，遗嘱中规定财产全部由该子女继承，于是每个子女手上都有了一份遗嘱。数年后，鲍某去世，三个子女都拿出遗嘱要求继承遗产。那么，法律对此是如何规定的呢？这种情况该如何处理呢？

律师解答

依据《民法典》的相关规定，遗嘱人可以撤回、变更自己所立的遗嘱。立有数份遗嘱，内容相抵触的，以最后的遗嘱为准。自书、代书、录音、口头遗嘱，不得撤销、变更公证遗嘱。

在这则案例中，鲍某所立的都是自书遗嘱，在内容相抵触的情况下，应当以最后的遗嘱为准。

法条链接

《中华人民共和国民法典》

第一千一百四十二条 遗嘱人可以撤回、变更自己所立的遗嘱。

立遗嘱后，遗嘱人实施与遗嘱内容相反的民事法律行为的，视为对遗嘱相关内容的撤回。

立有数份遗嘱，内容相抵触的，以最后的遗嘱为准。

《最高人民法院关于贯彻执行〈中华人民共和国继承法〉若干问题的意见》

42. 遗嘱人以不同形式立有数份内容相抵触的遗嘱，其中有公证遗嘱的，以最后所立公证遗嘱为准；没有公证遗嘱的，以最后所立的遗嘱为准。

遗嘱人生前的行为与遗嘱的意思表示相反，应如何处理？

现实问题

史某是位退休老人，老伴已经去世，有两个儿子大史、小史。平时主要是大史来照顾史某，史某也表示将来遗产由大史继承，并立下了自书遗嘱，但后来史某与大儿媳产生了矛盾。此时小史又对史某特别好，于是史某就将遗嘱中的部分财产给了小史。数年后，史某去世。大史拿着遗嘱找到小史，要讨回史某给小史的那部分财产，但小史不同意归还。那么，法律对此是如何规定的呢？

律师解答

依据《民法典》及相关司法解释的规定，遗嘱人实施与遗嘱内容相反的民事法律行为的，视为对遗嘱相关内容的撤回。

在这则案例中，史某虽然立有遗嘱，但之后处分财产的行为视为对遗嘱的撤回，大史只能对剩余的财产进行继承，而不能向小史讨回已由史某处分的财产。

法条链接

《中华人民共和国民法典》

第一千一百四十二条 遗嘱人可以撤回、变更自己所立的遗嘱。

立遗嘱后，遗嘱人实施与遗嘱内容相反的民事法律行为的，视为对遗嘱相关内容的撤回。

立有数份遗嘱，内容相抵触的，以最后的遗嘱为准。

遗书中涉及死后个人财产处分的内容算是遗嘱吗？

现实问题

费某是位退休老人，有两个子女。自从

妻子去世后，心情一直很沉重，渐渐有了厌世的念头，终于在书写了一份遗书后自杀了。亲朋好友在整理费某的遗物时发现了这份遗书，遗书中有关于如何处理死后财产的内容，还有费某的签名和日期。那么，费某遗书中涉及死后个人财产处分的内容算是遗嘱吗？法律对此是如何规定的呢？

律师解答

依据《民法典》相关司法解释的规定，公民在遗书中涉及死后个人财产处分的内容，确为死者真实意思的表示，有本人签名并注明了年、月、日，又无相反证据的，可按自书遗嘱对待。

在这则案例中，费某的遗书是其真实意思的表示，且有本人签名和日期，在没有相反证据的情况下，应按自书遗嘱对待，按照遗书内容进行继承。

法条链接

《最高人民法院关于贯彻执行〈中华人民共和国继承法〉若干问题的意见》

40. 公民在遗书中涉及死后个人财产处分的内容，确为死者真实意思的表示，有本人签名并注明了年、月、日，又无相反证据的，可按自书遗嘱对待。

附义务受遗赠人如果不履行义务该如何处理？

现实问题

薛某是一名孤老，与邻居雷某签订了遗赠扶养协议，约定由雷某为其养老送终，薛某去世后遗产赠与雷某。协议签订后，薛某突然中风，生活不能自理，此时雷某却不履行照顾义务，既不陪薛某去看病，连基本的生活也不照顾。街道干部实在看不过去，承担起照顾薛某的责任。街道多次要求雷某履行相关义务，但雷某置之不理。那么，法律对此是如何规定的呢？薛某的权利该如何保护呢？

律师解答

依据《民法典》及相关司法解释的规定，遗嘱继承或者遗赠附有义务的，继承人或者受遗赠人应当履行义务。没有正当理由不履行义务的，经有关单位或者个人请求，人民法院可以取消他接受遗产的权利。

在这则案例中，街道可以请求人民法院取消雷某接受遗产的权利，改由街道履行相关扶养义务，接受遗产。

法条链接

《中华人民共和国民法典》

第一千一百四十四条　遗嘱继承或者遗赠附有义务的，继承人或者受遗赠人应当履行义务。没有正当理由不履行义务的，经利害关系人或者有关组织请求，人民法院可以取消其接受附义务部分遗产的权利。

《最高人民法院关于贯彻执行〈中华人民共和国继承法〉若干问题的意见》

43. 附义务的遗嘱继承或遗赠，如义务能够履行，而继承人、受遗赠人无正当理由不履行，经受益人或其他继承人请求，人民法院可以取消他接受附义务那部分遗产的权利，由提出请求的继承人或受益人负责按遗嘱人的意愿履行义务，接受遗产。

哪些情况下的遗嘱是无效的？

现实问题

贺某父母早亡，一直由叔叔汤某抚养，贺某继承了父母一大笔遗产，汤某为了日后能得到财产，让未成年的贺某立下遗嘱，死后由汤某继承贺某的全部财产。贺某成年后结婚生子，组建了自己的家庭。不幸的是，贺某在一次意外中去世。贺某死后，汤某拿出遗嘱要求继承财产，但贺某的妻儿不同意。那么，法律对此是如何规定的呢？

律师解答

依据《民法典》及相关司法解释的规定，无行为能力人或者限制行为能力人所立的遗嘱无效。遗嘱人立遗嘱时必须有行为能力。无行为能力人所立的遗嘱，即使其本人后来有了行为能力，仍属无效遗嘱。

在这则案例中，贺某在立遗嘱的时候尚未成年，虽然之后成年，但当时所立的遗嘱仍属无效遗嘱。汤某无权取得贺某的遗产，贺某的遗产应由其妻儿来继承。

法条链接

《中华人民共和国民法典》

第一千一百四十三条　无民事行为能力人或者限制民事行为能力人所立的遗嘱无效。

遗嘱必须表示遗嘱人的真实意思，受欺诈、胁迫所立的遗嘱无效。

伪造的遗嘱无效。

遗嘱被篡改的，篡改的内容无效。

《最高人民法院关于贯彻执行〈中华人民共和国继承法〉若干问题的意见》

41. 遗嘱人立遗嘱时必须有行为能力。无行为能力人所立的遗嘱，即使其本人后来有了行为能力，仍属无效遗嘱。遗嘱人立遗嘱时有行为能力，后来丧失了行为能力，不影响遗嘱的效力。

四、遗产的处理

继承人放弃继承的，应如何处理？

现实问题

罗某和毕某是对退休夫妻，生有一子一女，儿子在国外定居，两位老人随女儿生活。数年后，罗某去世，在国外的儿子来电话表示不能回来料理罗某的后事，也不继承罗某的财产。那么，罗某儿子这样的表示具有法律效力吗？法律对此是如何规定的呢？

律师解答

依据《民法典》及相关司法解释的规定，继承开始后，继承人放弃继承的，应当在遗产处理前，作出放弃继承的表示。没有表示的，视为接受继承。继承人放弃继承应当以书面形式向其他继承人表示。用口头方式表示放弃继承，本人承认，或有其他充分证据证明的，也应当认定其有效。

在这则案例中，罗某儿子放弃继承的行为具有法律效力，本应由其继承的遗产部分改由毕某和罗某女儿继承。

法条链接

《中华人民共和国民法典》

第一千一百二十四条　继承开始后，继承人放弃继承的，应当在遗产处理前，以书面形式作出放弃继承的表示；没有表示的，视为接受继承。

受遗赠人应当在知道受遗赠后六十日内，作出接受或者放弃受遗赠的表示；到期没有表示的，视为放弃受遗赠。

《最高人民法院关于贯彻执行〈中华人民共和国继承法〉若干问题的意见》

47. 继承人放弃继承应当以书面形式向其他继承人表示。用口头方式表示放弃继承，本人承认，或有其它充分证据证明的，也应当认定其有效。

受遗赠人没有表示是否接受或者放弃受遗赠的，应如何处理？

现实问题

成某是位退休老人，老伴已经去世，生有一子一女。戴某是成某原来的同事，由于在年轻的时候救过成某一命，于是成某在立遗嘱的时候，表示将自己的一件古董在死后赠与戴某。数年后，成某去世。成某儿女将遗赠的事情通知了戴某，但当时戴某在国外，其表示等回国再说。半年后，戴某回国表示愿意接受遗赠，但此时成某子女却不愿意再将古董给戴某。那么，法律对此是如何规定的呢？

律师解答

依据《民法典》的相关规定，受遗赠人应当在知道受遗赠后六十日内，作出接受或者放弃受遗赠的表示。到期没有表示的，视为放弃受遗赠。

在这则案例中，戴某在知道受遗赠后六十日内没有作出表示，视为放弃遗赠，该古董应由成某的子女法定继承。

法条链接

《中华人民共和国民法典》

第一千一百二十四条　继承开始后，继承人放弃继承的，应当在遗产处理前，以书面形式作出放弃继承的表示；没有表示的，视为接受继承。

受遗赠人应当在知道受遗赠后六十日内，作出接受或者放弃受遗赠的表示；到期没有表示的，视为放弃受遗赠。

夫妻一方去世时，该如何划分夫妻共同财产中属于一方的遗产？

现实问题

余某和元某是夫妻，两人生有一子，余某的父母还健在。两人在婚后购买了一处房产，并在银行里以余某名义存了10万元存款。不幸的是，余某在一次意外中去世。在继承遗产时，余某的父母认为房子和存款全都是遗产，但元某认为这些是婚后夫妻共同财产，应该有一半是自己的，其余的才是余某的遗产。那么，法律对此是如何规定的呢？

律师解答

依据《民法典》的相关规定，夫妻共同所有的财产，除有约定的，分割遗产时，应当先将共同所有的财产的一半分出为配偶所有，其余的为被继承人的遗产。

在这则案例中，房子和存款都是两人的婚后财产，属于夫妻共同财产，两人并没有特殊的约定，故应先分出一半为元某的个人财产，其余的才是余某的遗产。

法条链接

《中华人民共和国民法典》

第一千一百五十三条　夫妻共同所有的财产，除有约定的外，遗产分割时，应当先将共同所有的财产的一半分出为配偶所有，其余的为被继承人的遗产。

遗产在家庭共有财产之中的，遗产分割时，应当先分出他人的财产。

遗嘱未处分的遗产应如何处理？

现实问题

顾某是位退休老人，老伴早已去世，顾某有一子一女，儿子在外地打工，顾某随女儿生活。在和女儿生活的过程中，顾某立下自书遗嘱，让女儿在自己去世后继承房产。数年后，顾某去世，女儿拿着遗嘱继承了房产。但对于顾某其他在遗嘱中没有涉及的遗产，儿子和女儿在如何继承上产生了争议。儿子认为应该均分，女儿认为应参照遗嘱的原则全部由其继承。那么，法律对此是如何规定的呢？

律师解答

依据《民法典》的相关规定，遗嘱未处分的遗产，按照法定继承办理。除此之外，遗嘱继承人放弃继承或者受遗赠人放弃受遗赠的遗产，遗嘱继承人丧失继承权或者受遗赠人丧失受遗赠权的遗产，遗嘱继承人、受遗赠人先于遗嘱人死亡或者终止的遗产，遗嘱无效部分所涉及的遗产也按照法定继承办理。

在这则案例中，顾某虽然立有遗嘱，但没有处分所有的财产。对于除房产外其他遗嘱未处分的遗产，应按照法定继承，由子女俩继承。

法条链接

《中华人民共和国民法典》

第一千一百五十四条　有下列情形之一的，遗产中的有关部分按照法定继承办理：

（一）遗嘱继承人放弃继承或者受遗赠人放弃受遗赠；

（二）遗嘱继承人丧失继承权或者受遗赠人丧失受遗赠权；

（三）遗嘱继承人、受遗赠人先于遗嘱人死亡或者终止；

（四）遗嘱无效部分所涉及的遗产；

（五）遗嘱未处分的遗产。

胎儿有继承权吗？

现实问题

黄某和萧某是对夫妻，黄某的父母健在。后黄某在一次意外中去世，黄某去世的时候，萧某正有孕在身。在处理黄某的遗产时，黄某的父母认为应该由三人均分，而萧某则认为应给未出生的胎儿保留一份。那么，法律对此是如何规定的呢？

律师解答

依据《民法典》及相关司法解释的规定，遗产分割时，应当保留胎儿的继承份额。为胎儿保留的遗产份额，如胎儿出生后死亡的，由其继承人继承；如胎儿出生时就是死体的，由被继承人的继承人继承。

在这则案例中，应当保留萧某胎儿的继承份额，待胎儿出生后再根据生理状况确认具体的继承方式。

法条链接

《中华人民共和国民法典》

第一千一百五十五条　遗产分割时，应当保留胎儿的继承份额。胎儿娩出时是死体的，保留的份额按照法定继承办理。

《最高人民法院关于贯彻执行〈中华人民共和国继承法〉若干问题的意见》

45. 应当为胎儿保留的遗产份额没有保留的，应从继承人所继承的遗产中扣回。

为胎儿保留的遗产份额，如胎儿出生后死亡的，由其继承人继承；如胎儿出生时就是死体的，由被继承人的继承人继承。

不宜分割的遗产，应如何处理？

现实问题

姚某是位退休老人，老伴已经去世，有三个子女，姚某轮流随三个子女生活。数年后，姚某去世。三个子女继承了姚某的存款等遗产，但对于一件古董，子女对如何继承产生了争议。老大想要古董，给老二、老三现金补偿，但老二、老三对补偿的金额不满意。那么，法律对此是如何规定的呢？

律师解答

依据《民法典》的相关规定，遗产分割应当有利于生产和生活需要，不损害遗产的效用。不宜分割的遗产，可以采取折价、适当补偿或者共有等方法处理。

在这则案例中，处理遗产可用以下三种方式：（1）将古董变卖，三个继承人均分价款；（2）老大与老二、老三协商，提高补偿金额，由老大拥有古董，给予他二人相应的补偿；（3）不卖古董，三人共同拥有该古董。

法条链接

《中华人民共和国民法典》

第一千一百五十六条　遗产分割应当有利于生产和生活需要，不损害遗产的效用。

不宜分割的遗产，可以采取折价、适当补偿或者共有等方法处理。

什么是遗赠扶养协议？

现实问题

谈某是位退休老人，老伴已经去世，一直随儿子小谈生活。小谈在一次意外中去世，谈某的生活顿时没有着落。这时，谈某所在的街道提出与谈某签订遗赠扶养协议，由街道来负责谈某的生养死葬。那么，什么是遗赠扶养协议？法律对此是如何规定的呢？

律师解答

依据《民法典》及其相关司法解释的规定，遗赠扶养协议，是指遗赠人（即被扶养人）与扶养人签订的，由扶养人承担遗赠人生养死葬的义务，并于遗赠人死后享有按照协议接受遗赠的权利的协议。自然人可以与继承人以外的组织或者个人签订遗赠扶养协议。遗赠扶养协议是双方法律行为、诺成性法律行为、要式法律行为。

法条链接

《中华人民共和国民法典》

第一千一百五十八条　自然人可以与继承人以外的组织或者个人签订遗赠扶养协议。按照协议，该组织或者个人承担该自然人生养死葬的义务，享有受遗赠的权利。

《最高人民法院关于贯彻执行〈中华人民共和国继承法〉若干问题的意见》

56. 扶养人或集体组织与公民订有遗赠扶养协议，扶养人或集体组织无正当理由不履行，致协议解除的，不能享有受遗赠的权利，其支付的供养费用一般不予补偿；遗赠人无正当理由不履行，致协议解除的，则应偿还扶养人或集体组织已支付的供养费用。

无人继承的遗产应如何处理？

现实问题

傅某是一位孤老，没有亲戚，平时生活一直由街道照顾，但没有与街道签订遗赠扶养协议。数年后，傅某去世，由于没有任何亲戚，还是由街道料理了他的身后事。傅某的遗产也成了没有人继承的财产。那么，对于傅某的遗产该如何处理呢？法律对此是如何规定的呢？

律师解答

依据《民法典》以及《民事诉讼法》的相关规定，无人继承又无人受遗赠的遗产，归国家所有；死者生前是集体所有制组织成员的，归所在集体所有制组织所有。

在这则案例中，对于傅某的遗产，首先应当用来支付为其所花掉的必要的费用，清偿其生前欠下的债务，给予对其生前尽过一定照料责任的人以适当补偿。余下的遗产，则由街道向人民法院提出申请认定财产无主，收归国家所有。

法条链接

《中华人民共和国民法典》

第一千一百六十条　无人继承又无人受遗赠的遗产，归国家所有，用于公益事业；死者生前是集体所有制组织成员的，归所在集体所有制组织所有。

《中华人民共和国民事诉讼法》

第一百九十一条　申请认定财产无主，由公民、法人或者其他组织向财产所在地基层人民法院提出。

申请书应当写明财产的种类、数量以及要求认定财产无主的根据。

第一百九十二条 人民法院受理申请后，经审查核实，应当发出财产认领公告。公告满一年无人认领的，判决认定财产无主，收归国家或者集体所有。

第一百九十三条 判决认定财产无主后，原财产所有人或者继承人出现，在民法通则规定的诉讼时效期间可以对财产提出请求，人民法院审查属实后，应当作出新判决，撤销原判决。

遗产比债务少时该如何处理?

现实问题

齐某单身，父母健在。齐某是个生意人，平时因为资金周转欠了别人不少的外债，正在慢慢地归还。不料齐某在一次意外中去世，只留下了不多的遗产和不少的外债。齐某去世后，债主找上门，要齐某父母用齐某的遗产还债，但即使是拿走全部遗产还不足以偿还债务，于是债主们就要齐某的父母替齐某归还。那么，法律对此是如何规定的呢?

律师解答

依据《民法典》的相关规定，继承遗产应当清偿被继承人依法应当缴纳的税款和债务，缴纳税款和清偿债务以他的遗产实际价值为限。超过遗产实际价值部分，继承人自愿偿还的不在此限。

在这则案例中，齐某的债务属于个人债务，清偿债务以他的遗产实际价值为限，除非齐某父母自愿偿还，否则无需偿还超过遗产实际价值的部分。

法条链接

《中华人民共和国民法典》

第一千一百六十一条 继承人以所得遗产实际价值为限清偿被继承人依法应当缴纳的税款和债务。超过遗产实际价值部分，继承人自愿偿还的不在此限。

继承人放弃继承的，对被继承人依法应当缴纳的税款和债务可以不负清偿责任。

第一千一百六十二条 执行遗赠不得妨碍清偿遗赠人依法应当缴纳的税款和债务。

遗产已被分割而未清偿债务时该如何处理?

现实问题

宋某是位退休老人，老伴已经去世，有一个儿子小宋在外地打工。平日里邻居庞某经常过来照顾宋某的生活，为此宋某立下遗嘱，死后将部分财产赠与庞某。一次宋某因为看病急用钱，问老同事茅某借了5万元钱，不料借款后不久宋某就突发疾病去世。小宋和庞某分别继承了宋某的遗产，茅某得知宋某去世的消息后找到小宋要求清偿债务，小宋表示款项应由其与庞某共同归还，但庞某不同意。那么，法律对此是如何规定的呢?

律师解答

依据《民法典》及相关司法解释的规定，遗产已被分割而未清偿债务时，如有法定继承又有遗嘱继承和遗赠的，首先由法定继承人用其所得遗产清偿债务；不足清偿时，剩余的债务由遗嘱继承人和受遗赠人按比例用所得遗产偿还。

在这则案例中，应先由小宋在法定继承所得遗产的范围内清偿债务，如果不足清偿，再由庞某偿还。

法条链接

《中华人民共和国民法典》

第一千一百六十三条 既有法定继承又有遗嘱继承、遗赠的，由法定继承人清偿被继承人依法应当缴纳的税款和债务；超过法定继承遗产实际价值部分，由遗嘱继承人和受遗赠人按比例以所得遗产清偿。

第四章 物权篇
——私有财产，不可侵犯

一、物权的设立、变更、转让和消灭

房屋买卖只签合同不登记生效吗?

现实问题

万某打算购买江某的房屋，双方订立了房屋买卖合同，但并没有到交易中心办理变更登记。经过万某多次催促，江某一直拖延。万某感到越来越不安，他想知道只签合同不登记，双方的房屋买卖行为生效吗?

律师解答

根据《民法典》的规定，除法律另有规定的以外，不动产物权的设立、变更、转让和消灭，经依法登记，发生效力；未经登记，不发生效力。因此，上述万某与江某的房屋买卖合同虽然已经签订，但是若不登记，则不发生物权效力。

法条链接

《中华人民共和国民法典》

第二百零九条　不动产物权的设立、变更、转让和消灭，经依法登记，发生效力；未经登记，不发生效力，但是法律另有规定的除外。

依法属于国家所有的自然资源，所有权可以不登记。

第二百一十条　不动产登记，由不动产所在地的登记机构办理。

国家对不动产实行统一登记制度。统一登记的范围、登记机构和登记办法，由法律、行政法规规定。

第二百一十一条　当事人申请登记，应当根据不同登记事项提供权属证明和不动产界址、面积等必要材料。

第二百一十四条　不动产物权的设立、变更、转让和消灭，依照法律规定应当登记的，自记载于不动产登记簿时发生效力。

“一房两卖”的合同都有效吗?

现实问题

苗某有一套两室一厅的房子准备出售，苗某与雷某订立了房屋买卖合同，但一直未办理产权登记，一个月后，苗某又将该房屋卖给付某，双方在订立了房屋买卖合同后立刻到房地产交易中心办理了产权变更登记。雷某得知此事后，找到苗某理论，苗某称双方的房屋买卖合同已经无效了，因为其已与付某办理了产权登记。雷某遂将苗某起诉至法院。那么，雷某与苗某的合同是否有效呢?

律师解答

根据《民法典》的规定，当事人之间订立有关设立、变更、转让和消灭不动产物权的合同，除法律另有规定或者合同另有约定外，自合同成立时生效；未办理物权登记的，不影响合同效力。因此，雷某与苗某虽然未办理物权登记，但是双方的合同依然有效，只是没有发生物权效力，雷某可以依据合同要求苗某赔偿违约金。

法条链接

《中华人民共和国民法典》

第二百一十五条 当事人之间订立有关设立、变更、转让和消灭不动产物权的合同，除法律另有规定或者当事人另有约定外，自合同成立时生效；未办理物权登记的，不影响合同效力。

权利人、利害关系人认为不动产登记簿记载的事项错误的，应如何处理？

现实问题

季某与强某为夫妻，结婚后，双方购买了一套三室两厅的房子。但在强某怀孕后，感觉季某在慢慢地疏远自己，有一次无意中听到季某在打电话说卖房的事。心存疑虑的强某来到房地产交易中心查看自己与季某房子的情况，竟然发现房屋的产权人就在两天前已经变更为另一名自己不认识的人，强某意识到可能季某在她不知道的情况下偷偷将房屋转卖。那么，强某究竟应该如何保护自己的权益呢？

律师解答

根据《民法典》的规定，权利人、利害关系人认为不动产登记簿记载的事项错误的，可以申请更正登记。不动产登记簿记载的权利人书面同意更正或者有证据证明登记确有错误的，登记机构应当予以更正。不动产登记簿记载的权利人不同意更正的，利害关系人可以申请异议登记。登记机构予以异议登记的，申请人在异议登记之日起十五日内不起诉，异议登记失效。异议登记不当，造成权利人损害的，权利人可以向申请人请求损害赔偿。对于强某来说，她应当通过提起异议登记来保护自己的权益，并在十五日内起诉，超过十五天则异议登记无效。但异议登记失效后，权利人、利害关系人仍然可以诉至法院请求确认物权归属，异议登记失效不会影响人民法院对案件的实体审理。

法条链接

《中华人民共和国民法典》

第二百二十条 权利人、利害关系人认为不动产登记簿记载的事项错误的，可以申请更正登记。不动产登记簿记载的权利人书面同意更正或者有证据证明登记确有错误的，登记机构应当予以更正。

不动产登记簿记载的权利人不同意更正的，利害关系人可以申请异议登记。登记机构予以异议登记，申请人自异议登记之日起十五日内不提起诉讼的，异议登记失效。异议登记不当，造成权利人损害的，权利人可以向申请人请求损害赔偿。

《最高人民法院关于适用〈中华人民共和国物权法〉若干问题的解释（一）》

第三条 异议登记因物权法第十九条第二款规定的事由失效后，当事人提起民事诉讼，请求确认物权归属的，应当依法受理。异议登记失效不影响人民法院对案件的实体审理。

买卖期房时，有什么方法可以保障购房人将来实现物权？

现实问题

严某将自己两室两厅的房屋卖给金某，双方订立了房屋买卖协议，但是严某因某些原因暂时不能与金某办理房产登记，金某提出可以先办理预告登记，严某不懂究竟什么是预告登记，那么法律对此是如何规定的呢？

律师解答

所谓预告登记，就是为保全关于不动产物权的请求权而将此权利进行的登记。它将债权请求权予以登记，使其具有对抗第三人的效力，使妨害其不动产物权登记请求权所为的处分无效，以保障将来本登记的实现。根据《民法典》的规定，当事人签订买卖房屋或者其他不动产物权的协议，为保障将来实现物权，按照约定可以向登记机构申请预告登记。预告登记后，未经预告登记的权利人同意，处分该不动产的，不发生物权效力。

所以，金某提出先预告登记是为了更好地保障自己的权益，当然，需要注意的是，预告登记后，债权消灭或者自能够进行不动产登记之日起九十日内未申请登记的，预告登记失效。

法条链接

《中华人民共和国民法典》

第二百二十一条　当事人签订买卖房屋的协议或者签订其他不动产物权的协议，为保障将来实现物权，按照约定可以向登记机构申请预告登记。预告登记后，未经预告登记的权利人同意，处分该不动产的，不发生物权效力。

预告登记后，债权消灭或者自能够进行不动产登记之日起九十日内未申请登记的，预告登记失效。

动产转让何时发生效力？

现实问题

宋某将自己的电脑卖给同学毛某，约定五天后交电脑。3天后，毛某看到另一同学凌某在使用该电脑，便上前说该电脑已经是自己的了，其已将购买该电脑的钱交给了宋某，因此凌某无权使用该电脑，说着便拿走了电脑，宋某得知后便找到毛某，称交电脑的时间还有两天，毛某无权拿走电脑，双方因此发生争执。那么，法律对此究竟是如何规定的呢？

律师解答

根据《民法典》的规定，除法律另有规定的以外，动产物权的设立和转让，自交付时发生效力。因此，在宋某还没有将电脑交付给毛某的时候，虽然双方的买卖合同已经订立并生效，但是该电脑的所有权并未发生转移，所以毛某并未因交钱而拥有了该电脑的所有权。

法条链接

《中华人民共和国民法典》

第二百二十四条　动产物权的设立和转让，自交付时发生效力，但是法律另有规定的除外。

汽车转让登记的效力是如何的？

现实问题

花某将自己的一辆小轿车卖给康某，双方订立合同且交付了购车款，但花某还未将该车交付给康某。没过几天，康某发现齐某所开的轿车为花某卖给自己的，于是上前询问，才知道就在自己与花某订立合同的第二天，花某又将该车卖给了齐某，且双方已经办理了变更登记。一气之下，康某将花某与齐某都告上了法院，要求齐某将轿车还给自己，齐某表示轿车是他出钱买的，与康某没有关系。那么，法律对此究竟是如何规定的呢？

律师解答

根据《民法典》的规定，船舶、航空器和机动车等物权的设立、变更、转让和消灭，未经登记，不得对抗善意第三人。善意第三人是指在民事活动中占有人将其占有的他人财产，擅自处分给所有人以外的不知情的人

（即受让人）。其特征主要表现为，他在物的流转中处于第三人的位置，在主观上基于不知情的善意心理，在客观上通过交换行为取得财产。

在本案中，齐某符合《最高人民法院关于适用〈中华人民共和国物权法〉若干问题的解释（一）》规定的善意取得条件，齐某为善意第三人，因此，康某不能以自己与花某的合同订立在先为由，对抗齐某，根据《民法典》的规定，齐某已经拥有了该轿车。

法条链接

《中华人民共和国民法典》

第二百二十五条　船舶、航空器和机动车等的物权的设立、变更、转让和消灭，未经登记，不得对抗善意第三人。

《最高人民法院关于适用〈中华人民共和国物权法〉若干问题的解释（一）》

第二十条　转让人将物权法第二十四条规定的船舶、航空器和机动车等交付给受让人的，应当认定符合物权法第一百零六条第一款第三项规定的善意取得的条件。

指示交付的物权何时发生变更？

现实问题

龚某将其拥有的一头牛卖给了林某，但是告诉林某该牛现在在童某处，可以直接向童某要，同时立刻打电话给童某告知牛已经卖给了林某，要求童某交付给林某，那么该牛的所有权何时归林某所有的呢？

律师解答

指示交付，又称返还请求权的让与，是指让与动产物权的时候，如果让与人的动产由第三人占有，让与人可以将其享有的对第三人的返还请求权让与受让人，以代替现实交付。上述龚某与林某的情形即为指示交付。根据《民法典》的规定，动产物权设立和转让前，第三人依法占有该动产的，负有交付义务的人可以通过转让请求第三人返还原物的权利代替交付。因此在龚某将请求童某返还牛的权利转让给林某时，就已经视为交付了该牛，其牛的所有权归林某所有。

法条链接

《中华人民共和国民法典》

第二百二十七条　动产物权设立和转让前，第三人占有该动产的，负有交付义务的人可以通过转让请求第三人返还原物的权利代替交付。

因人民法院的法律文书，导致物权变更的，该物权变动何时生效？

现实问题

包某与裴某因一辆轿车所有权纠纷诉至法院，后经法院审理，判令包某拥有该轿车的所有权，判决生效后，包某并未办理变更登记，那么该轿车的物权何时归包某所有呢？

律师解答

根据《民法典》的规定，因人民法院、仲裁机构的法律文书或者人民政府的征收决定等，导致物权设立、变更、转让或者消灭的，自法律文书或者征收决定等生效时发生效力。因此，对包某来说，法院判决书生效之日即为其拥有该轿车物权之时。

法条链接

《中华人民共和国民法典》

第二百二十九条　因人民法院、仲裁机构的法律文书或者人民政府的征收决定等，导致物权设立、变更、转让或者消灭的，自法律文书或者征收决定等生效时发生效力。

第二百三十二条　处分依照本节规定享有的不动产物权，依照法律规定需要办理登记的，未经登记，不发生物权效力。

因继承取得物权的，该物权变动何时生效？

现实问题

饶某与张某有两个儿子大饶与小饶，2009 年 9 月，饶某因病去世。饶某有一栋花园别墅，根据《民法典》的规定，该花园别墅由张某、大饶、小饶共同拥有，但直到 2010 年，该三人也未办理产权变更，那么该栋别墅的物权是否发生过变更呢？

律师解答

根据《民法典》的规定，因继承或者受遗赠取得物权的，自继承或者受遗赠开始时发生效力。所以，在饶某去世时，该套花园别墅的物权已经归张某、大饶、小饶共同所有了。需要注意的是，《民法典》同时规定，虽然该花园别墅的物权已经在继承之时发生效力，但是在处分该别墅时，未经登记，不发生物权效力。

法条链接

《中华人民共和国民法典》

第二百三十条　因继承取得物权的，自继承开始时发生效力。

第二百三十二条　处分依照本节规定享有的不动产物权，依照法律规定需要办理登记的，未经登记，不发生物权效力。

二、物权的保护

自己的财产被别人占有了，该怎么办？

现实问题

乔某与段某为同寝室的同学，一天，乔某发现段某在使用自己的手提电脑，于是要求段某返还，但是段某不予理睬，双方因此发生了争执。那么，法律对此是如何规定的呢？

律师解答

根据《民法典》的规定，无权占有不动产或者动产的，权利人可以请求返还原物。所以，乔某有权利要求段某返还自己的手提电脑。

法条链接

《中华人民共和国民法典》

第二百三十五条　无权占有不动产或者动产的，权利人可以请求返还原物。

邻居在家里堆放了大量易燃易爆物品，该怎么办？

现实问题

谭某与邱某为邻居，一天，谭某发现邱某在双方共有的走道内放置了很多没有生产厂家的烟花爆竹，谭某感到很危险，要求邱某搬走，但是遭到了邱某的拒绝，邱某认为走道是和谭某共同拥有的，其有权放置东西，双方因此发生了争执。那么，法律对此是如何规定的呢？

律师解答

根据《民法典》的规定，妨害物权或者

可能妨害物权的，权利人可以请求排除妨害或者消除危险。对于谭某来说，邱某的行为侵犯了其对走道的使用权，谭某有权要求邱某将烟花爆竹搬走。

法条链接

《中华人民共和国民法典》

第二百三十六条　妨害物权或者可能妨害物权的，权利人可以请求排除妨害或者消除危险。

邻居装修导致自家墙体开裂的，该怎么办?

现实问题

卓某与劳某为邻居，劳某因儿子结婚重新装修了房屋，装修时不慎将与卓某共有的墙壁凿裂，于是卓某找到劳某要求其修复该墙壁，但是遭到了劳某的拒绝。那么，卓某应该如何维护自己的权益呢?

律师解答

根据《民法典》的规定，造成不动产或者动产毁损的，权利人可以请求修理、重作、更换或者恢复原状。卓某有权要求劳某修复墙壁。同时，根据《民法典》的规定，侵害物权，造成权利人损害的，权利人可以依法请求损害赔偿，也可以依法请求承担其他民事责任。所以，如果劳某还造成卓某其他损害的，卓某可以请求其赔偿。

法条链接

《中华人民共和国民法典》

第二百三十七条　造成不动产或者动产毁损的，权利人可以依法请求修理、重作、更换或者恢复原状。

第二百三十八条　侵害物权，造成权利人损害的，权利人可以依法请求损害赔偿，也可以依法请求承担其他民事责任。

三、所有权一般规定

房屋被国家征收，能向国家要求补偿吗?

现实问题

周某所居住的房屋，因市政需要，被通知即将被国家征收，周某想知道，被国家征收的，是否可以向国家要求补偿呢?

律师解答

根据《民法典》的规定，为了公共利益的需要，依照法律规定的权限和程序可以征收集体所有的土地和单位、个人的房屋及其他不动产。征收单位、个人的房屋及其他不动产，应当依法给予拆迁补偿，维护被征收人的合法权益；征收个人住宅的，还应当保障被征收人的居住条件。任何单位和个人不得贪污、挪用、私分、截留、拖欠征收补偿费等费用。

法条链接

《中华人民共和国民法典》

第二百四十三条　为了公共利益的需要，依照法律规定的权限和程序可以征收集体所有的土地和组织、个人的房屋以及其他不动产。

征收集体所有的土地，应当依法及时足额支付土地补偿费、安置补助费以及农村村民住宅、其他地上附着物和青苗等的补偿费用，并安排被征地农民的社会保障费用，保障被征地农民的生活，维护被征地农民的合法权益。

征收组织、个人的房屋以及其他不动产，应当依法给予征收补偿，维护被征收人的合法权益；征收个人住宅的，还应当保障被征收人的居住条件。

任何组织或者个人不得贪污、挪用、私分、截留、拖欠征收补偿费等费用。

个人可以取得土地的所有权吗？

现实问题

丁某想在所在城市的郊区买一块土地建别墅，当他去咨询土地价格的时候却被告知：在我国土地的所有权大多数是归国家所有的，是不能买卖的，只能使用。丁某感到很疑惑，常常听到别人说什么土地被谁买了，难道不是所有权吗？

律师解答

根据《民法典》的规定，城市的土地，属于国家所有。法律规定属于国家所有的农村和城市郊区的土地，属于国家所有。

土地所有权是指土地所有者依法对自己的土地所享有的占有、使用、收益和处分的权利。土地所有者这种占有、使用、收益和处分权利，是土地所有制在法律上的体现。在我国，土地所有权的权利主体只能是国家和农民集体，其他任何组织和个人都不享有土地所有权，这是由我国土地的社会主义公有制决定的。

所以，对于个人来说，是不可能取得土地所有权的。

法条链接

《中华人民共和国民法典》

第二百四十二条　法律规定专属于国家所有的不动产和动产，任何组织或者个人不能取得所有权。

第二百四十六条　法律规定属于国家所有的财产，属于国家所有即全民所有。

国有财产由国务院代表国家行使所有权。法律另有规定的，依照其规定。

第二百四十九条　城市的土地，属于国家所有。法律规定属于国家所有的农村和城市郊区的土地，属于国家所有。

地里挖出来的文物能归自己所有吗？

现实问题

陈某拥有一座已经有100多年房龄的带花园的房屋。一日，陈某在挖土打算重新种植树木的时候发现土中埋有瓷碗。后经鉴定，该批瓷碗均为价值连城但应属国家所有的一级文物。陈某感到不可理解，难道在自家花园里挖到的文物也要上交国家？

律师解答

根据《民法典》的规定，法律规定属于国家所有的文物，属于国家所有。所以上述瓷碗虽然是在陈某自家花园内发现，但是根据我国的法律，应当归国家所有，陈某应当上交。

法条链接

《中华人民共和国民法典》

第二百五十三条　法律规定属于国家所有的文物，属于国家所有。

四、业主的建筑物区分所有权

自家装修可以随意破坏承重墙吗？

现实问题

某小区业主史某，2020年初同时购买同一单元上、下两层两处房产，在进行房屋装饰装修过程中，为了方便，在客厅上方承重楼板上开楼梯洞口想连通上、下两室；在两卧室承重墙开门。该小区物业管理人员在其装修过程中发现这种行为时，与史某沟通欲制止其行为，但是遭到了史某的拒绝，史某称两套房子都归其所有，想要怎么装修就怎么装修。那么，史某的做法合法吗？

律师解答

根据《民法典》的规定，业主对其建筑物专有部分享有占有、使用、收益和处分的权利。业主行使权利不得危及建筑物的安全，不得损害其他业主的合法权益。所以，虽然两套两层房屋归史某所有，但是并不代表史某可以随意装修房屋破坏承重墙。

法条链接

《中华人民共和国民法典》

第二百七十一条　业主对建筑物内的住宅、经营性用房等专有部分享有所有权，对专有部分以外的共有部分享有共有和共同管理的权利。

第二百七十二条　业主对其建筑物专有部分享有占有、使用、收益和处分的权利。业主行使权利不得危及建筑物的安全，不得损害其他业主的合法权益。

《最高人民法院关于审理建筑物区分所有权纠纷案件具体应用法律若干问题的解释》

第二条　建筑区划内符合下列条件的房屋，以及车位、摊位等特定空间，应当认定为物权法第六章所称的专有部分：

（一）具有构造上的独立性，能够明确区分；

（二）具有利用上的独立性，可以排他使用；

（三）能够登记成为特定业主所有权的客体。

规划上专属于特定房屋，且建设单位销售时已经根据规划列入该特定房屋买卖合同中的露台等，应当认定为物权法第六章所称专有部分的组成部分。

本条第一款所称房屋，包括整栋建筑物。

小区内的公用健身设施归谁所有？

现实问题

某小区花园内有公用健身设施，长期以来，该小区居民都喜欢去该花园内健身。但后来物业突然拆除公用健身设施，在花园里搭建了一个小卖部，此行为遭到了全体居民的反对，但是物业依然一意孤行，居民与物业发生了冲突。那么，该物业的做法是否合法呢？

律师解答

根据《民法典》的规定，建筑区划内的道路，属于业主共有，但属于城镇公共道路的除外。建筑区划内的绿地，属于业主共有，但属于城镇公共绿地或者明示属于个人的除外。建筑区划内的其他公共场所、公用设施和物业服务用房，属于业主共有。所以，小区的公用健身设施归全体业主所有，物业无权擅自拆除改建小卖部。

法条链接

《中华人民共和国民法典》

第二百七十四条　建筑区划内的道路，属于业主共有，但是属于城镇公共道路的除外。建筑区划内的绿地，属于业主共有，但是属于城镇公共绿地或者明示属于个人的除外。建筑区划内的其他公共场所、公用设施和物业服务用房，属于业主共有。

《最高人民法院关于审理建筑物区分所有权纠纷案件具体应用法律若干问题的解释》

第三条　除法律、行政法规规定的共有部分外，建筑区划内的以下部分，也应当认定为物权法第六章所称的共有部分：

（一）建筑物的基础、承重结构、外墙、屋顶等基本结构部分，通道、楼梯、大堂等公共通行部分，消防、公共照明等附属设施、设备，避难层、设备层或者设备间等结构部分；

（二）其他不属于业主专有部分，也不属于市政公用部分或者其他权利人所有的场所及设施等。

建筑区划内的土地，依法由业主共同享有建设用地使用权，但属于业主专有的整栋建筑物的规划占地或者城镇公共道路、绿地占地除外。

第七条　改变共有部分的用途、利用共有部分从事经营性活动、处分共有部分，以及业主大会依法决定或者管理规约依法确定应由业主共同决定的事项，应当认定为物权法第七十六条第一款第（七）项规定的有关共有和共同管理权利的“其他重大事项”。

小区内的车位归谁所有？

现实问题

龚某花250余万元购买一套房屋。该套房屋所在的小区公共道路上有停车位50个，龚某入住后，一直将自己的车子停在其楼下的地面停车位上。但在该小区物业入驻之后，竟然向业主收取停车费。经过多番交涉未果后，龚某遂将该物业诉至法院。那么，小区内的车位究竟归谁所有？

律师解答

根据《民法典》的规定，占用业主共有的道路或者其他场地用于停放汽车的车位，属于业主共有。因此，在本案中物业无权向小区居民收取停车费，因为该地面停车位均为全体业主共同拥有。

法条链接

《中华人民共和国民法典》

第二百七十五条　建筑区划内，规划用于停放汽车的车位、车库的归属，由当事人通过出售、附赠或者出租等方式约定。

占用业主共有的道路或者其他场地用于停放汽车的车位，属于业主共有。

第二百七十六条　建筑区划内，规划用于停放汽车的车位、车库应当首先满足业主的需要。

《最高人民法院关于审理建筑物区分所有权纠纷案件具体应用法律若干问题的解释》

第五条　建设单位按照配置比例将车位、车库，以出售、附赠或者出租等方式处分给业主的，应当认定其行为符合物权法第七十四条第一款有关“应当首先满足业主的需要”的规定。

前款所称配置比例是指规划确定的建筑区划内规划用于停放汽车的车位、车库与房屋套数的比例。

第六条　建筑区划内在规划用于停放汽车的车位之外，占用业主共有道路或者其他场地增设的车位，应当认定为物权法第七十四条第三款所称的车位。

业主可以解聘物业公司吗？

现实问题

某小区物业公司系由开发商选聘的，当业主们纷纷入住后就发现负责小区物业管理的公司服务质量不高，没有起到维护小区安定生活的作用。

小区草坪中杂草丛生无人修剪，宠物粪便、生活垃圾随处可见。小区大门开放时间也不合理，每天晚上10点半就关门，回来晚的业主每人每次须交1元的“开门费”才能进入。同时，小区内没有路灯，晚上出来散步的人也几乎没有，除非迫不得已，否则大家都会在天黑之前赶回家。

因此，该小区业主委员会通知该物业公司，已将其解聘，但物业公司称物业管理合同订立的期限为两年，现两年未到，业主委员会无权解聘。双方因此发生争执。那么，法律对此究竟是如何规定的呢？

律师解答

根据《民法典》的规定，业主可以自行管理建筑物及其附属设施，也可以委托物业服务企业或者其他管理人管理。对建设单位聘请的物业服务企业或者其他管理人，业主有权依法更换。因此，在本案中，物业公司虽然已由开发商选定，并且约定的合同期限为两年，但是根据法律的规定，业主有权更换开发商聘请的物业公司。

法条链接

《中华人民共和国民法典》

第二百七十七条　业主可以设立业主大会，选举业主委员会。业主大会、业主委员会成立的具体条件和程序，依照法律、法规的规定。

地方人民政府有关部门、居民委员会应当对设立业主大会和选举业主委员会给予指导和协助。

第二百七十八条　下列事项由业主共同决定：

（一）制定和修改业主大会议事规则；

（二）制定和修改管理规约；

（三）选举业主委员会或者更换业主委员会成员；

（四）选聘和解聘物业服务企业或者其他管理人；

（五）使用建筑物及其附属设施的维修资金；

（六）筹集建筑物及其附属设施的维修资金；

（七）改建、重建建筑物及其附属设施；

（八）改变共有部分的用途或者利用共有部分从事经营活动；

（九）有关共有和共同管理权利的其他重大事项。

业主共同决定事项，应当由专有部分面积占比三分之二以上的业主且人数占比三分之二以上的业主参与表决。决定前款第六项至第八项规定的事项，应当经参与表决专有部分面积四分之三以上的业主且参与表决人数四分之三以上的业主同意。决定前款其他事项，应当经参与表决专有部分面积过半数的业主且参与表决人数过半数的业主同意。

第二百八十四条　业主可以自行管理建筑物及其附属设施，也可以委托物业服务企业或者其他管理人管理。

对建设单位聘请的物业服务企业或者其他管理人，业主有权依法更换。

第二百八十五条　物业服务企业或者其他管理人根据业主的委托，依照本法第三编有关物业服务合同的规定管理建筑区划内的建筑物及其附属设施，接受业主的监督，并及时答复业主对物业服务情况提出的询问。

物业服务企业或者其他管理人应当执行政府依法实施的应急处置措施和其他管理措施，积极配合开展相关工作。

业主可以随意把自家住宅变成酒吧吗？

现实问题

徐某购买了某小区内的一层房屋，并将该层房屋改造为酒吧，每天夜晚，该酒吧都音乐声不断，住在徐某上下楼的邻居均不堪其扰，纷纷找到徐某要求其关闭酒吧，但是均遭到徐某的拒绝，因此邻居与徐某争执不断。那么，徐某的做法是否合法呢？

律师解答

根据《民法典》的规定，业主不得违反法律、法规以及管理规约，将住宅改变为经营性用房。业主将住宅改变为经营性用房的，除遵守法律、法规以及管理规约外，应当经有利害关系的业主一致同意。同时，根据《最高人民法院关于审理建筑物区分所有权纠纷案件具体应用法律若干问题的解释》的规定，业主将住宅改变为经营性用房，未按照物权法第七十七条的规定经有利害关系的业主同意，有利害关系的业主请求排除妨害、消除危险、恢复原状或者赔偿损失的，人民法院应予支持。因此，在本案中，被徐某酒吧所影响生活的邻居可以诉至法院，要求徐某关闭酒吧。

法条链接

《中华人民共和国民法典》

第二百七十九条　业主不得违反法律、法规以及管理规约，将住宅改变为经营性用房。业主将住宅改变为经营性用房的，除遵守法律、法规以及管理规约外，应当经有利害关系的业主一致同意。

《最高人民法院关于审理建筑物区分所有权纠纷案件具体应用法律若干问题的解释》

第十条　业主将住宅改变为经营性用房，未按照物权法第七十七条的规定经有利害关系的业主同意，有利害关系的业主请求排除妨害、消除危险、恢复原状或者赔偿损失的，人民法院应予支持。

将住宅改变为经营性用房的业主以多数有利害关系的业主同意其行为进行抗辩的，人民法院不予支持。

第十一条　业主将住宅改变为经营性用房，本栋建筑物内的其他业主，应当认定为物权法第七十七条所称“有利害关系的业主”。

建筑区划内，本栋建筑物之外的业主，主张与自己有利害关系的，应证明其房屋价值、生活质量受到或者可能受到不利影响。

小区内乱搭乱建，如何解决？

现实问题

刘某是某小区一楼的居民，该小区一楼的居民均拥有一座10平方米的天井。刘某为了扩大自己的居住面积，将该天井的围墙敲掉，往外挪了5平方米，并将该天井封闭住，改造为另一间房间。业主委员会多次找到刘某要求其拆除该违章搭建，但均遭到了刘某的拒绝，双方因此发生争执。那么，法律对此究竟是如何规定的呢？

律师解答

根据《民法典》的规定，业主大会和业主委员会，对任意弃置垃圾、排放污染物或者噪声、违反规定饲养动物、违章搭建、侵占通道、拒付物业费等损害他人合法权益的行为，有权依照法律、法规以及管理规约，要求行为人停止侵害、消除危险、排除妨害、恢复原状、赔偿损失。业主对侵害自己合法权益的行为，可以依法向人民法院提起诉讼。因此，上述业主委员会在刘某始终拒绝拆除违章搭建的情况下，完全可以起诉至法院要求刘某拆除该违章建筑。

法条链接

《中华人民共和国民法典》

第二百八十六条　业主应当遵守法律、法规以及管理规约，相关行为应当符合节约资源、保护生态环境的要求。对于物业服务企业或者其他管理人执行政府依法实施的应急处置措施和其他管理措施，业主应当依法予以配合。

业主大会或者业主委员会，对任意弃置垃圾、排放污染物或者噪声、违反规定饲养动物、违章搭建、侵占通道、拒付物业费等损害他人合法权益的行为，有权依照法律、法规以及管理规约，请求行为人停止侵害、排除妨碍、消除危险、恢复原状、赔偿损失。

业主或者其他行为人拒不履行相关义务的，有关当事人可以向有关行政主管部门报告或者投诉，有关行政主管部门应当依法处理。

《最高人民法院关于审理建筑物区分所有权纠纷案件具体应用法律若干问题的解释》

第十五条　业主或者其他行为人违反法律、法规、国家相关强制性标准、管理规约，或者违反业主大会、业主委员会依法作出的决定，实施下列行为的，可以认定为物权法第八十三条第二款所称的其他“损害他人合法权益的行为”：

（一）损害房屋承重结构，损害或者违章使用电力、燃气、消防设施，在建筑物内放置危险、放射性物品等危及建筑物安全或者妨碍建筑物正常使用；

（二）违反规定破坏、改变建筑物外墙面的形状、颜色等损害建筑物外观；

（三）违反规定进行房屋装饰装修；

（四）违章加建、改建，侵占、挖掘公共通道、道路、场地或者其他共有部分。

五、相邻关系

房主是否应当为邻居的排水提供必要的便利?

现实问题

陆某与顾某是某村的邻居，几十年来，陆家与顾家都用经过两家的同一条沟排水。今年，陆某因为装修房屋，将装修材料堆放在排水沟上，导致该条沟堵住，顾某无法排水。顾某找到陆某要求其搬走装修材料，但是遭到陆某的拒绝，陆某认为装修材料堆在自己家，爱怎么堆就怎么堆，顾某无权过问，双方因此发生争执。那么，法律对此究竟是如何规定的呢?

律师解答

根据《民法典》的规定，不动产权利人应当为相邻权利人用水、排水提供必要的便利。

相邻权指不动产的所有人或使用人在处理相邻关系时所享有的权利。具体来说，在相互毗邻的不动产的所有人或者使用人之间，任何一方为了合理行使其所有权或使用权，享有要求其他相邻方提供便利或是接受一定限制的权利。相邻权实质上是对所有权的限制和延伸。相邻不动产的所有人或使用人在行使自己的所有权或使用权时，应当以不损害其他相邻人的合法权益为原则。如果因权利的行使，给相邻人的人身或财产造成危害的，相邻人有权要求停止侵害、消除危险和赔偿损失。在处理相邻关系时，相邻各方应该本着有利生产、方便生活、团结互助、公平合理的原则，互谅互让，协商解决。协商不成，可以请求人民法院依法解决。

法条链接

《中华人民共和国民法典》

第二百九十条　不动产权利人应当为相邻权利人用水、排水提供必要的便利。

对自然流水的利用，应当在不动产的相邻权利人之间合理分配。对自然流水的排放，应当尊重自然流向。

自家住宅的采光被阻挡怎么办?

现实问题

经行政主管部门审批，某房地产公司在某地块开发建设三幢紧连的大楼，一年后该工程竣工。吴某居住在与该大楼仅一路之隔的多层房屋内，大楼位于马路东侧，吴某居住的房屋位于马路西侧。其住房原先采光充足，但该三幢高层楼盘建成后，吴某家的采光被完全遮挡，通风条件也被破坏，使得他屋内夏天潮湿、冬天阴冷。

此外，由于两楼相距仅30多米，他家从早到晚都要用窗帘遮挡，否则就可能会被偷窥。夕照时由于高层建筑的反射，他的住宅还经常受到反射光污染。

吴某认为，这些情况不仅使他的房屋价值严重减损，给他正常的生活和工作带来了影响。仅每个月的电费开销就增加了100多元。同时，由于反射光的污染，家人的健康和情绪均受到直接影响，精神上承受着巨大的痛苦。由于房地产公司建筑的高层楼盘严重侵犯了他的采光权、通风权、隐私权、眺望权，同时还受到污染，吴某遂诉至法院要求房地产公司赔偿相关费用。那么，法律对此是如何规定的呢？

律师解答

根据《民法典》的规定，建造建筑物，不得违反国家有关工程建设标准，不得妨碍相邻建筑物的通风、采光和日照。因此，吴某与某房地产公司作为不动产的相邻双方，应当按照有利生产、方便生活、团结互助、公平合理的精神，正确处理通行、通风、采光等相邻关系。房地产公司实际上已对吴某造成了侵权，应当进行相应赔偿。

法条链接

《中华人民共和国民法典》

第二百九十三条　建造建筑物，不得违反国家有关工程建设标准，不得妨碍相邻建筑物的通风、采光和日照。

不动产权利人可以任意排放污水吗？

现实问题

某小厂房与某村相连，共同坐落在一条小河边，该小厂房将污水全部排放到小河内，造成该村居民无法使用小河里的水，同时小河里的鱼全部死亡。该村居民将该厂诉至法院。那么，该厂的做法是否合法呢？

律师解答

根据《民法典》的规定，不动产权利人不得违反国家规定弃置固体废物，排放大气污染物、水污染物、噪声、光辐射、电磁辐射等有害物质。所以，上述厂房排放污水影响村内居民使用小河内的水的行为是违法的。

法条链接

《中华人民共和国民法典》

第二百九十四条　不动产权利人不得违反国家规定弃置固体废物，排放大气污染物、水污染物、土壤污染物、噪声、光辐射、电磁辐射等有害物质。

由于邻居挖井而导致线缆被挖断该怎么办？

现实问题

李某与严某为同一村内的邻居。李某打算在自家花园下挖一口井。没过多久，严某家的电停了，多方查找原因后发现是李某在挖井时挖断了自家的电线，因此找到李某理论，李某表示其在自家花园挖井与严某无关，双方因此发生争执。那么，李某的做法是否合法呢？

律师解答

根据《民法典》的规定，不动产权利人挖掘土地、建造建筑物、铺设管线以及安装设备等，不得危及相邻不动产的安全。

因此，李某想在自家花园挖井本身并没有错，但应当在不危及邻居的情况下进行，因挖掘造成严某损失的，应当赔偿。

法条链接

《中华人民共和国民法典》

第二百九十五条　不动产权利人挖掘土地、建造建筑物、铺设管线以及安装设备等，不得危及相邻不动产的安全。

第二百九十六条　不动产权利人因用水、排水、通行、铺设管线等利用相邻不动产的，应当尽量避免对相邻的不动产权利人造成损害。

六、共有

共有人处分共有的财产，应如何进行？

现实问题

谢某与马某是夫妻，在结婚后，两人共同出资买了一套四室两厅的房屋居住，几年后房价涨了很多，比当时购买时多100万元，谢某因此想将该房屋卖出，但是遭到了马某的拒绝，谢某想知道卖房是否必须经马某同意呢？

律师解答

共同共有是指两个或两个以上的民事主体，基于某种共同关系，对同一个财产不分份额地共同享有权利、履行义务的共有关系。谢某与马某对于房屋的共同共有，就是基于双方的夫妻关系。根据《民法典》的规定，处分共有的不动产或者动产以及对共有的不动产或者动产作重大修缮的，应当经占份额三分之二以上的按份共有人或者全体共同共有人同意，但共有人之间另有约定的除外。所以，对于谢某和马某来说，基于房屋系共同共有，必须要两个人全部同意才能出售房屋。

法条链接

《中华人民共和国民法典》

第三百零一条　处分共有的不动产或者动产以及对共有的不动产或者动产作重大修缮、变更性质或者用途的，应当经占份额三分之二以上的按份共有人或者全体共同共有人同意，但是共有人之间另有约定的除外。

共有物的管理费用，应如何负担？

现实问题

杜某与鲁某系好朋友，因看好一小区房价的上涨空间，于是一同购买了该小区的一套三室两厅的房屋，杜某出资50万元，鲁某出资150万元。购买后杜、鲁两人都不居住，而是暂时空置等待房价上涨后出售。该房屋的物业费为每月1000元，杜、鲁二人自买房后就一直没交物业费，物业找到杜某要求其交纳，杜某让物业找鲁某，物业找到鲁某，鲁某又叫物业找杜某，物业感到相当无奈，那么，杜、鲁二人的物业费究竟应该怎样承担呢？

律师解答

根据《民法典》的规定，对共有物的管理费用以及其他负担，有约定的，按照约定；没有约定或者约定不明确的，按份共有人按照其份额负担，共同共有人共同负担。上述杜、鲁二人显然对于物业费没有约定，那么就应当按照双方的份额承担，即杜某承担250元，鲁某承担750元。

法条链接

《中华人民共和国民法典》

第三百零二条　共有人对共有物的管理费用以及其他负担，有约定的，按照其约定；没有约定或者约定不明确的，按份共有人按照其份额负担，共同共有人共同负担。

共有人应如何分割共有财产？

现实问题

梅某为盛某的母亲，双方共有一套两室一厅的房屋居住。今年，梅某查出得了癌症，需要大笔钱款治病，于是找盛某商量卖掉该房屋，在郊区买一套一室一厅的房屋，用差价治病，但是遭到了盛某的拒绝，无奈之下，梅某将盛某诉至法院，要求出售该房屋。那么，法律对此是如何规定的呢？

律师解答

根据《民法典》的规定，共有人没有约定的，共同共有人在共有的基础丧失或者有重大理由需要分割时可以请求分割。因分割对其他共有人造成损害的，应当给予赔偿。也就是说，梅某因需要钱治病来挽回自己的生命这种重大理由需要分割房屋的，法律规定是可以分割的，因此对盛某造成损害的，需要给予补偿。

法条链接

《中华人民共和国民法典》

第三百零三条　共有人约定不得分割共有的不动产或者动产，以维持共有关系的，应当按照约定，但是共有人有重大理由需要分割的，可以请求分割；没有约定或者约定不明确的，按份共有人可以随时请求分割，共同共有人在共有的基础丧失或者有重大理由需要分割时可以请求分割。因分割造成其他共有人损害的，应当给予赔偿。

第三百零四条　共有人可以协商确定分割方式。达不成协议，共有的不动产或者动产可以分割且不会因分割减损价值的，应当对实物予以分割；难以分割或者因分割会减损价值的，应当对折价或者拍卖、变卖取得的价款予以分割。

共有人分割所得的不动产或者动产有瑕疵的，其他共有人应当分担损失。

按份共有人转让其份额时，其他共有人享有优先购买权吗？

现实问题

郝某与常某系男女朋友关系，两人共同购买了一套两室一厅的房屋打算用来结婚，其中郝某出资30万元，常某出资50万元，房产证上写明双方享有的份额同出资比例。后因郝某与常某分手，郝某欲将房屋出售，常某愿意购买郝某享有的份额，但是遭到了郝某的拒绝，双方因此发生争执。那么，法律对此是如何规定的呢？

律师解答

根据《民法典》的规定，按份共有人可以转让其享有的共有的不动产或者动产份额。其他共有人在同等条件下享有优先购买的权利。所以，常某作为按份共有人拥有在同等条件下的优先购买权，郝某不得拒绝。

法条链接

《中华人民共和国民法典》

第三百零五条　按份共有人可以转让其享有的共有的不动产或者动产份额。其他共有人在同等条件下享有优先购买的权利。

第三百零六条　按份共有人转让其享有的共有的不动产或者动产份额的，应当将转让条件及时通知其他共有人。其他共有人应当在合理期限内行使优先购买权。

两个以上其他共有人主张行使优先购买权的，协商确定各自的购买比例；协商不成的，按照转让时各自的共有份额比例行使优先购买权。

因共有产生的债权债务，应如何承担？

现实问题

计某、傅某、赵某对某套房屋享有共有

权，计某占有50%的份额，傅某占有30%的份额，赵某占有20%的份额。后房屋廊檐因年久失修掉落，砸伤行人，那么，该责任应当如何承担呢？

律师解答

根据《民法典》的规定，对外部来说，因共有的不动产或者动产产生的债权债务，在对外关系上，共有人享有连带债权、承担连带债务；对内部来说，除共有人另有约定外，按份共有人按照份额享有债权、承担债务，共同共有人共同享有债权、承担债务。偿还债务超过自己应当承担份额的按份共有人，有权向其他共有人追偿。所以，对外来说，计、傅、赵三人承担的是连带赔偿责任，对内来说，三人分别按照自己的份额承担责任。

法条链接

《中华人民共和国民法典》

第三百零七条　因共有的不动产或者动产产生的债权债务，在对外关系上，共有人享有连带债权、承担连带债务，但是法律另有规定或者第三人知道共有人不具有连带债权债务关系的除外；在共有人内部关系上，除共有人另有约定外，按份共有人按照份额享有债权、承担债务，共同共有人共同享有债权、承担债务。偿还债务超过自己应当承担份额的按份共有人，有权向其他共有人追偿。

共有关系不明确的，应如何处理？

现实问题

钟某与贾某是男女朋友，在恋爱期间，钟某出资50万元，贾某出资25万元共同购买了一套房屋打算作为婚房，产权证上只有两人的名字并无写明比例。后双方因为性格不合分手，需要分割该房屋，钟某主张自己出资是贾某的1倍理应按照出资额分割，贾某认为房产证上并未写明出资比例所以应当一人一半，双方争执不下。那么，法律对此是如何规定的呢？

律师解答

根据《民法典》的规定，共有人对共有的不动产或者动产没有约定为按份共有或者共同共有，或者约定不明确的，除共有人具有家庭关系等外，视为按份共有。按份共有人对共有的不动产或者动产享有的份额，没有约定或者约定不明确的，按照出资额确定；不能确定出资额的，视为等额享有。因此，对于钟某与贾某来说，双方只是恋爱关系还没结婚，对于房产的拥有应当是按份共有，双方所享有的份额按照出资比例分割，所以钟某享有的份额为贾某的两倍。

法条链接

《中华人民共和国民法典》

第三百零八条　共有人对共有的不动产或者动产没有约定为按份共有或者共同共有，或者约定不明确的，除共有人具有家庭关系等外，视为按份共有。

第三百零九条　按份共有人对共有的不动产或者动产享有的份额，没有约定或者约定不明确的，按照出资额确定；不能确定出资额的，视为等额享有。

七、所有权取得的特别规定

无处分权人擅自将动产转让给受让人的，所有权人能否追回？

现实问题

高某与田某是同寝室的同学，一天田某趁高某回家将高某留在寝室里的手提电脑卖给了不知情的霍某，卖价为4000元，在霍某将钱交给田某后，田某当场将该手提电脑交给了霍某。高某回来后发现，找到霍某索要电脑但是遭到拒绝，双方因此发生争执。那么，高某是否有权利向霍某索回电脑呢？

律师解答

根据《民法典》的规定，无处分权人将动产转让给受让人的，受让人受让该不动产或者动产时是善意的并以合理的价格转让的，且转让的动产依照法律规定不需要登记的已经交付给受让人，那么，该受让人取得该动产的所有权。原所有权人有权向无处分权人请求赔偿损失。因此，上述电脑基于法律对善意取得的规定而使霍某获得了该电脑的所有权，高某应当找田某请求赔偿损失。

法条链接

《中华人民共和国民法典》

第三百一十一条 无处分权人将不动产或者动产转让给受让人的，所有权人有权追回；除法律另有规定外，符合下列情形的，受让人取得该不动产或者动产的所有权：

（一）受让人受让该不动产或者动产时是善意；

（二）以合理的价格转让；

（三）转让的不动产或者动产依照法律规定应当登记的已经登记，不需要登记的已经交付给受让人。

受让人依据前款规定取得不动产或者动产的所有权的，原所有权人有权向无处分权人请求损害赔偿。

当事人善意取得其他物权的，参照适用前两款规定。

所有权人是否有权追回遗失物？

现实问题

梁某定制了一条24K金项链，一天不慎掉落被袁某拾到，袁某是某寄卖店的店员，通过寄卖将该项链卖给了李某。没多久，梁某在路上看到了李某，感到李某的项链很眼熟，定睛一看，就是自己定制的项链，于是拉住李某要求返还，李某称该项链是在寄卖店里买的，拒绝返还，双方因此发生争执。那么，梁某是否有权利要求李某返还项链呢？

律师解答

根据《民法典》的规定，所有权人或者其他权利人有权追回遗失物。该遗失物通过转让被他人占有的，权利人有权向无处分权人请求损害赔偿，或者自知道或者应当知道受让人之日起二年内向受让人请求返还原物，但受让人通过拍卖或者向具有经营资格的经营者购得该遗失物的，权利人请求返还原物时应当支付受让人所付的费用。权利人向受让人支付所付费用后，有权向无处分权人追偿。因此，梁某有权要求李某返还项链，但同时梁某应当支付李某购买该项链所支出的费用，支付后梁某有权向袁某追偿。

法条链接

《中华人民共和国民法典》

第三百一十二条 所有权人或者其他权利人有权追回遗失物。该遗失物通过转让被他人占有的，权利人有权向无处分权人请求损害赔偿，或者自知道或者应当知道受让人之日起二年内向受让人请求返还原物；但是，受让人通过拍卖或者向具有经营资格的经营者购得该遗失物的，权利人请求返还原物时应当支付受让人所付的费用。权利人向受让人支付所付费用后，有权向无处分权人追偿。

拾得遗失物是否可以据为己有？

现实问题

水某有一块玉佩，一天不慎丢失被方某捡到，方某将该玉佩送到派出所，派出所找到了相关部门发布了招领公告，但一年后依然无人领取，方某遂找到派出所要求拿走该块玉佩，但遭到了派出所的拒绝，方某认为既然都六个月了还没人认领，是自己拾到的，就应该归自己，于是与派出所发生了争执。那么，法律对此是如何规定的呢？

律师解答

根据《民法典》的规定，拾得遗失物，应当返还权利人。拾得人应当及时通知权利人领取，或者送交公安等有关部门。遗失物自发布招领公告之日起一年内无人认领的，归国家所有。所以，虽然上述玉佩在一年内无人领取，但是依然不归方某所有，而是归国家所有。

法条链接

《中华人民共和国民法典》

第三百一十四条　拾得遗失物，应当返还权利人。拾得人应当及时通知权利人领取，或者送交公安等有关部门。

第三百一十五条　有关部门收到遗失物，知道权利人的，应当及时通知其领取；不知道的，应当及时发布招领公告。

第三百一十六条　拾得人在遗失物送交有关部门前，有关部门在遗失物被领取前，应当妥善保管遗失物。因故意或者重大过失致使遗失物毁损、灭失的，应当承担民事责任。

第三百一十八条　遗失物自发布招领公告之日起一年内无人认领的，归国家所有。

权利人悬赏寻找遗失物的，领取遗失物时可以反悔吗？

现实问题

阮某在上班途中拾得一个皮包，当时未见失主，所以就先携包去上班了，次日，阮某从报纸上看到一则寻物启事，所寻物正是自己拾得的皮包，并且还有悬赏。阮某把皮包送还失主后，请求酬金时，被失主拒绝，双方因此发生争执。那么，失主的做法是否合法呢？

律师解答

根据《民法典》的规定，权利人悬赏寻找遗失物的，领取遗失物时应当按照承诺履行义务。因此，上述失主应当按照自己的悬赏承诺履行义务。

法条链接

《中华人民共和国民法典》

第三百一十七条　权利人领取遗失物时，应当向拾得人或者有关部门支付保管遗失物等支出的必要费用。

权利人悬赏寻找遗失物的，领取遗失物时应当按照承诺履行义务。

拾得人侵占遗失物的，无权请求保管遗失物等支出的费用，也无权请求权利人按照承诺履行义务。

八、担保物权一般规定

债务人不履行债务时，担保物权人有什么权利？

现实问题

米某向廖某借款20万元，没有提供任何担保。后又向明某借款30万元，并将自己的房子作为抵押担保，与明某订立了抵押担保合同。后来米某因无法偿还债务，被廖某和明某诉至法院，廖某认为米某向自己借款在先，应当先拍卖该房屋偿还自己的欠款。那么，根据法律的规定应该先偿还谁的债务呢？

律师解答

根据《民法典》的规定，除法律另有规定的，担保物权人在债务人不履行到期债务或者发生当事人约定的实现担保物权的情形，依法享有就担保财产优先受偿的权利。因明某为米某房屋的担保物权人，故此，明某享有优先受偿的权利。

法条链接

《中华人民共和国民法典》

第三百八十六条　担保物权人在债务人不履行到期债务或者发生当事人约定的实现担保物权的情形，依法享有就担保财产优先受偿的权利，但是法律另有规定的除外。

反担保合法吗？

现实问题

滕某向罗某借款10万元，想请好友向某作为连带保证人。滕某对向某表示，可以将自己的轿车作为担保，给向某作反担保，向某想知道，这种反担保是否合法呢？

律师解答

反担保是指第三人为债务人向债权人提供担保的同时，又反过来要求债务人（借款人）对自己（担保人）提供担保的行为，可称为担保之担保，即是为担保人提供的担保。其目的是确保第三人追偿权的实现。根据《民法典》的规定，第三人为债务人向债权人提供担保的，可以要求债务人提供反担保。反担保适用本法和其他法律的规定。因此，反担保是合法的。

法条链接

《中华人民共和国民法典》

第三百八十七条　债权人在借贷、买卖等民事活动中，为保障实现其债权，需要担保的，可以依照本法和其他法律的规定设立担保物权。

第三人为债务人向债权人提供担保的，可以要求债务人提供反担保。反担保适用本法和其他法律的规定。

主合同无效的，担保合同有效吗？

现实问题

卞某为一初中学生，因家境富裕，其父亲送给了卞某一只名贵手表，价值10万元。卞某暑期打算外出旅游，但手头紧张，故向同学吴某借款2万元，并写下借条，根据吴某的要求，同时签下担保合同，将自己的手表作为借款的担保。后卞某因无钱偿还，吴某找到卞某要求其交出手表卖掉还钱，但被卞某的爸爸听到，细问之下知道实情后，卞某的爸爸告诉吴某，双方都是未成年人，所订立的合同无效，因此卞某不需要出卖自己的手表，双方因此发生争执。那么，法律对此究竟是如何规定的呢？

律师解答

根据《民法典》的规定，设立担保物权，应当依照本法和其他法律的规定订立担保合同。担保合同是主债权债务合同的从合同。担保合同包括抵押合同、质押合同和其他具有担保功能的合同。主债权债务合同无效，担保合同无效，但法律另有规定的除外。担保合同被确认无效后，债务人、担保人、债权人有过错的，应当根据其过错各自承担相应的民事责任。

卞某与吴某因为都是限制民事行为能力人，所订立的借款合同不经追认无效，同时根据法律的规定，因借款合同无效，担保合同作为从合同也无效。但是，无效的合同应当“恢复原状”，所以卞某应当将2万元还给吴某，没能力偿还的，其监护人也就是卞某的爸爸应当将钱款还给吴某。

法条链接

《中华人民共和国民法典》

第三百八十八条　设立担保物权，应当依照本法和其他法律的规定订立担保合同。担保合同包括抵押合同、质押合同和其他具有担保功能的合同。担保合同是主债权债务合同的从合同。主债权债务合同无效的，担保合同无效，但是法律另有规定的除外。

担保合同被确认无效后，债务人、担保人、债权人有过错的，应当根据其过错各自承担相应的民事责任。

担保物权的担保范围有哪些？

现实问题

朱某向秦某借款15万元，用自己的轿车作为担保，但是在双方订立担保合同的时候并没有约定轿车的担保范围，那么轿车的担保范围究竟有哪些呢？

律师解答

根据《民法典》的规定，担保物权的担保范围包括主债权及其利息、违约金、损害赔偿金、保管担保财产和实现担保物权的费用。当事人另有约定的，按照约定。

法条链接

《中华人民共和国民法典》

第三百八十九条　担保物权的担保范围包括主债权及其利息、违约金、损害赔偿金、保管担保财产和实现担保物权的费用。当事人另有约定的，按照其约定。

担保物损毁的，担保物权人有权要求就保险金优先受偿吗？

现实问题

郁某向顾某与周某各借款8万元，并将自己的轿车作为担保，与周某订立了担保合同。后郁某驾驶轿车与其他车辆发生交通事故，造成其轿车毁坏严重，并因此获得了保险金5万元。顾、周二人知道后，因和郁某约定的还款期限都已到，都找到郁某要求郁某将5万元返还给自己，郁某不知道应当先返还给谁。那么，法律对此是如何规定的呢？

律师解答

根据《民法典》的规定，担保期间，担保财产毁损、灭失或者被征收等，担保物权人可以就获得的保险金、赔偿金或者补偿金等优先受偿。因此，对于上述保险金，周某有权要求优先受偿。

法条链接

《中华人民共和国民法典》

第三百九十条　担保期间，担保财产毁损、灭失或者被征收等，担保物权人可以就获得的保险金、赔偿金或者补偿金等优先受偿。被担保债权的履行期限未届满的，也可以提存该保险金、赔偿金或者补偿金等。

被担保的债权既有物的担保又有人的担保的，应如何处理？

现实问题

康某向元某借款50万元，由刘某将自己的轿车作为担保给元某，同时，姚某作为康某的担保人。后借款期限已至康某无钱偿还元某，元某找到刘某索要其轿车实现债权，但遭到了刘某的拒绝，刘某认为元某应当找姚某而不是自己，双方因此发生争执。那么，法律对此是如何规定的呢？

律师解答

根据《民法典》的规定，被担保的债权既有物的担保又有人的担保的，债务人不履行到期债务或者发生当事人约定的实现担保物权的情形，债权人应当按照约定实现债权；没有约定或者约定不明确，债务人自己提供物的担保的，债权人应当先就该物的担保实现债权；第三人提供物的担保的，债权人可以就物的担保实现债权，也可以要求保证人承担保证责任。提供担保的第三人承担担保责任后，有权向债务人追偿。

因此，元某有权在对刘某的轿车或者姚某的保证中择其一实现债权，刘某有权在承担担保责任后向康某追偿。

法条链接

《中华人民共和国民法典》

第三百九十二条　被担保的债权既有物的担保又有人的担保的，债务人不履行到期债务或者发生当事人约定的实现担保物权的情形，债权人应当按照约定实现债权；没有约定或者约定不明确，债务人自己提供物的担保的，债权人应当先就该物的担保实现债权；第三人提供物的担保的，债权人可以就物的担保实现债权，也可以请求保证人承担保证责任。提供担保的第三人承担担保责任后，有权向债务人追偿。

九、抵押权

生产设备可以抵押吗？

现实问题

叶某曾做过个体户开设过小工厂，因此拥有一批生产设备，后叶某欲向银行借款，他想知道，生产设备是否可以抵押给银行呢？

律师解答

根据《民法典》的规定，企业、个体工商户、农业生产经营者可以将现有的以及将有的生产设备、原材料、半成品、产品抵押，债务人不履行到期债务或者发生当事人约定的实现抵押权的情形，债权人有权就实现抵押权时的动产优先受偿。因此，生产设备是可以抵押的。

法条链接

《中华人民共和国民法典》

第三百九十五条　债务人或者第三人有权处分的下列财产可以抵押：

（一）建筑物和其他土地附着物；

（二）建设用地使用权；

（三）海域使用权；

（四）生产设备、原材料、半成品、产品；

（五）正在建造的建筑物、船舶、航空器；

（六）交通运输工具；

（七）法律、行政法规未禁止抵押的其他财产。

抵押人可以将前款所列财产一并抵押。

第三百九十六条　企业、个体工商户、农业生产经营者可以将现有的以及将有的生产设备、原材料、半成品、产品抵押，债务人不履行到期债务或者发生当事人约定的实现抵押权的情形，债权人有权就抵押财产确定时的动产优先受偿。

第三百九十七条　以建筑物抵押的，该建筑物占用范围内的建设用地使用权一并抵押。以建设用地使用权抵押的，该土地上的建筑物一并抵押。

抵押人未依据前款规定一并抵押的，未抵押的财产视为一并抵押。

第三百九十八条　乡镇、村企业的建设用地使用权不得单独抵押。以乡镇、村企业的厂房等建筑物抵押的，其占用范围内的建设用地使用权一并抵押。

哪些财产不得抵押？

现实问题

岳某因缺钱，遂找到银行借款，银行要求其提供担保，于是岳某想将自己一套因为诉讼已经被法院查封的房屋抵押给银行，但是遭到了银行的拒绝，岳某感到很疑惑，难道被查封了就不能抵押了吗？

律师解答

根据《民法典》的规定，有些财产是不得抵押的，其中：依法被查封、扣押、监管的财产是法律明确规定不能抵押的。

法条链接

《中华人民共和国民法典》

第三百九十九条　下列财产不得抵押：

（一）土地所有权；

（二）宅基地、自留地、自留山等集体所有土地的使用权，但是法律规定可以抵押的除外；

（三）学校、幼儿园、医疗机构等为公益目的成立的非营利法人的教育设施、医疗卫生设施和其他公益设施；

（四）所有权、使用权不明或者有争议的财产；

（五）依法被查封、扣押、监管的财产；

（六）法律、行政法规规定不得抵押的其他财产。

抵押合同应当包括哪些内容？

现实问题

夏某为向温某借钱，答应与温某订立抵押合同，将自己的一套房屋抵押给温某，但是双方都不知道，一个抵押合同究竟应该包括哪些条款呢？

律师解答

设立抵押权的，应当采取书面的抵押合同。抵押合同的内容包括：被担保债权的种类和数额；债务人履行债务的期限；抵押财产的名称、数量等情况；担保的范围。

法条链接

《中华人民共和国民法典》

第四百条　设立抵押权，当事人应当采用书面形式订立抵押合同。

抵押合同一般包括下列条款：

（一）被担保债权的种类和数额；

（二）债务人履行债务的期限；

（三）抵押财产的名称、数量等情况；

（四）担保的范围。

能直接约定如不能到期还款抵押财产归债权人所有吗？

现实问题

房某向莫某借款 2 万元，并将其轿车抵押给莫某，根据莫某的要求在签订的抵押合同中约定，如房某到期不能偿还债务的，则房某的轿车归莫某所有。后房某在约定的还款日期到来之时依旧无法还款，莫某遂找到房某要求拿车，但是遭到了房某的拒绝，莫某于是将房某诉至法院。那么，房某与莫某的约定会得到法院的支持吗？

律师解答

根据《民法典》的规定，抵押权人在债务履行期届满前，与抵押人约定债务人不履行到期债务时抵押财产归债权人所有的，只能依法就抵押财产优先受偿。该条规定是为了避免流押。流押也称流质契约，就是指在抵押权设立时，在抵押合同中约定在债务履行期限届满抵押权人未受清偿时，抵押物的所有权转移为债权人所有。

所以，上述莫某与房某的抵押合同中关于如房某到期不能偿还债务的，则莫某只能依法就抵押财产优先受偿。

法条链接

《中华人民共和国民法典》

第四百零一条　抵押权人在债务履行

期限届满前，与抵押人约定债务人不履行到期债务时抵押财产归债权人所有的，只能依法就抵押财产优先受偿。

抵押的房屋可以出租吗?

现实问题

王某于2009年5月22日将其所有的一套房屋出租给李某，双方约定，租期为2年，租金每月2000元，同月李某已入住。同年7月8日，王某因手头缺钱，向张某借了30万元，借款期为一年，并将该套房屋抵押给了张某。2010年8月12日，张某要求王某还款，王某因经商失败，无力偿还，双方协商后，王某同意房屋作价30万元以抵欠款，房屋归张某所有。同年9月，张某要求李某搬出房屋，李某声称王某抵押房屋时未履行告知义务，故抵押无效，况且租期未到，张某无权要求其搬出该房屋，在张某的坚持下，李某无奈诉至法院。那么，法律对此究竟是如何规定的呢?

律师解答

根据《民法典》的规定，订立抵押合同前抵押财产已出租并转移占有的，原租赁关系不受该抵押权的影响。李某租赁王某的房屋系在王某将房屋抵押给张某之前，因此，根据法律的规定，李某与王某的租赁不受该抵押权的影响，李某可以继续租赁该房屋。

法条链接

《中华人民共和国民法典》

第四百零五条　抵押权设立前，抵押财产已经出租并转移占有的，原租赁关系不受该抵押权的影响。

抵押期间，抵押人可以转让抵押财产吗?

现实问题

何某因急需用钱，于是把汽车抵押给顾某借了6万元。后何某又把这部汽车卖给了荣某。何某与顾某签订的抵押合同到期时，顾某才知道汽车已被何某卖掉了。顾某认为，汽车抵押在先，这种买卖是无效的。可荣某认为自己花钱买的汽车，坚决不同意把汽车退还，双方因此发生纠纷。那么，法律对此究竟是如何规定的呢?

律师解答

抵押人在抵押期间转让抵押财产的，应当及时通知抵押权人。抵押权人能够证明抵押财产转让可能损害抵押权的，可以请求抵押人将转让所得的价款向抵押权人提前清偿债务或者提存。如果抵押权人不同意转让抵押财产，抵押人就不能转让，强制转让的行为原则上是无效的。在这里有一种情形是例外的，即受让人代替债务人清偿债务，则抵押权消灭。因此，本案中，如果荣某愿意替何某偿还6万元借款，这笔交易是被允许的。

法条链接

《中华人民共和国民法典》

第四百零六条　抵押期间，抵押人可以转让抵押财产。当事人另有约定的，按照其约定。抵押财产转让的，抵押权不受影响。

抵押人转让抵押财产的，应当及时通知抵押权人。抵押权人能够证明抵押财产转让可能损害抵押权的，可以请求抵押人将转让所得的价款向抵押权人提前清偿债务或者提存。转让的价款超过债权数额的部分归抵押人所有，不足部分由债务人清偿。

抵押人的行为足以使抵押财产价值减少的，抵押权人该怎么办？

现实问题

胡某经营某小工厂，因资金紧缺遂将该工厂的生产设备全部抵押给吴某，向吴某借款10万元，还款期限为2年。后胡某感到继续经营该小工厂没有前途，于是重新装修小工厂打算经营快递公司，在装修过程中，胡某将生产设备全部放到厂房外边的道上，任凭设备日晒雨淋。吴某知晓该情况后，要求胡某将生产设备放置在室内，并表示因为胡某的行为造成了生产设备价值的减损，要求其提供其他担保，但是均遭到胡某的拒绝，双方因此发生争执。那么，法律对此是如何规定的呢？

律师解答

根据《民法典》的规定，抵押人的行为足以使抵押财产价值减少的，抵押权人有权请求抵押人停止其行为。抵押财产价值减少的，抵押权人有权请求恢复抵押财产的价值，或者提供与减少的价值相应的担保。抵押人不恢复抵押财产的价值也不提供担保的，抵押权人有权请求债务人提前清偿债务。因此，如果胡某既不愿意恢复抵押财产价值，又不肯提供减少的价值的担保，吴某有权要求胡某提前清偿债务。

法条链接

《中华人民共和国民法典》

第四百零八条　抵押人的行为足以使抵押财产价值减少的，抵押权人有权请求抵押人停止其行为；抵押财产价值减少的，抵押权人有权请求恢复抵押财产的价值，或者提供与减少的价值相应的担保。抵押人不恢复抵押财产的价值，也不提供担保的，抵押权人有权请求债务人提前清偿债务。

抵押财产变卖后，仍不能清偿债务的该怎么办？

现实问题

怀某为向虞某借钱80万元，将自己的一套房屋抵押给虞某，约定的借款期限为1年。到期后，怀某无能力偿还，于是将该房屋变卖。然而，变卖的价格只有75万元，那么对于不足清偿的部分，怀某应该怎么做呢？

律师解答

根据《民法典》的规定，抵押财产折价或者拍卖、变卖后，其价款超过债权数额的部分归抵押人所有，不足部分由债务人清偿。所以，在怀某变卖房屋后所得的钱款依然不足以全部偿还对虞某的债务时，怀某应当对不足部分一并清偿。

法条链接

《中华人民共和国民法典》

第四百一十条　债务人不履行到期债务或者发生当事人约定的实现抵押权的情形，抵押权人可以与抵押人协议以抵押财产折价或者以拍卖、变卖该抵押财产所得的价款优先受偿。协议损害其他债权人利益的，其他债权人可以请求人民法院撤销该协议。

抵押权人与抵押人未就抵押权实现方式达成协议的，抵押权人可以请求人民法院拍卖、变卖抵押财产。

抵押财产折价或者变卖的，应当参照市场价格。

第四百一十三条　抵押财产折价或者拍卖、变卖后，其价款超过债权数额的部分归抵押人所有，不足部分由债务人清偿。

同一财产上有几个抵押权的，该如何处理？

现实问题

劳某为借款，在2008年1月将其房屋抵押给庄某，借款10万元，借款期限为2年，但未办理抵押权登记。2008年12月，又向沈某借款20万元，借款期限为1年，同时将房屋抵押给了沈某，并办理了抵押权登记。2009年1月，又向牛某借款5万元，借款期限为1年，又将上述房屋抵押给牛某，并办理了抵押权登记。2010年2月，庄、沈、牛都向劳某催讨借款，但是劳某称无法偿还，现三人都将劳某诉至法院，法院已将该房屋拍卖，拍卖款为30万元，那么清偿的顺序应当如何呢？

律师解答

根据《民法典》的规定，同一财产向两个以上债权人抵押的，拍卖、变卖抵押财产所得的价款依照下列规定清偿：（1）抵押权已登记的，按照登记的时间先后确定清偿顺序；（2）抵押权已登记的先于未登记的受偿；（3）抵押权未登记的，按照债权比例清偿。

因此，根据法律的规定，应当先清偿抵押权登记在前的沈某20万元，再偿还抵押权登记在后的牛某5万元，最后清偿没有办理抵押权登记的庄某的钱，不足部分由劳某清偿。

法条链接

《中华人民共和国民法典》

第四百一十四条　同一财产向两个以上债权人抵押的，拍卖、变卖抵押财产所得的价款依照下列规定清偿：

（一）抵押权已经登记的，按照登记的时间先后确定清偿顺序；

（二）抵押权已经登记的先于未登记的受偿；

（三）抵押权未登记的，按照债权比例清偿。

其他可以登记的担保物权，清偿顺序参照适用前款规定。

抵押权会过期吗？

现实问题

习某向柴某借款6万元，并将自己的轿车抵押给柴某，双方约定的借款期限为1年。但是4年后，柴某才想起此事，当他找到习某索要欠款时习某称没钱还，柴某遂诉至法院请求行使抵押权。那么，法院会支持柴某的诉请吗？

律师解答

根据《民法典》的规定，抵押权人应当在主债权诉讼时效期间行使抵押权；未行使的，人民法院不予保护。借款合同的诉讼时效为3年，所以，已经过了诉讼时效，人民法院将不会支持柴某的请求。

法条链接

《中华人民共和国民法典》

第四百一十九条　抵押权人应当在主债权诉讼时效期间行使抵押权；未行使的，人民法院不予保护。

十、质权

不动产可以设立质权吗？

现实问题

时某向孟某借款50万元，双方约定由时某将房子质押给孟某，孟某在时某借款期间住在该房子里，直到一年借款期限届满，时某还清借款。一年后，时某还不出50万元，孟某继续居住在该房子里，时某要求孟某搬走遭到了拒绝，双方因此发生了争执。那么，法律对此是如何规定的呢？

律师解答

我国《民法典》明确规定，为担保债务的履行，债务人或者第三人将其动产出质给债权人占有的，债务人不履行到期债务或者发生当事人约定的实现质权的情形，债权人有权就该动产优先受偿。前款规定的债务人或者第三人为出质人，债权人为质权人，交付的动产为质押财产。所以，接受质押的只能是动产而不能是不动产，时某与孟某关于房产质押的合同无效，法院不会支持时某的诉请。

法条链接

《中华人民共和国民法典》

第四百二十五条　为担保债务的履行，债务人或者第三人将其动产出质给债权人占有的，债务人不履行到期债务或者发生当事人约定的实现质权的情形，债权人有权就该动产优先受偿。

前款规定的债务人或者第三人为出质人，债权人为质权人，交付的动产为质押财产。

第四百二十九条　质权自出质人交付质押财产时设立。

可以用手枪出质吗？

现实问题

贝某向项某借款2万元，并将自己私藏的手枪质押给项某，双方约定的还款期限为半年。半年后贝某还不出钱，项某要求贝某找到卖家卖了该手枪清偿，但是遭到了贝某的拒绝，项某因此起诉至法院。那么，法院会支持项某的诉请吗？

律师解答

根据《民法典》的规定，法律、行政法规禁止转让的动产不得出质。手枪在我国为不能转让的物品，因此，贝某与项某的质押合同无效，法院不会支持项某的诉请。

法条链接

《中华人民共和国民法典》

第四百二十六条　法律、行政法规禁止转让的动产不得出质。

质权人可以与出质人约定不履行到期债务时质押财产归债权人所有吗？

现实问题

孔某与苏某系大学同寝室同学，孔某因急需用钱向苏某借款2000元并保证三个月后肯定还。苏某表示，要借款可以，但是需将孔某的手提电脑质押给自己，如孔某三个月后无法清偿借款，该电脑就归自己所有。因急需借钱，孔某只得同意，并与苏某订立了合同。三个月后，孔某因还不出2000元，苏某即将该电脑作为自己的电脑使用。孔某认为该电脑是父母花了2万元买的最新款苹果笔记本电脑，才用了没多久，就算是当二手电脑卖掉也远远高于2000元，因此找到苏某要求返还电脑，待其卖掉后立即偿还苏某2000元，但是遭到了苏某的拒绝，苏某认为双方都已经订立合同了，现在孔某无法还钱，电脑就归自己所有，双方因此发生争执。那么，法律对此是如何规定的呢？

律师解答

根据《民法典》的规定，质权人在债务履行期届满前，与出质人约定债务人不履行到期债务时质押财产归债权人所有的，只能依法就质押财产优先受偿。因此，上述孔某与苏某的约定，已经违反了《民法典》的规定，系为无效。

法条链接

《中华人民共和国民法典》

第四百二十八条　质权人在债务履行期限届满前，与出质人约定债务人不履行到期债务时质押财产归债权人所有的，只能依法就质押财产优先受偿。

因保管不善致使质押财产灭失的，应当由谁承担责任？

现实问题

汪某为向萧某借款 8 万元，将自己的轿车质押给萧某，约定一年后还款。萧某将汪某的轿车停在自家楼下。一天，因萧某忘记关车门而致使该车被盗。汪某知道后，找到萧某要求其赔偿，但是遭到了萧某的拒绝，双方因此发生争执。那么，法律对此是如何规定的呢？

律师解答

根据《民法典》的规定，质权人负有妥善保管质押财产的义务；因保管不善致使质押财产毁损、灭失的，应当承担赔偿责任。因萧某忘记关车门而致使汪某的轿车被盗，萧某应当承担轿车灭失的赔偿责任。

法条链接

《中华人民共和国民法典》

第四百三十二条　质权人负有妥善保管质押财产的义务；因保管不善致使质押财产毁损、灭失的，应当承担赔偿责任。

质权人的行为可能使质押财产毁损、灭失的，出质人可以请求质权人将质押财产提存，或者请求提前清偿债务并返还质押财产。

可以用股权出质吗？

现实问题

熊某因急需用钱，找到楼某欲借 10 万元，楼某表示，必须提供质押，否则不借。熊某想到，其有某有限公司 10% 股权，该公司注册资金为 200 万元，于是告知楼某可以将该股权质押给他，楼某表示疑虑，股权也能质押吗？

律师解答

根据《民法典》的规定，可以转让的基金份额、股权是可以出质的。但是《民法典》同时规定，以基金份额、股权出质的，当事人应当订立书面合同。以基金份额、证券登记结算机构登记的股权出质的，质权自办理出质登记时设立。基金份额、股权出质后，不得转让，但是出质人与质权人协商同意的除外。出质人转让基金份额、股权所得的价款，应当向质权人提前清偿债务或者提存。

法条链接

《中华人民共和国民法典》

第四百四十条　债务人或者第三人有权处分的下列权利可以出质：

（一）汇票、本票、支票；

（二）债券、存款单；

（三）仓单、提单；

（四）可以转让的基金份额、股权；

（五）可以转让的注册商标专用权、专利权、著作权等知识产权中的财产权；

（六）现有的以及将有的应收账款；

（七）法律、行政法规规定可以出质的其他财产权利。

第四百四十三条　以基金份额、股权出质的，质权自办理出质登记时设立。

基金份额、股权出质后，不得转让，但是出质人与质权人协商同意的除外。出质人转让基金份额、股权所得的价款，应当向质权人提前清偿债务或者提存。

专利权可以出质吗?

现实问题

高某因结婚购买新房而急需用钱，找到好友万某借钱20万元，并称两年后可还，万某提出，高某买房后还要装修，装修后还要办理酒席，根本不可能两年还清借款。高某表示自己手上还有一个专利，可以出质给万某，并表示该专利非常值钱。万某将信将疑，难道专利也可以出质?

律师解答

根据《民法典》的规定，以注册商标专用权、专利权、著作权等知识产权中的财产权出质的，质权自办理出质登记时设立。因此，专利权是可以出质的，只要双方订立书面合同，并办理出质登记。但是需要注意的是，《民法典》同时规定，知识产权中的财产权出质后，出质人不得转让或者许可他人使用，但是出质人与质权人协商同意的除外。出质人转让或者许可他人使用出质的知识产权中的财产权所得的价款，应当向质权人提前清偿债务或者提存。

法条链接

《中华人民共和国民法典》

第四百四十四条　以注册商标专用权、专利权、著作权等知识产权中的财产权出质的，质权自办理出质登记时设立。

知识产权中的财产权出质后，出质人不得转让或者许可他人使用，但是出质人与质权人协商同意的除外。出质人转让或者许可他人使用出质的知识产权中的财产权所得的价款，应当向质权人提前清偿债务或者提存。

十一、留置权

债务没到期，可以留置债务人的物品吗?

现实问题

翁某的轿车因交通事故损坏，翁某将该轿车送至修理厂修理，但是当翁某到该修理厂取车时，发现修理厂所开的修理费用过高，翁某感到该修理厂故意抬高价格，因此拒绝付款。修理厂称如果翁某不支付修理费，就不能拿走车，双方因此发生争执。那么，修理厂的做法是否合法呢?

律师解答

根据《民法典》的规定，债务人不履行到期债务，债权人可以留置已经合法占有的债务人的动产，并有权就该动产优先受偿。修理厂对于翁某轿车的占有，系因双方建立了承揽合同关系之上的合法占有，因此在翁某拒绝支付修理费时，修理厂有权留置翁某的轿车。

法条链接

《中华人民共和国民法典》

第四百四十七条　债务人不履行到期债务，债权人可以留置已经合法占有的债务人的动产，并有权就该动产优先受偿。

前款规定的债权人为留置权人，占有的动产为留置财产。

可以留置与债权无关的物品吗?

现实问题

崔某与曲某系好友，崔某将自己的手提

电脑借给曲某使用，后因急需用钱，崔某找到曲某借款1万元，约定1个月内偿还。但是1个月过去了，崔某依然不还钱给曲某。一日，崔某找到曲某称因需出差，所以要拿回自己的手提电脑出差时使用，但是遭到了曲某的拒绝，曲某表示，如果崔某不还其1万元就不还崔某的电脑，崔某认为该电脑是其借给曲某的，有权拿回，曲某无权“扣押”其电脑，双方因此发生争执。那么，曲某的做法是否合法呢？

律师解答

根据《民法典》的规定，除企业之间的留置以外，债权人留置的动产，应当与债权属于同一法律关系。曲某占有崔某的电脑系借用法律关系，而崔某向曲某借款的法律关系为借贷。因此，在债权不属于同一法律关系情况下，曲某无权留置崔某的电脑。

法条链接

《中华人民共和国民法典》

第四百四十八条　债权人留置的动产，应当与债权属于同一法律关系，但是企业之间留置的除外。

因保管不善致使留置财产毁损的，应当由谁承担责任？

现实问题

管某因电脑无法开机而将电脑送至电脑修理店修理。当管某上门打算拿修理好的电脑时，发现该店开价太高，缺乏诚信，因此拒绝付款。该店称如不付款就不能拿电脑，管某称要到消费者权益保护协会投诉后便离开。后因该店员工在店内吸烟而酿成火灾，致使管某的电脑烧坏而无法修理。因此管某找到该修理店要求赔偿损失。那么，法律对此是如何规定的呢？

律师解答

根据《民法典》的规定，留置权人负有妥善保管留置财产的义务；因保管不善致使留置财产毁损、灭失的，应当承担赔偿责任。管某的电脑烧毁系因该店保管不善所致，因此该店应当承担赔偿责任。

法条链接

《中华人民共和国民法典》

第四百五十一条　留置权人负有妥善保管留置财产的义务；因保管不善致使留置财产毁损、灭失的，应当承担赔偿责任。

留置权有履行期间吗？

现实问题

宣某将自己低价购买的一批家具放在某仓库内，其后因暂时无法支付仓储费而致使该批货物被留置在该仓库内。该仓库的负责人虽然为了实现仓储费而留置了该批货物，但也不知道应当如何处理。那么，法律对此是如何规定的呢？

律师解答

根据《民法典》的规定，留置权人与债务人应当约定留置财产后的债务履行期间；没有约定或者约定不明确的，留置权人应当给债务人两个月以上履行债务的期间，但鲜活易腐等不易保管的动产除外。债务人逾期未履行的，留置权人可以与债务人协议以留置财产折价，也可以就拍卖、变卖留置财产所得的价款优先受偿。因此，在本案中，仓库与宣某在没有约定的情况下，应当留给宣某两个月以上履行债务的期间，如宣某逾期未履行的，仓库可以与宣某协议以家具折价，也可以拍卖、变卖家具，所得的价款优先受偿。

法条链接

《中华人民共和国民法典》

第四百五十三条　留置权人与债务人应当约定留置财产后的债务履行期限；没有约定或者约定不明确的，留置权人应当给债务人六十日以上履行债务的期限，但是鲜活易腐等不易保管的动产除外。债务人逾期未履行的，留置权人可以与债务人协议以留置财产折价，也可以就拍卖、变卖留置财产所得的价款优先受偿。

留置财产折价或者变卖的，应当参照市场价格。

抵押权和留置权哪一个优先?

现实问题

皮某因为多次拖欠某修理厂修理费，该修理厂遂将皮某送修的轿车留置。后皮某因欠赵某8万元逾期未还，赵某将皮某诉至法院，要求实现对赵某轿车的抵押权。那么在修理厂和赵某之间，谁有权就轿车优先受偿呢?

律师解答

根据《民法典》的规定，同一动产上已设立抵押权或者质权，该动产又被留置的，留置权人优先受偿。因此，在修理厂与赵某之间，应当是已经留置皮某轿车的修理厂对该轿车享有优先受偿权。

法条链接

《中华人民共和国民法典》

第四百五十六条　同一动产上已经设立抵押权或者质权，该动产又被留置的，留置权人优先受偿。

第五章　合同篇
——常用合同，伴您左右

一、合同的订立

不满 8 周岁的未成年人可以独立对外订立合同吗?

现实问题

某小学一年级学生陈某以自己的名义在网上订购了手提电脑一台，三天后，该网站配送人员将手提电脑送至陈某家要求签收并付款，陈某的父亲当即要求配送人员将手提电脑退回，理由是陈某只有 7 岁，其所订立的买卖合同无效。那么，法律对此是如何规定的呢?

律师解答

自然人，是指从出生时起死亡时止，具有民事权利能力，依法享有民事权利，承担民事义务的人。

自然人的民事权利能力和民事行为能力分为以下几种情况：

（1）完全民事行为能力人

①十八周岁以上的自然人为成年人，可以独立进行民事活动，是完全民事行为能力人。

②十六周岁以上的未成年人，以自己的劳动收入为主要生活来源的，视为完全民事行为能力人。

（2）限制民事行为能力人

①八周岁以上的未成年人为限制民事行为能力人，可以进行与他的年龄、智力相适应的民事活动；其他民事活动由他的法定代理人代理，或者征得他的法定代理人的同意。

②罪犯、保外就医人员，在刑期未满期间应属限制行为能力人。

③不能完全辨认自己行为的成年人为限制民事行为能力人，实施民事法律行为由其法定代理人代理或者经其法定代理人同意、追认，但是可以独立实施纯获利益的民事法律行为或者与其智力、精神健康状况相适应的民事法律行为。

（3）无民事行为能力人

①不满八周岁的未成年人，为无民事行为能力人，由他的法定代理人代理实施民事法律行为。

②不能辨认自己行为的成年人为无民事行为能力人，由其法定代理人代理实施民事法律行为。

无民事行为能力人、限制民事行为能力人的监护人是他的法定代理人。

因陈某系无民事行为能力人，他所签订的合同无效。

法条链接

《中华人民共和国民法典》

第十七条　十八周岁以上的自然人为成年人。不满十八周岁的自然人为未成年人。

第十八条　成年人为完全民事行为能力人，可以独立实施民事法律行为。

十六周岁以上的未成年人，以自己的劳动收入为主要生活来源的，视为完全民事行为能力人。

第十九条 八周岁以上的未成年人为限制民事行为能力人，实施民事法律行为由其法定代理人代理或者经其法定代理人同意、追认；但是，可以独立实施纯获利益的民事法律行为或者与其年龄、智力相适应的民事法律行为。

第二十条 不满八周岁的未成年人为无民事行为能力人，由其法定代理人代理实施民事法律行为。

第二十二条 不能完全辨认自己行为的成年人为限制民事行为能力人，实施民事法律行为由其法定代理人代理或者经其法定代理人同意、追认；但是，可以独立实施纯获利益的民事法律行为或者与其智力、精神健康状况相适应的民事法律行为。

第一百四十四条 无民事行为能力人实施的民事法律行为无效。

口头订立的合同有效吗？

现实问题

于某与小卖部老板达成口头协议，约定于某买小卖部10箱啤酒，要求老板第二天一早送到于某家里，酒到付款。第二天，小卖部老板如约将10箱啤酒送到于某家，但于某却拒收，他称本来要请客的，谁知客人临时不来了，平时他也不喝酒，所以不要这些酒了，让小卖部老板全数运回。小卖部老板称昨天明明是于某要买的，现在货都送到了怎么能说不要就不要呢？于某称没有白纸黑字写下来，他想不要就不要了。那么，口头合同是否有效呢？

律师解答

合同有书面形式、口头形式、其他形式等，口头形式也是合同的一种，除法律所规定的必须采用书面形式外，以口头形式订立的合同，只要符合法律的规定，即为有效合同。所以上述买卖合同虽然未以书面形式订立，但却是成立并生效的，于某的做法不妥。

法条链接

《中华人民共和国民法典》

第四百六十九条 当事人订立合同，可以采用书面形式、口头形式或者其他形式。

书面形式是合同书、信件、电报、电传、传真等可以有形地表现所载内容的形式。

以电子数据交换、电子邮件等方式能够有形地表现所载内容，并可以随时调取查用的数据电文，视为书面形式。

价目表有法律效力吗？

现实问题

孔某收到一份某公司的办公用品采购价目表，当孔某传真给该公司欲购买的办公用品详单后，却被该公司告知，该办公用品采购价目表已更新，新表会在三天内寄送给孔某，原表已作废。那么，该公司的说法符合法律规定吗？

律师解答

所谓要约，又称发盘，是希望和他人订立合同的表示，该意思表示应当符合两个条件：（1）内容具体确定；（2）表明经受要约人承诺，要约人即受该意思表示约束。所谓要约邀请，是希望他人向自己发出要约的意思表示。从法律性质上看，要约是旨在订立合同的具有法律意义的意思表示行为，要约对要约人具有约束力，违反要约，要约人要承担法律责任。而要约邀请是一种事实行为，是当事人订立合同的预备行为，行为人违反要约邀请，并不承担法律责任。

价目表为我国《民法典》所明确规定的要约邀请，而违反要约邀请是不需要承担法律责任的，因此本案中公司的行为是符合规定的。

法条链接

《中华人民共和国民法典》

第四百七十三条　要约邀请是希望他人向自己发出要约的表示。拍卖公告、招标公告、招股说明书、债券募集办法、基金招募说明书、商业广告和宣传、寄送的价目表等为要约邀请。

商业广告和宣传的内容符合要约条件的，构成要约。

未签字但已履行的合同，对双方有约束力吗？

现实问题

某饮料公司长期委托李某研发饮料，因有长期良好的合作关系，故李某接受饮料公司的委托往往不订立技术开发合同。一次李某按照饮料公司的要求开发了一款新型绿茶味碳酸型饮料，饮料公司也按照该配方大批量生产了这款饮料并投入市场，但迟迟不支付给李某研发费，经李某几次催讨，饮料公司表示，双方没有订立技术开发合同，而技术开发合同是必须以书面形式订立的，否则即为无效，故此饮料公司拒绝支付研发费。那么，该饮料公司的做法符合法律的规定吗？

律师解答

虽然根据《民法典》技术开发合同应当采用书面形式，但是《民法典》同时规定，用合同书形式订立合同，在签名、盖章或者按指印之前，当事人一方已经履行主要义务，对方接受的，该合同成立。

故此，在本案中，李某已经履行了自己的研发义务，而饮料公司已经接受，并已大量生产投入市场，双方的技术开发合同已经成立，对于饮料公司来说，就应当履行支付研发费的义务。

法条链接

《中华人民共和国民法典》

第四百九十条　当事人采用合同书形式订立合同的，自当事人均签名、盖章或者按指印时合同成立。在签名、盖章或者按指印之前，当事人一方已经履行主要义务，对方接受时，该合同成立。

法律、行政法规规定或者当事人约定合同应当采用书面形式订立，当事人未采用书面形式但是一方已经履行主要义务，对方接受时，该合同成立。

怎样的格式条款为无效？

现实问题

李先生参加了某旅游公司的新疆6日游，在旅游景点骑马时，李先生不慎摔倒，导致大腿骨折，住院期间，李先生的家属找到旅游公司，要求退还所有的旅游费用，并承担相应的医疗费、住院费、误工费等。但是均遭到了旅游公司的拒绝，理由是公司与李先生的旅游合同（由旅游公司制定）中明确规定"如果由于第三方原因造成游客人身或财产损害的，旅行社概不负责"，双方争执不下，李先生遂起诉至法院。

律师解答

根据《民法典》的规定，格式条款是当事人为了重复使用而预先拟定，并在订立合同时未与对方协商的条款。《民法典》同时规定提供格式条款一方免除其责任、加重对方责任、限制对方主要权利的，该条款无效。保护游客的生命安全系旅游公司的义务，本案中的旅游合同显然是格式合同，对于"如果由于第三方原因造成游客人身或财产损害的，旅行社概不负责"的条款显然是免除了自己的主要责任，该条款无效。

法条链接

《中华人民共和国民法典》

第四百九十六条　格式条款是当事人为了重复使用而预先拟定，并在订立合同时未与对方协商的条款。

采用格式条款订立合同的，提供格式条款的一方应当遵循公平原则确定当事人之间的权利和义务，并采取合理的方式提示对方注意免除或者减轻其责任等与对方有重大利害关系的条款，按照对方的要求，对该条款予以说明。提供格式条款的一方未履行提示或者说明义务，致使对方没有注意或者理解与其有重大利害关系的条款的，对方可以主张该条款不成为合同的内容。

第四百九十七条　有下列情形之一的，该格式条款无效：

（一）具有本法第一编第六章第三节和本法第五百零六条规定的无效情形；

（二）提供格式条款一方不合理地免除或者减轻其责任、加重对方责任、限制对方主要权利；

（三）提供格式条款一方排除对方主要权利。

第四百九十八条　对格式条款的理解发生争议的，应当按照通常理解予以解释。对格式条款有两种以上解释的，应当作出不利于提供格式条款一方的解释。格式条款和非格式条款不一致的，应当采用非格式条款。

第五百零六条　合同中的下列免责条款无效：

（一）造成对方人身损害的；

（二）因故意或者重大过失造成对方财产损失的。

二、合同的效力

限制行为能力人订立的合同是否无效?

现实问题

小陈为某小学5年级学生，今年11岁，平时酷爱看漫画书。一天小陈又到书店买了几本漫画书，刚出书店，被刚好下班经过的小陈爸爸看到，小陈爸爸看到小陈买了漫画书后非常生气，拉着小陈到书店收银台要求退货，但是书店拒绝退货。小陈爸爸称小陈是限制行为能力人，其买书的行为系订立买卖合同，需要法定代理人追认才有效，现他作为小陈的法定代理人不同意他买书，所以书店必须退款。那么，小陈爸爸的说法是否符合法律规定呢?

律师解答

《民法典》规定与限制民事行为能力的年龄、智力、精神状况相适应的民事法律行为有效，不必经法定代理人追认。

对于上述小陈来说，虽然其为限制民事行为能力人，但是购买几本漫画书，显然是在订立与其年龄、智力相适应的买卖合同，是有效的合同，并不需要他爸爸的追认。

法条链接

《中华人民共和国民法典》

第一百四十五条　限制民事行为能力人实施的纯获利益的民事法律行为或者与其年龄、智力、精神健康状况相适应的民事法律行为有效；实施的其他民事法律行为经法定代理人同意或者追认后有效。

相对人可以催告法定代理人自收到通知之日起三十日内予以追认。法定代理人未作表示的，视为拒绝追认。民事法律行为被追认前，善意相对人有撤销的权利。撤销应当以通知的方式作出。

什么叫无权代理？无权代理人订立的合同由谁来承担责任？

现实问题

周某至某批发茶叶的公司，自称是某外贸公司的总经理，现需要上好的毛峰茶叶50斤，并以外贸公司总经理的身份与该批发公司订立了合同。周某支付了20%货款的定金后即搬走了全部茶叶，并称三天后会将余款打入该批发公司的账户。但是一个星期后，批发公司还是未收到货款，于是找到了外贸公司，但被告知，该公司根本没有周某这个人，该公司也从未向批发公司购买过任何茶叶。批发公司称无论如何，相关合同是与该外贸公司签订的，所以外贸公司应当支付货款，但被外贸公司拒绝。那么，法律对这种情况是如何规定的呢？

律师解答

行为人没有代理权、超越代理权或者代理权终止后以被代理人名义订立的合同为无权代理。

周某并非外贸公司的员工，其以外贸公司总经理的身份与批发公司签订合同的行为，显然属于无权代理的行为，如得不到外贸公司的追认，即不发生效力，合同为无效合同。所以该外贸公司无需支付茶叶货款。

法条链接

《中华人民共和国民法典》

第一百七十一条　行为人没有代理权、超越代理权或者代理权终止后，仍然实施代理行为，未经被代理人追认的，对被代理人不发生效力。

相对人可以催告被代理人自收到通知之日起三十日内予以追认。被代理人未作表示的，视为拒绝追认。行为人实施的行为被追认前，善意相对人有撤销的权利。撤销应当以通知的方式作出。

行为人实施的行为未被追认的，善意相对人有权请求行为人履行债务或者就其受到的损害请求行为人赔偿。但是，赔偿的范围不得超过被代理人追认时相对人所能获得的利益。

相对人知道或者应当知道行为人无权代理的，相对人和行为人按照各自的过错承担责任。

恶意串通损害他人利益的合同有效吗？

现实问题

吕某要与妻子王某离婚，在起诉至法院后，吕某与其朋友林某签订了借款合同，称吕某为了购买婚房，向林某借了50万元，借款合同上的落款时间为吕某与王某结婚一个月后买房子时。其目的是将该笔欠款作为吕某与王某的共同债务，用以在离婚时让王某少分财产。那么，这样的合同是否有效呢？

律师解答

吕某实际上并未为了买房而向林某借钱，而是为了在离婚时使妻子少分财产的一种恶意串通的行为，根据《民法典》的规定，恶意串通，损害国家、集体或者第三人利益的合同无效。

法条链接

第一百五十四条　行为人与相对人恶意串通，损害他人合法权益的民事法律行为无效。

第一百五十五条　无效的或者被撤销的民事法律行为自始没有法律约束力。

一方以欺诈、胁迫的手段订立的合同有效吗?

现实问题

钱某平时开车上下班，一天下雨路滑，不慎撞倒了骑自行车的顾某，造成顾某轻微擦伤，但顾某拉住钱某不放，并打电话叫来了几个朋友，要求钱某赔“医药费”。钱某称愿意赔偿500元，但顾某要求必须赔偿5000元，如果钱某不付，则他们会群殴钱某。钱某表示，身上一共只有500元无法拿出5000元，顾某于是拿出纸笔，要求钱某写一张欠条，欠条内容为钱某欠顾某4500元。同时，顾某记下了钱某的车牌、身份证号码、手机号码，要求钱某三天内联系顾某还款，否则就“不客气”。三天后钱某一直没有付款，经过顾某多次催款，钱某一直避而不见，后顾某将钱某诉至法院。那么，法律对于此类问题是如何规定的?

律师解答

以暴力相威胁，强迫钱某写下欠条，即借款合同，显然是一种以胁迫手段逼迫他人订立合同的行为。根据《民法典》的规定，一方或者第三人以胁迫的手段，使对方在违背真实意思的情况下实施的民事法律行为，受胁迫方有权请求人民法院或者仲裁机构予以撤销。

所以，本案中钱某完全可以请求人民法院撤销该合同。

法条链接

《中华人民共和国民法典》

第一百五十条　一方或者第三人以胁迫手段，使对方在违背真实意思的情况下实施的民事法律行为，受胁迫方有权请求人民法院或者仲裁机构予以撤销。

申请撤销合同有期限吗?

现实问题

某购物网站上的某名牌香水搞特卖，并在网页上写了“买一瓶送两瓶”。刘女士看到后，感到非常合算，随即在该网站上订购了10瓶，并通过网站的支付系统将银行卡的钱转入该网站。很快，刘女士收到了香水，但是打开一看，发现，所谓的送两瓶是指送“小样”香水，两瓶“小样”加起来还没有购买一瓶的一半多，核算价格，刘女士发现反而比一般专柜卖得贵，相当不合算。正打算退货的刘女士突然接到公司通知，要即刻前往外国出差。刘女士回来后就忘记了要退香水的事情，直到1年半后搬家，在抽屉里看到了这些香水她才想起来。于是，刘女士联系网站要求退货，但被网站拒绝。刘女士称，她是因为重大误解才购买10瓶香水的，有权行使撤销权，但是网站依旧拒绝刘女士的退货要求。那么，此类问题法律是如何规定的?

律师解答

虽然我国《民法典》规定了因重大误解而订立的合同可撤销，但是《民法典》同时规定具有撤销权的当事人自知道或者应当知道撤销事由之日起一年内，重大误解的自知道或应当知道之日起九十日内，没有行使撤销权，则撤销权消灭。

刘女士在收到香水时已经知道她因网站的广告造成了“重大误解”而购买了香水，但是她并没有在九十日内至法院行使自己的撤销权，那么该撤销权消灭。

法条链接

《中华人民共和国民法典》

第一百五十二条　有下列情形之一的，撤销权消灭：

（一）当事人自知道或者应当知道撤销事由之日起一年内、重大误解的当事人自知道或者应当知道撤销事由之日起九十日内没有行使撤销权；

（二）当事人受胁迫，自胁迫行为终止之日起一年内没有行使撤销权；

（三）当事人知道撤销事由后明确表示或者以自己的行为表明放弃撤销权。

当事人自民事法律行为发生之日起五年内没有行使撤销权的，撤销权消灭。

合同无效或被撤销的，无过错方可以要求有过错的一方赔偿损失吗？

现实问题

曹某刚满15岁，但是外表因烫头发和打扮的关系，看起来像二十几岁的成年女性。初中毕业后曹某就离开家乡到某大城市打工，为了解决住宿问题，曹某谎称自己23岁，并与某房屋的房东签订了三年的《房屋租赁合同》，但没住多久，曹某的父母就找到曹某，要求曹某回家继续读书，并找到房东要求退房退押金。房东表示退房可以，但是押金不能退，因为根据《房屋租赁合同》如果承租人提前要求解除合同，则不退押金。曹某的父母表示曹某是未成年人，其与房东签订的合同无效。房东称因为曹某肯签三年的《房屋租赁合同》才与她签的，现在才住没多久就要走，正好要过年，进入了房屋租赁淡季，曹某应当赔偿损失，但是依旧遭到了曹某父母的拒绝。那么，根据法律的规定，曹某父母的说法正确吗？

律师解答

对于曹某来说，她是一位未成年人，也就是限制民事行为能力人，她所订立的合同，如未得到监护人的追认则为无效。所以曹某父母所称曹某与房东的《房屋租赁合同》无效显然是正确的。但是《民法典》同时规定，有过错的一方应当赔偿对方因此所受到的损失，双方都有过错的，应当各自承担相应的责任。曹某是以欺骗的方式订立了《房屋租赁合同》并且致使该合同无效。故此，曹某作为过错方应当赔偿无过错方相应的损失。

法条链接

《中华人民共和国民法典》

第一百五十七条　民事法律行为无效、被撤销或者确定不发生效力后，行为人因该行为取得的财产，应当予以返还；不能返还或者没有必要返还的，应当折价补偿。有过错的一方应当赔偿对方由此所受到的损失；各方都有过错的，应当各自承担相应的责任。法律另有规定的，依照其规定。

三、合同的履行

质量约定不明的合同该怎么处理？

现实问题

某公司与贾某订立了《加工合同》，约定贾某按照该公司给的图稿制作100条牛仔裤，但是合同中并未约定究竟用怎样的布料。很快，贾某将100条裤子送至该公司，该公司发现，贾某所制作的裤子虽然样式、大小和其所给的图样无二，但是所用的布料是一种类似于牛仔布的蓝色粗厚布，并非牛仔布。该公司要求退货，但遭到贾某的拒绝，贾某称双方的合同中没约定必须用牛仔布缝制。那么，贾某的说法是否符合法律的规定呢？

律师解答

合同生效后，当事人就质量、价款或者报酬、履行地点等内容没有约定或者约定不明确的，可以协议补充；不能达成补充协议的，按照合同有关条款或者交易习惯确定。

虽然贾某与某公司的合同并未就所定制的牛仔裤的布料的质量进行约定，但是根据交易习惯，所谓牛仔裤必然是应该以牛仔布为原料进行缝制，所以贾某的辩解显然是不符合法律规定的。

法条链接

《中华人民共和国民法典》

第五百一十条　合同生效后，当事人就质量、价款或者报酬、履行地点等内容没有约定或者约定不明确的，可以协议补充；不能达成补充协议的，按照合同相关条款或者交易习惯确定。

履行地约定不明确的如何处理？

现实问题

位于上海的郑某向位于杭州的某公司订了100套水果礼盒，2天后交付。但是双方未就该批礼盒送至哪里作出约定，该公司在包装完100套礼盒后，便放在公司仓库内等郑某上门领取，但是过了一个星期郑某还未上门领取，水果全部变质。该公司电话询问郑某并告知水果变质的情况，郑某称应当是公司送货上门，既然公司未送货上门导致礼盒内的水果变质，则该公司应当重新包装100套水果礼盒送至郑某处，公司表示郑某从未要求该公司送货上门，郑某订货后迟迟不取货，自然由郑某承担水果变质的结果，双方因此争执不下。那么，法律就此类问题是如何规定的呢？

律师解答

履行合同的地点应当是买卖合同的必备条款之一，但是现实中还是会发生双方就合同履行地约定不明的情况。根据《民法典》的规定，履行地点不明确，给付货币的，在接受货币一方所在地履行；交付不动产的，在不动产所在地履行；其他标的，在履行义务一方所在地履行。

所以，在本案中，公司作为履行送货义务的一方，送货履行地就在该公司所在地杭州，所以在双方无约定的情况下，郑某自认为该公司应当送货至上海显然是不符合法律规定的。

法条链接

《中华人民共和国民法典》

第五百一十一条　当事人就有关合同内容约定不明确，依据前条规定仍不能确定的，适用下列规定：

（一）质量要求不明确的，按照强制性国家标准履行；没有强制性国家标准的，按照推荐性国家标准履行；没有推荐性国家标准的，按照行业标准履行；没有国家标准、行业标准的，按照通常标准或者符合合同目的的特定标准履行。

（二）价款或者报酬不明确的，按照订立合同时履行地的市场价格履行；依法应当执行政府定价或者政府指导价的，依照规定履行。

（三）履行地点不明确，给付货币的，在接受货币一方所在地履行；交付不动产的，在不动产所在地履行；其他标的，在履行义务一方所在地履行。

（四）履行期限不明确的，债务人可以随时履行，债权人也可以随时请求履行，但是应当给对方必要的准备时间。

（五）履行方式不明确的，按照有利于实现合同目的的方式履行。

（六）履行费用的负担不明确的，由履行义务一方负担；因债权人原因增加的履行费用，由债权人负担。

合同约定政府指导价的，如果在交付期限内，价格有浮动的情况如何处理？

现实问题

胡某向某药厂订购了一批成药，约定的价格为政府指导价的10元/盒，但在药厂交付成药前，政府公布了新的该药品指导价为8元/盒。然而，胡某已经按照10元/盒的价格将货款打至药厂银行账户。发生这样的情况应当如何处理呢？

律师解答

合同约定政府指导价的，在交付期限内，如果价格有浮动的情况，我国《民法典》有明确的规定，即执行政府定价或者政府指导价的，在合同约定的交付期限内政府价格调整时，按照交付时的价格计价。逾期交付标的物的，遇价格上涨时，按照原价格执行；价格下降时，按照新价格执行。逾期提取标的物或者逾期付款的，遇价格上涨时，按照新价格执行；价格下降时，按照原价格执行。

因此，上述药厂应当退还胡某购药差价，即2元/盒。

法条链接

《中华人民共和国民法典》

第五百一十三条　执行政府定价或者政府指导价的，在合同约定的交付期限内政府价格调整时，按照交付时的价格计价。逾期交付标的物的，遇价格上涨时，按照原价格执行；价格下降时，按照新价格执行。逾期提取标的物或者逾期付款的，遇价格上涨时，按照新价格执行；价格下降时，按照原价格执行。

什么叫同时履行抗辩权？

现实问题

2009年3月5日，周先生与崔小姐签订了房屋买卖合同，合同约定崔小姐于当年4月1日向周先生交付房屋并办理登记手续，周先生则向崔小姐分两次付款：第一次在3月底支付房款的40%，第二次则在4月1日崔小姐向周先生交付房屋时支付剩余的60%。签订合同后，周先生支付了第一笔40%的房款。到了4月1日崔小姐将房屋的钥匙移交周先生，但并未立即办理房产所有权转移登记手续。因此，周先生表示剩余款项在登记手续办理完毕后再付。在合同约定付款日期5日后，周先生仍然没有付款，崔小姐遂以周先生违约为由诉至法院，请求周先生承担违约责任。周先生则以崔小姐未按期办理房产所有权转移登记手续为由抗辩。那么，周先生的抗辩有道理吗？

律师解答

从表面上看，崔小姐违背合同约定，未按期办理房地产所有权转移登记手续，已构成违约；而周先生也违背了合同约定，在合同约定付款日期5日后，仍然没有付款，构成了履行迟延。但是，对于其是否应当承担违约责任，尚应考虑其是否享有法定的抗辩权。

同时履行抗辩权是指双务合同当事人一方于他方当事人未对待给付前拒绝自己给付的权利。

从上述案例看，周先生已经按期向崔小姐支付了第一笔房款，并无违约情形，而崔小姐却未按照合同的约定办理所有权转移登记，周先生对于不支付崔小姐剩余房款的这种抗辩权利，即为同时履行抗辩权。所以崔小姐违约在先，应当承当违约责任。

法条链接

《中华人民共和国民法典》

第五百二十五条　当事人互负债务，没有先后履行顺序的，应当同时履行。一方在对方履行之前有权拒绝其履行请求。一方在对方履行债务不符合约定时，有权拒绝其相应的履行请求。

什么叫先履行抗辩权？

现实问题

吴某和某工厂签订了买卖洗衣机的合同，合同规定工厂供应洗衣机20台，吴某付给工厂货款共计10000元。工厂于当年7月31日之前发货，一次交清，货到付款，如有违约要交10%的违约金。后来7月31日工厂交货之前就向吴某索要货款，吴某拒绝。因此工厂拒绝交货。那么，工厂的做法符合法律的规定吗？

律师解答

先履行抗辩权，是指当事人互负债务，有先后履行顺序的，应当先履行一方未履行之前，后履行一方有权拒绝其履行请求，先履行一方履行债务不符合债的本旨的，后履行一方有权拒绝其相应的履行请求。

上述吴某和工厂的买卖合同约定应当工厂发货在先，吴某付款在后，工厂在不履行自己的义务时，就要求后履行的吴某先履行付款义务。显然，吴某根据先履行抗辩权有权拒绝工厂的要求。

法条链接

《中华人民共和国民法典》

第五百二十六条　当事人互负债务，有先后履行顺序，应当先履行债务一方未履行的，后履行一方有权拒绝其履行请求。先履行一方履行债务不符合约定的，后履行一方有权拒绝其相应的履行请求。

什么叫不安抗辩权？

现实问题

梁某与某汽车制造厂签订一份汽车购销合同，约定梁某购买制造厂生产的轻型轿车30辆，每辆售价10万元，当月供货20辆，两个月后供货10辆，货到付款。合同签订后，双方顺利地履行了第一批轿车的交货和付款义务。一个月后，制造厂获悉梁某因欠债过多，同时因拖欠银行贷款，已被银行诉至法院。制造厂认为如果继续按合同约定发货，梁某很可能无力付款，于是决定中止第二批车辆的托运，同时派人通知梁某，若继续供货，梁某需提供担保，或者预付货款。梁某不同意，并以制造厂违约为由提起诉讼。那么，制造厂的做法符合法律的规定吗？

律师解答

不安抗辩权是指在当事人互负债务，有先后履行顺序的情况下，先给付义务人在有证据证明后给付义务人的经营状况严重恶化，或者转移财产、抽逃资金以逃避债务，或者有欺诈行为，丧失商业信誉，以及有丧失或可能丧失履行债务能力的其他情形时，可中止合同的履行。可见，不安抗辩权的行使必须符合下列条件：（1）因同一双务合同而负债务，负有先履行义务的一方当事人才能享有不安抗辩权；（2）后给付义务人的履行能力明显降低，有不能给付的现实危险；（3）后给付义务人未提供适当的担保。后给付义务人在合理期限内没有恢复履行能力，也未提供适当担保的，中止履行的一方可以解除合同；提供了适当担保的，中止履行的一方应恢复履行。

本案完全具备了不安抗辩权成立的条件：制造厂先供货，梁某后付款，双方有先后履行的顺序；先给付义务人制造厂有充分的证据表明梁某履行合同的能力明显降低，有不能对等给付第二批汽车货款的危险；后给付义务人梁某也未提供适当的担保。在这种情况下，制造厂有权行使不安抗辩权，中止合同。

法条链接

《中华人民共和国民法典》

第五百二十七条　应当先履行债务的当事人，有确切证据证明对方有下列情形之一的，可以中止履行：

（一）经营状况严重恶化；

（二）转移财产、抽逃资金，以逃避债务；

（三）丧失商业信誉；

（四）有丧失或者可能丧失履行债务能力的其他情形。

当事人没有确切证据中止履行的，应当承担违约责任。

第五百二十八条　当事人依据前条规定中止履行的，应当及时通知对方。对方提供适当担保的，应当恢复履行。中止履行后，对方在合理期限内未恢复履行能力且未提供适当担保的，视为以自己的行为表明不履行主要债务，中止履行的一方可以解除合同并可以请求对方承担违约责任。

什么叫代位权？

现实问题

李某借给王某5万元，王某借给孙某4万元，此两项借款均已届还款期限，李某急于用钱，但经了解王某已无还款能力，便多次催促王某向孙某催讨欠款，但是王某置之不理。无奈之下，李某以自己的名义将孙某诉至法院。李某有权起诉孙某吗？

律师解答

代位权，是指债务人怠于行使其对第三人享有的权利而害及债权人的债权时，债权人为保全自己的债权，以自己的名义行使属于债务人权利的权利。

上述王某对于自己的到期债权置之不理，又怠于行使自己的还款义务。李某以自己的名义起诉孙某的行为即为行使自己的代位权，是符合法律规定的。

法条链接

《中华人民共和国民法典》

第五百三十五条　因债务人怠于行使其债权或者与该债权有关的从权利，影响债权人的到期债权实现的，债权人可以向人民法院请求以自己的名义代位行使债务人对相对人的权利，但是该权利专属于债务人自身的除外。

代位权的行使范围以债权人的到期债权为限。债权人行使代位权的必要费用，由债务人负担。

相对人对债务人的抗辩，可以向债权人主张。

什么是撤销权？

现实问题

A公司与承包某林场的张某订立了一宗木材买卖合同，合同约定该A公司应于该年底前支付货款500万元。张某如期交付了木材，但该公司因运营情况差，打算申请破产程序，公司账上尚有600万元。为了使自己的关联公司B公司受益，A公司在年底前与B公司订立了买卖合同，约定A公司购买B公司原材料，货款为600万元。在订立合同的同时，A公司将账上仅有的600万元打入B公司银行账户。到了与张某约定的付款期限时，A公司坦白告知张某已无能力支付货款，并马上要申请破产。张某从其他途径得知A公司将账上所有钱款打入B公司后，遂向法院起诉，要求撤销A公司与B公司的买卖合同。那么，法院会支持A公司的请求吗？

律师解答

撤销权是指债权人对于债务人所为的危害债权的行为，可请求法院予以撤销的权利。包括客观要件和主观要件。客观要件即为债务人实施了有害于债权的行为；主观要件为行为人行为时具有的主观恶意，即债务人与第三人为法律行为时，明知行为有害于债权而为之的心理状态。

很显然上述A公司的做法侵害了张某的权利，并且是A公司故意为之，所以，根据《民法典》的规定，张某有权行使撤销权。

法条链接

《中华人民共和国民法典》

第五百三十八条　债务人以放弃其债权、放弃债权担保、无偿转让财产等方式无偿处分财产权益，或者恶意延长其到期债权的履行期限，影响债权人的债权实现的，债权人可以请求人民法院撤销债务人的行为。

第五百三十九条　债务人以明显不合理的低价转让财产、以明显不合理的高价受让他人财产或者为他人的债务提供担保，影响债权人的债权实现，债务人的相对人知道或者应当知道该情形的，债权人可以请求人民法院撤销债务人的行为。

第五百四十条　撤销权的行使范围以债权人的债权为限。债权人行使撤销权的必要费用，由债务人负担。

第五百四十一条　撤销权自债权人知道或者应当知道撤销事由之日起一年内行使。自债务人的行为发生之日起五年内没有行使撤销权的，该撤销权消灭。

第五百四十二条　债务人影响债权人的债权实现的行为被撤销的，自始没有法律约束力。

四、合同的变更、转让和终止

合同变更内容不明的该怎么办?

现实问题

某公司与承包某小工厂的赵某订立合同，约定由赵某为该公司定做50套办公桌，颜色为灰白色，一个月后由赵某及工厂员工将办公桌送到公司并为公司安装，公司先支付30%的预付款，余款于送货安装完成后支付。但在合同订立2天后，公司相关负责人通过电话告诉赵某，公司决定将部分办公桌的颜色改为木质色，但是具体数量将会在几天后告知。两个星期后公司相关负责人仍未联系赵某，赵某遂制作50套办公桌送至公司，却遭到了公司的拒绝。公司负责人称，已经说好要改部分办公桌的颜色了，但是赵某竟然全部按照灰白色制作了，所以拒绝收货。那么，公司的拒绝理由成立吗?

律师解答

根据《民法典》的规定，当事人协商一致，可以变更合同。当事人对合同变更的内容约定不明确的，推定为未变更。

上述公司虽然表示欲变更合同的内容，但是未就变更内容与赵某达成一致，甚至变更的内容都是不明确的。所以，根据法律的规定，应当推定为双方的合同未作变更，公司应当接受办公桌并履行付款义务。

法条链接

《中华人民共和国民法典》

第五百四十三条　当事人协商一致，可以变更合同。

第五百四十四条　当事人对合同变更的内容约定不明确的，推定为未变更。

债权人转让债权，需要经过债务人的同意吗?

现实问题

卢某欠马某1万元，马某欠张某1万元，马某对张某说可以直接问卢某要钱。于是，张某找到卢某问其要1万元，遭到卢某拒绝。那么，张某究竟是否可以直接向卢某要债呢?

律师解答

一般来说债权人想要转让权利的，除根据合同性质或法律规定不得转让的，以及已经约定不得转让的情况以外，都可以转让。但是需要注意的是，根据《民法典》的规定，债权人转让债权，未通知债务人，该转让对债务人不发生效力。所以上述马某可以转让自己的债权给张某，但是需要事先通知卢某。否则，卢某有权拒绝张某的请求。

法条链接

《中华人民共和国民法典》

第五百四十五条　债权人可以将债权的全部或者部分转让给第三人，但是有下列情形之一的除外：

（一）根据债权性质不得转让；

（二）按照当事人约定不得转让；

（三）依照法律规定不得转让。

当事人约定非金钱债权不得转让的，不得对抗善意第三人。当事人约定金钱债权不得转让的，不得对抗第三人。

第五百四十六条　债权人转让债权，未通知债务人的，该转让对债务人不发生效力。

债权转让的通知不得撤销，但是经受让人同意的除外。

第五百四十七条　债权人转让债权的，受让人取得与债权有关的从权利，但是该从权利专属于债权人自身的除外。

受让人取得从权利不因该从权利未办理转移登记手续或者未转移占有而受到影响。

债务人转让债务，需要经过债权人的同意吗？

现实问题

方某欠曹某8万元，董某欠方某9万元，两笔欠款的还款时间都已到，方某感到自己无力偿还曹某的欠款，遂找到曹某，告知其可以向董某催讨欠款。但曹某知道董某对外欠下巨款，根本不可能偿还，故依旧要求方某还款。然而，方某表示，他是债务人，他想转让债务就可以转让，董某欠他钱是事实，曹某想要钱就必须找董某要。那么，方某的说法符合法律的规定吗？

律师解答

我国《民法典》明确规定，债务人如要将自己债务的全部或者部分转移给第三人的，应当经过债权人的同意。

因此，上述方某将自己的债权转让给曹某，对于董某来说，方某只需要通知他即可，但是对于曹某来说，方某的债务转让必须经过曹某的同意，否则就是无效的。

法条链接

《中华人民共和国民法典》

第五百五十一条　债务人将债务的全部或者部分转移给第三人的，应当经债权人同意。

债务人或者第三人可以催告债权人在合理期限内予以同意，债权人未作表示的，视为不同意。

第五百五十四条　债务人转移债务的，新债务人应当承担与主债务有关的从债务，但是该从债务专属于原债务人自身的除外。

订立合同后发生合并或分立的情况该怎么办？

现实问题

A公司与顾某订立了买卖合同，约定A公司向顾某购买手工艺品50套，货到付款。但是在顾某送货至A公司前，A公司与B公司合并了，改名为C公司。当顾某将50套工艺品送到原A公司办公地点后，遭到了A公司原负责人的拒收，理由是现在A公司已经不存在了，所以A公司与顾某的合同也自然终止了，让顾某将工艺品运回。

律师解答

A公司是与顾某订立合同的主体，虽然A公司与B公司合并成了C公司，A公司已经不存在了，作为C公司的人员拒绝顾某的送货看似有道理，实际上是违反《民法典》的规定的。根据《民法典》的规定，当事人订立合同后合并的，由合并后的法人或者其他组织行使合同权利，履行合同义务。当事人订立合同后分立的，除债权人和债务人另有约定的以外，由分立后的法人享有连带债权，承担连带债务。所以，C 公司应当履行原 A 公司的合同义务。

法条链接

《中华人民共和国民法典》

第六十七条　法人合并的，其权利和义务由合并后的法人享有和承担。

法人分立的，其权利和义务由分立后的法人享有连带债权，承担连带债务，但是债权人和债务人另有约定的除外。

当事人之间互负债务可以相互抵销吗？

现实问题

陈某承包了某办公家具厂，并向某电脑公司订了 30 台电脑，共计 15 万元，该电脑公司因公司扩充重新装修，向陈某订了一批办公家具，价值 10 万元。双方都已送货并安装到位，但是都未按合同的约定及时支付货款。某天陈某通知电脑公司，已经将 5 万元转至电脑公司银行账户，还有 10 万元货款因电脑公司同时也欠陈某 10 万元所以抵销。那么，陈某的这种单方提出抵销的行为是否合法呢？

律师解答

陈某与电脑公司互负的到期债务是货款，货款属于种类物。根据《民法典》的规定，如果当事人互负到期债务，而该到期债务的标的物种类、品质相同的，那么任何一方都可以将自己的债务与对方的债务抵销。当然，如果依照法律规定或者按照合同性质不得抵销的情况除外。

对于上述两家公司来说，双方都互负同类债务，又都为到期债务，所以陈某单方面通知电脑公司抵销 10 万元货款显然是符合法律的规定的。

法条链接

《中华人民共和国民法典》

第五百六十八条　当事人互负债务，该债务的标的物种类、品质相同的，任何一方可以将自己的债务与对方的到期债务抵销；但是，根据债务性质、按照当事人约定或者依照法律规定不得抵销的除外。

当事人主张抵销的，应当通知对方。通知自到达对方时生效。抵销不得附条件或者附期限。

第五百六十九条　当事人互负债务，标的物种类、品质不相同的，经协商一致，也可以抵销。

什么是提存？

现实问题

廖某与刘某于 2008 年签订了一份房产租赁协议，约定廖某将名下房产出租给刘某，租期五年，租金为每年人民币 30000 元。2010 年 3 月廖某因病过世，无人领取租金，在他人的指点之下，刘某至公证处申请办理提存公证。那么，什么是提存呢？

律师解答

提存，指由于债权人的原因而无法向其交付合同标的物时，债务人将该标的物交给提存机关而消灭债务的制度。交付合同标的的物的债务人为提存人，债权人为提存受领人，交付的标的物为提存物，由国家设立并保管提存物的部门为提存部门。提存制度的建立，使债务人及时了结债务关系，避免产生延迟履行的新债务，有利于保护债务人的利益。

廖某的去世并不会免除刘某支付租金的义务，而应当由廖某的继承人继承廖某的权利，在刘某无法将租金交给廖某的继承人的情况下，提存租金是比较妥当的做法，待到将来，廖某的继承人可以携带相关证明至公证处领取。

法条链接

《中华人民共和国民法典》

第五百七十条　有下列情形之一，难以履行债务的，债务人可以将标的物提存：

（一）债权人无正当理由拒绝受领；

（二）债权人下落不明；

（三）债权人死亡未确定继承人、遗产管理人，或者丧失民事行为能力未确定监护人；

（四）法律规定的其他情形。

标的物不适于提存或者提存费用过高的，债务人依法可以拍卖或者变卖标的物，提存所得的价款。

第五百七十一条　债务人将标的物或者将标的物依法拍卖、变卖所得价款交付提存部门时，提存成立。

提存成立的，视为债务人在其提存范围内已经交付标的物。

第五百七十二条　标的物提存后，债务人应当及时通知债权人或者债权人的继承人、遗产管理人、监护人、财产代管人。

第五百七十三条　标的物提存后，毁损、灭失的风险由债权人承担。提存期间，标的物的孳息归债权人所有。提存费用由债权人负担。

第五百七十四条　债权人可以随时领取提存物。但是，债权人对债务人负有到期债务的，在债权人未履行债务或者提供担保之前，提存部门根据债务人的要求应当拒绝其领取提存物。

债权人领取提存物的权利，自提存之日起五年内不行使而消灭，提存物扣除提存费用后归国家所有。但是，债权人未履行对债务人的到期债务，或者债权人向提存部门书面表示放弃领取提存物权利的，债务人负担提存费用后有权取回提存物。

五、违约责任

什么是违约责任？

现实问题

孙某经营某小卖部，并向A公司订了10箱砂糖，双方约定，自合同订立之日起10日内A公司将砂糖运至孙某小卖部。孙某于合同订立之日起三日内先付30%货款给A公司，待A公司将砂糖运至孙某小卖部，孙某清点无误后三日内将余款全数支付给A公司，如有一方违约的，须支付总货款的10%作为违约金。然而，当A公司按约将砂糖全数运至孙某的小卖部，并经孙某清点无误后1个月，孙某依然不支付余款给A公司，A公司无奈向法院起诉，请求孙某支付余款并同时支付违约金。那么，法院会支持A公司的请求吗？

律师解答

在A公司已经完成自己的合同义务，且孙某已经接受并清点无误后，对于孙某来说，按期支付剩余款项系其法定的合同义务。然而孙某始终不履行，在法律上来说属于违约。根据《民法典》的规定，当事人一方明确表示或者以自己的行为表明不履行合同义务的，对方可以在履行期限届满之前要求其承担违约责任。

法条链接

《中华人民共和国民法典》

第五百七十七条　当事人一方明确表示或者以自己的行为表明不履行合同义务的，对方可以在履行期限届满前请求其承担违约责任。

瑕疵履行是不是修好就可以了？

现实问题

某商场向秦某订了200套手工艺品，并已与一家公司订立团购合同，约定在国庆前将200套手工艺品送至公司。但是，商场在国庆前夕收到手工艺品后，发现手工艺品上印字有误，于是联系秦某。很快秦某将手工艺品收回，并重新将印字更正，但当秦某将手工艺品重新送至商场时，国庆长假都已过完，因无法及时送货，公司已经取消了该商场的此次订单。商场遂要求秦某赔偿相关损失，遭到秦某的拒绝。那么，根据规定，秦某需要赔偿商场的损失吗？

律师解答

对于秦某来说，将手工艺品上印字打错，属于瑕疵履行。瑕疵履行指债务人虽然履行，但其履行存在瑕疵，即履行不符合规定或约定的条件，导致减少或丧失履行的价值或效用的情形。根据《民法典》的规定，当事人一方不履行合同义务或者履行合同义务不符合约定的，在履行义务或者采取补救措施后，对方还有其他损失的，应当赔偿损失。所以，本案中，秦某虽然修改了印字错误的问题，但是依旧给商场造成了损失，根据法律的规定，应当赔偿损失。

法条链接

《中华人民共和国民法典》

第五百八十二条　履行不符合约定的，应当按照当事人的约定承担违约责任。对违约责任没有约定或者约定不明确，依据本法第五百一十条的规定仍不能确定的，受损害方根据标的的性质以及损失的大小，可以合理选择请求对方承担修理、重作、更换、退货、减少价款或者报酬等违约责任。

第五百八十三条　当事人一方不履行合同义务或者履行合同义务不符合约定的，在履行义务或者采取补救措施后，对方还有其他损失的，应当赔偿损失。

违约金低于损失怎么办？

现实问题

徐女士将自己价值1万多元的某名牌西服套装送至某洗衣店清洗。几天后，徐女士至该洗衣店欲拿回自己的西服套装，却被告知西服不慎遗失，并且店家表示愿意按照洗衣签收单背面的合同约定赔偿给徐女士违约金。但当徐女士仔细看了约定后发现，该约定载明：如洗衣店洗坏或者弄丢客户衣物的，按照洗衣费10倍赔偿，作为违约金。徐女士一算，就算按照10倍洗衣费计算，该店家所赔偿的违约金也才100多元，离西服的实际价格差距太大。徐女士当即要求店家以西服实际价格进行赔偿，遭到了店家的拒绝，徐女士遂起诉至法院。那么，法律对此是如何规定的呢？

律师解答

保管好客户送洗的衣物，是洗衣店应尽的义务，而当洗衣店弄丢客户的衣物后进行赔偿也是理所应当的。本案的关键是，洗衣店是否可以按照约定只赔偿客户10倍洗衣费，当客户的损失远远超过10倍洗衣费时怎么办？根据《民法典》的规定，当约定的违约金低于造成的损失的，当事人可以请求人民法院或者仲裁机构予以增加。所以，徐女士完全可以通过法院，最终得到更合理的违约赔偿。

法条链接

《中华人民共和国民法典》

第五百八十四条　当事人一方不履行合同义务或者履行合同义务不符合约定，

造成对方损失的，损失赔偿额应当相当于因违约所造成的损失，包括合同履行后可以获得的利益；但是，不得超过违约一方订立合同时预见到或者应当预见到的因违约可能造成的损失。

第五百八十五条 当事人可以约定一方违约时应当根据违约情况向对方支付一定数额的违约金，也可以约定因违约产生的损失赔偿额的计算方法。

约定的违约金低于造成的损失的，人民法院或者仲裁机构可以根据当事人的请求予以增加；约定的违约金过分高于造成的损失的，人民法院或者仲裁机构可以根据当事人的请求予以适当减少。

当事人就迟延履行约定违约金的，违约方支付违约金后，还应当履行债务。

定金和订金有区别吗？

现实问题

某旅游公司和某车主陆某签订《租车合同》。合同签订后，旅游公司按合同上写的“预付订金3万元”将订金支付给陆某。结果，陆某未履行合同，于是旅游公司向法院起诉，要求陆某双倍返还“订金”，合计6万元。由于合同上写的是“订金”而不是“定金”，所以，法院判定陆某退回“订金”3万元。那么，法院的判决正确吗？

律师解答

从法律上来说，“定金”是指合同当事人为了确保合同的履行，由一方当事人在合同履行之前，按照合同价款的一定比例，预先付给对方当事人一定的金钱，以此作为合同履行的担保。《民法典》第五百八十六条规定，当事人可以约定一方向对方给付定金作为债权的担保。债务履行后，定金应当抵作价款或者收回。给付定金的一方不履行约定的债务的，应当双倍返还定金。

而“订金”不属于法律概念，但在日常经济生活实践中经常使用。“订金”属于预付款性质，它不具备“定金”的担保作用。卖方违约，买方无权要求其双倍返还，只能得到原额；如果买方决定不购买，卖方应将“订金”全部退回。但如果买方超过规定期限才决定不购买，这笔“订金”就作为对卖方的赔偿。因此，“订金”也被称为“认购金”“诚意金”。此外，“定金”具有证明合同成立的作用，而“订金”不具备。

法条链接

《中华人民共和国民法典》

第五百八十七条 债务人履行债务的，定金应当抵作价款或者收回。给付定金的一方不履行债务或者履行债务不符合约定，致使不能实现合同目的的，无权请求返还定金；收受定金的一方不履行债务或者履行债务不符合约定，致使不能实现合同目的的，应当双倍返还定金。

违约金与定金可以并存吗？

现实问题

向某与某家具专卖店订立了购买家具的合同，合同约定，在双方订立合同30天后，家具店将家具送货上门为向某安装，同时，向某先支付购买总价的20%作为定金，如向某违约，则家具店不退还定金，如家具店违约，则家具店须双倍返还给向某定金，并且，如有一方违约的，还要支付违约金，违约金为合同总价的10%。但后因家具店生意红火，不能如期交付，向某要求家具店双倍返还定金并且支付违约金，却遭到了家具店的拒绝，向某遂起诉至法院。那么，法律是怎么规定的呢？

律师解答

根据《民法典》的规定，当事人既约定

违约金，又约定定金的，一方违约时，对方可以选择适用违约金或者定金条款。所以，向某可以要求家具店承担违约责任，但是只能在双倍返还定金与违约金中选择一种，而不能并存。

法条链接

《中华人民共和国民法典》

第五百八十八条　当事人既约定违约金，又约定定金的，一方违约时，对方可以选择适用违约金或者定金条款。

定金不足以弥补一方违约造成的损失的，对方可以请求赔偿超过定金数额的损失。

什么是不可抗力?

现实问题

朱某刚买了第三套房，不料与楼市新政“撞车”，被银行告知不能放贷，无奈之下想退房，却又遭到开发商拒绝。朱某认为自己遇到“新政”属于不可抗力，理应可以退房，但是开发商告知朱某“新政”不属于不可抗力，朱某应当履行合同。那么，“新政”究竟属不属于不可抗力呢?

律师解答

所谓不可抗力，是指“不能预见、不能避免和不能克服的客观情况”。不可抗力是一项免责条款，指买卖合同签订后，不是由于合同当事人的过失或疏忽，而是由于发生了合同当事人无法预见、无法预防、无法避免和无法控制的事件，以致不能履行或不能如期履行合同，发生意外事件的一方可以免除履行合同的责任或者推迟履行合同。

不可抗力主要包括三类情形：第一，自然灾害、如台风、洪水、冰雹；第二，政府行为，如征收、征用；第三，社会异常事件，如罢工、骚乱。

房地产市场同商品市场、外汇市场一样，都是高风险市场，政府对上述市场进行调控，是为了平抑市场波动的正常举措。在现代经济社会，政府调控行为非常频繁。所以，不能把政府对于房地产调控的这种“新政”作为不可抗力。

法条链接

《中华人民共和国民法典》

第五百九十条　当事人一方因不可抗力不能履行合同的，根据不可抗力的影响，部分或者全部免除责任，但是法律另有规定的除外。因不可抗力不能履行合同的，应当及时通知对方，以减轻可能给对方造成的损失，并应当在合理期限内提供证明。

当事人迟延履行后发生不可抗力的，不免除其违约责任。

本法所称不可抗力，是指不能预见、不能避免并不能克服的客观情况。

六、买卖合同

货物的所有权在何时转移?

现实问题

王某向林某购买一台二手高级单反相机，双方约定，林某在将相机交给王某后，王某第二天即到银行将5000元转至林某的银行账户。当天晚上，林某越想越后悔，感觉自己卖价过低，于是找到王某，要求王某返还相机，遭到王某的拒绝，林某称，因为王某还未将钱打入自己的银行账户，相机的所有权依然归其所有，王某无权霸占自己的相机。但王某认为，就在林某将相机交给自己的时候，所有权已经发生了转移，王某无权索回相机。那么，法律对此是如何规定的呢?

律师解答

王某与林某所争议的，无非是在买卖合同中，所有权究竟何时转移，到底是在相机交付时就转移，还是在买方将款项交付卖方时转移？根据《民法典》的规定，除法律另有规定或者当事人另有约定的外，标的物的所有权自标的物交付时起转移。所以，对于林某来说，在交付相机给王某的时候，所有权就已经从自己的手中转移至王某，就算王某还没将钱打入林某的银行账户，林某也不能以所有权还未转移为由向王某索要相机。

法条链接

《中华人民共和国民法典》

第二百二十四条　动产物权的设立和转让，自交付时发生效力，但是法律另有规定的除外。

第五百九十八条　出卖人应当履行向买受人交付标的物或者交付提取标的物的单证，并转移标的物所有权的义务。

第五百九十九条　出卖人应当按照约定或者交易习惯向买受人交付提取标的物单证以外的有关单证和资料。

没有约定交货地点的，所有权何时转移？

现实问题

某饭店向隔壁个体户刁某订购了100套工作服，双方约定10日后交货，并支付了定金。但未就交货地点进行约定。11日后，饭店致电刁某称，因刁某未按时送货，故饭店可以单方面解除合同，根据定金条款，要求刁某双倍返还定金。但刁某认为，自己已经在约定的时间，准备好了饭店所订购的工作服，是饭店未及时取货，所以不存在违约在先。那么，法律对此是如何规定的呢？

律师解答

对于买卖合同来说，交付标的物的地点是合同的必备条款。然而，交付地点不明的买卖合同也并不少见，那么，如果买卖双方未就交货地点进行约定，发生了纠纷，法律是如何规定的呢？

根据《合同法》的规定，合同生效后，当事人就质量、价款或者报酬、履行地点等内容没有约定或者约定不明确的，可以协议补充；不能达成补充协议，按照合同有关条款或者交易习惯确定。如果双方不能达成补充协议，标的物需要运输的，出卖人应当将标的物交付给第一承运人以运交给买受人；标的物不需要运输，出卖人和买受人订立合同时知道标的物在某一地点的，出卖人应当在该地点交付标的物；不知道标的物在某一地点的，应当在出卖人订立合同时的营业地交付标的物。

法条链接

《中华人民共和国民法典》

第五百一十条　合同生效后，当事人就质量、价款或者报酬、履行地点等内容没有约定或者约定不明确的，可以协议补充；不能达成补充协议的，按照合同相关条款或者交易习惯确定。

第六百零三条　出卖人应当按照约定的地点交付标的物。

当事人没有约定交付地点或者约定不明确，依据本法第五百一十条的规定仍不能确定的，适用下列规定：

（一）标的物需要运输的，出卖人应当将标的物交付给第一承运人以运交给买受人；

（二）标的物不需要运输，出卖人和买受人订立合同时知道标的物在某一地点的，出卖人应当在该地点交付标的物；不知道标的物在某一地点的，应当在出卖人订立合同时的营业地交付标的物。

标的物在运输途中风险是何时转移的？

现实问题

A公司向农村承包商顾某购买了一批有机蔬菜，根据双方的合同，由A公司上门提货。在A公司提货并清点、检查蔬菜确认无误后，A公司货车便驶往A公司所在的城市。然而，当该批蔬菜被运回A公司仓库后，A公司发现已有一部分蔬菜腐败变质。于是，A公司找到顾某，要求顾某赔偿A公司的损失，理由是该批蔬菜在进仓库前就已变质。那么，法律对此是如何规定的呢？

律师解答

本案例涉及买卖合同中的风险转移问题，那么，A公司向顾某购买的蔬菜的风险转移点究竟在何时呢？根据《民法典》的规定，除非当事人另有约定的，否则标的物毁损、灭失的风险，在标的物交付之前由出卖人承担，交付之后由买受人承担。由此可见，在顾某将有机蔬菜交给A公司之后，该批蔬菜的风险已经由顾某转移至A公司。所以，在A公司将蔬菜运至自己的仓库后发现蔬菜在途中变质，该变质的风险，应当由A公司自己承担。

法条链接

《中华人民共和国民法典》

第六百零四条　标的物毁损、灭失的风险，在标的物交付之前由出卖人承担，交付之后由买受人承担，但是法律另有规定或者当事人另有约定的除外。

买受人违约交付该承担怎样的责任？

现实问题

A公司向个体户胡某购买了一批新鲜乳制品，双方合同约定，三天后由A公司派车至胡某处取货。然而，因A公司的原因，15天后货车才至胡某处，就在清点货物时，A公司发现大部分乳制品已过期，根本无法再卖。于是A公司拒绝装货，并要求胡某重新更换乳制品，否则双方解除合同。胡某称，乳制品的过期是因为A公司未按合同约定及时取货造成的，并非胡某的问题，所以拒绝更换，双方争执不下。那么，法律对此是如何规定的呢？

律师解答

根据《民法典》的规定，因买受人的原因致使标的物不能按照约定的期限交付的，买受人应当自违反约定之日起承担标的物毁损、灭失的风险。本案中，上述乳制品的过期系由作为买受人的A公司造成的，货物变质的风险也应当由A公司承担。

法条链接

《中华人民共和国民法典》

第六百零五条　因买受人的原因致使标的物未按照约定的期限交付的，买受人应当自违反约定时起承担标的物毁损、灭失的风险。

在途标的物的风险何时转移？

现实问题

A公司向吴某购买了一批瓷器，约定由吴某委托运输公司将该批瓷器运至A公司仓库。在双方订立合同时，基于双方良好的合作关系，吴某已经提前将货物交至承运人。在双方签字盖章后没多久，运货车辆与其他车辆相撞，致使该批瓷器大部分碎裂。A公司得知后，要求吴某重新托运完好无损的瓷器，但是遭到了吴某的拒绝，A公司称，如果吴某不重新托运，视为吴某违约，则要吴某支付违约金。那么，对于A公司的说法，法律是如何规定的呢？

律师解答

在商务买卖中，货物的风险何时转移，是一个至关重要的问题，尤其对于已经在途中的货物来说，如发生意外，究竟是买方还是卖方承担货物毁损或灭失的风险关系重大。根据《民法典》的规定，除买卖双方另有约定的以外，出卖人出卖交由承运人运输的在途标的物，毁损、灭失的风险自合同成立时起由买受人承担。

所以，虽然A公司在订立合同的时候尚未收到货物，但是根据法律的规定，风险已经在双方合同成立之时转移了。因此，应当由买受人A公司承担货物毁损和灭失的风险。

法条链接

《中华人民共和国民法典》

第六百零六条　出卖人出卖交由承运人运输的在途标的物，除当事人另有约定外，毁损、灭失的风险自合同成立时起由买受人承担。

买受人不履行接收标的物义务的风险由谁承担?

现实问题

2010年7月28日，开书店的张某向某出版社购买了一批书本，双方约定8月28日由出版社负责将该批书本送至张某书店。8月28日，出版社如约将书本送至张某书店楼下，但是门口保安称因张某不在无法接收，出版社要求保安打电话给张某请示，保安打了一个电话后称张某关机。经再三交涉，保安依旧不肯接收该批书本，万般无奈下，出版社唯有将该批书本卸至该楼门口后离开。8月29日，一场大雨将该批书本打湿，造成该批书本大部分毁损。很快，出版社接到张某的电话，要求出版社将该批书本运回重新换一批新的送至张某处，理由是张某签收该批书本前，书本毁损的风险理应由出版社负责。那么，法律对此是如何规定的呢?

律师解答

就张某来说，未签收书本，书本毁损或灭失的风险是否就由出版社承担了呢？显然不是的，根据《民法典》的规定，买受人违反约定没有收取标的物的，标的物毁损、灭失的风险自违反约定之日起由买受人承担。出版社按照合同约定运送了书本，是张某违反约定没有签收。所以，书本的毁损风险就理应由张某而非出版社承担。

法条链接

《中华人民共和国民法典》

第六百零三条　出卖人应当按照约定的地点交付标的物。

当事人没有约定交付地点或者约定不明确，依据本法第五百一十条的规定仍不能确定的，适用下列规定：

（一）标的物需要运输的，出卖人应当将标的物交付给第一承运人以运交给买受人；

（二）标的物不需要运输，出卖人和买受人订立合同时知道标的物在某一地点的，出卖人应当在该地点交付标的物；不知道标的物在某一地点的，应当在出卖人订立合同时的营业地交付标的物。

第六百零八条　出卖人按照约定或者依据本法第六百零三条第二款第二项的规定将标的物置于交付地点，买受人违反约定没有收取的，标的物毁损、灭失的风险自违反约定时起由买受人承担。

什么是孳息?

现实问题

某村子的顾某向秦某购买一头母牛，双方约定由顾某先将母牛牵回，三天后顾某再将购牛款送至秦某家。就在顾某将母牛牵回家后两天，母牛生了一只小牛。第二天顾某送钱至秦某家时，告诉了秦某此事，秦某当即表示小牛是属于自己的，要求马上去顾某家牵小牛，但遭到了顾某的拒绝，顾某将钱交给秦某后即马上离开。

律师解答

母牛所生的小牛，在法律上的概念为孳息。孳息是指由原物所产生的收益。在民法上，孳息分为天然孳息和法定孳息。天然孳息指因物的自然属性而获得的收益，如果树结的果实、母畜生的幼畜。法定孳息指因法律关系所获得的收益，如出租人根据租赁合同收取的租金、贷款人根据贷款合同取得的利息等。

根据《民法典》的规定，标的物在交付之前产生的孳息，归出卖人所有，交付之后产生的孳息，归买受人所有。在本案中，小牛是在秦某交付给顾某后母牛所生，所以，无论顾某是否已经将购牛款交付给秦某，该小牛依法已经属于顾某所有。

法条链接

《中华人民共和国民法典》

第六百三十条　标的物在交付之前产生的孳息，归出卖人所有；交付之后产生的孳息，归买受人所有。但是，当事人另有约定的除外。

标的物为数物的，合同如何解除？

现实问题

某电脑商城向批发商方某订购了100台电脑主机及100套键盘。在商城收到主机及键盘后，发现键盘有严重质量问题，于是商城通知方某解除合同，并要求其将主机与键盘全部运回。方某表示，键盘有问题可以运回，但是主机并无问题，商城应该签收，双方因此发生争执。那么，法律对此是如何规定的呢？

律师解答

商城与方某所签的合同，既包括主机，又包括键盘，是否其中一样不符合合同约定，整个合同就可以解除呢？根据《民法典》的规定，标的物为数物，其中一物不符合约定的，买受人可以就该物解除，但该物与他物分离使标的物的价值显受损害的，买受人可以就数物解除合同。对于主机来说，移除或者替换键盘并不会使主机本身的价值受到损害，所以对于商城来说，并不能以键盘有问题而解除整个合同，而是可以单独解除键盘部分的合同。

法条链接

《中华人民共和国民法典》

第六百三十二条　标的物为数物，其中一物不符合约定的，买受人可以就该物解除。但是，该物与他物分离使标的物的价值显受损害的，买受人可以就数物解除合同。

标的物为分批交付的，合同如何解除？

现实问题

某服装公司和外贸小店老板朱某订立一份合同，合同约定，每月5日服装公司应将10套成衣送至朱某处，共计100套成衣需分10个月配送。在服装公司第五次运送成衣至朱某店里时，朱某发现该批次的成衣有严重质量问题，于是要求服装公司运回，并告知服装合同已解除，之后的五批成衣也不用再送了。那么，法律对此是如何规定的呢？

律师解答

本案中，服装公司与朱某所订立的100套成衣虽然是一份合同，但是却为分批交付的合同。那么，对于分批交付的合同来说，是否其中一批货物不符合合同约定，买受人就可以解除整个合同呢？根据《民法典》的规定，出卖人分批交付标的物的，出卖人对其中一批标的物不交付或者交付不符合约定，致使该批标的物不能实现合同目的的，买受人可以就该批标的物解除。对于朱某来说，其中第五个月的10套成衣不符合合同约定，并不会导致整个合同的合同目的无法实现。所以，朱某可以解除此批成衣的合同，而不能单方面解除剩余未履行批次的合同。

法条链接

《中华人民共和国民法典》

第六百三十三条　出卖人分批交付标的物的，出卖人对其中一批标的物不交付或者交付不符合约定，致使该批标的物不能实现合同目的的，买受人可以就该批标的物解除。

出卖人不交付其中一批标的物或者交付不符合约定，致使之后其他各批标的物的交付不能实现合同目的的，买受人可以就该批以及之后其他各批标的物解除。

买受人如果就其中一批标的物解除，该批标的物与其他各批标的物相互依存的，可以就已经交付和未交付的各批标的物解除。

分期付款买卖中的合同如何解除？

现实问题

韩某向某工厂购买一台大型机器，总价25万元，约定分10次付清，每次2.5万元，每月的第一天支付。韩某按合同的约定支付了五次共计12.5万元后，因机器大幅度降价，韩某感到自己损失太大，所以停止了付款。三个月后，工厂通知韩某解除合同，并要求韩某支付该台机器使用费。那么，法律对此是如何规定的呢？

律师解答

韩某已经支付了该台机器总价的一半，对于厂家来说，是否有权单方面解除与韩某的合同呢？答案是肯定的。根据《民法典》的规定，分期付款的买受人未支付到期价款的金额达到全部价款的五分之一的，出卖人可以请求买受人支付全部价款或者解除合同。出卖人解除合同的，可以向买受人请求支付该标的物的使用费。既然韩某未支付的到期购机器款项已经超过了总价的五分之一，经催告后在合理期限内仍未支付到期价款的，那么工厂就有权解除与韩某的合同，并可以要求韩某支付使用费。

法条链接

《中华人民共和国民法典》

第六百三十四条　分期付款的买受人未支付到期价款的数额达到全部价款的五分之一，经催告后在合理期限内仍未支付到期价款的，出卖人可以请求买受人支付全部价款或者解除合同。

出卖人解除合同的，可以向买受人请求支付该标的物的使用费。

法律对样品买卖是如何规定的？

现实问题

个体户卢某根据A公司所提供的一套手机样品外观，向A公司订购了3款共计90部手机。当卢某拿到该批手机后，发现该批手机因内部构造问题完全无法使用。卢某遂找到A公司要求退货，A公司称，其所提供的手机与给卢某的样品无异，所以不能退货。卢某称当时之所以只是选择了手机的款式而并未真正开机使用，是因为认为这些手机起码拥有手机的基本功能，现在手机完全不能使用，所以要求解除合同。那么，法律对此是如何规定的呢？

律师解答

A公司已经提供了样品给卢某，并且完全按照卢某所选择的样品供货，当卢某发现手机不可用时究竟能否退货呢？根据《民法典》的规定，凭样品买卖的买受人不知道样品有隐蔽瑕疵的，即使交付的标的物与样品相同，出卖人交付的标的物的质量仍然应当符合同种物的通常标准。既然卢某所购买的货物系“手机”，那么能够使用应该是最基本的要求，卢某没有及时发现手机样品的内部构造有问题，不影响当卢某发现时解除合同的权利，因为“手机可以使用”本身已经是手机作为一种商品的通常标准了。

法条链接

《中华人民共和国民法典》

第六百三十五条　凭样品买卖的当事人应当封存样品，并可以对样品质量予以说明。出卖人交付的标的物应当与样品及其说明的质量相同。

第六百三十六条　凭样品买卖的买受人不知道样品有隐蔽瑕疵的，即使交付的标的物与样品相同，出卖人交付的标的物的质量仍然应当符合同种物的通常标准。

在试用买卖中，没有约定试用期限怎么办？

现实问题

小周将亲戚从国外带来的手机给朋友小卞试用，双方约定如果小卞试用后感到满意的，就给小周4000元。一个星期后，小周询问小卞是否愿意买该手机，小卞称一个星期时间太短，没办法决定，小周感觉小卞没有购买诚意，于是收回手机。那么，根据法律规定，小周能收回手机吗？

律师解答

试用买卖，又称试验买卖，是指合同成立时出卖人将标的物交给买受人试用，买受人在一定期限内使用后承认购买并支付价款的买卖。试用买卖实际上是一种附条件的买卖，即只有在买受人经过一定期限内使用并承认购买后，合同才生效。

由于试用买卖在买受人承认购买之前，买卖合同并未生效，因此不发生标的物所有权的转移。为了保护出卖人的利益，避免合同效力长期处于一种悬而未决的状态，《民法典》规定，试用买卖的当事人可以约定标的物的试用期间。对试用期间没有约定或者约定不明确的，双方协议补充；不能达成补充协议的，由出卖人确定。本案中，小周和小卞并没有约定试用期限，所以，他可以随时收回自己的手机。

法条链接

《中华人民共和国民法典》

第五百一十条　合同生效后，当事人就质量、价款或者报酬、履行地点等内容没有约定或者约定不明确的，可以协议补充；不能达成补充协议的，按照合同相关条款或者交易习惯确定。

第六百三十七条　试用买卖的当事人可以约定标的物的试用期限。对试用期限没有约定或者约定不明确，依据本法第五百一十条的规定仍不能确定的，由出卖人确定。

在试用买卖中，试用期限届满，买受人不做表示的怎么办？

现实问题

某商店推出试用定时电饭煲活动，唐先生与该商店签订了试用合同，约定试用时间为两个星期，如唐先生满意则可以500元的价格购买，如不满意的，则可以无条件退回而不需要支付任何费用。过了两个星期，该商店的员工致电唐先生，询问是否愿意购买，唐先生回答“再看看吧”即挂断电话，又过了一个星期，唐先生将该电饭煲送回商店，并称使用后不满意，所以退回，商店告知唐先生已经超过双方的试用期约定，唐先生应当即刻支付500元购买电饭煲，唐先生称双方的合同没有约定超过试用期限其就必须购买，双方遂发生了争执。那么，法律对此是如何规定的呢？

律师解答

试用买卖的买受人在试用期内可以购买标的物，也可以拒绝购买。但是，试用期限届满，买受人必须对是否购买标的物作出明确表示。如果买受人对是否购买标的物未作出明确表示，视为购买。上述唐先生对于电饭煲的试用时间显然已经超过了合同约定的使用期限。所以，无论他是否在其后返还给商店电饭煲，根据法律的规定，视为其已经购买，唐先生应当支付给商店500元。

法条链接

《中华人民共和国民法典》

第六百三十八条　试用买卖的买受人在试用期内可以购买标的物，也可以拒绝购买。试用期限届满，买受人对是否购买标的物未作表示的，视为购买。

试用买卖的买受人在试用期内已经支付部分价款或者对标的物实施出卖、出租、设立担保物权等行为的，视为同意购买。

七、赠与合同

赠与合同可以随意撤销吗？

现实问题

章某在一次电视台主办的赈灾义演募捐现场举牌表示，愿意向红十字会捐款100万元，用于某乡村中学的校舍重建。事后，章某只支付了60万元就没有了下文，该红十字会几次请求章某兑现承诺，章某都置之不理。无奈之下，红十字会将章某诉至法院，请求支付剩余捐款。那么，法律对此是如何规定的呢？

律师解答

一般来说，赠与人在赠与财产的权利转移之前可以撤销赠与，但是法律同时规定了例外的情况，即具有救灾、扶贫等社会公益、道德义务性质的赠与合同，不得在财产的权利转移之前撤销。所以，章某应当依照其承诺将剩余的40万元赠与红十字会用于重建乡村中学校舍。

法条链接

《中华人民共和国民法典》

第六百五十八条　赠与人在赠与财产的权利转移之前可以撤销赠与。

经过公证的赠与合同或者依法不得撤销的具有救灾、扶贫、助残等公益、道德义务性质的赠与合同，不适用前款规定。

经过公证的赠与合同可以不履行吗？

现实问题

老李将房屋赠与其大儿子，并办理了公证。但是之后，大儿子很少看望老李，仅仅是每月给老李生活费用后便离开，老李感到非常心寒，于是反悔要求撤销房屋赠与协议。根据法律规定，他可以撤销协议吗？

律师解答

根据《民法典》的规定，经过公证的赠与合同与具有救灾、扶贫等社会公益、道德义务性质的赠与合同一样，是不能撤销的。所以，虽然老李的大儿子很少看望老李，老李也无法因此而撤销赠与合同。

法条链接

《中华人民共和国民法典》

第六百六十条　经过公证的赠与合同或者依法不得撤销的具有救灾、扶贫、助残等公益、道德义务性质的赠与合同，赠与人不交付赠与财产的，受赠人可以请求交付。

依据前款规定应当交付的赠与财产因赠与人故意或者重大过失致使毁损、灭失的，赠与人应当承担赔偿责任。

赠与人故意损毁赠与财产的是否承担赔偿责任?

现实问题

谭先生与吴小姐系恋爱关系，在恋爱期间，谭先生赠送给吴小姐名贵水晶饰品一座，价值8000元。后吴小姐请谭先生至家中“谈谈”，吴小姐称已对谭先生没有感觉，要求分手，谭先生当即感到相当气愤，并拿起送给吴小姐的水晶饰品狠狠砸向地板，水晶饰品即刻全部碎裂。吴小姐要求谭先生赔偿该水晶饰品，但遭到了拒绝，谭先生称该水晶饰品系其送给吴小姐的，现在大家分手了，他可以马上拿回，怎么破坏都是他的事情，吴小姐管不着，更不可能赔偿给吴小姐。吴小姐感到相当气愤，于是将谭先生诉至法院。那么，法院将会如何处理呢?

律师解答

在本案中，水晶饰品虽然是谭先生买的，但是在谭先生将该饰品送给吴小姐时，该饰品的所有权已经转移至吴小姐手中，同时，在谭先生送给吴小姐之时也并没有关于“一旦分手必须返还”的约定，并且，根据《民法典》的规定，因赠与人故意或者重大过失致使赠与的财产毁损、灭失的，赠与人应当承担损害赔偿责任。所以，谭先生应当就水晶饰品对吴小姐进行赔偿。

法条链接

《中华人民共和国民法典》

第六百六十条　经过公证的赠与合同或者依法不得撤销的具有救灾、扶贫、助残等公益、道德义务性质的赠与合同，赠与人不交付赠与财产的，受赠人可以请求交付。

依据前款规定应当交付的赠与财产因赠与人故意或者重大过失致使毁损、灭失的，赠与人应当承担赔偿责任。

赠与可以附义务吗?

现实问题

陆某与曹某系夫妻关系，生有一女。2009年4月，陆某与曹某将祖传字画赠与女儿，但附有女儿必须将自己的房子空出一间给陆某与曹某居住的条件，并签订了赠与合同。谁知三个月后，女儿将自己的房屋卖掉，并租单间小屋给陆某与曹某居住，陆某与曹某当即拒绝，并在一气之下提起诉讼，要求撤销其与女儿的赠与合同。那么，他们能撤销赠与合同吗?

律师解答

根据《合同法》的规定，赠与可以附义务。赠与附义务的，受赠人应当按照约定履行义务。所以，上述陆某与曹某的女儿虽然签订了赠与合同，但是系附条件的赠与合同，如受赠人不履行约定的义务，赠与人拥有撤销赠与的权利。

法条链接

《中华人民共和国民法典》

第六百六十一条　赠与可以附义务。

赠与附义务的，受赠人应当按照约定履行义务。

赠与他人的物品有瑕疵的，赠与人需要承担责任吗？

现实问题

胡某与周某是老邻居，两家感情甚好。2009年12月，胡某购买了一套住房，一家人喜迁新居，搬家时，周某全家过来帮忙，胡家倍感温暖。胡某家中有一台29寸彩电，已经使用了10年，图像、声音仍然很好，因为已经购买了40寸液晶彩电，考虑到周家经济条件不太好，至今还在使用21寸彩电，于是决定把旧彩电送给周家。2010年2月，周家人观看电视时，该台29寸彩电突然爆炸，周某被炸伤，部分家具毁坏。周某住进了医院后，高额的医疗费用使周家雪上加霜。周家人遂要求胡某赔偿，双方为此发生争执。随后，周某将胡某诉至法院，要求胡某赔偿其医疗费用及其他损失。那么，胡某应当赔偿吗？

律师解答

赠与人的瑕疵担保责任，主要是指赠与人对赠与财产的品质瑕疵和权利瑕疵承担担保义务，即赠与人向受赠人担保赠与财产本身及其所有权不存在未被告知的瑕疵。但是，在无条件的赠与合同中，赠与人不承担赠与财产的瑕疵担保责任。在附条件的赠与合同中，赠与人应在受赠人所附义务的限度内对有瑕疵的赠与财产承担与出卖人相同的担保责任。无论赠与合同是否附义务，出现以下情况，赠与人都应向受赠人承担损害赔偿责任：第一，赠与人明知赠与物有瑕疵并且故意不告知对方，造成受赠人损失的；第二，赠与人向受赠人保证赠与物无瑕疵，赠与物却有瑕疵并造成受赠人损失的。在上述两种情况下，瑕疵均包括赠与财产的品质瑕疵和权利瑕疵。

上述案例中，胡某在作出赠与意思表示时已明确告知周某及其家人，赠与的彩电已使用了10年，周某在接受赠与时对赠与财产的品质状况是知悉的。同时，该赠与合同并不是附义务的赠与合同，胡某没有故意隐瞒赠与财产的瑕疵，因此他不必承担赠与财产的瑕疵担保责任，无需对周某进行赔偿。

法条链接

《中华人民共和国民法典》

第六百六十二条　赠与的财产有瑕疵的，赠与人不承担责任。附义务的赠与，赠与的财产有瑕疵的，赠与人在附义务的限度内承担与出卖人相同的责任。

赠与人故意不告知瑕疵或者保证无瑕疵，造成受赠人损失的，应当承担赔偿责任。

什么情况下赠与人可以撤销已经赠与完毕的合同？

现实问题

沈某一直非常喜欢自己的外甥张某，考虑到自己的儿子生意红红火火，家境优越，而张某年过三十依然因没有房子而找不到对象。于是，沈某将其拥有的一套一室一厅的房子送给了张某。就在张某接受赠与半年后，一次家庭聚会因与沈某的儿子发生口角而升级至打架，最终将沈某的儿子打成重伤。沈某感到非常伤心，于是起诉至法院要求撤销对张某的赠与。那么，沈某的撤销是否有法律依据呢？

律师解答

根据《民法典》的规定，如受赠人严重侵害赠与人或者赠与人的近亲属的，赠与人可以撤销赠与。本案中，张某将沈某的儿子打成重伤，显然已经严重侵害了赠与人沈某的近亲属，所以沈某有权撤销对于张某的赠与。

法条链接

《中华人民共和国民法典》

第六百六十三条　受赠人有下列情形之一的，赠与人可以撤销赠与：

（一）严重侵害赠与人或者赠与人近亲属的合法权益；

（二）对赠与人有扶养义务而不履行；

（三）不履行赠与合同约定的义务。

赠与人的撤销权，自知道或者应当知道撤销事由之日起一年内行使。

有扶养义务的人不履行扶养义务的，赠与人可以撤销赠与吗？

现实问题

老巫早年丧偶，膝下有一子一女，因为重男轻女的思想，老巫一直以来都更加偏爱儿子，老巫有两套房子，考虑到儿子将来要结婚，于是老巫将其中的一套房子送给了儿子。在儿子办理完房屋产权变更手续之后，就再也没有看望过老巫，老巫打电话给儿子，儿子也从来都不接，到儿子家看儿子，儿子也故意不开门。相反，老巫的女儿即使知道老巫因偏爱儿子将房屋送给儿子，也并未因此冷落老巫，隔三岔五就去看望老巫，并且为老巫收拾家里，做菜做饭。就在老巫的儿子连续10个月都对老巫不闻不问后，老巫诉至法院，要求撤销对儿子的房屋赠与，并打算送给女儿。那么，老巫是否可以撤销赠与呢？

律师解答

老巫对于其儿子的房屋赠与，虽然连房产证都已变更完毕，但是根据《民法典》的规定，对赠与人有扶养义务而不履行的，赠与人可以撤销对受赠人的赠与。所以，老巫儿子对老巫有扶养义务而不履行的这种行为，已经使得老巫拥有撤销对其赠与的权利。

法条链接

《中华人民共和国民法典》

第六百六十三条　受赠人有下列情形之一的，赠与人可以撤销赠与：

（一）严重侵害赠与人或者赠与人近亲属的合法权益；

（二）对赠与人有扶养义务而不履行；

（三）不履行赠与合同约定的义务。

赠与人的撤销权，自知道或者应当知道撤销事由之日起一年内行使。

撤销赠与有期限吗？

现实问题

金某与黄家系邻居，平时关系甚好。金某有一个上小学的女儿，就在金某女儿上小学这年，黄家的女儿黄某考上了本市一所重点大学计算机系。考虑到黄家的家境非常贫困，而黄某虽考进计算机系但买不起电脑，金某于是买来一台笔记本电脑送给黄某，但是同时要求，黄某必须每个星期为金某的女儿补课，并且连补一年，黄某爽快答应并主动提出可以签订赠与合同。

然而，黄某只为金某的女儿补课两次便开始长期住在学校，节假日也不回家，直至黄某大四毕业，也未再为金某的女儿补过一次课。黄某毕业后至某500强企业工作，月薪12000元，黄某的父母还因此得意地将该情况告知金某，金某越想越气，遂找到黄某要求返还电脑，但遭到黄某的拒绝。于是，黄某至法院起诉要求撤销对黄某的赠与。那么，法律对此是如何规定的呢？

律师解答

金某对黄某的赠与合同为附条件的赠与合同，虽然根据《民法典》的规定当附义务的赠与合同的受赠人不履行赠与合同约定的义务时，赠与人有权撤销对受赠人的赠与，但是《民法典》同时规定，赠与人的撤销权，自知道或者应当知道撤销原因之日起一年内行使。在知道黄某不履行自己的义务四年后，金某才想到撤销赠与，已经超过法律所规定的撤销赠与的期限。所以，金某诉至法院要求撤销对黄某的赠与显然不会被法院支持。

法条链接

《中华人民共和国民法典》

第六百六十三条　受赠人有下列情形之一的，赠与人可以撤销赠与：

（一）严重侵害赠与人或者赠与人近亲属的合法权益；

（二）对赠与人有扶养义务而不履行；

（三）不履行赠与合同约定的义务。

赠与人的撤销权，自知道或者应当知道撤销事由之日起一年内行使。

受赠人杀害赠与人的，赠与人的继承人有权撤销赠与吗？

现实问题

徐某与全某是多年的好朋友。徐某因事业成功，家境相当富裕。就在全某60岁生日时，徐某送给了全某一尊18K金打造的小佛像，价值10万元。不久后二人因琐事发生争执，全某一怒之下，拿起花瓶砸向徐某的头部，徐某当即昏迷，全某害怕之下将徐某背至自己的车内，并驶往一僻静的地方将徐某扔至河内。回家后全某越想越不应该，于是向公安局自首，但徐某的生命已经无可挽回。徐某的儿子知道此事后，悲痛之余诉至法院，要求撤销其父亲对全某佛像的赠与。那么，法律对此是如何规定的呢？

律师解答

根据《民法典》的规定，因受赠人的违法行为致使赠与人死亡或者丧失民事行为能力的，赠与人的继承人或者法定代理人可以撤销赠与。全某因琐事而将徐某打伤，并最终将其扔进河里的行为显然已经触犯了刑法，属故意杀人罪。作为徐某的法定继承人，徐某的儿子依法拥有撤销其父亲对全某赠与的权利。但需要注意的是，根据规定，徐某的儿子应当自知道或者应当知道撤销原因之日起六个月内行使撤销权。

法条链接

《中华人民共和国民法典》

第六百六十四条　因受赠人的违法行为致使赠与人死亡或者丧失民事行为能力的，赠与人的继承人或者法定代理人可以撤销赠与。

赠与人的继承人或者法定代理人的撤销权，自知道或者应当知道撤销事由之日起六个月内行使。

什么情况下赠与人可以不再履行赠与义务？

现实问题

老邹是一位退休党员，其居住小区里有一名读高一的学生殷某，学习成绩优异，但是家境困难，父亲得了前列腺癌，母亲失业在家，在得知这一情况后，老邹主动找到殷某，承诺以后每月将给殷某500元钱，直到殷某大学毕业。该小区居委会得知老邹的善举后，还赠送了一幅锦旗给老邹。

但在一年后，老邹的妻子查出得了尿毒症，为支付高昂的医药费，老邹全家的积蓄已经用完，单靠其与妻子的退休工资支付医药费并维持日常开销非常吃力，万般无奈下，老邹告知殷某无法再每月给其500元了。殷某感到非常生气，要求老邹“言而有信”，兑现其诺言，老邹感觉殷某虽然成绩好，但是为人太过自私，不懂道理，遂再也没有理睬殷某。殷某于是向法院起诉，要求老邹继续履行赠与合同。那么，法律对此是如何规定的呢？

律师解答

老邹在允诺殷某每月资助其500元直到殷某大学毕业的时候，老邹的家境尚好，每月500元系其能力范围之内，但是之后其妻子病重，家庭经济情况显著恶化，已经完全没有能力负担这每月500元。根据《民法典》的规定，赠与人的经济状况显著恶化，严重影响其生产经营或者家庭生活的，可以不再履行赠与义务。所以，老邹有权利不再履行此赠与义务。

法条链接

《中华人民共和国民法典》

第六百六十六条　赠与人的经济状况显著恶化，严重影响其生产经营或者家庭生活的，可以不再履行赠与义务。

八、借款合同

利息可以预先扣除吗？

现实问题

冯某因买房向吴某借款10万，双方约定两年后还款并支付利息为1万元的利息。在订立好借款合同后，吴某直接给了冯某9万，并告知冯某直接将利息在本金中扣除，冯某感到吴某这样做非常不“厚道”，但是苦于缺钱没办法，只能先拿9万。那么，吴某的做法是否合法呢？

律师解答

预先将利息在本金中扣除，是现实生活中非常常见的做法，然而，我国《民法典》明确规定，借款的利息不得预先在本金中扣除。利息预先在本金中扣除的，应当按照实际借款数额返还借款并计算利息。

所以，冯某的做法显然是违法的。并且，根据法律的规定，两年后吴某的还款完全可以依照9万元计算利息，计算所得的利息总额加上9万元本金，才是冯某需要还给吴某的数额。

法条链接

《中华人民共和国民法典》

第六百七十条　借款的利息不得预先在本金中扣除。利息预先在本金中扣除的，应当按照实际借款数额返还借款并计算利息。

贷款人不及时还款造成借款人损失的，损失由谁承担？

现实问题

邱某开了一家床上用品商店，因未及时收回账款导致资金紧缺，不得不向骆某借款10万元购买货物，双方订立了借款合同，约定骆某应于订立合同当日将10万元转入邱某指定的银行账户，邱某会在3个月后本金加利息一并还给骆某。但是在双方签字后，骆某迟迟不将该笔钱款转入邱某指定的账户，经邱某一再催促，骆某才于一个星期后转账。当邱某向厂家订货时，被告知短短几天内，因纺织品原材料涨价，床上用品也陆续涨价，邱某一下子损失了不少。于是，邱某起诉至法院，要求骆某承担赔偿责任。那么，法院会支持邱某的立张吗？

律师解答

对于骆某来说，虽然最终还是将钱转账给了邱某，并且根据合同的约定，也只是延迟了短短的一个星期。那么，邱某是否有权利要求骆某承担赔偿损失的责任呢？根据《民法典》的规定，贷款人未按照约定的日期、数额提供借款，造成借款人损失的，应当赔偿损失。基于邱某的损失确实是因为骆某迟延借款造成的，所以骆某应当赔偿邱某的损失。

法条链接

《中华人民共和国民法典》

第六百七十一条　贷款人未按照约定的日期、数额提供借款，造成借款人损失的，应当赔偿损失。

借款人未按照约定的日期、数额收取借款的，应当按照约定的日期、数额支付利息。

借款人未按约定取走借款的，利息怎样计算？

现实问题

许某向朱某借款20万元用于买房，双方约定的年利息为3%，借款期限为两年。但当朱某准备好钱款后，许某迟迟不来拿钱，直到3个月后，许某才赶到朱某家里取走借款。两年后，许某如约还款，但是经朱某仔细清点，发现许某的钱款不够，询问之下，许某表示，因其实际借款期间为1年零9个月，所以按照1年零9个月计算了利息，实则一分未少。朱某感到很气愤，“白纸黑字”写明的两年，怎么可以因为许某自己晚来拿就减少利息了呢？

律师解答

虽然对于许某来说，其实际借款的时间只有1年零9个月，但是晚取款是其个人原因造成的，并非朱某故意不给。根据《民法典》的规定，借款人未按照约定的日期、数额收取借款的，应当按照约定的日期、数额支付利息。所以，许某理应按照合同约定的两年计算利息给朱某。

法条链接

《中华人民共和国民法典》

第六百七十一条　贷款人未按照约定的日期、数额提供借款，造成借款人损失的，应当赔偿损失。

借款人未按照约定的日期、数额收取借款的，应当按照约定的日期、数额支付利息。

借款人未按照约定用途使用借款的，贷款人可以提前收回借款吗？

现实问题

大刘和小刘系兄弟，大刘与女友结婚后欲买房，遂问弟弟小刘借款，小刘也有一交往中的女友，但是，考虑到自己并未急着结婚买房，于是将自己的全部存款8万元借给了大刘，大刘表示，两年后肯定还钱，并写下借条写明借款理由与还款期限。谁知大刘拿了8万元后，就与女友一起到香港旅游，并购买了钻戒金饰等物品，小刘借给大刘的钱款所剩无几。小刘知道后感到非常气愤，这些钱也是其工作后辛辛苦苦存起来打算结婚买房的，竟然被大刘这样挥霍。于是，小刘要求大刘还款，但大刘表示，说好两年后还就两年后还，自己怎么用钱的不用小刘管。那么，大刘的说法是否符合法律的规定呢？

律师解答

虽然大刘与小刘的借款合同约定的还款期限为两年，但是这并不意味着大刘可以不按借款合同约定理由使用借款。根据《民法典》的规定，借款人未按照约定的借款用途使用借款的，贷款人可以停止发放借款、提前收回借款或者解除合同。

法条链接

《中华人民共和国民法典》

第六百七十三条　借款人未按照约定的借款用途使用借款的，贷款人可以停止发放借款、提前收回借款或者解除合同。

怎样确定利息的支付期限？

现实问题

余某向罗某借款5万元，双方约定按年利率5%计算利息，3年后还款。就在借款2年后，罗某经济条件变差，遂要求余某还款，余某表示拒绝，理由是双方的借款合同约定的还款期限为3年，罗某于是请求余某能否先还利息，也遭到了余某的拒绝，余某称，既然合同是3年，那么利息也就在3年借款期限届满时一并归还。那么，余某的说法是否合法呢？

律师解答

欠债还钱这是人们普遍知晓的道理，那么，对于利息支付的时间法律究竟有着怎样的规定呢？根据《民法典》的规定，借款人应当按照约定的期限支付利息。对支付利息的期限没有约定或者约定不明确，依照本法第五百一十条的规定仍不能确定的，借款期间不满一年的，应当在返还借款时一并支付；借款期间一年以上的，应当在每届满一年时支付，剩余期间不满一年的，应当在返还借款时一并支付。

所以，本案中，罗某与余某的借款合同所约定的还款期限虽然为三年，对于本金来说，余某确实可以拒绝罗某三年未到即要求还款的要求，但是对于利息来说，余某理应支付已经过去的两年的利息。

法条链接

《中华人民共和国民法典》

第六百七十四条　借款人应当按照约定的期限支付利息。对支付利息的期限没有约定或者约定不明确，依据本法第五百一十条的规定仍不能确定，借款期间不满一年的，应当在返还借款时一并支付；借款期间一年以上的，应当在每届满一年时支付，剩余期间不满一年的，应当在返还借款时一并支付。

没有约定还款期限怎么办？

现实问题

薛某和范某是好朋友，薛某因购买轿车向范某借款6万元，但没有约定还款日期。半年后，范某因急需用钱找到薛某，要求薛某在一个月内还款，但遭到了薛某的拒绝，理由是当初借款时并没有约定还款日期，现在怎么都不可能在一个月内凑到6万元，等有了再说。范某称如薛某不在一个月内还款就法院见，薛某表示无所谓，反正没有约定还款日期，打官司也不怕。那么，法律对此到底是如何规定的呢？

律师解答

现实中，熟人之间借钱往往不约定还款日期，不约定还款日期并不代表可以任由借款人自己决定还款的日期，对借款期限没有约定或者约定不明确，也不能达成补充协议的，借款人可以随时返还；贷款人可以催告借款人在合理期限内返还。本案中，范某要求薛某在一个月内返还借款并无不当，薛某应当履行自己的还款义务。

法条链接

《中华人民共和国民法典》

第六百七十五条　借款人应当按照约定的期限返还借款。对借款期限没有约定或者约定不明确，依据本法第五百一十条的规定仍不能确定的，借款人可以随时返还；贷款人可以催告借款人在合理期限内返还。

逾期还款要加付利息吗？

现实问题

顾某因买房差钱，向施某借了5万元，并写下借条，约定一年后还钱。后顾某在两年后才还钱，施某要求顾某支付逾期还款的利息，顾某不肯，说当时并未约定支付利息。那么，施某是否有权要求顾某支付逾期还款的利息呢？

律师解答

根据《民法典》的规定，借款人未按照约定的期限返还借款的，应当按照约定或者国家有关规定支付逾期利息。上述顾某虽然最终返还了借款，但是并没有按照其与施某的约定时间还款，而是晚了一年，所以，施某有权利要求顾某支付逾期还款的利息。

法条链接

《中华人民共和国民法典》

第六百七十六条　借款人未按照约定的期限返还借款的，应当按照约定或者国家有关规定支付逾期利息。

提前偿还借款的利息该怎样计算？

现实问题

石某向郑某借款8万元，双方约定石某于3年后还款，年利率为4%。后石某跳槽，薪水大幅度提高，只用了1年就将8万元借款还给石某，同时支付了1年的利息，但郑某提出应当支付3年的利息，理由是当初说好借3年，提前还款是石某的事情，但是利息一分也不能少。那么，法律对此是如何规定的呢？

律师解答

借钱约定利息司空见惯，但是如未按照合同约定的期限，而是提前还款了，利息应当怎样支付呢？根据《民法典》的规定，借款人提前偿还借款的，除当事人另有约定的以外，应当按照实际借款的期间计算利息。所以，上述石某只支付1年利息并无不妥。

法条链接

《中华人民共和国民法典》

第六百七十五条　借款人应当按照约定的期限返还借款。对借款期限没有约定或者约定不明确，依据本法第五百一十条的规定仍不能确定的，借款人可以随时返还；贷款人可以催告借款人在合理期限内返还。

第六百七十七条　借款人提前返还借款的，除当事人另有约定外，应当按照实际借款的期间计算利息。

自然人之间的借款合同可以约定利息吗？

现实问题

梁某有一笔闲散资金，听说放贷有不错的收益，就找到邢某，表示可以借款给邢某，借款期限为1年，需按本金的50%计算年息。邢某因一时急用，同意与梁某签订借款合同。后双方对借贷合同的利息条款产生争议，梁某要求邢某完全履行借款合同中约定的利息，但是邢某认为利息过高要求降低。那么，法律对此是如何规定的呢？

律师解答

根据《民法典》的规定，禁止高利放贷，借款的利率不得违反国家有关规定。《最高人民法院关于审理民间借贷案件适用法律若干问题的规定》第二十五条规定，借贷双方没有约定利息，出借人主张支付利息的，人民法院不予支持。自然人之间借贷对利息约定不明，出借人主张支付利息的，人民法院不予支持。除自然人之间借贷的外，借贷双方对借贷利息约定不明，出借人主张利息的，人民法院应当结合民间借贷合同的内容，并根据当地或者当事人的交易方式、交易习惯、市场报价利率等因素确定利息。第二十六条规定，出借人请求借款人按照合同约定利率支付利息的，人民法院应予支持，但是双方约定的利率超过合同成立时一年期贷款市场报价利率四倍的除外。前款所称“一年期贷款市场报价利率”，是指中国人民银行授权全国银行间同业拆借中心自2019年8月20日起每月发布的一年期贷款市场报价利率。梁某的行为已属非法高利放贷，其非法收益部分不受法律保护。

法条链接

《中华人民共和国民法典》

第六百八十条　禁止高利放贷，借款的利率不得违反国家有关规定。

借款合同对支付利息没有约定的，视为没有利息。

借款合同对支付利息约定不明确，当事人不能达成补充协议的，按照当地或者当事人的交易方式、交易习惯、市场利率等因素确定利息；自然人之间借款的，视为没有利息。

《最高人民法院关于审理民间借贷案件适用法律若干问题的规定》

第二十五条　借贷双方没有约定利息，出借人主张支付利息的，人民法院不予支持。

自然人之间借贷对利息约定不明，出借人主张支付利息的，人民法院不予支持。除自然人之间借贷的外，借贷双方对借贷利息约定不明，出借人主张利息的，人民法院应当结合民间借贷合同的内容，并根据当地或者当事人的交易方式、交易习惯、市场报价利率等因素确定利息。

第二十六条　出借人请求借款人按照合同约定利率支付利息的，人民法院应予支持，但是双方约定的利率超过合同成立时一年期贷款市场报价利率四倍的除外。

前款所称“一年期贷款市场报价利率”，是指中国人民银行授权全国银行间同业拆借中心自2019年8月20日起每月发布的一年期贷款市场报价利率。

九、租赁合同

租赁合同可以约定租赁期限为30年吗？

现实问题

向某有一套一室户房屋，1988年起就租给了外来打工者胡某居住，双方约定租金为100元，租赁期限为30年。2009年，眼看着房价一直上升，同类型房屋的租金已经1000元都不止，向某找到胡某，要求加租至900元。但是遭到了胡某的拒绝，胡某称当时签下租赁合同约定的租期为30年，向某应当履行合同，而不是随意加价。那么，租期为30年的租赁合同是否有效呢？

律师解答

根据《民法典》的规定，租赁期限不得超过20年。超过20年的，超过部分无效。向某的房屋是1988年租给胡某的，到了2009年已经超过了20年，向某可以与胡某重新签订租赁合同，提高租金，也可以不续租给胡某。

法条链接

《中华人民共和国民法典》

第七百零五条　租赁期限不得超过二十年。超过二十年的，超过部分无效。

租赁期限届满，当事人可以续订租赁合同；但是，约定的租赁期限自续订之日起不得超过二十年。

口头租赁合同该如何处理？

现实问题

岳某与刘某系好朋友，岳某有一空置房屋离刘某上班的公司非常近，而从刘某的家每天上班来回需要3小时，于是刘某与岳某商量能否租给其居住，岳某感到房屋空置也是浪费，租给刘某既放心又有收入，便爽快答应。双方约定月租金为500元，租至刘某不在该公司上班为止。但未签订书面租赁合同。3个月后，岳某因急需用钱欲卖该房屋套现，于是找到刘某希望他一个星期内搬走，刘某表示拒绝，刘某称当初说好500元一个月的，也说好可以租到自己不再在该公司上班的，岳某不能出尔反尔。那么，岳某是否确实无权要求刘某搬走呢？

律师解答

根据《民法典》的规定，租赁期限六个月以上的，应当采用书面形式。当事人未采用书面形式的，无法确定租赁期限的，视为不定期租赁。如当事人对租赁期限没有约定或者约定不明确，也未能达成补充协议的，视为不定期租赁。当事人可以随时解除合同，但出租人解除合同应当在合理期限之前通知承租人。所以，上述岳某有权利要求刘某在一个星期内搬走。

法条链接

《中华人民共和国民法典》

第七百零七条　租赁期限六个月以上的，应当采用书面形式。当事人未采用书面形式，无法确定租赁期限的，视为不定期租赁。

第七百三十条　当事人对租赁期限没有约定或者约定不明确，依据本法第五百一十条的规定仍不能确定的，视为不定期租赁；当事人可以随时解除合同，但是应当在合理期限之前通知对方。

租赁物不符合要求，出租人要承担责任吗？

现实问题

赵某系出租人，将自己的两室一厅的房屋出租给康某与余某两夫妻，租期为两年。在租住了半年后，一日康某回家，发现家中有浓烈煤气味，妻子余某已倒在客厅内，在赶忙打开窗户与拨打112后，其妻子最终未被抢救过来。后康某发现，该套房屋内的煤气灶及管道老化严重，又听邻居说，赵某有好几套房屋出租，屋内的煤气、家电等都是从二手市场购买，自己随便装接的。康某仔细检查后，发现该房屋内的煤气灶有严重漏气情况，即使没开，也能闻到一些煤气味。想到自己的妻子就是因为这样有问题的煤气灶而死，康某一气之下诉至法院，要求赵某赔偿死亡赔偿金、丧葬费、被扶养人生活费、精神损害抚慰金等费用。那么，赵某的诉请会得到法院支持吗？

律师解答

我国《民法典》概括性地规定了出租人就房屋出租所承担的义务，即除当事人另有约定之外，出租人还要承担提供符合约定要求的房屋及其附属设施的义务。根据常理以及公序良俗原则，该房屋及其附属设施除符合约定的特殊要求外，至少应当不存在危及承租人、居住人或其他第三人人身、财产安全的隐患，即出租人就出租房屋及其附属设备承担瑕疵担保义务。若因租赁物之瑕疵，侵害承租人或第三人的生命健康及财产安全，出租人因违反法定瑕疵担保义务，应对承租人或第三人承担赔偿责任。对于上述案例来说，如通过法院审理确能认定因赵某的原因造成房屋安全隐患，最终导致余某的死亡，那么，赵某就应当承担相应的赔偿责任。

法条链接

《中华人民共和国民法典》

第七百零八条　出租人应当按照约定将租赁物交付承租人，并在租赁期限内保持租赁物符合约定的用途。

承租人不按照合同约定用途使用租赁物怎么办？

现实问题

虞某将自己三室二厅的房屋租赁给戴某供其一家居住，约定租赁期限为3年，月租金为5000元。然而，虞某发现戴某实际上未居住在该套房屋内，而是将该套房屋改成了棋牌室，吸引小区内的人前来打牌，因为来往人多，房屋已经被折腾得破旧不堪且乌烟瘴气。虞某要求戴某马上搬走，但戴某称双方的租赁合同为3年，现在尚未到期不可能搬走。那么，法律对此是如何规定的呢？

律师解答

根据《民法典》的规定，承租人应当按照约定的方法使用租赁物。对租赁物的使用方法没有约定或者约定不明确，双方也不能达成补充协议的，应当按照租赁物的性质使用。

案例中，戴某在租赁虞某房屋的时候，明确是为其一家居住所用，但实际上戴某并未居住，并且还改为棋牌室，显然已经违背当初订立合同时所约定的使用方式，已属违约，虞某有权解除其与戴某的合同。

法条链接

《中华人民共和国民法典》

第七百零九条　承租人应当按照约定的方法使用租赁物。对租赁物的使用方法没有约定或者约定不明确，依据本法第五百一十条的规定仍不能确定的，应当根据租赁物的性质使用。

第七百一十条　承租人按照约定的方法或者根据租赁物的性质使用租赁物，致使租赁物受到损耗的，不承担赔偿责任。

第七百一十一条　承租人未按照约定的方法或者未根据租赁物的性质使用租赁物，致使租赁物受到损失的，出租人可以解除合同并请求赔偿损失。

出租人有维修的义务吗？

现实问题

小林和同学合租了一套房子，房屋中各种家具电器都齐全，小林与房东订立了房屋租赁合同，期限为一年，并预付了两个月的房租作为押金。但是搬进房屋后不久，房里的冰箱就出现了故障，小林致电房东要求维修，房东口头答应，但迟迟不上门修理。几次三番，小林提出要求退租房屋，房东却说，由于合同期限没到，如果要退租就会扣除冰箱修理费用和一个月的房租违约金。那么，房东的说法是否合法呢？

律师解答

根据《民法典》的规定，承租人在租赁物需要维修时可以要求出租人在合理期限内维修。出租人未履行维修义务的，承租人可以自行维修，维修费用由出租人负担。因维修租赁物影响承租人使用的，应当相应减少租金或者延长租期。

上述案例中只是出租房屋中一个冰箱出现故障造成无法使用，并不影响承租方小林对房屋的使用，小林不能因此而主张解除合同，但小林可先行垫付维修费用修理冰箱，维修后可向房东追偿。

法条链接

《中华人民共和国民法典》

第七百一十三条　承租人在租赁物需要维修时可以请求出租人在合理期限内维修。出租人未履行维修义务的，承租人可以自行维修，维修费用由出租人负担。因维修租赁物影响承租人使用的，应当相应减少租金或者延长租期。

因承租人的过错致使租赁物需要维修的，出租人不承担前款规定的维修义务。

承租人可以擅自装修房屋吗？

现实问题

顾某将房屋租给唐某居住，租期为两年，月租金为3000元。但就在唐某租住后不久，顾某发现唐某未经自己同意，擅自装修自己的房屋，并敲掉了承重墙改变了房屋的原有格局。顾某感到很生气，要求唐某停止装修并恢复原样。唐某表示拒绝，称其已经花钱装修了，要恢复原样除非唐某承担装修费。顾某遂诉至法院。那么，法律对此是如何规定的呢？

律师解答

根据《民法典》的规定，承租人经出租人同意，可以对租赁物进行改善或者增设他物。承租人未经出租人同意，对租赁物进行改善或者增设他物的，出租人可以要求承租人恢复原状或者赔偿损失。因唐某系未经顾某同意而擅自装修房屋，使得顾某有权要求其恢复原状或者赔偿损失。

法条链接

《中华人民共和国民法典》

第七百一十五条　承租人经出租人同意，可以对租赁物进行改善或者增设他物。

承租人未经出租人同意，对租赁物进行改善或者增设他物的，出租人可以请求承租人恢复原状或者赔偿损失。

承租人可以转租吗？

现实问题

华某与冷某订立了房屋租赁合同，约定由华某租赁冷某两室一厅房屋，租期为5年，租金为每月1000元。在出租了半年后，冷某被老邻居告知现在根本不是华某租住该房屋，华某已经将该房屋以1500元的价格转租给了别人。冷某找到华某要求解除房屋租赁合同，遭到华某的拒绝，华某称双方签订合同的租期为5年，合同内并未约定不能转租，所以其有权继续租赁下去。那么，华某的说法是否合法呢？

律师解答

根据《民法典》的规定，承租人经出租人同意，可以将租赁物转租给第三人。承租人转租的，承租人与出租人之间的租赁合同继续有效，第三人对租赁物造成损失的，承租人应当赔偿损失。承租人未经出租人同意转租的，出租人可以解除合同。

所以，虽然华某与冷某的租赁合同并未约定不能转租，但是华某的转租依然必须经过冷某的同意，现未经冷某同意就转租的行为，已经使得冷某拥有单方面解除合同的权利。

法条链接

《中华人民共和国民法典》

第七百一十六条　承租人经出租人同意，可以将租赁物转租给第三人。承租人转租的，承租人与出租人之间的租赁合同继续有效；第三人造成租赁物损失的，承租人应当赔偿损失。

承租人未经出租人同意转租的，出租人可以解除合同。

转租合同期限超过原租赁合同期限怎么办？

现实问题

辛某与史某订立了房屋租赁合同，合同的期限为3年，月租金为3000元，并约定史某可以转租。在租住了1年后，史某感到独立承担每月3000元的租金太吃力，于是询问辛某是否可以转租，辛某表示同意。很快史某将其中一间房屋转租给同事冯某，合同期限为3年，月租金为1500元。后3年期限届满，辛某表示不愿意续租想收回房屋自住，但冯某拿出其与史某的合同，根据双方的约定还有1年租约才期满，所以拒绝搬走。万般无奈下，辛某起诉至法院。那么，法律对此是如何规定的呢？

律师解答

根据合同的相对性原理，冯某与史某所签订的合同只约束冯某和史某本身，对于辛某没有约束力。同样地，房屋的所有权人与出租人为辛某，而非史某，所以冯某不能用其与史某所订立的合同要求辛某履行。根据《民法典》的规定，承租人经出租人同意将租赁物转租给第三人时，转租期限超过承租人剩余租赁期限的，超过部分的约定对出租人不具有法律约束力。但出租人与承租人另有约定的除外。

法条链接

《中华人民共和国民法典》

第七百一十七条　承租人经出租人同意将租赁物转租给第三人，转租期限超过承租人剩余租赁期限的，超过部分的约定对出租人不具有法律约束力，但是出租人与承租人另有约定的除外。

未约定支付租金期限怎么办？

现实问题

老牛与老蓝是多年的朋友，老牛在城市的郊区有一套空置小房子，老蓝退休后便向老牛提出能否租该房屋居住，因为该房屋所在的地方空气清新，房前便有小河，适合养老。老牛表示同意，双方约定租期为10年，每月租金为500元，但未约定支付租金的期限。老蓝租住后半年，也未支付过租金，老牛遂找到老蓝要求其支付，但老蓝表示，双方的合同并未约定租金的支付期限，其打算一年一付。老牛感到很生气，本来他是考虑到双方多年的情谊才以如此便宜的价格租给老蓝，没想到老蓝并不打算按月支付房租，于是双方发生争执。那么，法律对此是如何规定的呢？

律师解答

租赁合同的支付期限是租赁合同必备的条款之一，但是在现实生活中，往往会出现并没有约定支付期限的情况，那么，如果发生了应当怎么办呢？根据《民法典》的规定，承租人应当按照约定的期限支付租金。对支付期限没有约定或者约定不明确，也不能达成补充协议的，租赁期限不满一年的，应当在租赁期限届满时支付；租赁期限一年以上的，应当在每届满一年时支付，剩余期限不满一年的，应当在租赁期限届满时支付。

案例中，老蓝与老牛的租赁合同为一年以上的租赁合同，可以每届满一年支付。

法条链接

《中华人民共和国民法典》

第七百二十一条　承租人应当按照约定的期限支付租金。对支付租金的期限没有约定或者约定不明确，依据本法第五百一十条的规定仍不能确定，租赁期限不满一年的，应当在租赁期限届满时支付；租赁期限一年以上的，应当在每届满一年时支付，剩余期限不满一年的，应当在租赁期限届满时支付。

因他人主张权利致使承租人不能使用租赁物的，承租人可以不支付租金吗？

现实问题

A公司将其旧厂房转租给刘某作为加工作坊，租期为三年，每月租金为5000元，就在刘某欲搬运相关设备进旧厂房时发现，该厂房已被法院查封。经了解，A公司为借款向银行抵押该旧厂房，现因无法如期还款被银行起诉，银行向法院申请财产保全，故该厂房被查封。一直到三个月后，A公司将欠款还清，旧厂房才得以解封，刘某搬入。后刘某支付租金时只按搬入的日期计算，A公司表示刘某应当按约支付，但刘某表示系A公司的问题造成其无法如期搬入，所以拒绝支付未搬入时的租金，双方争执不下。那么，法律对此是如何规定的呢？

律师解答

根据《民法典》的规定，因第三人主张权利，致使承租人不能对租赁物使用、收益的，承租人可以要求减少租金或者不支付租金。所以，本案中，刘某并不需要支付因A公司原因致使第三人主张权利而造成刘某不能使用旧厂房期间的租金。

法条链接

《中华人民共和国民法典》

第七百二十三条　因第三人主张权利，致使承租人不能对租赁物使用、收益的，承租人可以请求减少租金或者不支付租金。

第三人主张权利的，承租人应当及时通知出租人。

房屋买卖后，原租赁合同还有效吗？

现实问题

忻某将自己一套两室一厅的房子租给计某，双方约定的租期为三年，每月租金为2000元，但在计某租住两年后，忻某与区某签订了房屋买卖合同，将该处房屋卖给了区某，并已办完产权变更手续。随后，区某找到计某要求其在一个星期内搬走，计某表示其租约尚有一年才期满遂拒绝搬走，区某表示现在他才是房屋的产权人，因此有权利要求计某搬走，双方因此发生争执。那么，法律对此是如何规定的呢？

律师解答

根据《民法典》的相关规定：租赁物在租赁期间发生所有权变动的，不影响租赁合同的效力。这就是法律上俗称的“买卖不破租赁”，具体是指当出租人在租赁合同有效期内将租赁物的所有权转让给第三人时，租赁合同对新所有权人有效。所以，本案中，区某虽然成为房屋的新产权人，但是无权要求计某搬走。

法条链接

《中华人民共和国民法典》

第七百二十五条　租赁物在承租人按照租赁合同占有期限内发生所有权变动的，不影响租赁合同的效力。

承租人有优先购买权吗？

现实问题

2008年9月，张某租赁崔某商铺房一间，租赁合同中注明租期五年，总租金8万元，一次性支付，双方签字后合同生效。2009年1月，崔某以26万元的价格将该房卖给夏某，并办理了产权变更手续。张某得知后，就此事与崔某协商继续使用，但未果。遂将崔某与夏某告上法庭，要求法院判令撤销崔某与夏某的房屋转让合同，并要求行使优先购买权。那么，法律对此是如何规定的呢？

律师解答

根据《民法典》的规定，出租人出卖租赁房屋的，应当在出卖之前的合理期限内通知承租人，承租人享有以同等条件优先购买的权利。承租人的优先购买权需在以下条件同时具备的情况下才能行使：第一，存在合法有效的租赁合同；第二，在同等条件下，即承租人与其他购买人在标的物（即出卖的房屋）、价款、支付方式等方面相同；第三，在一定的期限内行使，承租人在接到通知后的合理期限内未作购买的意思表示或明确表示不予购买的，视为放弃优先购买权。但出租人需证明其已履行告知义务。

法条链接

《中华人民共和国民法典》

第七百二十六条　出租人出卖租赁房屋的，应当在出卖之前的合理期限内通知承租人，承租人享有以同等条件优先购买的权利；但是，房屋按份共有人行使优先购买权或者出租人将房屋出卖给近亲属的除外。

出租人履行通知义务后，承租人在十五日内未明确表示购买的，视为承租人放弃优先购买权。

承租人明知租赁物质量不合格的，可以随时解除合同吗？

现实问题

兵某为外来打工人员，因收入微薄，万般无奈下租赁了何某的一套简陋危房，每月租金100元，租期三年。兵某租住三个月时，下了一场暴雨，房屋内全部被雨水浸湿，房顶也因大风影响有所开裂，兵某感到这样的房子实在不是人住的，随时有倒塌危险，于是要求与何某解除租赁合同。何某表示，要解除可以，但必须支付提前解除合同的违约金，双方因此发生争执。那么，法律对此是如何规定的呢？

律师解答

根据《民法典》的规定，租赁物危及承租人的安全或者健康的，即使承租人订立合同时明知该租赁物质量不合格，承租人仍然可以随时解除合同。

所以，虽然兵某明知自己租赁的房子系危房，仍然拥有可以随时解除租赁合同的权利。

法条链接

《中华人民共和国民法典》

第七百三十一条　租赁物危及承租人的安全或者健康的，即使承租人订立合同时明知该租赁物质量不合格，承租人仍然可以随时解除合同。

承租人死亡的，其共同居住人是否可以继续租赁房屋？

现实问题

刁某与平某为夫妻，刁某与杨某订立了租赁合同，约定租赁杨某的一室一厅房屋与平某共同居住，每月租金为1000元，租期为6年。就在租住3年后，刁某因意外过世，杨某找到平某，要求其一个月内搬走，平某拒绝。杨某称与其订立合同的是刁某，现刁某已经过世，合同已终止，如平某拒绝则只能法院见了。那么，法律对此是如何规定的呢？

律师解答

根据《民法典》的规定，承租人在房屋租赁期限死亡的，与其生前共同居住的人可以按照原租赁合同租赁该房屋。所以，本案中，平某完全可以按照原房屋租赁合同继续租赁该房屋，杨某没有权利以刁某已经过世为由要求平某搬走。

法条链接

《中华人民共和国民法典》

第七百三十二条　承租人在房屋租赁期限内死亡的，与其生前共同居住的人或者共同经营人可以按照原租赁合同租赁该房屋。

合同到期不续租，但又继续居住的情况如何处理?

现实问题

史某租赁路某一室一厅房屋一套，约定租金800元，租期一年。但在租期届满后史某依旧住在该套房屋内，每个月路某也会按期来收租。半年后路某要求史某补交租金600元，理由是原合同早已到期，到期后每月的租金为900元，史某应当补交半年内少交的600元。史某感到很气愤，称路某涨价并没有通知自己，所以拒绝支付房租差额，双方因此发生争执。那么，法律对此是如何规定的呢?

律师解答

根据《民法典》的规定，租赁期限届满，承租人继续使用租赁物，出租人没有提出异议的，原租赁合同继续有效，但租赁期限为不定期。史某与路某的合同期限届满后，史某继续居住并支付房租，路某并没有表示异议，所以应当视为原租赁合同继续有效，应当按原合同计算租金，只是该租赁合同的期限为不定期，作为出租人的路某在给予史某合理的搬家期限后，可以随时终止合同。

法条链接

《中华人民共和国民法典》

第七百三十四条　租赁期限届满，承租人继续使用租赁物，出租人没有提出异议的，原租赁合同继续有效，但是租赁期限为不定期。

租赁期限届满，房屋承租人享有以同等条件优先承租的权利。

同一房屋订立数份租赁合同的该如何处理?

现实问题

丁某作为出租人与柳某于2008年10月订立了房屋租赁合同，但柳某未急于搬入租赁房内。2008年11月，丁某又与纪某订立了房屋租赁合同，当天纪某就搬入租赁房内。2008年12月，丁某又与陆某订立了房屋租赁合同，并于当天办理登记备案手续。当柳某与陆某陆续欲搬入租赁房内时发现了已经住在租赁房的纪某，三人因此发生争执。那么，根据法律的规定应当如何处理呢?

律师解答

根据《最高人民法院关于审理城镇房屋租赁合同纠纷案件具体应用法律若干问题的解释》的规定，出租人就同一房屋订立数份租赁合同，在合同均有效的情况下，承租人均主张履行合同的，人民法院按照下列顺序确定履行合同的承租人：（1）已经合法占有租赁房屋的；（2）已经办理登记备案手续的；（3）合同成立在先的。不能取得租赁房屋的承租人请求解除合同、赔偿损失的，依照合同法的有关规定处理。

因此，本案中，虽然柳某订立房屋租赁合同的时间早于纪某，虽然陆某的房屋租赁合同已经登记备案，但基于纪某已经先于其二人占有了该租赁房屋，纪某就成为真正能够履行合同的承租人。当然，柳某、陆某与丁某所订立的房屋租赁合同也是合法有效的，故此，柳某、陆某可以要求丁某解除合同、赔偿损失。

法条链接

《最高人民法院关于审理城镇房屋租赁合同纠纷案件具体应用法律若干问题的解释》

第六条　出租人就同一房屋订立数份租赁合同，在合同均有效的情况下，承租人均主张履行合同的，人民法院按照下列顺序确定履行合同的承租人：

（一）已经合法占有租赁房屋的；

（二）已经办理登记备案手续的；

（三）合同成立在先的。

不能取得租赁房屋的承租人请求解除合同、赔偿损失的，依照合同法的有关规定处理。

十、承揽合同

什么是承揽合同？

现实问题

小周是一名外来务工人员，靠帮助小区里居民修理电器为生。有人告诉小周，其帮助居民修理电器的行为，实际上已经是与居民订立了承揽合同，小周想知道究竟什么是承揽合同呢？

律师解答

根据《民法典》的规定，承揽合同是指，承揽人按照定作人的要求完成工作，交付工作成果，定作人给付报酬的合同。承揽包括加工、定作、修理、复制、测试、检验等工作。

法条链接

《中华人民共和国民法典》

第七百七十条　承揽合同是承揽人按照定作人的要求完成工作，交付工作成果，定作人支付报酬的合同。

承揽包括加工、定作、修理、复制、测试、检验等工作。

第七百七十一条　承揽合同的内容一般包括承揽的标的、数量、质量、报酬，承揽方式，材料的提供，履行期限，验收标准和方法等条款。

承揽人未经定作人同意将主要工作交由他人完成的，定作人可以解除合同吗？

现实问题

谈某是裁缝，专门承接各类衣服定作，许某听说谈某手艺相当好，于是找到谈某，请其为自己制作一套西装，包工包料的价格为1000元，工期为一星期，先支付500元预付款，余款于制作完成后支付。谈某因生意红火，衣服来不及做，于是找到刚刚学做裁缝的陈某制作许某的西装。一个星期还没到，许某找到谈某，要看一下西装制作的情况，谈某如实告知许某现西装由陈某赶制的事实。许某感到很生气，不愿意花1000元让一个刚刚学做衣服的裁缝制作西装，于是要求谈某退钱，但遭到了拒绝，双方因此发生争执。那么，法律对此是如何规定的呢？

律师解答

在上述案例中，承揽人为谈某，定作人为许某，第三人为陈某，根据《民法典》的规定，承揽人应当以自己的设备、技术和劳力，完成主要工作，但当事人另有约定的除外。承揽人将其承揽的主要工作交由第三人完成的，应当就该第三人完成的工作成果向定作人负责；未经定作人同意的，定作人也可以解除合同。许某因谈某手工好而愿意出比较高的价格要谈某制作西服，而谈某将整个制作工作交给了刚学裁缝的陈某，显然已经违背了许某定制西服本意。所以，按照法律的规定，未经许某同意的，许某有权解除合同，谈某应当返还许某的预付款500元。

法条链接

《中华人民共和国民法典》

第七百七十二条　承揽人应当以自己的设备、技术和劳力，完成主要工作，但是当事人另有约定的除外。

承揽人将其承揽的主要工作交由第三人完成的，应当就该第三人完成的工作成果向定作人负责；未经定作人同意的，定作人也可以解除合同。

承揽人是否可以将承揽的辅助工作交由第三人完成？

现实问题

小丁大学毕业后开立了一个小工作室，专门承接一些商业活动的模型制作。某广告公司找到小丁要求其制作五只大型卡通人物泡沫塑料模型，并给其图纸，双方约定价格为5000元，一个星期后交货。小丁按照双方合同的约定，制作完成了卡通人物泡沫塑料模型，但是涂料上色仅凭自己一人之力已经来不及了，于是找到失业在家的同学强某，许诺只要强某帮助自己涂料上色完毕，即给强某500元。后如期交货。但广告公司发现，其中一只卡通人物身上所用的色泽与图纸所要求的不同，于是找到小丁要求扣除1000元费用，遭到小丁拒绝，其称因赶工找来朋友帮忙非自己的原因出错，所以最多把本来给强某的500元退给广告公司。那么，法律对此是如何规定的呢？

律师解答

根据《民法典》的规定，承揽人可以将其承揽的辅助工作交由第三人完成。承揽人将其承揽的辅助工作交由第三人完成的，应当就该第三人完成的工作成果向定作人负责。所以，小丁应当为强某的出错行为负责。

法条链接

《中华人民共和国民法典》

第七百七十三条　承揽人可以将其承揽的辅助工作交由第三人完成。承揽人将其承揽的辅助工作交由第三人完成的，应当就该第三人完成的工作成果向定作人负责。

承揽人可以擅自改变定作人选用的材料吗？

现实问题

卢女士到某加工作坊定制了三套床上用品，选定了三种布料，价格为500元，约定三天后交货。但当该作坊开始加工卢女士床上用品时，发现卢女士所选定的某匹布料库存不足，无法制作整套床上用品。于是，该作坊擅自将另一种非常类似的布料制作成卢女士所选定的床上用品款式。三天后卢女士前来取床上用品时发现了布料的不同，当即提出不要该套床上用品了，但是遭到了该作坊的拒绝，双方发生了争执。那么，法律对此是如何规定的呢？

律师解答

根据《民法典》的规定，承揽人提供材料的，承揽人应当按照约定选用材料，并接受定作人检验。可见，承揽人按约使用定作人指定的材料，系承揽人的法定合同义务，上述作坊的做法显然已经违反了《民法典》的规定。

法条链接

《中华人民共和国民法典》

第七百七十四条　承揽人提供材料的，应当按照约定选用材料，并接受定作人检验。

承揽人发现定作人提供的材料不够时该怎么办？

现实问题

鲁某是裁缝，汪某找到鲁某欲做2套连衣裙，并给了鲁某款式图样及布料，鲁某也为汪某量妥尺寸，双方约定的加工价格为100元，5天后交货。但当鲁某制作完第一套连衣裙后，发现汪某所给的布料已经不够做第二套的了，于是鲁某找出自己所备的类似布料，拼拼补补之下为汪某做了第二套连衣裙。当汪某来取裙子时，鲁某告知了汪某布料不够的情况，并要求汪某多支付20元“布料费”，汪某表示拒绝，汪某称该款布料其家里还有不少，鲁某的接货单上有其电话但不及时和她沟通，而是用了自己的布料，在做完后要求其付“布料费”，她是不可能支付该笔费用的，双方僵持不下。那么，法律对此是如何规定的呢？

律师解答

承揽人在接单后才发现定作人所提供的材料不够，这种情况在生活中屡见不鲜，根据《民法典》的规定，定作人提供材料的，定作人应当按照约定提供材料。承揽人对定作人提供的材料，应当及时检验，发现不符合约定时，应当及时通知定作人更换、补齐或者采取其他补救措施。承揽人不得擅自更换定作人提供的材料，不得更换不需要修理的零部件。所以，上述案例中，鲁某应当在发现布料不够伊始就与汪某沟通，而不是擅自使用自己的布料后要求汪某支付“布料费”。

法条链接

《中华人民共和国民法典》

第七百七十五条 定作人提供材料的，应当按照约定提供材料。承揽人对定作人提供的材料应当及时检验，发现不符合约定时，应当及时通知定作人更换、补齐或者采取其他补救措施。

承揽人不得擅自更换定作人提供的材料，不得更换不需要修理的零部件。

承揽人发现定作人提供的图纸无法制作的，该如何处理？

现实问题

叶某接受某公司的订单，为其制作一套模型，由该公司提供图纸及材料。双方约定的交货时间为6天。当叶某开始制作时，发现如果按照该公司所提供的材料，是无法按照图纸制作成模型的，于是叶某马上联系该公司欲沟通解决方案。但是该公司迟迟不给叶某答复，直到交货期限届满前两天，才送来符合图纸要求的材料，为赶工，叶某不得不找来其他人帮忙粘贴模型，并为此额外支付了他人的费用。当公司过来取货时，叶某要求该公司支付其所花费的额外费用，但遭到了公司的拒绝，双方发生争执。那么，法律对此是如何规定的呢？

律师解答

根据《民法典》的规定，承揽人发现定作人提供的图纸或者技术要求不合理的，应当及时通知定作人。因定作人怠于答复等原因造成承揽人损失的，应当赔偿损失。上述案例中，叶某的额外支出是因为定作人的怠于答复并更换材料造成的，理应由作为定作人的公司赔偿其损失。

法条链接

《中华人民共和国民法典》

第七百七十六条 承揽人发现定作人提供的图纸或者技术要求不合理的，应当及时通知定作人。因定作人怠于答复等原因造成承揽人损失的，应当赔偿损失。

定作人中途变更承揽工作要求的，造成承揽人损失的需要赔偿吗？

现实问题

郭某至某家具专卖店订购了一套家具，家具店按照郭某的要求制作图样并由郭某签字确认。双方约定家具价格为9000元，两个星期后送货至郭某家中安装。一个星期后，郭某致电该家具店，要求变更部分样式，此时该家具店已经根据设计图量裁完毕。在家具店按照郭某的要求如期送货至郭某的家中并安装后，家具店的工作人员要求郭某额外支付因中途变更要求而造成家具店木材损失的部分费用，但遭到了郭某的拒绝，双方因此发生争执。那么，法律对此是如何规定的呢？

律师解答

根据《民法典》的规定，定作人中途变更承揽工作的要求，造成承揽人损失的，应当赔偿损失。上述案例中，郭某在家具定制的途中临时改变要求，已经造成了家具店的木材损失等相关损失，理应赔偿。但家具店应当在郭某要求变更样式时就告知郭某该点，送货上门后才临时变价显然不妥。

法条链接

《中华人民共和国民法典》

第七百七十七条　定作人中途变更承揽工作的要求，造成承揽人损失的，应当赔偿损失。

定作人是否有协助义务？

现实问题

姚某到某时装精品店定做了一套晚礼服，该精品店在量妥姚某身材数据后，与姚某说好5天后该晚礼服初样即可做好，姚某需再次到该店试穿修改，以使该晚礼服完全贴合姚某的身形。再次量身5天后，姚某即可取衣。但是在5天后姚某并未上门试衣，经精品店电话沟通，姚某称最近太忙，双方于是约定3天后再上门试衣。然而，又过了3天姚某依然没有上门试衣。一个星期后姚某才姗姗来迟，但精品店的工作人员告知姚某因其一再拖延，该精品店拒绝再为其制作晚礼服。姚某称自己不过是晚了几天，现在试穿也来得及，但精品店依旧拒绝了姚某的试衣，双方因此发生争执。那么，法律对此是如何规定的呢？

律师解答

承揽工作往往不是承揽人可独立完成的，有时也需要定作人的协助。我国《民法典》规定了定作人有协助的义务。如定作人不履行协助义务致使承揽工作不能完成的，承揽人可以催告定作人在合理期限内履行义务，并可以顺延履行期限；定作人逾期不履行的，承揽人可以解除合同。上述案例中，姚某具有协助的义务而迟迟不愿意履行，经精品店的催告依旧未在约定时间内上门试衣，所以，该精品店有权解除合同。

法条链接

《中华人民共和国民法典》

第七百七十八条　承揽工作需要定作人协助的，定作人有协助的义务。定作人不履行协助义务致使承揽工作不能完成的，承揽人可以催告定作人在合理期限内履行义务，并可以顺延履行期限；定作人逾期不履行的，承揽人可以解除合同。

承揽人的工作成果不合格的，如何处理？

现实问题

肖女士向某家具厂订购了家具一套，约定由该家具厂按照肖女士的图纸定制家具。送货安装时，肖女士发现该套家具的衣橱门无法关上，遂叫送货师傅送回厂修理。再次送货安装时，该衣橱门依旧无法关上，这次肖女士联系家具厂后，家具厂派人上门维修，但是依旧无法修好，肖女士提出重新制作，但是遭到了家具厂的拒绝，双方因此发生争执。那么，法律对此是如何规定的呢？

律师解答

根据定作人的要求完成定作人交付的工作，这是承揽人的义务，如承揽人交付的工作成果不符合质量要求的，就应当承担修理、重作、减少报酬、赔偿损失等违约责任。上述案例中，家具厂在无法修好衣橱门的情况下，就必须根据合同重作或者与肖女士协商减少报酬，承担相应的损失等。

法条链接

《中华人民共和国民法典》

第七百八十一条　承揽人交付的工作成果不符合质量要求的，定作人可以合理选择请求承揽人承担修理、重作、减少报酬、赔偿损失等违约责任。

未约定支付报酬期限的如何处理？

现实问题

陈女士到某鞋店定制一双女鞋，约定价格200元，十天后陈女士上门取货。十天后，陈女士上门试过女鞋后感到相当满意，于是又定了一双其他款式的女鞋，价格依旧为200元。但当鞋店老板向陈女士索要第一双女鞋的费用后，陈女士表示，上次也没说应该什么时间交钱，现在又定了一双，就下次一起付款。鞋店老板表示如陈女士不先结清上一次的鞋款，就不制作下一双鞋了。那么，法律对此是如何规定的呢？

律师解答

定作人按照合同约定的期限支付报酬，这是定作人的合同义务，那么如果定作人与承揽人双方的合同并没有约定具体的支付期限怎么办呢？根据《民法典》的规定，如果对支付报酬的期限没有约定或者约定不明确的，双方也无法达成补充协议的，定作人应当在承揽人交付工作成果时支付；工作成果部分交付的，定作人应当相应支付。对于陈女士来说，其与鞋店的承揽合同约定的工作成果交付时间为陈女士去鞋店拿鞋的时间，至于因为满意而又再次定制鞋，那是又一个承揽合同，在鞋店老板拒绝合并两个合同的支付时间的情况下，陈女士就应当首先支付第一双女鞋的鞋款。

法条链接

《中华人民共和国民法典》

第七百八十二条　定作人应当按照约定的期限支付报酬。对支付报酬的期限没有约定或者约定不明确，依据本法第五百一十条的规定仍不能确定的，定作人应当在承揽人交付工作成果时支付；工作成果部分交付的，定作人应当相应支付。

什么是承揽人的留置权？

现实问题

顾某与程某系邻居，程某长期以修理小家电为生，一次顾某家的微波炉坏了，送到程某家维修，程某检查后发现该微波炉内某一零件已坏，需要换新零件，程某当即表示可以换。维修好后，程某称需要维修费100元，其中零件价格为90元，因大家是邻居，故维修费只收取10元。顾某认为程某开价过高，扔下50元就抱起微波炉想走，被程某拦截下来，程某把微波炉放至自己卧室内锁起来，并告知顾某如不支付全部维修费就不能拿走微波炉，顾某感到很气愤，遂拨打110报警，称程某修理其微波炉后拒绝返还。那么，程某不返还微波炉的行为是否合法呢？

律师解答

留置是指债权人因保管合同、运输合同、加工承揽合同依法占有债务人的动产，债务人不按照合同约定的期限履行债务的，债权人有权依照法律规定留置该财产，以留置财产折价或者以拍卖、变卖该留置物，从所得价款中优先得到清偿。留置权是指债权人对已占有的债务人的动产，在债权未能如期得到清偿前，留置该动产作为担保和实现债权的权利。留置是我国经济生活中较普遍存在的一种合同担保形式。其设定的目的，是督促债务人及时履行义务，在债务人清偿债务之前，债权人有占有留置物的权利。

因此，上述案例中，程某的行为即为留置，根据《民法典》的规定，定作人未向承揽人支付报酬或者材料费等价款的，承揽人对完成的工作成果享有留置权，如顾某认为程某所更换的零件价格过高，可以找相关部门鉴定，程某也应该在更换零件时就告知程某零件价格，故双方都有不妥之处，但是在顾某不肯支付全额修理费的情况下，程某行使留置权本身是合法的。

法条链接

《中华人民共和国民法典》

第七百八十三条　定作人未向承揽人支付报酬或者材料费等价款的，承揽人对完成的工作成果享有留置权或者有权拒绝交付，但是当事人另有约定的除外。

什么是承揽人的保管义务？

现实问题

邵女士的好友从国外带来一匹高级羊毛布料，邵女士找到专门定制羊毛大衣的商店，并选定了款式，双方约定定制价格为300元，15天后取货。期间，因为失误，该定制店错将该匹布料制作成他人所要的款式。当定制店与邵女士沟通时，定制店表示可以用同色类似质地的羊毛布料为邵女士制作其所要的款式，邵女士表示拒绝，其称该匹羊毛布料相当昂贵，国内买不到，并要求定制店赔偿1000元布料费，但定制店表示价格过高不能接受，双方因此发生争执。那么，法律对此是如何规定的呢？

律师解答

对于承揽人来说，妥善保管好定作人所提供的材料，是其应尽的合同义务。根据《民法典》的规定，承揽人应当妥善保管定作人提供的材料以及完成的工作成果，因保管不善造成毁损、灭失的，应当承担赔偿责任。既然系因定制商店的问题造成了邵女士提供的布料已不可能按照其要求制作成大衣，那么该定制商店就应该承担赔偿责任，如其认为邵女士所提的赔偿价格过高，可以从其他渠道了解该匹布料的实际价格，并与邵女士进行协商。

法条链接

《中华人民共和国民法典》

第七百八十四条　承揽人应当妥善保管定作人提供的材料以及完成的工作成果，因保管不善造成毁损、灭失的，应当承担赔偿责任。

共同承揽人的责任如何分担？

现实问题

龚先生因结婚需装修房屋，与李某、骆某签订了装修协议，约定由李某与骆某为其装修房屋，三个月后验收。三个月后，龚先生验收房屋时，发现电线排布有很大的问题，已形成了巨大安全隐患。于是龚先生要求李、骆二人重新布线，但李某认为布线是骆某负责的与自己无关，要求龚先生先结清自己的一半钱再说，但是遭到了龚先生的拒绝，双方因此发生争执。那么，法律对此是如何规定的呢？

律师解答

李某、骆某与龚先生订立了一份承揽合同，实际上李、骆二人就成为共同承揽人，在该份承揽合同内未约定具体由谁负责哪块装修事务，更未对因某处装修不符合要求划定了具体责任承担。所以，作为共同承揽人的李、骆二人就应当对定作人龚先生承担连带责任，而不应该以内部划分为由拒绝承担责任。

法条链接

《中华人民共和国民法典》

第七百八十六条　共同承揽人对定作人承担连带责任，但是当事人另有约定的除外。

定作人可以随意解除承揽合同吗？

现实问题

荣某向某工厂定制了一套厨房整体橱柜，约定的价格为5000元，工期为8天。就在荣某与该工厂订立合同后两天，荣某的好友告诉荣某，该工厂的定价高于一般市场价，并向荣某推荐了另一家工厂。于是荣某致电给原工厂，要求取消订单，但工厂表示，该套整体橱柜已经在制作中，如要退单则要赔偿相关损失，但遭到了荣某的拒绝。那么，荣某有权随意解除承揽合同吗？

律师解答

虽然根据《民法典》的规定，定作人享有对于承揽合同的随时解除权，但是这并不代表定作人可以随意解除承揽合同而无需承担任何责任。《民法典》同时规定，如定作人随时解除承揽合同造成承揽人损失的，应当赔偿损失。

法条链接

《中华人民共和国民法典》

第七百八十六条　共同承揽人对定作人承担连带责任，但是当事人另有约定的除外。

十一、运输合同

承运人未按约定路线运输的，是否可以临时加价？

现实问题

石某购买了某客运公司的票打算前往杭州，但因随身携带的行李太多，遂办理了托运，该客运公司将石某的行李与其他乘客托运的行李放至专门的货车上运载。但当到达目的地后，石某和其他乘客发现行李迟迟未来，在等待了近一个小时后货车方才驶来。就在石某与乘客们一同拿行李之际，被告知因货车比客车晚出发，高速公路临时封路而绕路才到杭州，因此耗费了更多的汽油及时间，要求乘客每人加收10元运输费，乘客们遂与该客运公司发生争执。那么，该客运公司的要求是否合法？

律师解答

根据《民法典》的规定，旅客、托运人或者收货人应当支付票款或者运输费用。承运人未按照约定路线或者通常路线运输增加票款或者运输费用的，旅客、托运人或者收货人可以拒绝支付增加部分的票款或者运输费用。所以，客运公司的做法显然是违反法律的规定的。

法条链接

《中华人民共和国民法典》

第八百一十三条　旅客、托运人或者收货人应当支付票款或者运输费用。承运人未按照约定路线或者通常路线运输增加票款或者运输费用的，旅客、托运人或者收货人可以拒绝支付增加部分的票款或者运输费用。

旅客因自身原因不能按时乘坐的，可以退款吗？

现实问题

吴先生购买了某客运公司开往南通的车票，但是因临时有事不能如期乘坐该趟客车，于是吴先生在前一天找到售票点，要求退票，但被告知因自身原因而不能乘坐的不予退票。那么，法律对此是如何规定的呢？

律师解答

根据《民法典》的规定，旅客因自己的原因不能按照客票记载的时间乘坐的，应当在约定的期限内办理退票或者变更手续。逾期办理的，承运人可以不退票款，并不再承担运输义务。上述吴先生提前一天要求退票，该货运公司应当退款。

法条链接

《中华人民共和国民法典》

第八百一十六条　旅客因自己的原因不能按照客票记载的时间乘坐的，应当在约定的期限内办理退票或者变更手续；逾期办理的，承运人可以不退票款，并不再承担运输义务。

旅客坚持夹带违禁物品的，承运人是否能拒绝运输？

现实问题

老徐在购买至北京的火车票后，即进站等车。但在进入候车室安检时，被发现其带了两瓶酒精。安检人员要求其除去酒精方可进站，但遭到了老徐的拒绝。老徐认为酒精没什么危险的，自己也已经购买了车票，安检人员必须放行，双方因此发生争执。那么，法律对此是如何规定的呢？

律师解答

旅客不能携带易燃、易爆物品上车这是人尽皆知的道理，根据《民法典》的规定，旅客不得随身携带或者在行李中夹带易燃、易爆、有毒、有腐蚀性、有放射性以及有可能危及运输工具上人身和财产安全的危险物品或者其他违禁物品。旅客违反前款规定的，承运人可以将违禁物品卸下、销毁或者送交有关部门。旅客坚持携带或者夹带违禁物品的，承运人应当拒绝运输。所以，老徐要么选择在行李中除去酒精，要么就放弃乘坐该次火车。

法条链接

《中华人民共和国民法典》

第八百一十八条　旅客不得随身携带或者在行李中夹带易燃、易爆、有毒、有腐蚀性、有放射性以及可能危及运输工具上人身和财产安全的危险物品或者违禁物品。

旅客违反前款规定的，承运人可以将危险物品或者违禁物品卸下、销毁或者送交有关部门。旅客坚持携带或者夹带危险物品或者违禁物品的，承运人应当拒绝运输。

发生误点的，乘客可以退票吗？

现实问题

周某在某客运公司购买了至安庆的汽车票，但因客运公司原因不能按照车票所记载的时间发车，就在等不见车的情况下，周某找到售票处要求退票，但是遭到了拒绝，售票处说，可以为周某更改成其他班次，但是不能退票。那么，售票处的做法合法吗？

律师解答

按照客票所载明的时间和班次运输旅客，是承运人最基本的义务。根据《民法典》的规定，承运人应当按照有效客票记载的时间、班次和座位号运输旅客。承运人迟延运输或者有其他不能正常运输情形的，应当及时告知和提醒旅客，采取必要的安置措施，并根据旅客的要求安排改乘其他班次或者退票；由此造成旅客损失的，承运人应当承担赔偿责任，但是不可归责于承运人的除外。

法条链接

《中华人民共和国民法典》

第八百二十条　承运人应当按照有效客票记载的时间、班次和座位号运输旅客。承运人迟延运输或者有其他不能正常运输情形的，应当及时告知和提醒旅客，采取必要的安置措施，并根据旅客的要求安排改乘其他班次或者退票；由此造成旅客损失的，承运人应当承担赔偿责任，但是不可归责于承运人的除外。

承运人可以因为提高服务标准而加收票款吗？

现实问题

某客运公司一直为每位乘客准备一瓶矿泉水，但一次因矿泉水已全部送完而来不及购买，只能送给乘客比较贵的VC饮料，于是该客运公司要求每位乘客多支付5元票款，但遭到了拒绝，客运公司表示，如不支付的，就拒绝开车，客运公司与乘客发生了较大冲突。那么，该客户公司的做法合法吗？

律师解答

根据《民法典》的规定，承运人擅自变更运输工具而降低服务标准的，应当根据旅客的要求退票或者减收票款；提高服务标准的，不得加收票款。上述案例中，客运公司因自身的问题提供给乘客更贵的饮料，根据法律的规定，属于提高服务标准的行为，不应当加收票款，所以该客运公司的做法是不合法的。

法条链接

《中华人民共和国民法典》

第八百二十一条　承运人擅自降低服务标准的，应当根据旅客的请求退票或者减收票款；提高服务标准的，不得加收票款。

持免票的乘客在运输过程中发生伤亡的，承运人需要承担赔偿责任吗？

现实问题

刘女士带着刚满2岁的女儿一起乘坐某客运公司开往无锡的客车，谁知在途中因司机边开车边拨打手机而发生了交通事故，造成刘女士女儿重伤。刘女士要求该客运公司赔偿相关费用，但遭到拒绝，理由是刘女士的女儿身高不足一米，持免票乘车，公司不予赔偿。刘女士感到相当气愤，遂诉至法院。那么，法律对此是如何规定的呢？

律师解答

是否持免票的旅客在运输途中发生伤亡的，即使是承运人的责任，承运人也可以免予赔偿呢？显然不是的。根据《民法典》的规定，承运人应当对运输过程中旅客的伤亡承担损害赔偿责任，但伤亡是旅客自身健康原因造成的或者承运人证明伤亡是旅客故意、重大过失造成的除外。前款规定适用于按照规定免票、持优待票或者经承运人许可搭乘的无票旅客。所以，上述案例中，客运公司应当根据法律的规定对刘女士的女儿承担损害赔偿责任。

法条链接

《中华人民共和国民法典》

第八百二十三条　承运人应当对运输过程中旅客的伤亡承担赔偿责任；但是，伤亡是旅客自身健康原因造成的或者承运人证明伤亡是旅客故意、重大过失造成的除外。

前款规定适用于按照规定免票、持优待票或者经承运人许可搭乘的无票旅客。

因托运人申报不实造成承运人损失的，托运人应当赔偿吗？

现实问题

刘某将一份文件交由某快递公司运送至南宁。但当快递公司送至南宁时发现并无刘某所书写的地址，于是联系刘某，才发现刘某误把“南京”写成“南宁”，快递公司无奈重新配送该份文件，因此快递公司要求刘某加付快递费，但是遭到了刘某的拒绝。那么，刘某是否应当多支付快递费呢？

律师解答

根据《民法典》的规定，托运人办理货物运输，应当向承运人准确表明收货人的名称或者姓名或者凭指示的收货人，货物的名称、性质、重量、数量，收货地点等有关货物运输的必要情况。因托运人申报不实或者遗漏重要情况，造成承运人损失的，托运人应当承担损害赔偿责任。刘某因自己的笔误造成了承运人的损失，就应当承担赔偿责任。

法条链接

《中华人民共和国民法典》

第八百二十五条　托运人办理货物运输，应当向承运人准确表明收货人的姓名、名称或者凭指示的收货人，货物的名称、性质、重量、数量，收货地点等有关货物运输的必要情况。

因托运人申报不实或者遗漏重要情况，造成承运人损失的，托运人应当承担赔偿责任。

托运人可以临时改变送达地址吗？

现实问题

岳某找到某快递公司要求其托运一批货物，并填妥送货地点等信息。但是就在该快递公司刚将此货物送至岳某要求的地点时，就接到岳某要求变更送货地点的电话，快递公司表示要更换地点可以，但是需加收送货费，遭到了岳某的拒绝，岳某认为货物还没签收，他有权再次变更送货地点，无需支付费用，双方因此发生争执。那么，岳某是否可以临时改变送货地址呢？

律师解答

根据《民法典》的规定，托运人可以要求承运人中止运输、返还货物、变更到达地或者将货物交给其他收货人，但是这并不代表托运人可以随意变更收货地址而不需要赔偿承运人因此而受到的损失。所以，岳某应当赔偿快递公司因此多支出的费用。

法条链接

《中华人民共和国民法典》

第八百二十九条　在承运人将货物交付收货人之前，托运人可以要求承运人中止运输、返还货物、变更到达地或者将货物交给其他收货人，但是应当赔偿承运人因此受到的损失。

托运人不及时提货需要支付给承运人保管费吗？

现实问题

顾先生委托某货运公司运输一批电脑器材至苏州，并告诉该货运公司，只要将货物送至该公司苏州仓库即可，由苏州的林先生上门提货，并且在提货时支付所有运输费用。然而，在该批货物送至苏州仓库3天后，林先生依然没上门取货，联系之后林先生称知道了，便挂断电话，又过了10天才上门取货。该货运公司要求林先生支付仓库保管费，但是遭到了林先生拒绝，双方发生争执。那么，法律对此是如何规定的呢？

律师解答

根据《民法典》的规定，货物运输到达后，承运人知道收货人的，应当及时通知收货人，收货人应当及时提货。收货人逾期提货的，应当向承运人支付保管费等费用。上述案例中，林先生在该批货物到达后 13 天才上门取货，显然已经逾期取货，所以应当支付给货运公司保管费。

法条链接

《中华人民共和国民法典》

第八百三十条　货物运输到达后，承运人知道收货人的，应当及时通知收货人，收货人应当及时提货。收货人逾期提货的，应当向承运人支付保管费等费用。

发生不可抗力致使托运货物毁损的，承运人要承担赔偿责任吗？

现实问题

李某将一批水果委托某货运公司运送，并支付了运输费。因中途发生地震，致使该批货物全部毁损。李某找到该货运公司，要求货运公司赔偿该批水果的所有费用，但是遭到了货运公司的拒绝，该公司称，可以将运输费全数退回，但是无法赔偿水果的费用。李先生一怒之下诉至法院。那么，法律对此是如何规定的呢？

律师解答

不可抗力是法定的免责理由，上述案例中，货运公司因遭遇地震而导致李先生所托运的水果全部毁损，显然属于不可抗力的范畴。根据《民法典》的规定，承运人对运输过程中货物的毁损、灭失承担损害赔偿责任，但承运人证明货物的毁损、灭失是因不可抗力、货物本身的自然性质或者合理损耗以及托运人、收货人的过错造成的，不承担损害赔偿责任。同时，《民法典》也规定，货物在运输过程中因不可抗力灭失，未收取运费的，承运人不得要求支付运费；已收取运费的，托运人可以要求返还。所以，货运公司愿意返还全部运输费而不赔偿水果损失的做法并无不妥。

法条链接

《中华人民共和国民法典》

第八百三十二条　承运人对运输过程中货物的毁损、灭失承担赔偿责任。但是，承运人证明货物的毁损、灭失是因不可抗力、货物本身的自然性质或者合理损耗以及托运人、收货人的过错造成的，不承担赔偿责任。

第八百三十五条　货物在运输过程中因不可抗力灭失，未收取运费的，承运人不得请求支付运费；已经收取运费的，托运人可以请求返还。法律另有规定的，依照其规定。

收货人不支付保管费的，承运人拥有留置权吗？

现实问题

向某将某箱货物托给某快递公司运送，写明货到付款，但在收货人董某签收货物后，拒绝付款，于是快递公司的员工扣下了该箱货物，可是董某认为快递公司应当先让其拿走货物再找向某要运输费。双方因此僵持不下。那么，法律对此是如何规定的呢？

律师解答

根据《民法典》的规定，托运人或者收货人不支付运费、保管费以及其他运输费用的，承运人对相应的运输货物享有留置权，但当事人另有约定的除外。留置权是法律所赋予承运人保护自己合法利益不受侵害的一种权利，在向某与董某都不愿意支付运输费的情况下，该快递公司有权留置货物。

法条链接

《中华人民共和国民法典》

第八百三十六条　托运人或者收货人不支付运费、保管费或者其他费用的，承运人对相应的运输货物享有留置权，但是当事人另有约定的除外。

十二、保管合同

对于保管费无约定的，如何确定保管费？

现实问题

刘女士去某保龄球馆打保龄球，在换鞋前，该保龄球馆工作人员要求刘女士先寄存随身携带的包，刘女士将包交给工作人员后即开始打球。但当刘女士打完球去拿包时，工作人员要求刘女士支付5元保管费，刘女士感到很生气，因为在开始寄存时该保龄球馆工作人员并未告知需要保管费，所以刘女士坚持不给，但工作人员表示，如不给就不归还刘女士包，双方因此发生争执。那么，法律是如何规定的呢？

律师解答

根据《民法典》的规定，寄存人应当按照与保管人的约定支付保管费，如寄存人与保管人对于保管费用没有约定或者约定不明的，双方也不能达成补充协议的，那么保管是无偿的。所以，上述案例中，保龄球馆的工作人员不能在事先不告知刘女士需要支付保管费的情况下，要求刘女士支付。

法条链接

《中华人民共和国民法典》

第八百八十九条　寄存人应当按照约定向保管人支付保管费。

当事人对保管费没有约定或者约定不明确，依据本法第五百一十条的规定仍不能确定的，视为无偿保管。

保管人应当交付保管凭证吗？

现实问题

郁某到某运动品牌超市购物，门口保安要求郁某先寄放包才能入场购物，郁某至寄包处发现需要支付保管费1元，于是郁某支付1元寄包，但当郁某问工作人员索要保管凭证时遭到了拒绝。那么，郁某有权索要保管凭证吗？

律师解答

根据《民法典》的规定，寄存人向保管人交付保管物的，保管人应当给付保管凭证，但另有交易习惯的除外。上述案例中，郁某已经支付保管费寄存包，该超市理应给付保管凭证。

法条链接

《中华人民共和国民法典》

第八百九十一条　寄存人向保管人交付保管物的，保管人应当出具保管凭证，但是另有交易习惯的除外。

保管人可以随意改变保管场所吗？

现实问题

刘小姐是某健身中心的会员，并在该健身中心的保管处存放相关洗漱用品。一日，刘小姐又至该健身中心健身，发现自己的用品不在原来的保管箱内，在询问工作人员后方知其用品已经被移至楼下保管处。对于该健身中心在未告知的情况下就将自己的物品搬至楼下的行为，刘小姐感到非常气愤，遂与健身中心工作人员发生争执。那么，法律对此是如何规定的呢？

律师解答

根据《民法典》的规定，保管人应当妥善保管保管物。当事人可以约定保管场所或者方法。除紧急情况或者为了维护寄存人利益的以外，不得擅自改变保管场所或者方法。所以，该健身中心在未发生紧急情况或为了维护刘小姐利益的情况下，擅自改变刘小姐物品的保管场所，显然是不合法的。

法条链接

《中华人民共和国民法典》

第八百九十二条　保管人应当妥善保管保管物。

当事人可以约定保管场所或者方法。除紧急情况或者为维护寄存人利益外，不得擅自改变保管场所或者方法。

保管物需要采取特殊保管措施的，寄存人是否应当告知保管人?

现实问题

李某在逛某超市时，将自己的包寄放在超市寄放处，该包内有一只李某的宠物小狗，但是李某没有告知超市工作人员。当工作人员将该包放置地上保管篮内后即忙于其他工作。李某包内的小狗从包内蹿出，继而将旁边其他寄放包物咬坏，工作人员发现后找到李某要求其赔偿相关损失，但是遭到了李某的拒绝。那么，法律对此是如何规定的呢?

律师解答

根据《民法典》的规定，寄存人交付的保管物有瑕疵或者按照保管物的性质需要采取特殊保管措施的，寄存人应当将有关情况告知保管人。寄存人未告知，致使保管物受损失的，保管人不承担损害赔偿责任；保管人因此受损失的，除保管人知道或者应当知道并且未采取补救措施的以外，寄存人应当承担损害赔偿责任。

上述案例中，李某在包内放置宠物狗，属需要采取特殊保管措施的“物品”，理应事先告诉超市，超市保管员无法事先预计到包内会有活物蹿出并咬坏其他保管物品，此因李某未事先告知而造成保管人损失的，李某理应赔偿。

法条链接

《中华人民共和国民法典》

第八百九十三条　寄存人交付的保管物有瑕疵或者根据保管物的性质需要采取特殊保管措施的，寄存人应当将有关情况告知保管人。寄存人未告知，致使保管物受损失的，保管人不承担赔偿责任；保管人因此受损失的，除保管人知道或者应当知道且未采取补救措施外，寄存人应当承担赔偿责任。

因保管人将保管物转交第三人保管而造成保管物损失的，保管人是否应当承担责任?

现实问题

江某至某酒吧喝酒跳舞，将其随身携带的包寄放在酒吧寄放处，当天因寄包人数过多，酒吧便将江某的包移至隔壁饭店的寄放处暂时给隔壁饭店保管。当江某欲回家，并经酒吧工作人员指示至隔壁饭店取包时，发现自己的包已被他人错领，内有数千元钱已无法追回，于是江某找到酒吧要求赔偿，却被酒吧告知是隔壁寄存处保管不当致使其包遗失，酒吧不负责赔偿，要赔偿找隔壁饭店。双方遂发生争执。那么，法律对此是如何规定的呢?

律师解答

根据《民法典》的规定，保管人不得将保管物转交第三人保管，但当事人另有约定的除外。保管人违反约定，将保管物转交第三人保管，对保管物造成损失的，应当承担损害赔偿责任。上述案例中，酒吧在未经江某同意的情况下擅自将江某的包转至隔壁饭店寄存处，因此，对江某财物的损失，应当承担赔偿责任。

法条链接

《中华人民共和国民法典》

第八百九十四条　保管人不得将保管物转交第三人保管，但是当事人另有约定的除外。

保管人违反前款规定，将保管物转交第三人保管，造成保管物损失的，应当承担赔偿责任。

保管人可以使用保管物吗？

现实问题

潘某在购买了一个工具箱后至某超市购买其他物品，因工具箱太重，潘某将该工具箱寄放在超市寄放处后才至超市内购物。超市寄放处的灯因线路问题无法打开，超市修理人员过来后发现需要用一小号扳手进行修理线路，而其未带，于是寄放处的员工打开潘某的工具箱找到符合要求的扳手递给修理人员使用。就在修理人员修理过程中，潘某购物完毕欲领工具箱，发现已经被工作人员打开，其中的扳手还在被修理人员使用，于是大为生气，找到超市经理理论。那么，该超市工作人员的做法合法吗？

律师解答

保管人保管好保管物是其应尽的义务，其中保管好保管物也包括不得使用或者许可第三人使用保管物，超市员工的做法显然是违法的。

法条链接

《中华人民共和国民法典》

第八百九十五条　保管人不得使用或者许可第三人使用保管物，但是当事人另有约定的除外。

义务保管人对保管物的灭失有赔偿责任吗？

现实问题

贾先生因家中装修，便将自己家的一幅名贵字画委托好友钟先生代为保管，未约定任何保管费。几天后，有小偷进入钟先生家，偷走了钟先生家不少贵重物品，字画也在其中。贾先生知道后要求钟先生赔偿，遭到了钟先生的拒绝，遂将钟先生诉至法院。那么，法律对此是如何规定的呢？

律师解答

根据《民法典》的规定，保管期内，因保管人保管不善造成保管物毁损、灭失的，保管人应当承担损害赔偿责任，但保管如果是无偿的，保管人能证明自己没有重大过失的，不承担损害赔偿责任。上述钟先生作为义务保管人，替贾先生保管字画，而字画的被盗非钟先生的过错或者重大过失造成，故钟先生无需承担赔偿责任。

法条链接

《中华人民共和国民法典》

第八百九十七条　保管期内，因保管人保管不善造成保管物毁损、灭失的，保管人应当承担赔偿责任。但是，无偿保管人证明自己没有故意或者重大过失的，不承担赔偿责任。

寄存人寄存的物品中有金钱丢失的，保管人需要赔偿吗？

现实问题

郑先生将自己的轻便摩托车寄放在某停车场，摩托车后备厢内有郑先生刚从银行取出的存款10万元，但郑先生未将该情况告知停车场管理员。当郑先生办完事想取车时，发现该车已不翼而飞，遂找到停车场负责人要求索赔，停车场负责人表示，索赔轻便摩托车可以，但是车内10万元不予赔偿，双方因此发生争执。那么，法律对此是如何规定的呢？

律师解答

根据《民法典》的规定，寄存人寄存货币、有价证券或者其他贵重物品的，应当向保管人声明，由保管人验收或者封存。寄存人未声明的，该物品毁损、灭失后，保管人可以按照一般物品予以赔偿。既然郑先生在寄存时并未将后备厢内有10万元的情况告知停车场负责人，故此，停车场负责人只需要按轻便摩托车的价值赔偿给郑先生即可。

法条链接

《中华人民共和国民法典》

第八百九十八条　寄存人寄存货币、有价证券或者其他贵重物品的，应当向保管人声明，由保管人验收或者封存；寄存人未声明的，该物品毁损、灭失后，保管人可以按照一般物品予以赔偿。

保管人可以要求寄存人提前领取保管物吗？

现实问题

洪小姐至某泳池游泳，将物品寄放在游泳池的寄放处。但游到一半时，听到广播要求所有将物品存放在寄放处的泳客到寄放处取回自己的物品，洪小姐带着疑问来到寄放处时，被告知因为寄放处的工作人员请假提早下班，不能再为泳客看管物品。洪小姐感到很气愤：到泳池游泳寄放物品，就算员工有事也可以由其他员工顶替，难道让所有泳客将物品放在泳池旁边游泳吗？因此，洪小姐及其他泳客与泳池相关工作人员发生了争执。那么，法律对此是如何规定的呢？

律师解答

根据《民法典》的规定，当事人对保管期限没有约定或者约定不明确的，保管人可以随时请求寄存人领取保管物；约定保管期限的，保管人无特别事由，不得请求寄存人提前领取保管物。上述泳池的寄存处工作人员因事假提前下班显然不属于“特别理由”，洪小姐作为购票入场的泳客，没有因工作人员请假而提前领取自己物品的义务。所以，上述泳池工作人员的做法是违反《民法典》的规定的。

法条链接

《中华人民共和国民法典》

第八百九十九条　寄存人可以随时领取保管物。

当事人对保管期限没有约定或者约定不明确的，保管人可以随时请求寄存人领取保管物；约定保管期限的，保管人无特别事由，不得请求寄存人提前领取保管物。

保管人是否需要将保管物的孳息还给寄存人？

现实问题

某村老徐因有事需离开家中几个月，遂将自己所养的一头牛放在隔壁老李家代为看管。就在老徐出外期间，老徐的牛生了一只小牛，老李也一同代为照顾。待到老徐回村时，老李将大牛还给了老徐，但未告知老徐小牛的情况，然而同村的其他人将此事告诉了老徐，于是老徐找到老李，要求老李返还小牛，但是遭到了老李的拒绝，双方因此发生了争执。那么，老徐是否有权要回小牛呢？

律师解答

对于保管人来说，其义务仅仅是保管而已，对于由保管物而产生的孳息并没有任何处分的权利。根据《民法典》的规定，保管期限届满或者寄存人提前领取保管物的，保管人应当将原物及其孳息归还寄存人。所以，老李应当将小牛还给老徐。

法条链接

《中华人民共和国民法典》

第九百条　保管期限届满或者寄存人提前领取保管物的，保管人应当将原物及其孳息归还寄存人。

保管人返还货币的，可以返还非原货币吗？

现实问题

薛某将其“私房钱”3万元存放于好友史某处，史某见薛某存放的都为百元新钞，因恰逢过年及需要参加好几个婚礼，就使用了新钞用于赠送他人压岁钱、礼金等，同时将自己的旧钞与薛某的新钞交换。某日，薛某问史某要该3万元，史某如数返还，但当薛某发现原来的新钞都变为旧钞后大为恼火，要求史某返还原来的新钞，双方因此发生争执。那么，法律对此是如何规定的呢？

律师解答

特定物是独具特征或被特定化并且无从替代的物，因其不可替代性，故也称不可替代物。种类物是以品种、规格、质量或度量衡确认的一类具有共同特征的物。如面值1元的人民币、5斤大米等。种类物在交易时，具有可替代性，故也称可替代物。

一般流通的货币，即为种类物，根据《民法典》的规定，保管人保管货币的，可以返还相同种类、数量的货币。保管其他可替代物的，可以按照约定返还相同种类、品质、数量的物品。所以，史某返还给薛某旧钞并无不妥。

法条链接

《中华人民共和国民法典》

第九百零一条　保管人保管货币的，可以返还相同种类、数量的货币；保管其他可替代物的，可以按照约定返还相同种类、品质、数量的物品。

保管费未约定支付期限的如何处理？

现实问题

关先生是某俱乐部会员，在将其物品寄存于该俱乐部寄放处时，得知该寄放处的保管费为10元。第二天，关先生至该寄放处取物时又存放了其他物品，当寄放处员工要求关先生先行支付第一笔保管费10元时，关先生表示现在又要寄放物品，等再来拿的时候一并支付，但寄放处员工表示必须先支付第一笔保管费，双方因此发生争执。那么，法律对此是如何规定的呢？

律师解答

在有偿的保管合同中，支付保管费是寄存人的合同义务，如双方未就保管费支付期限进行约定，而又不能达成补充协议的，根据《民法典》的规定，应当在领取保管物的同时支付。所以，上述关先生应当先行支付第一笔保管费。

法条链接

《中华人民共和国民法典》

第九百零二条　有偿的保管合同，寄存人应当按照约定的期限向保管人支付保管费。

当事人对支付期限没有约定或者约定不明确，依据本法第五百一十条的规定仍不能确定的，应当在领取保管物的同时支付。

保管人拥有留置权吗？

现实问题

耿某将其轿车停放在某停车场内，停车场的费用为10元/时。10分钟后耿某因接到电话有急事，遂到停车场取车，但停车场看管人员要求耿某先支付10元后方能取车，耿某认为其只停了10分钟，最多也就5元，拒绝支付，看管员遂关上停车场大门，称如耿某不支付停车费10元就不能拿车，双方因此发生争执。那么，看管员这样做是否合法呢？

律师解答

法律规定保管人拥有留置权，即在寄存人未按照约定支付保管费及其他费用时候，保管人有权对保管物进行暂时的扣押，以保证自己的权益不受损害。所以，停车场的做法并无不妥，耿某应当支付全额停车费。

法条链接

《中华人民共和国民法典》

第九百零三条　寄存人未按照约定支付保管费或者其他费用的，保管人对保管物享有留置权，但是当事人另有约定的除外。

十三、仓储合同

因紧急情况保管人对仓储物作出必要处置的，需要承担责任吗？

现实问题

秦某将其购入的几大箱饮料送至某仓库保存，第二天，仓库工作人员发现秦某的箱内有液体流出，并流入了仓库保存的其他货物处，已导致数箱物品浸湿，仓库遂联系秦某，但无法打通秦某留下的电话，迫于无奈，仓库打开了秦某的箱子，取出了其中多瓶包装破裂的饮料。后该仓库最终联系到秦某并告知情况，秦某非常生气，找到仓库负责人要求赔偿。那么，法律对此是如何规定的呢？

律师解答

根据《民法典》的规定，保管人对入库仓储物发现有变质或者其他损坏，危及其他仓储物的安全和正常保管的，应当催告存货人或者仓单持有人作出必要的处置。因情况紧急，保管人可以作出必要的处置，但事后应当将该情况及时通知存货人或者仓单持有人。所以，上述仓库在联系不到秦某的情况下，基于情况紧急而拆封了秦某的箱子取走包装破裂的饮料的做法并无不妥。

法条链接

《中华人民共和国民法典》

第九百一十三条　保管人发现入库仓储物有变质或者其他损坏，危及其他仓储物的安全和正常保管的，应当催告存货人或者仓单持有人作出必要的处置。因情况紧急，保管人可以作出必要的处置；但是，事后应当将该情况及时通知存货人或者仓单持有人。

仓储物提取时间没有约定的怎么办？

现实问题

缪某将一批家电储存到某一仓库内，约定的仓储费用为每月2000元，但未约定储存时间。三个月后的一天夜里，缪某赶到该仓库，要求立即取货，但仓库表示晚上相关负责人员都不在，无法给缪某取货，要缪某第二天取货。双方因此发生争执。那么，法律对此是如何规定的呢？

律师解答

根据《民法典》的规定，当事人对储存

期限没有约定或者约定不明确的，存货人或者仓单持有人可以随时提取仓储物，保管人也可以随时请求存货人或者仓单持有人提取仓储物，但应当给予必要的准备时间。本案中，缪某虽然可以随时提取，但是缪某在晚上工作人员大多数都下班的情况下要求取货显然是不妥的，应当给予仓库必要的准备时间。

法条链接

《中华人民共和国民法典》

第九百一十四条　当事人对储存期限没有约定或者约定不明确的，存货人或者仓单持有人可以随时提取仓储物，保管人也可以随时请求存货人或者仓单持有人提取仓储物，但是应当给予必要的准备时间。

存货人提前取仓储物的可以减收仓储费吗？

现实问题

金某将其低价买进的货物存放至某仓库，约定的存放时间为3个月，每月的价格为3000元。后金某找到多个买家，可以全部转卖该批货物，于是金某至仓库取货，在付仓储费时，金某提出因其只存储了1个月不到的时间，理应减少仓储费，只支付3000元，但遭到了仓库的拒绝，仓库称不支付全部仓储费不能取货，双方因此发生争执。那么，法律对此是如何规定的呢？

律师解答

根据《民法典》规定，储存期限届满，存货人或者仓单持有人应当凭仓单、入库单等提取仓储物。存货人或者仓单持有人逾期提取的，应当加收仓储费；提前提取的，不减收仓储费。所以，金某与仓库约定的储存时间为3个月，虽然金某提前提取，根据法律的规定依然需要支付3个月的仓储费。

法条链接

《中华人民共和国民法典》

第九百一十五条　储存期限届满，存货人或者仓单持有人应当凭仓单、入库单等提取仓储物。存货人或者仓单持有人逾期提取的，应当加收仓储费；提前提取的，不减收仓储费。

什么是保管人的提存权？

现实问题

沈某将一批货物储存在某一仓库内，约定的储存时间为2个月。但当2个月期满后，沈某未去仓库取货，仓库拨打沈某手机也始终没人接听，不得已仓库将沈某的货物提存。那么，究竟什么是提存呢？

律师解答

根据《民法典》的规定，保管人拥有提存的权利。所谓提存，是指债权人无正当理由拒绝接受履行或其下落不明，或数人就同一债权主张权利，债权人一时无法确定，致使债务人难于履行债务的，经公证机关证明或法院的裁决，债务人可将履行的标的物提交有关部门保存。一经提存即认为债务人已经履行了其义务，债权债务关系即行终止。上述沈某与仓库的储存期限届满，而仓库联系不到沈某，此时，仓库有权提存沈某的货物。

法条链接

《中华人民共和国民法典》

第九百一十六条　储存期限届满，存货人或者仓单持有人不提取仓储物的，保管人可以催告其在合理期限内提取；逾期不提取的，保管人可以提存仓储物。

因存货人原因造成仓储物变质的，保管人承担赔偿责任吗?

现实问题

田某将一批茶叶存至某仓库内，但因包装不当，茶叶发霉变质。田某取货时发现了茶叶变质的情况，要求仓库赔偿，但是遭到了仓库的拒绝，田某遂将仓库诉至法院。那么，法律对此是如何规定的呢?

律师解答

对于保管人来说，保管仓储物系其合同义务，但当仓储物的变质、损坏、灭失系存货人的原因造成时，保管人不需要承担损害赔偿责任。所以，田某因自己未将茶叶包装妥当而造成茶叶发霉变质，显然无权要求仓库赔偿。

法条链接

《中华人民共和国民法典》

第九百一十七条　储存期内，因保管不善造成仓储物毁损、灭失的，保管人应当承担赔偿责任。因仓储物本身的自然性质、包装不符合约定或者超过有效储存期造成仓储物变质、损坏的，保管人不承担赔偿责任。

十四、委托合同

受托人为委托人预付费用的，可以要求委托人偿还利息吗?

现实问题

姚某接受袁某委托，到内蒙古的一家公司进行相关谈判，姚某因此花费了整整一个月的时间在内蒙古，来回飞机票、车费及住宿、饮食费高达1万多元。谈判完成后，姚某向袁某索要上述费用，并要求袁某一并支付利息，但是遭到了袁某的拒绝，袁某认为支付相关费用可以，但是对于利息，双方没有任何约定，所以不支付。那么，法律对此是如何规定的呢?

律师解答

根据《民法典》的规定，委托人应当预付处理委托事务的费用。受托人为处理委托事务垫付的必要费用，委托人应当偿还该费用及其利息。所以，上述姚某要求袁某支付利息系合法的。

法条链接

《中华人民共和国民法典》

第九百二十一条　委托人应当预付处理委托事务的费用。受托人为处理委托事务垫付的必要费用，委托人应当偿还该费用并支付利息。

受托人因情况紧急无法联系委托人的，可以变更委托人指示吗?

现实问题

赵某委托胡某至其他城市转卖一批水果礼盒，并限定了转卖的价格。胡某接受后便去找买家，眼看着水果即将腐烂，却一直找不到买家，最终胡某来到水果批发市场，有一店主愿意购买全部水果礼盒，但是价格只有赵某要求的一半，胡某联系赵某，但一直未接通电话。连续两天胡某一直拨打赵某的电话，但依旧无法联系到赵某，眼看有部分水果已经开始腐烂，迫于无奈胡某以半价将水果礼盒全部卖给了前述店主。胡某回城后，找到赵某告知了相关情况，赵某相当生气，要求胡某赔偿，双方遂发生了争执。那么，法律对此是如何规定的呢?

律师解答

根据《民法典》的规定，受托人应当按照委托人的指示处理委托事务，但如因情况紧急，难以和委托人取得联系的，受托人应当妥善处理委托事务，但事后应当将该情况及时报告委托人。本案中，对于胡某来说，其以半价出卖赵某水果礼盒的行为系为避免赵某更大的损失，而且也是在连续两天无法联系到赵某的情况下的无奈之举，事后也已及时报告赵某相关情况，所以赵某要求胡某赔偿损失的做法没有法律依据。

法条链接

《中华人民共和国民法典》

第九百二十二条　受托人应当按照委托人的指示处理委托事务。需要变更委托人指示的，应当经委托人同意；因情况紧急，难以和委托人取得联系的，受托人应当妥善处理委托事务，但是事后应当将该情况及时报告委托人。

受托人可以转委托吗？

现实问题

宁某接受华某的委托，为其办理相关注册手续，但在接受华某委托后，宁某又将华某的事务转委托给林某，后华某知道后找到了宁某理论，宁某称华某并没要求不能转委托，所以其转委托的行为完全合法，双方遂发生了争执。那么，宁某究竟有权转委托吗？

律师解答

根据《民法典》的规定，受托人应当亲自处理委托事务。经委托人同意，受托人可以转委托。转委托经同意或者追认的，委托人可以就委托事务直接指示转委托的第三人，受托人仅就第三人的选任及其对第三人的指示承担责任。上述宁某转委托的行为没有得到华某的同意或者追认，是违反《民法典》的规定的。

法条链接

《中华人民共和国民法典》

第九百二十三条　受托人应当亲自处理委托事务。经委托人同意，受托人可以转委托。转委托经同意或者追认的，委托人可以就委托事务直接指示转委托的第三人，受托人仅就第三人的选任及其对第三人的指示承担责任。转委托未经同意或者追认的，受托人应当对转委托的第三人的行为承担责任；但是，在紧急情况下受托人为了维护委托人的利益需要转委托第三人的除外。

受托人以自己的名义和第三人订立合同的，该合同是否约束委托人？

现实问题

兰某委托廖某与某公司洽谈业务，并授权廖某有以自己名义订立合同的权利，该公司也知道廖某系受兰某的委托，当双方谈判结束订立合同时，廖某以自己的名义与该公司订立了合同，后该合同发生纠纷，公司找到兰某，兰某称合同是廖某以其自己的名义订立的，与其无关，双方因此发生争执。那么，法律对此是如何规定的呢？

律师解答

根据《民法典》的规定，受托人以自己的名义，在委托人的授权范围内与第三人订立合同，第三人在订立合同时知道受托人与委托人之间的代理关系的，该合同直接约束委托人。上述合同虽然是廖某以自己的名义与上述公司签订的，但是因为公司已知兰某委托廖某的情况，且廖某的签字也在其授权的范围内，故此，该合同也直接约束兰某。

法条链接

《中华人民共和国民法典》

第九百二十五条　受托人以自己的名义，在委托人的授权范围内与第三人订立的合同，第三人在订立合同时知道受托人与委托人之间的代理关系的，该合同直接约束委托人和第三人；但是，有确切证据证明该合同只约束受托人和第三人的除外。

受托人以自己名义与第三人订立合同，第三人不知道委托人存在的，委托人可以行使对第三人的权利吗？

现实问题

褚某接受黄某委托，以自己的名义与郭某订立合同，郭某不知道褚某与黄某的委托关系，与黄某也素不相识。后因郭某的原因致使褚某无法行使对黄某的义务，褚某遂向黄某披露系与郭某订立了合同的情况。那么，黄某是否可以向郭某主张权利呢？

律师解答

根据《民法典》的规定，受托人以自己的名义与第三人订立合同时，第三人不知道受托人与委托人之间的代理关系的，受托人因第三人的原因对委托人不履行义务，受托人应当向委托人披露第三人，委托人因此可以行使受托人对第三人的权利，但第三人与受托人订立合同时如果知道该委托人就不会订立合同的除外。因此，除非郭某与褚某订立合同时知道褚某是黄某委托的就不会订立合同的以外，黄某可以向郭某主张权利。

法条链接

《中华人民共和国民法典》

第九百二十六条　受托人以自己的名义与第三人订立合同时，第三人不知道受托人与委托人之间的代理关系的，受托人因第三人的原因对委托人不履行义务，受托人应当向委托人披露第三人，委托人因此可以行使受托人对第三人的权利。但是，第三人与受托人订立合同时如果知道该委托人就不会订立合同的除外。

受托人因委托人的原因对第三人不履行义务，受托人应当向第三人披露委托人，第三人因此可以选择受托人或者委托人作为相对人主张其权利，但是第三人不得变更选定的相对人。

委托人行使受托人对第三人的权利的，第三人可以向委托人主张其对受托人的抗辩。第三人选定委托人作为其相对人的，委托人可以向第三人主张其对受托人的抗辩以及受托人对第三人的抗辩。

因委托人的原因解除委托合同的，委托人应当支付受托人报酬吗？

现实问题

曲某委托尚某至北京办理相关事务，约定代理费 3 万元，包括各类差旅费。但就在尚某快办理完事务时，曲某告知尚某不用再继续办理了。回城后，尚某找到曲某收取相关费用，曲某称可以给尚某差旅费，但对于其余费用一概不给，双方因此发生争执。那么，法律对此是如何规定的呢？

律师解答

委托人支付给受托人报酬，这是委托人应尽的合同义务，那么当因委托人自身的原因解除委托合同的，是否要支付给受托人报酬呢？答案是肯定的。根据《民法典》的规定，受托人完成委托事务的，委托人应当向其支付报酬。因不可归责于受托人的事由，委托合同解除或者委托事务不能完成的，委托人应当向受托人支付相应的报酬。当事人另有约定的，按照其约定。本案中，尚某受曲某委托办理事务，已近尾声，而曲某因为自身的原因解除与尚某的委托合同，对尚某的付出就应当支付相应的报酬，而不能只是“报销”尚某的差旅费，因为尚某办事时的时间、精力的付出，也应当得到相应报酬。

法条链接

《中华人民共和国民法典》

第九百二十八条　受托人完成委托事务的，委托人应当按照约定向其支付报酬。

因不可归责于受托人的事由，委托合同解除或者委托事务不能完成的，委托人应当向受托人支付相应的报酬。当事人另有约定的，按照其约定。

因受托人的过错造成委托人损失的，受托人需要承担赔偿责任吗？

现实问题

某服装公司委托郁某与某服装厂订立加工合同，并支付给郁某代理费。但在订立合同的时候，因郁某的马虎未注意合同的面料成分与洽谈的不同，而签字盖章，后给服装公司造成不小损失，服装公司遂起诉郁某要求赔偿。那么，法律对此是如何规定的呢？

律师解答

对于受托人的过错造成委托人损失是否需要赔偿，要分两部分看。如果系有偿委托合同的，因受托人的过错造成委托人损失的，委托人可以请求赔偿损失；如果系无偿委托合同的，因受托人的故意或者重大过失造成委托人损失的，委托人可以请求赔偿损失。上述服装公司与郁某系有偿合同，而郁某确实因为自己的过失给服装公司造成了损失，根据《民法典》的规定，理应赔偿服装公司损失。

法条链接

《中华人民共和国民法典》

第九百二十九条　有偿的委托合同，因受托人的过错造成委托人损失的，委托人可以请求赔偿损失。无偿的委托合同，因受托人的故意或者重大过失造成委托人损失的，委托人可以请求赔偿损失。

受托人超越权限造成委托人损失的，应当赔偿损失。

两个以上受托人共同处理委托事务的，造成委托人损失怎么办？

现实问题

何某与陈某共同接受某公司的委托，为该公司办理相关业务。二人内部约定，双方将委托工作进行了分工。后该事务因陈某原因没有办成，并给该公司带来了一定的损失，于是公司找到何、陈二人，要求他们赔偿相关损失，但是何某表示，其所做的工作并没有任何问题，系因陈某的疏漏造成的，公司应当找陈某赔偿。那么，法律对此是如何规定的呢？

律师解答

上述何某与陈某对于被委托事务的分工是内部约定，就何、陈二人与公司的委托合同来看，他们两人接受委托应共同处理委托事务，二人对委托方应当承担连带责任，两人的内部分工并不能对抗连带责任。根据《民法典》的规定，两个以上的受托人共同处理委托事务的，对委托人承担连带责任。所以案例中，何某不能因自己无过错而逃脱法律规定的连带责任。

法条链接

《中华人民共和国民法典》

第九百三十二条　两个以上的受托人共同处理委托事务的，对委托人承担连带责任。

委托人可以随意解除委托合同吗？

现实问题

张某委托魏某办理相关事务，并约定委托费用为5000元，在合同订立之时支付2500元，完成委托事务后再支付2500元。就在魏某准备办理委托事务时，被张某告知解除委托合同。张某要求魏某返还之前已支付的2500元，遭到了魏某的拒绝，魏某称虽然其还没有开始办理委托事务，但是双方已经订立了委托合同，现因张某的原因解除委托合同的，第一笔委托费不予返还。那么，魏某的说法合法吗？

律师解答

根据《民法典》的规定，委托人对于委托合同，拥有任意解除权，也就是说，在委托合同中，委托人可以随意解除委托合同。同样地，对于受托人来说，也可以随意解除合同，受托人与委托人平等地拥有这种任意解除权。但是《合同法》同时规定，因解除合同给对方造成损失的，除不可归责于该当事人的事由外，应当赔偿损失。上述魏某显然还没开始办理委托事务，并未造成损失，所以应当返还张某2500元。如魏某确实造成损失的，可以在2500元中扣除，但是这种损失不能仅仅是一种精神上的损失，而需要是实质性的损失。

法条链接

《中华人民共和国民法典》

第九百三十三条　委托人或者受托人可以随时解除委托合同。因解除合同造成对方损失的，除不可归责于该当事人的事由外，无偿委托合同的解除方应当赔偿因解除时间不当造成的直接损失，有偿委托合同的解除方应当赔偿对方的直接损失和合同履行后可以获得的利益。

第六章 侵权篇
——遇害不慌，依法维权

一、侵权责任的一般规定

哪些权利受到侵害时，可要求侵害人承担侵权责任？

现实问题

赵某和钱某是公司同事，由于一些工作上的原因，两人产生了矛盾。一次偶然的机会，赵某进入了钱某的邮箱，在邮箱里看到了许多钱某的私人邮件，其中一些邮件还涉及钱某的隐私。为了让钱某难堪，赵某将钱某的邮件转发给了公司的其他同事。同事们收到邮件后，开始对钱某指指点点，钱某知道事情的经过后也感到精神压力很大，成天心事重重，经过一段时间后，钱某离开了公司。离开公司后，钱某将赵某告上了法院，要求赵某承担侵权责任，那么钱某的诉求有道理吗？

律师解答

依照《民法典》的规定，民事权益包括生命权、健康权、姓名权、名誉权、荣誉权、肖像权、隐私权、婚姻自主权、监护权、所有权、用益物权、担保物权、著作权、专利权、商标专用权、发现权、股权、继承权等人身、财产权益。这些权利受到侵害，受害人可以要求侵害人承担侵权责任。

在这则案例中，赵某侵犯了钱某的隐私权，也造成了钱某离开公司的后果，对钱某的工作和生活都造成了恶劣的影响，应当承担侵权责任。

法条链接

《中华人民共和国民法典》

第一千一百六十四条　本编调整因侵害民事权益产生的民事关系。

侵权人承担了刑事责任，还要承担民事责任吗？

现实问题

孙某和李某都是社会青年，平时没事就在外面瞎混。一天夜里，两人到酒吧去玩，因为一点小事产生了摩擦，并开始拳脚相向。在厮打过程中，孙某将李某打伤。随后，两人均被警方带走。经鉴定，李某的伤势构成了轻伤。为此，孙某被依法追究了刑事责任。同时，李某也将孙某告到了法院，要求孙某承担侵权责任，赔偿李某的损失。孙某认为其已经为此承担了刑事责任，不该再承担侵权责任。那么，法律对此是如何规定的呢？

律师解答

刑事责任和民事责任是两种不同的责任范畴，前者由《刑法》规定，后者由《民法典》规定。依照《民法典》的规定，侵权人因同一行为应当承担民事责任、行政责任或者刑事责任的，承担行政责任或刑事责任不影响依法承担民事责任。

在这则案例中，孙某的行为侵犯了李某

的人身权，除承担刑事责任外，还需承担相应的民事责任，赔偿李某相应的损失。

法条链接

《中华人民共和国民法典》

第一百八十七条　民事主体因同一行为应当承担民事责任、行政责任和刑事责任的，承担行政责任或者刑事责任不影响承担民事责任；民事主体的财产不足以支付的，优先用于承担民事责任。

侵权人的财产不足以同时支付侵权赔偿和罚款的，该如何处理？

现实问题

周某是一家快餐店的老板，由于生意不错，但人手不够，于是放松了饭菜卫生的把关，终于有一次，因为使用了过期的食材，导致几名用餐的顾客食物中毒。为此，周某的快餐店遭到了有关部门的严厉处罚，除停业整顿外，还有一笔不小的罚款。与此同时，几名顾客也将周某的快餐店告上了法院，要求赔偿他们遭到的损失。由于快餐店规模很小，也没有什么值钱的财产，无法同时赔偿顾客的损失和支付罚款，那么此时该如何处理呢？

律师解答

依照《民法典》的规定，因同一行为应当承担民事责任和行政责任、刑事责任，侵权人的财产不足以支付的，先承担民事责任。这是民事责任优先原则在《民法典》中的体现，民事责任优先原则即责任主体的财产不足以同时满足民事责任、行政责任或者刑事责任时，优先承担民事责任。侵权责任是民事责任的一种，当侵权责任与行政责任、刑事责任冲突时，优先承担侵权责任。

在这则案例中，周某的快餐店应先足额赔偿顾客的损失，再用余下的财产支付罚款。

法条链接

《中华人民共和国民法典》

第一百八十七条　民事主体因同一行为应当承担民事责任、行政责任和刑事责任的，承担行政责任或者刑事责任不影响承担民事责任；民事主体的财产不足以支付的，优先用于承担民事责任。

二人以上共同实施侵权行为，应如何承担责任？

现实问题

吴某和郑某同是即将毕业的大四学生，离校的前一天，两人喝了点酒，情绪有些激动，决定把寝室里的东西从阳台扔下去。两人陆续将寝室里的热水瓶、教科书、脸盆等扔了下去，但还是觉得不过瘾，于是吴某提议将电视机也扔下去，由于扔的时候没看下面的情况，电视机砸中路过的学生王某，将王某砸伤。王某向两人提出索赔，但郑某认为扔电视是吴某的提议，自己只是配合，不应该承担责任。那么，法律对此是如何规定的呢？

律师解答

依照《民法典》的规定，二人以上共同实施侵权行为，造成他人损害的，应当承担连带责任。这是关于共同侵权行为的规定，按照法理，共同侵权行为是指两个或者两个以上的行为人，由于共同的过错导致他人合法权益损害，应当承担连带责任的侵权行为。

在这则案例中，吴某和郑某共同将电视机扔下楼，共同实施了该侵权行为，造成了王某的损害，应当由两人共同承担连带责任。

法条链接

《中华人民共和国民法典》

第一千一百六十八条　二人以上共同实施侵权行为，造成他人损害的，应当承担连带责任。

教唆、帮助他人实施侵权行为的，应承担怎样的责任？

现实问题

冯某和陈某是邻居，由于一些琐事产生了矛盾，还为此爆发了几次争吵，有一次还差点动了手。一次冯某的朋友褚某得知了此事，他向冯某提议应该教训教训陈某，让陈某吃点苦头。由于陈某新买了辆轿车，褚某提议让冯某把陈某的车子刮花，并把轮胎扎破，褚某还为冯某找到了小刀和锥子。冯某听从了褚某的教唆，破坏了陈某的轿车。事发后，陈某将冯某和褚某告到了法院，要两人赔偿损失。褚某提出自己只是说说，并没有亲手实施，不应承担责任。那么，法院会如何处理呢？

律师解答

依照《民法典》的规定，教唆、帮助他人实施侵权行为的，应当与行为人承担连带责任。依据这条规定，在教唆人、帮助人实施了教唆、帮助行为，教唆人、帮助人具有教唆、帮助的主观意图，被教唆人、被帮助人实施了相应的侵权行为这三个条件都具备的条件下，教唆人、帮助人与行为人承担连带责任。受害人可以请求教唆人、帮助人或者行为人中的一人或者数人赔偿全部损失。

在这则案例中，褚某教唆冯某实施侵犯陈某财产权的行为，并提供了工具，冯某也实施了该侵权行为，故褚某应与冯某承担连带责任。

法条链接

《中华人民共和国民法典》

第一千一百六十九条　教唆、帮助他人实施侵权行为的，应当与行为人承担连带责任。

教唆、帮助无民事行为能力人、限制民事行为能力人实施侵权行为的，应当承担侵权责任；该无民事行为能力人、限制民事行为能力人的监护人未尽到监护职责的，应当承担相应的责任。

二人以上实施危及他人人身、财产安全的行为，应承担怎样的责任？

现实问题

卫某和蒋某是两名社会青年，成天无所事事，游手好闲。一日，两人在路上闲逛，卫某看到路边有个厂区的围墙，卫某提议比赛看两人是否能把烟头弹到围墙里，蒋某欣然同意。结果两人都将烟头弹到了围墙里，不料在围墙的另一边堆放着一堆易燃的刨花，烟头引燃了刨花，引发了大火，烧毁了工厂的部分财产。之后工厂将两人告上法院，要求承担侵权责任，但两人均表示工厂无法确认引发大火的烟头是谁的，故不同意承担侵权责任。那么，法院会如何处理呢？

律师解答

依据《民法典》的规定，二人以上实施危及他人人身、财产安全的行为，其中一人或者数人的行为造成他人损害，能够确定具体侵权人的，由侵权人承担责任；不能确定具体侵权人的，行为人承担连带责任。这就是法律上的“共同危险行为”，构成共同危险行为的要件有三：一是行为人为多数；二是行为本身具有危险性；三是不能确定具体加害人。符合这三项要件，即应成立共同危险行为，而由各行为人对受害人承担连带责任。

在这则案例中，卫某和蒋某共同实施了弹烟头的危险行为，导致了火灾，且不能确定到底是由谁的烟头引燃的大火，故两人因承担连带责任。

法条链接

《中华人民共和国民法典》

第一千一百七十条　二人以上实施危及他人人身、财产安全的行为，其中一人或者数人的行为造成他人损害，能够确定具体侵权人的，由侵权人承担责任；不能确定具体侵权人的，行为人承担连带责任。

数个侵权行为直接结合造成损害后果的，责任如何承担？

现实问题

沈某和韩某是两名社会青年，一次在杨某开的农家乐餐厅吃饭后，由于没带足够的钱付账，与杨某产生了争吵，最后朋友送钱来才算了事，两人为此怀恨在心。在吃饭的时候，两人注意到杨某的餐厅外的猪圈里养了几头猪。当天晚上，两人各自单独来到杨某的农家乐餐厅外，两人从不同方位砸开了猪圈，放走了杨某的猪，在这个过程中，两人都没有发现对方。事发后，杨某将两人告上了法院，但两人都推说猪是对方放走的，那么法院会如何处理呢？

律师解答

依据《民法典》的规定，二人以上分别实施侵权行为造成同一损害，每个人的侵权行为都足以造成全部损害的，行为人承担连带责任。这就是法律上规定的叠加的共同侵权行为，也就是数个应承担全部责任的侵权行为叠加在一起，法律特别规定为共同侵权行为，承担连带责任。

在这则案例中，沈某和韩某的行为都会导致猪被放跑的侵权后果，两人应承担连带责任。

法条链接

《中华人民共和国民法典》

第一千一百七十一条　二人以上分别实施侵权行为造成同一损害，每个人的侵权行为都足以造成全部损害的，行为人承担连带责任。

多种原因造成侵权损害后果的，责任如何承担？

现实问题

某公路养护管理单位在某路段施工过程中，施工人员将路面渣土挖起，堆放于施工坑的四周，但未在来车方向放置标准警示牌，只是竖了根杆子。当天晚上，朱某酒后驾驶一辆摩托车送其朋友秦某回家。行至该路段处时，因车速过快，碰撞到该施工路段右侧堆放的路面渣土，驶入施工坑内，致使朱某、秦某受伤，摩托车受损。之后秦某将朱某和该施工单位告上法院，要求朱某和该路段的施工单位共同赔偿医疗费、误工费、护理费、残疾赔偿金、后续治疗费等费用。但朱某和施工单位都推说责任在对方，那么，法院会如何处理呢？

律师解答

依据《民法典》的规定，二人以上分别实施侵权行为造成同一损害，能够确定责任大小的，各自承担相应的责任；难以确定责任大小的，平均承担赔偿责任。这就是法律上规定的原因竞合，原因竞合是指多个原因造成同一损害而不能按照共同侵权行为处理的侵权行为类型。

在这则案例中，该路段在施工时，虽然设置了警示标志，但其设置的标志不符合相关规定的标准，不能认为已经尽了足够谨慎的注意义务，其主观上存在一定程度的过错，是导致损害发生的间接原因。朱某酒后驾车，且未保持安全车速，是导致损害结果发生的直接原因。两种原因的偶然竞合导致了朱某、秦某受伤，摩托车受损的损害后果。因此，朱某和该施工单位不应承担连带责任，而应按过失大小各自承担相应的民事赔偿责任。

法条链接

《中华人民共和国民法典》

第一千一百七十二条　二人以上分别实施侵权行为造成同一损害，能够确定责任大小的，各自承担相应的责任；难以确定责任大小的，平均承担责任。

被侵权人一定要向所有连带责任人主张权利吗？

现实问题

尤某和许某是邻居，两人之间因为一些琐事产生了矛盾，还发生了争吵。何某是尤某的朋友，两人决定给许某一点教训。一天夜里，两人将许某的汽车刮花，还砸碎了车窗。事发后，许某将尤某一人告上了法院，要求承担全部的损失，但尤某却称此事何某也有参与，尤某只需要承担一半的责任，其余的损失要许某自行向何某主张。那么，法院会如何处理呢？

律师解答

依据《民法典》的规定，二人以上依法承担连带责任的，被侵权人有权请求部分或者全部连带责任人承担责任。也就是说，连带责任人并非必要的共同诉讼人，在实践中完全可以对有财产担保或者明显具有赔偿能力的连带责任人单独提起侵权之诉，以及时保护被侵权人的合法权益。否则一旦部分连带责任人逃逸后，如一定要将其列为共同诉讼人的话，那么即使符合诉讼条件也需要经过漫长的公告程序和期间，对那些需要及时得到赔付以支付医疗费用、生活费用的被侵权人而言，这是不公平的。

在这则案例中，尤某和何某属于共同侵权，应承担连带责任，许某可以选将两人都告上法院，也可以选择单独一人承担责任。

法条链接

《中华人民共和国民法典》

第一百七十八条第一款　二人以上依法承担连带责任的，权利人有权请求部分或者全部连带责任人承担责任。

侵权连带责任人之一承担责任后，如何向其他责任人追偿？

现实问题

吕某和施某是两名社会人员，一次去酒吧玩，与客人张某发生了摩擦，双方还动起手来，在厮打过程中，张某被两人打伤。之后张某将两人告上法院，要求两人连带赔偿损失5万元，法院也判决两人对赔偿承担连带责任。由于吕某家境富裕，先行支付了5万元。之后吕某向施某提出承担部分费用，但施某认为吕某已经支付了赔偿，且吕某也动手打人，自己不需要再给吕某钱。那么，法律对此是如何规定的呢？

律师解答

依据《民法典》的规定，连带责任人根据各自责任大小确定相应的赔偿数额；难以确定责任大小的，平均承担赔偿责任。实际承担责任超过自己责任份额的连带责任人，有权向其他连带责任人追偿。这是法律对于连带责任人被连带后如何行使追偿权的规定，连带责任人对外承担了赔偿责任后，需要在内部确定各自的责任。连带责任人的赔偿数额应当根据各自责任大小确定，在一个或者数个连带责任人清偿了全部赔偿数额后，支付了赔偿费用的连带责任人有权向其他连带责任人追偿。

在这则案例中，吕某和施某是连带责任人，施某的责任并不因为吕某已经支付了相应的赔偿而免除，其应该根据自身责任的大小来承担相应的赔偿责任。

法条链接

《中华人民共和国民法典》

第一百七十八条第二款、第三款　连带责任人的责任份额根据各自责任大小确定；难以确定责任大小的，平均承担责任。实际承担责任超过自己责任份额的连带责任人，有权向其他连带责任人追偿。

连带责任，由法律规定或者当事人约定。

承担侵权责任的方式主要有哪几种？

现实问题

孔某和曹某是楼上楼下的邻居，孔某住楼上，是新搬来的，在装修过程中，装修工不小心弄坏了一根排水管，导致楼上的水漏到了曹某家中。发现问题后，孔某立即修好了管道，并向曹某赔礼道歉。曹某接受道歉后，还要求孔某承担漏水导致的损失，孔某觉得很窝火，自己也不是故意的，已经修好了管道，也赔了不是，漏水也没有造成重大的经济损失，自己不应当再行赔偿。那么，法律对于侵权责任的承担方式有哪些规定呢？

律师解答

依据《民法典》的规定，承担侵权责任的方式主要有：停止侵害、排除妨碍、消除危险、返还财产、恢复原状、赔偿损失、赔礼道歉、消除影响、恢复名誉等。承担侵权责任的方式，可以单独适用，也可以合并适用。这是法律对侵权责任方式的规定。行为人的行为构成侵权责任的，应当承担具体的法律后果。侵权责任方式是落实侵权责任的具体形式，也是侵权责任的具体体现。

在这则案例中，虽然孔某已经消除危险、赔礼道歉，但如果其侵权行为确已造成曹某的损失，孔某还应承担赔偿损失的侵权责任。

法条链接

《中华人民共和国民法典》

第一百七十九条　承担民事责任的方式主要有：

（一）停止侵害；

（二）排除妨碍；

（三）消除危险；

（四）返还财产；

（五）恢复原状；

（六）修理、重作、更换；

（七）继续履行；

（八）赔偿损失；

（九）支付违约金；

（十）消除影响、恢复名誉；

（十一）赔礼道歉。

法律规定惩罚性赔偿的，依照其规定。

本条规定的承担民事责任的方式，可以单独适用，也可以合并适用。

侵害他人造成人身损害的，应当赔偿哪些费用？

现实问题

严某和华某都是大学生，喜欢打篮球。一次，两人在打篮球的过程中，因为肢体接触发生了口角，甚至动了手。在厮打过程中，严某一拳将华某的鼻子打出了血，送到医院检查后，所幸没有大碍。华某打算要求严某赔偿自己的损失，但又不知道可以主张哪些费用。那么，法律对此是怎么规定的呢？

律师解答

人身损害赔偿是指行为人侵犯他人的生命健康权益造成致伤、致残、致死等后果，承担金钱赔偿责任的一种民事法律救济制度。依据《民法典》和《最高人民法院关于审理人身损害赔偿案件适用法律若干问题的解释》的规定，侵害他人造成人身损害的，应当赔偿因就医治疗支出的各项费用以及因误工减少的收入，包括医疗费、护理费、交通费、营养费、住院伙食补助费、必要的营养费。

法条链接

《中华人民共和国民法典》

第一千一百七十九条　侵害他人造成人身损害的，应当赔偿医疗费、护理费、交通费、营养费、住院伙食补助费等为治疗和康复支出的合理费用，以及因误工减少的收入。造成残疾的，还应当赔偿辅助器具费和残疾赔偿金；造成死亡的，还应当赔偿丧葬费和死亡赔偿金。

《最高人民法院关于审理人身损害赔偿案件适用法律若干问题的解释》

第十七条　受害人遭受人身损害，因就医治疗支出的各项费用以及因误工减少的收入，包括医疗费、误工费、护理费、交通费、住宿费、住院伙食补助费、必要的营养费，赔偿义务人应当予以赔偿。

受害人因伤致残的，其因增加生活上需要所支出的必要费用以及因丧失劳动能力导致的收入损失，包括残疾赔偿金、残疾辅助器具费、被扶养人生活费，以及因康复护理、继续治疗实际发生的必要的康复费、护理费、后续治疗费，赔偿义务人也应当予以赔偿。

受害人死亡的，赔偿义务人除应当根据抢救治疗情况赔偿本条第一款规定的相关费用外，还应当赔偿丧葬费、被扶养人生活费、死亡补偿费以及受害人亲属办理丧葬事宜支出的交通费、住宿费和误工损失等其他合理费用。

侵害他人造成残疾的，应当赔偿哪些费用？

现实问题

金某和魏某是两名农民工，在同一个建筑工地工作，一次，两人因为一件小事产生了口角，并爆发了肢体冲突，在厮打过程中，金某情急之下随手抓起一块板砖就往魏某的头上拍去，魏某当场头破血流。魏某被送到医院后，经过抢救终于保住了性命，其伤势后经鉴定已构成五级伤残。魏某打算要求金某赔偿自己的损失，但又不知道可以主张哪些费用。那么，法律对此是怎么规定的呢？

律师解答

依据《民法典》和《最高人民法院关于审理人身损害赔偿案件适用法律若干问题的解释》的规定，侵害他人造成残疾的，应当赔偿因就医治疗支出的各项费用以及因误工减少的收入，包括医疗费、护理费、交通费、住院伙食补助费、营养费、因增加生活上需要所支出的必要费用以及因丧失劳动能力导致的收入损失，包括残疾赔偿金、辅助器具费、被扶养人生活费，以及因康复护理、继续治疗实际发生的必要的康复费、护理费、后续治疗费。

法条链接

《中华人民共和国民法典》

第一千一百七十九条　侵害他人造成人身损害的，应当赔偿医疗费、护理费、交通费、营养费、住院伙食补助费等为治疗和康复支出的合理费用，以及因误工减少的收入。造成残疾的，还应当赔偿辅助器具费和残疾赔偿金；造成死亡的，还应当赔偿丧葬费和死亡赔偿金。

《最高人民法院关于审理人身损害赔偿案件适用法律若干问题的解释》

第十七条　受害人遭受人身损害，因就医治疗支出的各项费用以及因误工减少的收入，包括医疗费、误工费、护理费、交通费、住宿费、住院伙食补助费、必要的营养费，赔偿义务人应当予以赔偿。

受害人因伤致残的，其因增加生活上需要所支出的必要费用以及因丧失劳动能力导致的收入损失，包括残疾赔偿金、残疾辅助器具费、被扶养人生活费，以及因康复护理、继续治疗实际发生的必要的康复费、护理费、后续治疗费，赔偿义务人也应当予以赔偿。

受害人死亡的，赔偿义务人除应当根据抢救治疗情况赔偿本条第一款规定的相关费用外，还应当赔偿丧葬费、被扶养人生活费、死亡补偿费以及受害人亲属办理丧葬事宜支出的交通费、住宿费和误工损失等其他合理费用。

侵害他人造成死亡的，应当赔偿哪些费用？

现实问题

陶某和姜某是同事，在同一个工厂工作，一次，两人因为一件工作上的小事产生了口角，并爆发了肢体冲突，在厮打过程中，陶某一拳打中了姜某的太阳穴，姜某当场倒地不起、口吐白沫。被送到医院后，虽然医生尽力抢救，但还是没能保住性命。姜某的家属打算要求陶某赔偿损失，但又不知道可以主张哪些费用。那么，法律对此是怎么规定的呢？

律师解答

依据《民法典》和《最高人民法院关于审理人身损害赔偿案件适用法律若干问题的解释》的规定，侵害他人造成死亡的，应当赔偿因就医治疗支出的各项费用以及因误工减少的收入，包括医疗费、误工费、护理费、交通费、住宿费、住院伙食补助费、必要的营养费以及丧葬费、被扶养人生活费、死亡补偿费以及受害人亲属办理丧葬事宜支出的交通费、住宿费和误工损失等其他合理费用。

法条链接

《中华人民共和国民法典》

第一千一百七十九条　侵害他人造成人身损害的，应当赔偿医疗费、护理费、交通费、营养费、住院伙食补助费等为治疗和康复支出的合理费用，以及因误工减少的收入。造成残疾的，还应当赔偿辅助器具费和残疾赔偿金；造成死亡的，还应当赔偿丧葬费和死亡赔偿金。

第一千一百八十条　因同一侵权行为造成多人死亡的，可以以相同数额确定死亡赔偿金。

《最高人民法院关于审理人身损害赔偿案件适用法律若干问题的解释》

第十七条　受害人遭受人身损害，因就医治疗支出的各项费用以及因误工减少的收入，包括医疗费、误工费、护理费、交通费、住宿费、住院伙食补助费、必要的营养费，赔偿义务人应当予以赔偿。

受害人因伤致残的，其因增加生活上需要所支出的必要费用以及因丧失劳动能力导致的收入损失，包括残疾赔偿金、残疾辅助器具费、被扶养人生活费，以及因康复护理、继续治疗实际发生的必要的康复费、护理费、后续治疗费，赔偿义务人也应当予以赔偿。

受害人死亡的，赔偿义务人除应当根据抢救治疗情况赔偿本条第一款规定的相关费用外，还应当赔偿丧葬费、被扶养人生活费、死亡补偿费以及受害人亲属办理丧葬事宜支出的交通费、住宿费和误工损失等其他合理费用。

被侵权人死亡的，谁有权请求侵权人承担侵权责任？

现实问题

戚某和谢某是老乡，在同一个建筑工地

工作，平时两人关系不错，但有一次，两人因为一件小事产生了口角，并爆发了肢体冲突，在厮打过程中，戚某一拳打中了谢某的心脏，谢某当场倒地不起。谢某被送到医院后，虽然医生尽力抢救，但还是没能保住性命。谢某的妻子和父母向戚某提出索赔，但戚某称他打的是谢某，现在谢某死了，没有受害人，自己无须赔偿。那么，谢某的家人有权要求戚某进行赔偿吗？

律师解答

依据《民法典》的规定，被侵权人死亡的，其近亲属有权请求侵权人承担侵权责任。这是法律对被侵权人死亡后，谁可以成为请求权主体的规定。被侵权人仅仅受到伤害、残疾，请求权人是被侵权人本人。但是，被侵权人（即受害人）死亡的，其权利能力消灭，法律主体资格不复存在，死者不可能以权利主体资格请求侵权人承担侵权责任。因此，在这种情况下，请求权人只能是被侵权人以外的主体。

在这则案例里，谢某的妻子和父母都可以作为近亲属请求戚某承担侵权责任。

法条链接

《中华人民共和国民法典》

第一千一百八十一条　被侵权人死亡的，其近亲属有权请求侵权人承担侵权责任。被侵权人为组织，该组织分立、合并的，承继权利的组织有权请求侵权人承担侵权责任。

被侵权人死亡的，支付被侵权人医疗费、丧葬费等合理费用的人有权请求侵权人赔偿费用，但是侵权人已经支付该费用的除外。

医疗费应根据什么标准来确定？

现实问题

邹某和喻某因一些琐事发生肢体冲突，在厮打过程中，邹某将喻某打伤住院。在住院期间，喻某不但对邹某所造成的伤害进行了治疗，还顺便做了全身体检，并治疗了自己已有的一些疾病。出院后，喻某要求邹某支付全部的医疗费用，但邹某认为不应当全部支付，两人就医疗费的具体数额产生了纠纷。那么，法律对于医疗费的确定标准是如何规定的呢？

律师解答

所谓医疗费，是指受害人在遭受人身损害后进行抢救，接受医学上的检查、治疗与康复所必须支出的费用。依据《最高人民法院关于审理人身损害赔偿案件适用法律若干问题的解释》的规定，医疗费根据医疗机构出具的医药费、住院费等收款凭证，结合病历和诊断证明等相关证据确定。具体来说，医疗费包括挂号费、检查费、治疗费、医药费、住院费、后续治疗费用等项目。在计算医疗费时，既要保护受害人的利益，实行医疗费全部赔偿的原则，又要注意平衡赔偿义务人的合法权益。

法条链接

《最高人民法院关于审理人身损害赔偿案件适用法律若干问题的解释》

第十九条　医疗费根据医疗机构出具的医药费、住院费等收款凭证，结合病历和诊断证明等相关证据确定。赔偿义务人对治疗的必要性和合理性有异议的，应当承担相应的举证责任。

医疗费的赔偿数额，按照一审法庭辩论终结前实际发生的数额确定。器官功能恢复训练所必要的康复费、适当的整容费以及其他后续治疗费，赔偿权利人可以待实际发生后另行起诉。但根据医疗证明或者鉴定结论确定必然发生的费用，可以与已经发生的医疗费一并予以赔偿。

误工费应根据什么标准来确定？

现实问题

窦某和章某因一些琐事发生肢体冲突，在厮打过程中，窦某将章某打伤住院。由于伤势严重，章某经过两个月的住院治疗方才出院，出院时，医生还要求章某在家休养两个月。出院后，章某要求窦某支付四个月的误工费，但窦某认为只需要支付住院的两个月，两人就误工费的具体数额产生了纠纷。那么，法律对于误工费的确定标准是如何规定的呢？

律师解答

误工费是指受害人及有关的赔偿权利人向赔偿义务人要求支付的从受害人遭受损害到恢复治愈，因无法从事正常工作或劳动，而失去或减少的工作、劳动收入，是对受害人所失利益的赔偿。依据《最高人民法院关于审理人身损害赔偿案件适用法律若干问题的解释》的规定，误工费根据受害人的误工时间和收入状况确定。在计算误工费时应当注意的是，只需要进行门诊治疗费的计算，对劳动、工作没有影响的，不予赔偿误工费。

法条链接

《最高人民法院关于审理人身损害赔偿案件适用法律若干问题的解释》

第二十条　误工费根据受害人的误工时间和收入状况确定。

误工时间根据受害人接受治疗的医疗机构出具的证明确定。受害人因伤致残持续误工的，误工时间可以计算至定残日前一天。

受害人有固定收入的，误工费按照实际减少的收入计算。受害人无固定收入的，按照其最近三年的平均收入计算；受害人不能举证证明其最近三年的平均收入状况的，可以参照受诉法院所在地相同或者相近行业上一年度职工的平均工资计算。

护理费应根据什么标准来确定？

现实问题

苏某和潘某因一些琐事发生肢体冲突，在厮打过程中，苏某将潘某打伤住院。在住院期间，虽然潘某伤势不重，生活能够自理，但为了省事和舒服，潘某请了两名护工进行护理。出院后，潘某要求苏某支付两名护工的费用，但苏某认为潘某生活能够自理，不需要请护工进行护理。两人就护理费是否需要支付的问题产生了纠纷，那么，法律对于护理费的确定标准是如何规定的呢？

律师解答

护理费是指受害人因遭受相当程度的人身损害，其行动能力和自理能力有了一定程度的降低，为了帮助其进行正常的生活，在医疗诊治和休养康复期间，根据医院的意见或司法鉴定，委派专人对其进行护理，照料其生活而因此所需支出的费用。依据《最高人民法院关于审理人身损害赔偿案件适用法律若干问题的解释》的规定，护理费根据护理人员的收入状况和护理人数、护理期限确定。需要注意的是，护理人数原则上只能有一个，如果需要多人进行照顾，医院或者鉴定机构应当明确指出需要多人照顾，对于擅自增加的护理人员，由此扩大的费用，法院不会予以支持。

法条链接

《最高人民法院关于审理人身损害赔偿案件适用法律若干问题的解释》

第二十一条　护理费根据护理人员的收入状况和护理人数、护理期限确定。

护理人员有收入的，参照误工费的规定计算；护理人员没有收入或者雇佣护工的，参照当地护工从事同等级别护理的劳务报酬标准计算。护理人员原则上为一人，但医疗机构或者鉴定机构有明确意见的，可以参照确定护理人员人数。

护理期限应计算至受害人恢复生活自理能力时止。受害人因残疾不能恢复生活自理能力的，可以根据其年龄、健康状况等因素确定合理的护理期限，但最长不超过二十年。

受害人定残后的护理，应当根据其护理依赖程度并结合配制残疾辅助器具的情况确定护理级别。

交通费应根据什么标准来确定?

现实问题

葛某和范某因一些琐事发生肢体冲突，在厮打过程中，葛某将范某打伤住院。在住院期间，范某让自己的亲朋好友都到医院来看他，并报销了他们的交通费。出院后，范某要求葛某支付这些交通费，但葛某认为这些交通费与就医无关，不同意支付。两人就交通费的具体数额产生了纠纷，那么，法律对于交通费的确定标准是如何规定的呢?

律师解答

交通费是指事故受害人和必要的陪护人员因就医、配置残疾用具或参加处理事故等活动实际必需的车船票费。依据《最高人民法院关于审理人身损害赔偿案件适用法律若干问题的解释》的规定，交通费根据受害人及其必要的陪护人员因就医或者转院治疗实际发生的费用计算。交通费应当以正式票据为凭；有关凭据应当与就医地点、时间、人数、次数相符合。需要注意的是，受害人主张交通费的时候，应说明用途并出具交通费的正式票据。正式票据不应该仅仅理解为正式的税务发票，汽车票、火车票、船票、出租汽车票等都可以作为正式票据。

法条链接

《最高人民法院关于审理人身损害赔偿案件适用法律若干问题的解释》

第二十二条　交通费根据受害人及其必要的陪护人员因就医或者转院治疗实际发生的费用计算。交通费应当以正式票据为凭；有关凭据应当与就医地点、时间、人数、次数相符合。

住院伙食补助费应根据什么标准来确定?

现实问题

彭某和郎某因一些琐事发生肢体冲突，在厮打过程中，彭某将郎某打伤住院。在住院期间，郎某由于吃不惯医院的伙食，每天都是从外面的大酒店叫外卖送到病房，每次吃饭的金额都很高。出院后，郎某要求彭某支付这些伙食费，但彭某认为这些伙食费金额过高，不同意支付。两人就伙食费的具体数额产生了纠纷，那么，法律对于住院伙食补助费的确定标准是如何规定的呢?

律师解答

住院伙食补助费是指受害人因侵权事故受伤而花费的伙食费。依据《最高人民法院关于审理人身损害赔偿案件适用法律若干问题的解释》的规定，住院伙食补助费可以参照当地国家机关一般工作人员的出差伙食补助标准予以确定。受害人确有必要到外地治疗，因客观原因不能住院，受害人本人及其陪护人员实际发生的住宿费和伙食费，其合理部分应予赔偿。关于受害人及其陪护人员在外地就医花费的伙食费的计算天数，这需要根据实际情况，并与医疗票据相结合来判断。

法条链接

《最高人民法院关于审理人身损害赔偿案件适用法律若干问题的解释》

第二十三条　住院伙食补助费可以参照当地国家机关一般工作人员的出差伙食补助标准予以确定。

受害人确有必要到外地治疗，因客观原因不能住院，受害人本人及其陪护人员实际发生的住宿费和伙食费，其合理部分应予赔偿。

营养费应根据什么标准来确定?

现实问题

鲁某和马某因一些琐事发生肢体冲突，在厮打过程中，鲁某将马某打伤住院。住院一个月后，马某伤愈出院。出院时，医生嘱咐马某应在接下来的两个月内加强营养，增强体质。于是马某买了很多高级营养品服用，这些营养品的价格非常的昂贵。两个月后，马某要求鲁某支付这些营养费，但鲁某认为这些营养费金额过高，不同意支付。两人就营养费的具体数额产生了纠纷，那么，法律对于营养费的确定标准是如何规定的呢?

律师解答

营养费是受害人通过平常饮食的摄入尚不能满足受损害身体的需求，而需要以平常饮食以外的营养品作为对身体补充而支出的费用，是一种辅助治疗。依据《最高人民法院关于审理人身损害赔偿案件适用法律若干问题的解释》的规定，营养费根据受害人伤残情况参照医疗机构的意见确定。医疗机构的意见，其内容应包括是否需要额外增加营养，需要加强营养的期限等。医疗机构的营养意见应当是以辅助治疗的需要为前提的。但即使医疗机构建议增加营养，营养费的金额也不应过高，一些地区采取每天固定金额的计算方法，一般每天20元至40元不等。

法条链接

《最高人民法院关于审理人身损害赔偿案件适用法律若干问题的解释》

第二十四条　营养费根据受害人伤残情况参照医疗机构的意见确定。

残疾赔偿金应根据什么标准来确定?

现实问题

苗某和方某因一些琐事发生肢体冲突，在厮打过程中，苗某将方某打伤住院。由于伤势比较严重，虽然经过抢救方某保住了性命，但一只眼睛永久性失明，构成了残疾。方某出院后，苗某主动对方某在住院期间的费用进行了赔偿，也愿意对导致的残疾进行赔偿。但究竟应该赔偿多少金额，两人都不清楚。那么，法律对于残疾赔偿金的确定标准是如何规定的呢?

律师解答

残疾赔偿金是受害人因伤致残导致的收入减少，或者因生活来源丧失，应给予的财产损害性质的赔偿。依据《最高人民法院关于审理人身损害赔偿案件适用法律若干问题的解释》的规定，残疾赔偿金根据受害人丧失劳动能力程度或者伤残等级，按照受诉法院所在地上一年度城镇居民人均可支配收入或者农村居民人均纯收入标准，自定残之日起按二十年计算。但六十周岁以上的，年龄每增加一岁减少一年；七十五周岁以上的，按五年计算。伤残等级评定为一级伤残的，按全额赔偿，即100%；二级至十级的，则以10%的比例依次递减。也就是说，伤残等级具体对应的伤残赔偿指数为：一级：100%；二级：90%；三级：80%；四级：70%；五级：60%；六级：

50%；七级：40%；八级：30%；九级：20%；十级：10%。

法条链接

《最高人民法院关于审理人身损害赔偿案件适用法律若干问题的解释》

第二十五条　残疾赔偿金根据受害人丧失劳动能力程度或者伤残等级，按照受诉法院所在地上一年度城镇居民人均可支配收入或者农村居民人均纯收入标准，自定残之日起按二十年计算。但六十周岁以上的，年龄每增加一岁减少一年；七十五周岁以上的，按五年计算。

受害人因伤致残但实际收入没有减少，或者伤残等级较轻但造成职业妨害严重影响其劳动就业的，可以对残疾赔偿金作相应调整。

残疾辅助器具费应根据什么标准来确定？

现实问题

俞某和任某因一些琐事发生肢体冲突，在厮打过程中，俞某将任某打伤住院。由于伤势比较严重，虽然经过抢救保住了性命，但一只耳朵听力明显下降，构成了残疾。医生要求任某佩戴助听器，任某购买了市面上最好的全进口助听器，价格非常昂贵。出院后，任某要求俞某支付购买进口助听器的费用，但俞某认为进口助听器的价格太昂贵，只愿意支付国产助听器的费用，两人为此产生了纠纷。那么，法律对于残疾辅助器具费的确定标准是如何规定的呢？

律师解答

残疾辅助器具是为了补偿残疾的功能及弥补丧失的功能而配置的器具，其目的是使受害人因交通事故残疾后能够生活自立或者从事一定的生产劳动。残疾辅助器具包括假肢、假眼、手摇三轮车、轮椅、助听器、拐杖、盲杖等。依据《最高人民法院关于审理人身损害赔偿案件适用法律若干问题的解释》的规定，残疾辅助器具费按照普通适用器具的合理费用标准计算。伤情有特殊需要的，可以参照辅助器具配制机构的意见确定相应的合理费用标准。辅助器具的更换周期和赔偿期限参照配制机构的意见确定。

法条链接

《最高人民法院关于审理人身损害赔偿案件适用法律若干问题的解释》

第二十六条　残疾辅助器具费按照普通适用器具的合理费用标准计算。伤情有特殊需要的，可以参照辅助器具配制机构的意见确定相应的合理费用标准。

辅助器具的更换周期和赔偿期限参照配制机构的意见确定。

丧葬费应根据什么标准来确定？

现实问题

袁某和柳某因一些琐事发生肢体冲突，在厮打过程中，袁某将柳某打伤住院。由于伤势比较严重，虽然医院全力抢救，但还是没有保住柳某的性命。柳某去世后，柳某的家属为其购买了豪华的墓地，并举办了隆重的丧礼，还宴请了前来吊唁的亲朋好友。丧事办完后，柳某的家属要求袁某支付办理丧事支出的全部费用，但袁某认为柳某家属办理丧事的花费太过昂贵，不同意全额支付，双方为此产生了纠纷。那么，法律对于丧葬费的确定标准是如何规定的呢？

律师解答

丧葬费是指死者的近亲属为办理丧葬事宜支出的费用，一般来说包括运尸费、火化费、购买骨灰盒的费用、骨灰盒存放费用以及雇请丧葬人员所花费的劳务费等。依据《最高人民法院关于审理人身损害赔偿案件适用法律若干问题的解释》的规定，丧葬费按照受诉法院所在地上一年度职工月平均工资标准，以六个月总额计算。这是法定的标准，即使办理死者丧葬事宜所花费的费用超过受诉法院所在地上一年度职工月平均工资标准的六个月总额的，加害人无须支付超出部分，而是由死者家属自行承担。

法条链接

《最高人民法院关于审理人身损害赔偿案件适用法律若干问题的解释》

第二十七条　丧葬费按照受诉法院所在地上一年度职工月平均工资标准，以六个月总额计算。

被扶养人生活费应根据什么标准来确定？

现实问题

史某和唐某因一些琐事发生肢体冲突，在厮打过程中，史某将唐某打伤住院。由于伤势比较严重，虽然医院全力抢救，但还是没有保住唐某的性命。唐某去世前每月工资人民币5000元，唐某去世后，唐某的妻子和儿子要求史某按照每月5000元的标准支付生活费。但史某认为每月5000元的数额太高，自己无法接受，也没有能力支付，双方为此产生了纠纷。那么，法律对于被扶养人生活费的确定标准是如何规定的呢？

律师解答

人身损害赔偿中，重要的一笔赔偿便是被扶养人的生活费。被扶养人是指受害人依法应当承担扶养义务的未成年人或者丧失劳动能力又无其他生活来源的成年近亲属。依据《最高人民法院关于审理人身损害赔偿案件适用法律若干问题的解释》的规定，被扶养人生活费根据扶养人丧失劳动能力程度，按照受诉法院所在地上一年度城镇居民人均消费性支出和农村居民人均年生活消费支出标准计算。被扶养人为未成年人的，计算至十八周岁；被扶养人无劳动能力又无其他生活来源的，计算二十年。但六十周岁以上的，年龄每增加一岁减少一年；七十五周岁以上的，按五年计算。

法条链接

《最高人民法院关于审理人身损害赔偿案件适用法律若干问题的解释》

第二十八条　被扶养人生活费根据扶养人丧失劳动能力程度，按照受诉法院所在地上一年度城镇居民人均消费性支出和农村居民人均年生活消费支出标准计算。被扶养人为未成年人的，计算至十八周岁；被扶养人无劳动能力又无其他生活来源的，计算二十年。但六十周岁以上的，年龄每增加一岁减少一年；七十五周岁以上的，按五年计算。

被扶养人是指受害人依法应当承担扶养义务的未成年人或者丧失劳动能力又无其他生活来源的成年近亲属。被扶养人还有其他扶养人的，赔偿义务人只赔偿受害人依法应当负担的部分。被扶养人有数人的，年赔偿总额累计不超过上一年度城镇居民人均消费性支出额或者农村居民人均年生活消费支出额。

死亡赔偿金应根据什么标准来确定？

现实问题

费某和薛某因一些琐事发生肢体冲突，在厮打过程中，费某将薛某打伤住院。由于伤势比较严重，虽然医院全力抢救，但还是没有保住薛某的性命。薛某去世后，费某向薛某的家属表示愿意进行赔偿。但究竟应该赔偿多少金额，双方都不清楚。那么，法律对于死亡赔偿金的确定标准是如何规定的呢？

律师解答

死亡赔偿金是指受害人死亡后，相关责任人按照一定的标准给予死者家属一定数量的金钱赔偿。这一赔偿金是对受害人死亡导致的财产损失的赔偿，应当以家庭整体收入的减少为标准计算。依据《最高人民法院关于审理人身损害赔偿案件适用法律若干问题的解释》的规定，死亡赔偿金按照受诉法院所在地上一年度城镇居民人均可支配收入或者农村居民人均纯收入标准，按二十年计算。但六十周岁以上的，年龄每增加一岁减少一年；七十五周岁以上的，按五年计算。

法条链接

《中华人民共和国民法典》

第一千一百八十条　因同一侵权行为造成多人死亡的，可以以相同数额确定死亡赔偿金。

《最高人民法院关于审理人身损害赔偿案件适用法律若干问题的解释》

第二十九条　死亡赔偿金按照受诉法院所在地上一年度城镇居民人均可支配收入或者农村居民人均纯收入标准，按二十年计算。但六十周岁以上的，年龄每增加一岁减少一年；七十五周岁以上的，按五年计算。

经常居住地在城镇的农村居民因交通事故伤亡如何计算赔偿费用？

现实问题

唐某是一名农村青年，年纪轻轻就来到城市做点小生意，经过几年的奋斗，唐某在城里的生意越来越红火，在城里也买了房。但就在一切顺顺利利的时候，唐某突然发生了车祸，全身多处骨折，虽然保住了性命，但已经构成八级伤残。伤愈出院后，唐某向肇事方提出索赔，对方也同意赔偿，但在适用城镇标准还是农村标准来确定赔偿数额方面双方产生了争执。肇事方认为唐某是农村户口，应按照农村标准，而唐某认为自己在城市工作生活多年，应按照城镇标准。那么，法律对这种情况有什么相关规定吗？

律师解答

依据最高人民法院相关司法解释规定，人身损害赔偿案件中，残疾赔偿金、死亡赔偿金和被扶养人生活费的计算，应当根据案件的实际情况，结合受害人住所地、经常居住地等因素，确定适用城镇居民人均可支配收入（人均消费性支出）或者农村居民人均纯收入（人均年生活消费支出）的标准。

在本案中，受害人唐某虽然是农村户口，但在城市经商、居住，其经常居住地和主要收入来源地均为城市，有关损害赔偿费用应当根据当地城镇居民的相关标准计算。

法条链接

《最高人民法院民一庭关于经常居住地在城镇的农村居民因交通事故伤亡如何计算赔偿费用的复函》

人身损害赔偿案件中，残疾赔偿金、死亡赔偿金和被扶养人生活费的计算，应当根据案件的实际情况，结合受害人住所地、经常居住地等因素，确定适用城镇居民人均可支配收入（人均消费性支出）或者农村居民人均纯收入（人均年生活消费支出）的标准。

超过确定的护理期限、辅助器具费给付年限或者残疾赔偿金给付年限后，受害人是否还有权向侵权人主张相关费用？

现实问题

雷某和贺某因一些琐事发生肢体冲突，

在厮打过程中，雷某将贺某打伤住院。在住院期间，由于贺某伤势较重，生活不能自理，医生要求贺某至少要护理两个月，于是贺某请了护工进行护理。两个月后，贺某的伤势没有明显好转，于是贺某继续请护工进行护理。又过了三个月后，贺某伤愈出院。出院后，贺某要求雷某支付护工五个月的护理费用，但雷某认为只需要支付两个月，两人就护理费的具体金额产生了纠纷。那么，法律对此是怎么规定的呢？

律师解答

依据《最高人民法院关于审理人身损害赔偿案件适用法律若干问题的解释》的规定，超过确定的护理期限、辅助器具费给付年限或者残疾赔偿金给付年限，赔偿权利人向人民法院起诉请求继续给付护理费、辅助器具费或者残疾赔偿金的，人民法院应予受理。赔偿权利人确需继续护理、配制辅助器具，或者没有劳动能力和生活来源的，人民法院应当判令赔偿义务人继续给付相关费用五至十年。

在这则案例中，虽然贺某一开始的护理期是两个月，但两个月后其伤势并无明显好转确需继续护理，因此雷某需继续支付相关护理费用。

法条链接

《最高人民法院关于审理人身损害赔偿案件适用法律若干问题的解释》

第三十二条　超过确定的护理期限、辅助器具费给付年限或者残疾赔偿金给付年限，赔偿权利人向人民法院起诉请求继续给付护理费、辅助器具费或者残疾赔偿金的，人民法院应予受理。赔偿权利人确需继续护理、配制辅助器具，或者没有劳动能力和生活来源的，人民法院应当判令赔偿义务人继续给付相关费用五至十年。

侵害他人财产的，财产损失按照什么标准计算？

现实问题

倪某驾驶的小轿车和汤某驾驶的大客车在一处十字路口相撞，经鉴定为汤某的全责，倪某的小轿车彻底报废，所幸倪某只是受了点轻伤。事故发生后，倪某以要购买新车为由，要求汤某按照新车价格赔偿小轿车的损失，但汤某认为倪某的小轿车已经开了几年，不同意按照新车的价格进行赔偿，两人因此产生了纠纷。那么，法律对于财产损失的确定标准是如何规定的呢？

律师解答

侵害他人民事权益应当承担侵权责任。依据《民法典》的规定，侵害他人财产的，财产损失按照损失发生时的市场价格或者其他合理方式计算。其他方式包括按照权利人因被侵权所受到的实际损失确定，按照侵权人因侵权所获得的利益确定，人民法院可以根据侵权行为的性质和情节等因素确定等。

在这则案例中，汤某应该按照交通事故发生时，倪某小轿车在二手车市场的价格来进行赔偿。

法条链接

《中华人民共和国民法典》

第一千一百八十四条　侵害他人财产的，财产损失按照损失发生时的市场价格或者其他合理方式计算。

侵害他人人身权益造成财产损失的，应如何赔偿财产损失？

现实问题

罗某是一名国内知名的艺人，正处于上升期。毕某是一家家具厂的老板，由于经营状况一直不好，于是打起了罗某的主意。毕某在没有取得罗某同意的情况下，私自在出厂的家具以及宣传材料上印上罗某的头像，并对外宣称罗某是其家具厂的代言人。罗某得知该情况后，将毕某的家具厂告上法院，要求家具厂按其代言费的标准进行损失赔偿，但毕某称在使用罗某头像后家具厂并未盈利，不同意赔偿。那么，法院会如何处理呢？

律师解答

公民的人身权利是公民最基本的权利，主要指人的生命权、健康权、身体权、姓名权、荣誉权、肖像权、名誉权、隐私权、监护权和人身自由等与人身直接有关的权利。侵害他人人身权益应当依法承担侵权责任。依据《民法典》的规定，侵害他人人身权益造成财产损失的，按照被侵权人因此受到的损失或者侵权人因此获得的利益赔偿；被侵权人因此受到的损失以及侵权人因此获得的利益难以确定，按照其获得的利益赔偿；侵权人因此获得的利益难以确定，被侵权人和侵权人就赔偿数额协商不一致，向人民法院提起诉讼的，由人民法院根据实际情况确定赔偿数额。

在这则案例中，罗某的肖像权具有一定的商业价值，如果用于广告等商业目的，厂家一般需要经过罗某同意付给相应的代言费，未经同意擅自使用其肖像，直接影响了其应当获得的财产利益，这种财产损失是可计算的，可以作为要求赔偿的依据。

法条链接

《中华人民共和国民法典》

第一千一百八十二条　侵害他人人身权益造成财产损失的，按照被侵权人因此受到的损失或者侵权人因此获得的利益赔偿；被侵权人因此受到的损失以及侵权人因此获得的利益难以确定，被侵权人和侵权人就赔偿数额协商不一致，向人民法院提起诉讼的，由人民法院根据实际情况确定赔偿数额。

危及他人人身、财产安全的行为，需要承担侵权责任吗？

现实问题

邬某和常某是邻居，邬某住在常某楼上，由于装修老旧，邬某决定重新装修，在装修的过程中，邬某为了达到更好的整体效果，敲掉了一堵承重墙。常某知道这个情况后，认为敲掉承重墙会破坏大楼的结构，存在安全隐患，遂要求邬某重砌承重墙。但邬某认为敲掉一堵承重墙不会有问题，不可能会危及常某的人身安全，因此继续按原计划装修。无奈之下，常某将邬某告上法院，要求邬某消除危险，那么法院会如何处理呢？

律师解答

依据《民法典》的规定，侵权行为危及他人人身、财产安全的，被侵权人可以请求侵权人承担停止侵害、排除妨碍、消除危险等侵权责任。这是法律上对危及他人人身财产安全情况下承担责任的方式，这里的“危及”应当是：第一，侵权行为正在实施和持续而非已经结束；第二，侵权行为已经危及被侵权人的人身、财产安全，而非不可能危及。对危及他人人身、财产安全的侵权行为正在发生的情况下，赋予被侵权人请求停止侵害、排除妨碍、消除危险等责任方式，目的在于防止损害后果的扩大，维护被侵权人的合法权益。

在这则案例中，邬某的行为会导致破坏大楼结构，对楼内居民的安全产生危险，因此，法院应该判决邬某消除危险。

法条链接

《中华人民共和国民法典》

第一千一百六十七条　侵权行为危及他人人身、财产安全的，被侵权人有权请求侵权人承担停止侵害、排除妨碍、消除危险等侵权责任。

被侵权人可以请求精神损害赔偿吗？

现实问题

乐某和于某因一些琐事发生肢体冲突，在厮打过程中，乐某将于某打伤住院。由于伤势比较严重，虽然经过抢救于某保住了性命，但一只眼睛永久性失明，构成了残疾。于某出院后，精神状态一直很差，经常做噩梦，还患上了神经衰弱。为此，于某向乐某提出了精神损害赔偿，但乐某认为其已经赔偿了医疗费、残疾赔偿金等费用，不应该再赔偿精神损失。那么，法律对于精神损害赔偿是如何规定的呢？

律师解答

精神损害赔偿是受害人因人格利益或身份利益受到损害或者遭受精神痛苦而获得的金钱赔偿，规定精神损害赔偿有利于保护受害人的利益。依据《民法典》的规定，侵害自然人人身权益，造成他人严重精神损害的，被侵权人有权请求精神损害赔偿。确定精神损害赔偿的数额可以考虑侵权人的主观状态、被侵权人的伤残情况和遭受精神痛苦的情形等。

在这则案例中，于某可以向乐某提出精神损害赔偿。

法条链接

《中华人民共和国民法典》

第一千一百八十三条　侵害自然人人身权益造成严重精神损害的，被侵权人有权请求精神损害赔偿。

因故意或者重大过失侵害自然人具有人身意义的特定物造成严重精神损害的，被侵权人有权请求精神损害赔偿。

制止他人侵权时受到伤害，侵权人逃逸的，受益人是否要承担责任？

现实问题

傅某是一名退伍军人，一天他看到几名社会青年正围住齐某进行殴打，傅某见状冲上前为齐某解围，在与几名社会青年的搏斗过程中，傅某不幸被其中一名社会青年随身携带的匕首刺伤，社会青年见有人受伤，吓得逃走了，齐某因此得救，但傅某也因此住了几个月的医院。傅某出院后，由于社会青年已经逃逸尚未归案，傅某于是向齐某提出对自己的损失给予补偿，但齐某认为傅某的损害是几名社会青年造成的，与其无关。那么法律对于这种情况有相关规定吗？

律师解答

依据《民法典》的规定，因保护他人民事权益而使自己受到损害的，由侵权人承担民事责任。没有侵权人、侵权人逃逸或者无力承担责任，受害人请求补偿的，受益人应当给予适当补偿。这是法律关于因防止、制止他人民事权益被侵害而使自己受到损害的责任承担的规定。为了弘扬社会主义的良好风尚，鼓励和支持舍己为人的高尚行为，防止见义勇为者流血又流泪的情形发生，《民法典》明确规定了见义勇为者的请求权和承担责任的主体。

在这则案例中，齐某作为见义勇为行为的受益人，应当给予适当补偿。

法条链接

《中华人民共和国民法典》

第一百八十三条　因保护他人民事权益使自己受到损害的，由侵权人承担民事责任，受益人可以给予适当补偿。没有侵权人、侵权人逃逸或者无力承担民事责任，受害人请求补偿的，受益人应当给予适当补偿。

受害人和行为人对损害的发生都没有过错的，损失应由谁来承担？

现实问题

赵某和钱某是两名中学生，都喜欢踢足球。一天放学后，两人来到学校的足球场练球。赵某练习射门，钱某练习守门。在练习过程中，一次赵某发力很大，钱某没有扑到足球，被足球砸重头部，当场昏迷。被送到医院后，经过抢救确认并无大碍，只是造成轻微脑震荡，住院休养几天就会恢复。钱某出院后，钱某的家长要求赵某的家长全额赔偿相关的医药费，但赵某的家长认为赵某不是故意的，不同意全额赔偿。那么法律对于这种情况有相关规定吗？

律师解答

依据《民法典》的规定，受害人和行为人对损害的发生都没有过错的，依照法律的规定，由双方分担损失。这是基于公平原则所制定的关于分担损失的规定。在这则案例中，赵某和钱某都没有过错，如果让一方承担全部损失，显然有失公平。可以根据实际情况，由赵、钱两家分担发生的损失。

法条链接

《中华人民共和国民法典》

第一千一百八十六条　受害人和行为人对损害的发生都没有过错的，依照法律的规定由双方分担损失。

对于侵权行为的发生受害人有过错的，赔偿数额该如何确定？

现实问题

伍某和余某之间系邻里关系，原本双方素无结怨。一日，伍某由于失恋心情不好喝了些酒，回家后突然朝余某家乱扔杂物，先后砸破余某家的两个花盆，余某当即出来与之理论，但伍某却谩骂不休，双方发生口角。余某一时冲动，打了伍某一拳，致使伍某摔倒在地，手臂骨裂，构成轻微伤，造成医疗费等经济损失合计5000余元。之后，伍某向法院起诉，要求余某对上述损失承担全部责任。而余某答辩称，伍某对该损害的发生也有过错，应减轻其赔偿责任。那么，法院会如何处理呢？

律师解答

被侵权人对于损害的发生也有过错的，让侵权人承担全部赔偿责任，有失公允。依据《民法典》的规定，被侵权人对同一损害的发生也有过错的，可以减轻侵权人的责任。因此，侵权人可以被侵权人的过错为由进行抗辩，要求减轻自己的侵权责任，主要是减少损害赔偿的数额。

在这则案例中，伍某打坏花盆和人身谩骂的行为是引起余某对其击打的原因，伍某对损害的发生有过错，应该减轻余某的赔偿责任。

法条链接

《中华人民共和国民法典》

第一千一百七十三条　被侵权人对同一损害的发生或者扩大有过错的，可以减轻侵权人的责任。

损害是因受害人故意造成的，行为人要承担责任吗？

现实问题

元某是一名无业青年，没有固定的生活来源，一次他从别人那里听说通过“碰瓷”的方式进行敲诈来钱快，于是打算以此来赚钱。一日夜间，元某躲在一处拐弯路口，等待时机下手，此时顾某正好驾车经过，元某突然从路旁冲上机动车道，顾某虽然立即进行刹车，但仍将元某撞倒在地，造成了几处擦伤。于是元某借机进行敲诈，要求顾某对这些损伤进行赔偿。那么在这种情况下，顾某需要对元某进行赔偿吗？

律师解答

受害人故意造成损害，是指受害人明知自己的行为会发生损害自己的后果，而希望或者放任此种结果的发生。如果受害人故意造成自己损害而让无辜的行为人承担了责任，则是法律的悲哀。因此，我国《民法典》规定，损害是因受害人故意造成的，行为人不承担责任。

在这则案例中，元某的受伤是其故意造成的，顾某不承担任何责任。

法条链接

《中华人民共和国民法典》

第一千一百七十四条　损害是因受害人故意造成的，行为人不承担责任。

因不可抗力造成他人损害的，要承担责任吗？

现实问题

孟某是一名旅游大巴司机，一天载着一车游客沿着山路开往目的地，突然发生地震，引发山体滑坡，旅游大巴被滚落的山石砸中，翻下了山崖，导致了不少人员伤亡。黄某就是其中一名伤员，经过医院几个月的治疗，终于伤愈出院，出院后，黄某向孟某以及旅游公司提出索赔，要求赔偿相关损失。但孟某以及旅游公司认为损失是由地震造成的，与他们无关。那么法律对于这种情况有相关规定吗？

律师解答

依据《民法典》的规定，因不可抗力造成他人损害的，不承担责任。法律另有规定的，依照其规定。“不可抗力”，是指不能预见、不能避免且不能克服的客观情况。行为人完全因为不可抗力造成他人损害的，表明行为人的行为与损害结果之间不存在因果关系，同时表明行为人没有过错，如果让行为人对自己无法控制的损害结果承担责任，对行为人来说是不公平的。

因此，在本案中，由于地震并未事先预报，旅游公司无法事先采取措施，孟某在开车过程中也没有过错，损失是由不可抗力导致的，孟某和旅游公司不承担责任。

法条链接

《中华人民共和国民法典》

第一百八十条　因不可抗力不能履行民事义务的，不承担民事责任。法律另有规定的，依照其规定。

不可抗力是不能预见、不能避免且不能克服的客观情况。

正当防卫造成损害的，要承担责任吗？

现实问题

萧某是一名社会人员，整日无所事事，一天喝多了酒，就开始借酒闹事。正巧遇到了下班回家的女青年尹某，萧某于是上前调戏，在撕扯的过程中，尹某用力将萧某推开，由于萧某喝多了酒，下盘不稳脚底打滑，一下摔倒在地，被地上的石头撞得头破血流，在医院住了几个月。出院后，萧某认为自己当时的行为没有给尹某造成什么损失，于是向尹某提出损害赔偿。那么法律对于这种情况有相关规定吗？

律师解答

正当防卫是指本人、他人的人身权利、财产权利遭受不法侵害时，行为人所采取的一种防卫措施。依据《民法典》的规定，因正当防卫造成损害的，不承担责任。正当防卫超过必要的限度，造成不应有的损害的，正当防卫人应当承担适当的责任。正当防卫作为行为人不承担责任和减轻责任的情形，其根据是行为的正当性、合法性，表明行为人主观上没有过错。

在这则案例中，尹某的行为属于正当防卫，由此给萧某造成的损害，不承担责任。

法条链接

《中华人民共和国民法典》

第一百八十条　因不可抗力不能履行民事义务的，不承担民事责任。法律另有规定的，依照其规定。

不可抗力是不能预见、不能避免且不能克服的客观情况。

因紧急避险造成损害的，要承担责任吗？

现实问题

姚某正驾驶着摩托车正常行驶，突然邵某从路边冲上了公路，眼看就要撞上邵某，姚某只好紧急转向，撞上了路边的一处水果摊，把水果摊撞翻。水果摊主上前理论，要求姚某赔偿其损失，但姚某认为这些损失是由于避让邵某造成的，应该由邵某来承担，但邵某却认为这些损失与他无关，不同意赔偿。那么，法律对此有什么相关规定吗？

律师解答

紧急避险是指为了使本人或者他人的人身、财产和其他权利免受正在发生的危险，不得已采取的紧急避险行为，造成损害的，不承担责任或者减轻责任的情形。依据《民法典》的规定，因紧急避险造成损害的，由引起险情发生的人承担责任。

在这则案例中，姚某的行为属于紧急避险，水果摊的损失应由引起险情发生的邵某来赔偿。

法条链接

《中华人民共和国民法典》

第一百八十二条　因紧急避险造成损害的，由引起险情发生的人承担民事责任。

危险由自然原因引起的，紧急避险人不承担民事责任，可以给予适当补偿。

紧急避险采取措施不当或者超过必要的限度，造成不应有的损害的，紧急避险人应当承担适当的民事责任。

无民事行为能力人、限制民事行为能力人造成他人损害的，由谁来承担侵权责任？

现实问题

汪某是一名9岁的小学生，父母亲都是双职工，放暑假的时候，汪某的父母就将汪某关在家里，让他一个人在家待着。这天汪某写完暑假作业，就开始在家里玩，一时兴起，将一个铁制的变形金刚玩具从阳台抛了下去，正巧砸中了路人毛某的脑袋，毛某当即头破血流，被人送往医院救治，在医院休养了几天方才出院。查明事情原委后，毛某准备就医药费等花费向汪家提出索赔，那么具体应由谁来赔偿毛某的损失呢？

律师解答

依据《民法典》的规定，无民事行为能力人、限制民事行为能力人造成他人损害的，由监护人承担侵权责任。监护人尽到监护责任的，可以减轻其侵权责任。

在这则案例中，汪某是限制民事行为能力人，其造成他人损害的，应由其监护人即汪某的父母承担侵权责任。

法条链接

《中华人民共和国民法典》

第一千一百八十八条　无民事行为能力人、限制民事行为能力人造成他人损害的，由监护人承担侵权责任。监护人尽到监护职责的，可以减轻其侵权责任。

有财产的无民事行为能力人、限制民事行为能力人造成他人损害的，从本人财产中支付赔偿费用；不足部分，由监护人赔偿。

完全民事行为能力人醉酒期间造成他人损害的，需要承担侵权责任吗？

现实问题

成某平时喜欢喝酒，一喝多了就喜欢借酒装疯。一次成某又喝了不少，借着酒劲强拉饭店的女服务员戴某陪酒，遭到戴某的拒绝，成某觉得颜面无光，随手拿起一个盘子就向戴某砸去，戴某当场被砸得头破血流，被其他服务员送到医院救治，休养了两个星期才出院。出院后，戴某向成某提出索赔，要求成某赔偿医药费、误工费等损失，但成某认为自己当时喝醉了，损失的发生不是自己故意造成的，不同意全额赔偿。那么，法律对此有什么相关规定吗？

律师解答

依据《民法典》的规定，完全民事行为能力人因醉酒、滥用麻醉药品或者精神药品对自己的行为暂时没有意识或者失去控制造成他人损害的，应当承担侵权责任。这是法律关于完全民事行为能力人暂时丧失意识后侵权责任的规定。

在这则案例中，成某是完全民事行为能力人，明知过量饮酒会造成行为失去控制，却仍然喝酒，主观上具有较大过错，应对其酒后伤人的行为承担完全责任。

法条链接

《中华人民共和国民法典》

第一千一百九十条　完全民事行为能力人对自己的行为暂时没有意识或者失去控制造成他人损害有过错的，应当承担侵权责任；没有过错的，根据行为人的经济状况对受害人适当补偿。

完全民事行为能力人因醉酒、滥用麻醉药品或者精神药品对自己的行为暂时没有意识或者失去控制造成他人损害的，应当承担侵权责任。

工作人员因执行工作任务造成他人损害的，由谁来承担侵权责任？

现实问题

宋某和舒某是城管，一日两人发现在马路旁边有一处私设的西瓜摊，两人上前要扣押摊上的西瓜，遭到摊主茅某的阻拦，在纠缠过程中，两人将茅某打翻在地，导致茅某身上多处擦伤。事发后，茅某向城管部门提出索赔，但城管部门称这是宋某和舒某两人的个人行为，不同意赔偿。那么，法律对此有什么相关规定吗？

律师解答

依据《民法典》的规定，用人单位的工作人员因执行工作任务造成他人损害的，由用人单位承担侵权责任。由于工作人员是为用人单位工作，工作人员因工作所产生的风险，理应由用人单位承担。用人单位承担侵权责任后，可以向有故意或者重大过失的工作人员追偿。

在这则案例中，宋某和舒某是在执行工作的过程中将茅某打伤，属于职务行为，应由用人单位即城管部门承担责任。

法条链接

《中华人民共和国民法典》

第一千一百九十一条　用人单位的工作人员因执行工作任务造成他人损害的，由用人单位承担侵权责任。用人单位承担侵权责任后，可以向有故意或者重大过失的工作人员追偿。

劳务派遣期间，被派遣的工作人员因执行工作任务造成他人损害的，由接受劳务派遣的用工单位承担侵权责任；劳务派遣单位有过错的，承担相应的责任。

劳务派遣的工作人员造成他人损害的，由谁来承担侵权责任？

现实问题

庞某是一名保安公司的保安员，被保安公司派遣到某夜总会从事保安工作。一天夜里，庞某遇上了喝醉酒的顾客熊某，熊某借着酒劲正在夜总会大堂里大吵大闹，庞某上前劝阻，熊某非但不听，还推搡庞某，庞某一怒之下给了熊某一拳，把熊某打翻在地，导致熊某手臂骨折。熊某向夜总会提出索赔，但夜总会认为庞某不是其员工，打人是其个人行为，不同意赔偿。那么，法律对此有什么相关规定吗？

律师解答

依据《民法典》的规定，劳务派遣期间，被派遣的工作人员因执行工作任务造成他人损害的，由接受劳务派遣的用工单位承担侵权责任；劳务派遣单位有过错的，承担相应的补充责任。在劳务派遣期间，被派遣的工作人员是为接受劳务派遣的用工单位工作，接受用工单位的指示和管理，同时由用工单位为被派遣的工作人员提供相应的劳动条件和劳动保护，所以，被派遣的工作人员因工作造成他人损害的，其责任应当由用工单位承担。劳务派遣单位在派遣工作人员方面存在过错的，应当承担相应的责任。

在这则案例中，庞某接受夜总会的指挥，为夜总会工作，其因执行工作任务造成他人损害的，应由夜总会承担责任。

法条链接

《中华人民共和国民法典》

第一千一百九十一条　用人单位的工作人员因执行工作任务造成他人损害的，由用人单位承担侵权责任。用人单位承担侵权责任后，可以向有故意或者重大过失的工作人员追偿。

劳务派遣期间，被派遣的工作人员因执行工作任务造成他人损害的，由接受劳务派遣的用工单位承担侵权责任；劳务派遣单位有过错的，承担相应的责任。

劳务关系中，因劳务造成他人损害的，由谁来承担侵权责任？

现实问题

祝某最近新买了一套商品房，叫了董某等几名装修工来装修，由于董某等人不是专业的装修人员，在装修的过程中将一根排水管弄裂，导致楼面漏水，淋坏了楼下人家的家具。楼下人家向祝某提出索赔，但祝某称这个损害是因为董某等装修工的不当操作造成的，应该由董某等人赔偿，与自己无关，董某等人却辩称自己是替祝某干活，不应由他们承担责任。那么，法律对此有什么相关规定吗？

律师解答

依据《民法典》的规定，个人之间形成劳务关系，提供劳务一方因劳务造成他人损害的，由接受劳务一方承担侵权责任。提供劳务一方因劳务受到损害的，根据双方各自的过错承担相应的责任。目前个人之间形成劳务关系的情况越来越多，家庭雇用保姆、小时工、家庭教师等情况已非常普遍，对于在劳务期间发生的纠纷如何解决，需要法律给予明确的规定。《民法典》对此给予了明确规定。

在这则案例中，祝某和董某等人之间属于劳务关系，董某等人因操作不当导致楼下人家的损失，应由祝某来承担责任。

法条链接

《中华人民共和国民法典》

第一千一百九十二条　个人之间形成劳务关系，提供劳务一方因劳务造成他人损害的，由接受劳务一方承担侵权责任。接受劳务一方承担侵权责任后，可以向有故意或者重大过失的提供劳务一方追偿。提供劳务一方因劳务受到损害的，根据双方各自的过错承担相应的责任。

提供劳务期间，因第三人的行为造成提供劳务一方损害的，提供劳务一方有权请求第三人承担侵权责任，也有权请求接受劳务一方给予补偿。接受劳务一方补偿后，可以向第三人追偿。

利用网络侵害他人民事权益的，应当由谁来承担侵权责任？

现实问题

梁某在一次吃饭过程中与店家发生矛盾，便在某知名网站上发帖，称该饭店是无证经营，店里环境差，食品味道差。饭店得知此事后，立即致函该网站，提供了相关证照，要求网站删除该帖。但网站收到相关材料后却迟迟不删除该帖，导致该饭店的生意一落千丈。那么，在这种情况下，该饭店该如何维护自身的权利呢？

律师解答

依据《民法典》的规定，网络用户利用网络服务实施侵权行为的，被侵权人有权通知网络服务提供者采取删除、屏蔽、断开链接等必要措施。网络服务提供者接到通知后未及时采取必要措施的，对损害的扩大部分与该网络用户承担连带责任。

在这则案例中，饭店可以要求梁某对所有损害进行赔偿，并可以要求该网站对损害的扩大部分与梁某一起承担连带责任。

法条链接

《中华人民共和国民法典》

第一千一百九十四条　网络用户、网络服务提供者利用网络侵害他人民事权益的，应当承担侵权责任。法律另有规定的，依照其规定。

第一千一百九十五条　网络用户利用网络服务实施侵权行为的，权利人有权通知网络服务提供者采取删除、屏蔽、断开链接等必要措施。通知应当包括构成侵权的初步证据及权利人的真实身份信息。

网络服务提供者接到通知后，应当及时将该通知转送相关网络用户，并根据构成侵权的初步证据和服务类型采取必要措施；未及时采取必要措施的，对损害的扩大部分与该网络用户承担连带责任。

权利人因错误通知造成网络用户或者网络服务提供者损害的，应当承担侵权责任。法律另有规定的，依照其规定。

公共场所发生侵权事件，应当由谁来承担侵权责任？

现实问题

某商场经过数月的装修，准备隆重开业，为了在开业那天带来高人气，商场请来了明星现场表演，还准备了抽奖、赠券等促销活动，并在开业前进行了大量的宣传。开业当天，果然人山人海，热闹非凡。但由于缺乏有效的管理，对超高的人气也没有很好的应急措施，现场很快发生了混乱，人们在哄抢赠品的时候发生了踩踏事件，致使席某等数人受伤。那么，席某等人遭到的损害，应由谁来赔偿呢？

律师解答

依据《民法典》的规定，宾馆、商场、银行、车站、娱乐场所等公共场所的管理人或者群众性活动的组织者，未尽到安全保障义务，造成他人损害的，应当承担侵权责任。这是法律关于公共场所的管理人或者群众性活动的组织者未尽到安全保障义务的侵权责任的规定。

在这则案例中，商场没有对拥挤的人群采取有效的管理措施，造成席某等人的损害，应当承担赔偿责任。

法条链接

《中华人民共和国民法典》

第一千一百九十八条　宾馆、商场、银行、车站、机场、体育场馆、娱乐场所等经营场所、公共场所的经营者、管理者或者群众性活动的组织者，未尽到安全保障义务，造成他人损害的，应当承担侵权责任。

因第三人的行为造成他人损害的，由第三人承担侵权责任；经营者、管理者或者组织者未尽到安全保障义务的，承担相应的补充责任。经营者、管理者或者组织者承担补充责任后，可以向第三人追偿。

孩子在幼儿园内受到人身损害的，幼儿园需要承担责任吗？

现实问题

季某今年5岁，是一名幼儿园大班的小朋友，一次上手工劳动课，老师教折纸模型，季某在裁纸的过程中，因为用力不对，被裁纸刀划伤了手臂，割破了血管，所幸没有造成生命危险，缝了几针，住院观察了几天才出院。出院后，季某的家长要求幼儿园赔偿相关的医药费，但幼儿园认为这是季某自己造成的，与幼儿园无关。那么，法律对此有什么相关规定吗？幼儿园要承担责任吗？

律师解答

依据《民法典》的规定，无民事行为能力人在幼儿园、学校或者其他教育机构学习、生活期间受到人身损害的，幼儿园、学校或者其他教育机构应当承担责任，但能够证明尽到教育、管理职责的，不承担责任。幼儿园、学校和其他教育机构的侵权责任，是指在幼儿园、学校和其他教育机构的教育、教学活动中或者在其负有管理责任的校舍、场地和其他教育教学设施、生活设施中，由于幼儿园、学校或者其他教育机构未尽教育、管理职责，致使学习或者生活的无民事行为能力人和限制民事行为能力人遭受损害或者致使他人损害的，学校、幼儿园或者其他教育机构应当承担的与其过错相应的侵权责任。

在这则案例中，幼儿园在上手工劳动课时应该预见到使用裁纸刀的危险性，却未尽到管理责任，对因此而造成的损害，应承担责任。

法条链接

《中华人民共和国民法典》

第一千一百九十九条　无民事行为能力人在幼儿园、学校或者其他教育机构学习、生活期间受到人身损害的，幼儿园、学校或者其他教育机构应当承担侵权责任；但是，能够证明尽到教育、管理职责的，不承担侵权责任。

高中生在学校受到人身损害，学校需要承担责任吗？

现实问题

贾某和路某都是16岁的高中生，两人都喜欢打篮球，一天下课后，两人相约去打球，在一次攻防过程中，贾某将跳起投篮的路某推倒，路某头部先着地，当场口吐白沫，昏迷不醒，后经医院抢救才保住性命，但已造成颅骨骨折，休养了半年才康复出院。出院后，路某的家长要求学校赔偿相应的损失，但学校认为损害是贾某造成的，不同意赔偿。那么，根据法律规定，学校要承担责任吗？

律师解答

依据《民法典》的规定，限制民事行为能力人在学校或者其他教育机构学习、生活期间受到人身损害，学校或者其他教育机构未尽到教育、管理职责的，应当承担责任。也就是说，限制民事行为能力人在学校或者其他教育机构学习、生活期间受到人身损害的，如果该限制民事行为能力人或者其监护人能够证明学校或者其他教育机构没有尽到教育、管理职责，对该限制民事行为能力人所发生的人身损害有过错，学校或者其他教育机构就要承担责任。

在这则案例中，学校对路某的受伤不存在过错，不应承担责任。

法条链接

《中华人民共和国民法典》

第一千二百条　限制民事行为能力人在学校或者其他教育机构学习、生活期间受到人身损害，学校或者其他教育机构未尽到教育、管理职责的，应当承担侵权责任。

孩子在校期间被校外人员伤害，学校要承担责任吗？

现实问题

江某是一名刑满释放人员，由于没有一技之长，出狱后一直失业在家，渐渐产生了仇视社会的情绪。一天他携带西瓜刀来到某学校，准备实施报复社会的行为。江某谎称找人混入学校，冲进一间正在上课的教室，挥刀乱砍，将数名学生砍伤，直到警察赶来才被制服。童某就是其中一名受伤的学生。由于江某没有财产可以赔偿，童某的家长向学校提出了索赔，但学校认为损害是江某造成的，故不同意赔偿。那么，法律对此有什么相关规定吗？学校要承担责任吗？

律师解答

依据《民法典》的规定，无民事行为能力人或者限制民事行为能力人在幼儿园、学校或者其他教育机构学习、生活期间，受到幼儿园、学校或者其他教育机构以外的人员人身损害的，由侵权人承担侵权责任；幼儿园、学校或者其他教育机构未尽到管理职责的，承担相应的补充责任。这是法律对无民事行为能力人或者限制民事行为能力人受到校外人员人身损害时的责任分担的规定。

在这则案例中，江某肯定是要承担侵权责任的，但学校的门卫没有核实江某身份就让其混入学校，学校没有尽到管理责任，应承担补充责任。

法条链接

《中华人民共和国民法典》

第一千二百零一条　无民事行为能力人或者限制民事行为能力人在幼儿园、学校或者其他教育机构学习、生活期间，受到幼儿园、学校或者其他教育机构以外的第三人人身损害的，由第三人承担侵权责任；幼儿园、学校或者其他教育机构未尽到管理职责的，承担相应的补充责任。幼儿园、学校或者其他教育机构承担补充责任后，可以向第三人追偿。

二、产品责任

因产品存在缺陷造成他人损害的，由谁承担侵权责任？

现实问题

盛某在一次展销会上购买了某品牌的取

暖器，使用时，由于取暖器存在质量问题，制热的过程中机器外壳被烤化，引燃了盛某的家具，造成大火，所幸盛某及时逃离，但家里经济损失严重。由于展销会已经结束，盛某直接找到厂家，要求赔偿损失，但厂家称盛某不是从厂家直接购买的产品，应找销售者承担责任，不同意赔偿。那么，法律对这种情况有什么相关规定吗？厂家需要承担责任吗？

律师解答

依据《民法典》的规定，因产品存在缺陷造成他人损害的，生产者应当承担侵权责任。这是法律对产品生产者承担侵权责任的归责原则作的规定。产品责任的归责原则是确定产品责任归属的准则，是要求行为人承担产品责任的根据、标准和理由。

在这则案例中，如果确认火灾确实是由于取暖器质量问题引发的，该厂家就应当承担责任，而不是推给销售者。

法条链接

《中华人民共和国民法典》

第一千二百零二条　因产品存在缺陷造成他人损害的，生产者应当承担侵权责任。

因销售者的过错使产品存在缺陷，造成他人损害的，由谁承担侵权责任？

现实问题

夏天到了，林某从超市买了冰棒消暑，但吃了冰棒后，林某却上吐下泻，到医院检查才知道得了急性肠炎，吊了两天盐水才痊愈。经查是因为冰棒已经过了保质期，变质了。林某找到超市要求赔偿，但超市却称进货来的时候就是这个样子，要林某直接找厂家。那么，超市需要承担责任吗？

律师解答

依据《民法典》的规定，因销售者的过错使产品存在缺陷，造成他人损害的，销售者应当承担侵权责任。销售者不能指明缺陷产品的生产者也不能指明缺陷产品的供货者的，销售者应当承担侵权责任。这是法律关于销售者因过错致使产品存在缺陷造成他人损害的侵权责任的规定。

在这则案例中，超市没有撤下过期的产品，造成林某的损害，应当承担责任。

法条链接

《中华人民共和国民法典》

第一千二百零三条　因产品存在缺陷造成他人损害的，被侵权人可以向产品的生产者请求赔偿，也可以向产品的销售者请求赔偿。

产品缺陷由生产者造成的，销售者赔偿后，有权向生产者追偿。因销售者的过错使产品存在缺陷的，生产者赔偿后，有权向销售者追偿。

因产品存在缺陷造成损害的，被侵权人可以向谁请求赔偿？

现实问题

夏天来了，刁某在一家大型家电卖场里购买了某品牌的电冰箱，使用时，电冰箱漏电，把刁某电倒，所幸没有生命危险，但皮肤多处被电伤，休养了几个星期才出院。经检查，是该电冰箱存在质量缺陷。出院后，刁某找到卖场要求赔偿，但卖场称是产品质量问题，应直接找厂家，但厂家远在外地，刁某该如何维护自身的权利呢？

律师解答

依据《民法典》的规定，因产品存在缺陷造成损害的，被侵权人可以向产品的生产者请求赔偿，也可以向产品的销售者请求赔偿。被侵权人因产品存在缺陷造成损害后，往往不清楚这一缺陷究竟是谁造成的，因此也就不知道应当向谁请求赔偿。本条就是法律关于被侵权人要求损害赔偿的途径和先行赔偿人追偿权的规定。

在这则案例中，由于确实是电冰箱质量问题造成的损害，刁某既可以向厂家请求赔偿，也可以向卖场要求赔偿，卖场不得推诿。

法条链接

《中华人民共和国民法典》

第一千二百零三条 因产品存在缺陷造成他人损害的，被侵权人可以向产品的生产者请求赔偿，也可以向产品的销售者请求赔偿。

产品缺陷由生产者造成的，销售者赔偿后，有权向生产者追偿。因销售者的过错使产品存在缺陷的，生产者赔偿后，有权向销售者追偿。

因第三人的过错使产品存在缺陷，造成他人损害的，由谁来承担责任？

现实问题

钟某从网上购买了一台笔记本电脑，收货使用后发现该电脑外壳上有明显的裂痕，而且使用过程中总是出现故障。经查才知道是电脑在送货过程中被摔过，快递公司换了个包装后又交给了钟某。事后钟某向电脑公司提出索赔，要求更换电脑，但电脑公司认为损害是快递公司造成的，不同意赔偿。那么，电脑公司要承担责任吗？

律师解答

依据《民法典》的规定，因运输者、仓储者等第三人的过错使产品存在缺陷，造成他人损害的，产品的生产者、销售者赔偿后，有权向第三人追偿。这是法律关于运输者、仓储者等第三人因过错致使产品存在缺陷造成他人损害的侵权责任及生产者、销售者先行赔偿后的追偿权的规定。

在这则案例中，电脑公司应先行对钟某进行赔偿，再向快递公司进行追偿，不能推诿。

法条链接

《中华人民共和国民法典》

第一千二百零四条 因运输者、仓储者等第三人的过错使产品存在缺陷，造成他人损害的，产品的生产者、销售者赔偿后，有权向第三人追偿。

因产品缺陷危及安全的，被侵权人该如何维护自身的权利？

现实问题

高某购买了一辆新轿车，在驾驶过程中，高某发现该车刹车有时候会响应不及时，经仔细观察后，高某才发现是脚垫干扰了刹车踏板。高某多次向经销商反映此问题，但经销商却对高某的反映置之不理。理由是所有的汽车都是这样设计的，不存在质量问题，而且现在高某的汽车也没有发生事故。那么，高某此时该如何维护自身的权利呢？

律师解答

依据《民法典》的规定，因产品缺陷危及他人人身、财产安全的，被侵权人有权请求生产者、销售者承担排除妨碍、消除危险等侵权责任。本条是关于因产品缺陷危及他人人身、财产安全的侵权责任的规定。不安全因素是一种尚未发生、非现实存在的损害，如果不采取相应措施，这种潜在的损害随时都有可能发生，给受害人造成实际损害。

在这则案例中，高某的汽车存在危及人身安全的因素，高某可以要求生产厂家或经销商消除危险。

法条链接

《中华人民共和国民法典》

第一千二百零五条　因产品缺陷危及他人人身、财产安全的，被侵权人有权请求生产者、销售者承担停止侵害、排除妨碍、消除危险等侵权责任。

三、机动车交通事故责任

机动车所有人与使用人不是同一人时，发生交通事故后，由谁来承担赔偿责任?

现实问题

夏某是一名司机，长期租用蔡某的货车跑运输。平时车子就由夏某管理，蔡某只管到期收租金。一次，夏某在运输途中发生车祸，将田某撞伤。田某伤愈后，将夏某和蔡某两人告上法院，要求两人赔偿其损失，但蔡某辩称车子一直由夏某管理使用，与其无关，不同意赔偿。那么，蔡某的说法正确吗？

律师解答

依据《民法典》的规定，因租赁、借用等情形致使机动车所有人与使用人不是同一人时，发生交通事故后，属于该机动车一方责任的，由机动车使用人承担赔偿责任；机动车所有人、管理人对损害的发生有过错的，承担相应的赔偿责任。这是法律关于因租赁、借用等情形机动车所有人和使用人不是同一人时，发生交通事故后如何承担赔偿责任的规定。

在这则案例中，货车一直由夏某管理使用，蔡某对损害的发生没有过错，不应承担赔偿责任。田某应向夏某主张赔偿。

法条链接

《中华人民共和国民法典》

第一千二百零九条　因租赁、借用等情形机动车所有人、管理人与使用人不是同一人时，发生交通事故造成损害，属于该机动车一方责任的，由机动车使用人承担赔偿责任；机动车所有人、管理人对损害的发生有过错的，承担相应的赔偿责任。

机动车已交付未办理所有权转移登记，发生交通事故后，由谁来承担赔偿责任?

现实问题

樊某是一名司机，从胡某手上买了辆大货车准备跑运输，两人签订了买卖合同，樊某支付了车款，胡某也把钥匙交给了樊某，两人约定次日去办理过户手续。但就在樊某把车开回家的路上，发生了车祸，将霍某撞伤。霍某向樊某和胡某提出索赔，但胡某认为车已经卖给了樊某，责任与自己无关，不同意赔偿。那么，根据法律规定，胡某需要承担赔偿责任吗？

律师解答

依据《民法典》的规定，当事人之间已经以买卖等方式转让并交付机动车，但未办理所有权转移登记，发生交通事故后属于该机动车一方责任的，由受让人承担赔偿责任。这是法律关于已经买卖并交付机动车，但未办理所有权转移登记，由谁承担赔偿责任的规定。

在这则案例中，虽然樊某和胡某没有办理过户手续，但已完成交付，所有权已发生转移，发生事故的，应先由保险公司赔偿，不足部分由樊某赔偿，与胡某无关。

法条链接

《中华人民共和国民法典》

第一千二百一十条 当事人之间已经以买卖或者其他方式转让并交付机动车但是未办理登记，发生交通事故造成损害，属于该机动车一方责任的，由受让人承担赔偿责任。

转让拼装或者已达到报废标准的机动车，发生交通事故后，由谁来承担赔偿责任？

现实问题

万某专门从事收购报废二手车再转卖的生意，一次其将一辆刚收购来已经报废的小轿车卖给了柯某，哪知道柯某第一次驾驶该车，就因为刹车失灵出了车祸，将卢某撞伤。警方在处理事故时查明该车早已达到报废标准，由于柯某经济状况不好，事件发生后，卢某将万某和柯某都告上了法院，向两人提出索赔，但万某认为车已经卖给了柯某，出了事故也与自己无关。那么，法律对这种情况有什么相关规定吗？万某需要承担赔偿责任吗？

律师解答

依据《民法典》的规定，以买卖等方式转让拼装或者已达到报废标准的机动车，发生交通事故造成损害的，由转让人和受让人承担连带责任。拼装和已达到报废标准的机动车，由于不能达到机动车上路行驶的安全标准，上路行驶后极易造成其他机动车、非机动车驾驶人和行人的损害。转让拼装的或者已达到报废标准的机动车，本身即具有违法性，上路行驶具有更大的危险性，应由买卖、赠与等转让人和受让人、赠与人和受赠人承担连带责任。

在这则案例中，万某收购并出售已达到报废标准的机动车，对交通事故的发生存在重大过错，应与柯某承担连带责任。

法条链接

《中华人民共和国民法典》

第一千二百一十四条 以买卖或者其他方式转让拼装或者已经达到报废标准的机动车，发生交通事故造成损害的，由转让人和受让人承担连带责任。

盗窃、抢劫或者抢夺的机动车发生交通事故造成损害的，由谁来承担赔偿责任？

现实问题

丁某最近很倒霉，先是新买不久的小轿车被偷了，向警方报了案，却一直没有消息，此后再次得到小轿车的消息却是偷车人驾车闯了车祸，将邓某撞伤。由于偷车人肇事后逃逸，邓某就将车主丁某告上了法院，要丁某赔偿相关损失，丁某认为自己也是受害人，车被偷了不算，车祸也让其遭受了财产损失，故不同意赔偿。那么，法律对这种情况有什么相关规定吗？丁某需要承担赔偿责任吗？

律师解答

依据《民法典》的规定，盗窃、抢劫或者抢夺的机动车发生交通事故造成损害的，由盗窃人、抢劫人或者抢夺人承担赔偿责任。盗窃人、抢劫人或者抢夺人与机动车使用人不是同一人，发生交通事故造成损害，属于该机动车一方责任的，由盗窃人、抢劫人或者抢夺人与机动车使用人承担连带责任。保险人在机动车强制保险责任限额范围内垫付抢救费用的，有权向交通事故责任人追偿。机动车被盗抢，是所有人与机动车相分离的形态之一。驾驶盗抢的机动车，又是擅自驾驶中最极端的情形。因此，机动车被盗窃、抢劫或者抢夺后发生交通事故造成损害的，应由盗窃人、抢劫人或者抢夺人承担赔偿责任。

在这则案例中，丁某本身也是受害者，对交通事故的发生没有任何过错，不应承担责任。

法条链接

《中华人民共和国民法典》

第一千二百一十五条　盗窃、抢劫或者抢夺的机动车发生交通事故造成损害的，由盗窃人、抢劫人或者抢夺人承担赔偿责任。盗窃人、抢劫人或者抢夺人与机动车使用人不是同一人，发生交通事故造成损害，属于该机动车一方责任的，由盗窃人、抢劫人或者抢夺人与机动车使用人承担连带责任。

保险人在机动车强制保险责任限额范围内垫付抢救费用的，有权向交通事故责任人追偿。

机动车驾驶人发生交通事故后逃逸的，受害人该如何维护自身的权利呢？

现实问题

包某在一处山路上被一辆货车撞伤，发生车祸后，货车司机驾车逃逸，包某被路过的车辆送到医院救治，由于伤势较重，经过抢救才勉强保住性命，但情况很不稳定，住进了观察室，每天要花费巨额的医药费。医院要求包某缴纳医药费，但包某家里经济状况不好，且肇事车辆目前仍未归案。此时，包某该如何维护自身的权利呢？

律师解答

依据《民法典》的规定，机动车驾驶人发生交通事故后逃逸，该机动车参加强制保险的，由保险人在机动车强制保险责任限额范围内予以赔偿；机动车不明、该机动车未参加强制保险或者抢救费用超过机动车强制保险责任限额，需要支付被侵权人人身伤亡的抢救、丧葬等费用的，由道路交通事故社会救助基金垫付。道路交通事故社会救助基金垫付后，其管理机构有权向交通事故责任人追偿。这是法律关于机动车驾驶人发生交通事故后逃逸的，对受害人如何救济的规定。

在这则案例中，包某可以请求道路交通事故社会救助基金垫付相关的医药费。

法条链接

《中华人民共和国民法典》

第一千二百一十六条　机动车驾驶人发生交通事故后逃逸，该机动车参加强制保险的，由保险人在机动车强制保险责任限额范围内予以赔偿；机动车不明、该机动车未参加强制保险或者抢救费用超过机动车强制保险责任限额，需要支付被侵权人人身伤亡的抢救、丧葬等费用的，由道路交通事故社会救助基金垫付。道路交通事故社会救助基金垫付后，其管理机构有权向交通事故责任人追偿。

购买人使用分期付款购买的车辆，尚未获得车辆所有权，造成他人财产损失的，出卖方是否应承担民事责任？

现实问题

左某是一名货车司机，采取分期付款的方式从石某那里购买了一辆货车跑运输，双方约定货车实际由左某使用，在左某付清全部车款后再去办理车辆过户手续。在一次运输过程中，左某发生了交通事故，货车将崔某撞伤。事故发生后，崔某向左某和石某提出索赔，石某认为自己虽然还是车主，但货车实际由左某使用，故不同意赔偿。那么，法律对这种情况有什么相关规定吗？石某需要承担赔偿责任吗？

律师解答

依据最高人民法院相关司法解释的规定，采取分期付款方式购车，出卖方在购买方付清全部车款前保留车辆所有权的，购买方以自己名义与他人订立货物运输合同并使用该车运输时，因交通事故造成他人财产损失的，出卖方不承担民事责任。

在这则案例中，石某虽然还是车主，但货车实际由左某使用管理，在此期间发生的交通事故应由左某承担责任，与石某无关。

法条链接

《最高人民法院关于购买人使用分期付款购买的车辆从事运输因交通事故造成他人财产损失保留车辆所有权的出卖方不应承担民事责任的批复》

采取分期付款方式购车，出卖方在购买方付清全部车款前保留车辆所有权的，购买方以自己名义与他人订立货物运输合同并使用该车运输时，因交通事故造成他人财产损失的，出卖方不承担民事责任。

四、医疗损害责任

患者在诊疗活动中受到损害，应由谁来承担赔偿责任？

现实问题

一天夜里，龚某1岁的孩子小龚突然发高烧，龚某带着孩子到附近的社区医院看急症。由于夜里很晚了，只有一个值班医生，医生当时正在和女朋友“煲电话粥”，医生让龚某先在旁边等候，这个“电话粥”一说就是一个小时，等到医生放下电话来看小龚的时候，小龚已经因为延误了抢救时机而夭折了。龚某向社区医院提出索赔，但社区医院认为这是该医生的个人错误，与社区医院无关。那么，小龚的夭折该由谁来承担责任呢？

律师解答

依据《民法典》的规定，患者在诊疗活动中受到损害，医疗机构及其医务人员有过错的，由医疗机构承担赔偿责任。需要说明的是，患者在诊疗活动中受到损害，除了医疗机构或者其医务人员有过错的条件外，医疗机构及其医务人员的过错还要与患者的损害具有因果关系，医疗机构才承担赔偿责任。

在这则案例中，由于该医生延误抢救时机，直接导致小龚的夭折，存在严重的过错，该医生是社区医院的职工，其行为属于职务行为，应由社区医院承担赔偿责任。

法条链接

《中华人民共和国民法典》

第一千二百一十八条　患者在诊疗活动中受到损害，医疗机构或者其医务人员有过错的，由医疗机构承担赔偿责任。

医务人员未向患者说明病情和医疗措施，造成患者损害的，是否需要承担赔偿责任？

现实问题

温某一天夜里突然肚子疼，经医院检查确诊是急性阑尾炎，由于当时温某疼得厉害，医生在没有取得温某同意的情况下，就直接为温某实施了阑尾切除手术，谁知道温某本身体质不适合手术，手术过程中导致了其他的并发症，使温某其他器官受到感染，在医院救治了半年多才出院。出院后，温某要求医院赔偿其损失，但医院认为这是温某自身体质造成的。温某的损失该由谁来赔偿？

律师解答

依据《民法典》规定，医务人员在诊疗活动中应当向患者说明病情和医疗措施。需要实施手术、特殊检查、特殊治疗的，医务人员应当及时向患者说明医疗风险、替代医疗方案等情况，并取得其同意；不宜向患者说明的，应当向患者的近亲属说明，并取得其同意。医务人员未尽到上述义务，造成患者损害的，医疗机构应当承担赔偿责任。

在这则案例中，医院没有事先将手术方案告知温某，对造成温某的损害存在过错，应承担赔偿责任。

法条链接

《中华人民共和国民法典》

第一千二百一十九条　医务人员在诊疗活动中应当向患者说明病情和医疗措施。需要实施手术、特殊检查、特殊治疗的，医务人员应当及时向患者具体说明医疗风险、替代医疗方案等情况，并取得其明确同意；不能或者不宜向患者说明的，应当向患者的近亲属说明，并取得其明确同意。

医务人员未尽到前款义务，造成患者损害的，医疗机构应当承担赔偿责任。

未取得患者或者其近亲属意见抢救生命垂危的患者，患者有损害的，医疗机构是否需要承担赔偿责任？

现实问题

庄某在一次交通事故中受了重伤，被交警送到最近的医院抢救，经医生诊断，庄某颅内出血，必须立即实施开颅手术，否则就会有生命危险。由于庄某是独自驾车，暂时联系不上他的家人。在院长的批准下，医生实施了手术，但由于出血过多，庄某还是不幸去世了。庄某的家属以医院未经家属同意就进行手术为由，向医院提出索赔，医院认为当时做手术是为了抢救庄某，不同意赔偿。庄某的损失该由谁来赔偿呢？

律师解答

依据《民法典》的规定，因抢救生命垂危的患者等紧急情况，不能取得患者或者其近亲属意见的，经医疗机构负责人或者授权的负责人批准，可以立即实施相应的医疗措施。医务人员在抢救生命垂危的患者等紧急情况下已经尽到合理诊疗义务，医疗机构不承担赔偿责任。

在这则案例中，当时庄某生命垂危且没有家属在场，医院为了抢救庄某，在院长的批准下实施了手术，在手术过程中也尽到合理诊疗义务，不应承担责任。

法条链接

《中华人民共和国民法典》

第一千二百二十条　因抢救生命垂危的患者等紧急情况，不能取得患者或者其近亲属意见的，经医疗机构负责人或者授权的负责人批准，可以立即实施相应的医疗措施。

第一千二百二十四条　患者在诊疗活动中受到损害，有下列情形之一的，医疗机构不承担赔偿责任：

（一）患者或者其近亲属不配合医疗机构进行符合诊疗规范的诊疗；

（二）医务人员在抢救生命垂危的患者等紧急情况下已经尽到合理诊疗义务；

（三）限于当时的医疗水平难以诊疗。

前款第一项情形中，医疗机构或者其医务人员也有过错的，应当承担相应的赔偿责任。

医疗机构拒绝提供与纠纷有关的病历资料，受损害的患者该如何维权？

现实问题

柴某去年在甲医院做了一个阑尾切除手术，休养了半个月才出院，但出院后不久，柴某又开始觉得阑尾部位有隐隐的疼痛，到乙医院一检查，才知道原来手术没有做干净，还有一段阑尾没有切除。柴某找到甲医院要求赔偿，甲医院认为自身没有过错，不同意赔偿。但当柴某提出要求查阅病历时，甲医院却以这是医院内部文件为由拒绝提供。那么，在这种情况下，柴某该如何维护自己的权利呢？

律师解答

依据《民法典》的规定，患者有损害的，医疗机构拒绝提供与纠纷有关的病历资料，推定医疗机构有过错，由医疗机构承担赔偿责任。拒绝提供与纠纷有关的病历资料，一方面反映了医疗机构的恶意，另一方面使患者难以取得与医疗纠纷有关的证据资料，因此，应推定医疗机构有过错。

在这则案例中，医院拒绝提供与医疗纠纷有关的病历资料，应推定医院有过错，由医院对柴某承担赔偿责任。

法条链接

《中华人民共和国民法典》

第一千二百一十八条　患者在诊疗活动中受到损害，医疗机构或者其医务人员有过错的，由医疗机构承担赔偿责任。

第一千二百二十二条　患者在诊疗活动中受到损害，有下列情形之一的，推定医疗机构有过错：

（一）违反法律、行政法规、规章以及其他有关诊疗规范的规定；

（二）隐匿或者拒绝提供与纠纷有关的病历资料；

（三）遗失、伪造、篡改或者违法销毁病历资料。

输入不合格的血液造成患者损害的，患者该向谁请求赔偿？

现实问题

向某在一次交通事故中受了重伤，身体多处地方出血，送到医院抢救的时候输了大量的血液。向某外伤痊愈后，却突然查出患上了乙肝，后来经过调查，才得知是由于输入的血液存在问题，向某于是向医院提出索赔，但医院辩称使用的血液是从血站临时调来的，出现问题应该找血站，与医院无关。那么，法律对这种情况有相关规定吗？向某的损失该由谁来赔偿？

律师解答

依据《民法典》的规定，因药品、消毒药剂、医疗器械的缺陷，或者输入不合格的血液造成患者损害的，患者可以向药品上市许可持有人、生产者或者血液提供机构请求赔偿，也可以向医疗机构请求赔偿。患者向医疗机构请求赔偿的，医疗机构赔偿后，有权向负有责任的药品上市许可持有人、生产者或者血液提供机构追偿。

在这则案例中，向某可以向血站或医院提出索赔，如果向某向医院索赔，医院不能推诿。

法条链接

《中华人民共和国民法典》

第一千二百二十三条　因药品、消毒产品、医疗器械的缺陷，或者输入不合格的血液造成患者损害的，患者可以向药品上市许可持有人、生产者、血液提供机构请求赔偿，也可以向医疗机构请求赔偿。患者向医疗机构请求赔偿的，医疗机构赔偿后，有权向负有责任的药品上市许可持有人、生产者、血液提供机构追偿。

泄露患者隐私造成患者损害的，患者可以请求赔偿吗？

现实问题

古某本想通过隆乳整形带来自信，却反而带来了烦恼。原来为古某做整形手术的医院将古某整形前后的照片进行扩印，摆在医院的显眼位置当起了广告。由于没有对面部进行处理，古某的同事朋友都知道古某做了隆乳整形手术。古某因此精神压力很大，患上了抑郁症。古某向医院提出索赔，但医院认为这些照片都是事实，不同意赔偿。那么，古某的损失该由谁来赔偿？

律师解答

依据《民法典》的规定，医疗机构及其医务人员应当对患者的隐私和个人信息保密。泄露患者隐私和个人信息或者未经患者同意公开其病历资料，造成患者损害的，应当承担侵权责任。这是对医疗机构以及医务人员职业操守的要求，也是对患者隐私权的保护。

在这则案例中，该医院未经古某同意就使用其照片做广告，侵犯了古某的隐私，因此而对古某造成损害，应承担责任。

法条链接

《中华人民共和国民法典》

第一千二百二十六条　医疗机构及其医务人员应当对患者的隐私和个人信息保密。泄露患者的隐私和个人信息，或者未经患者同意公开其病历资料的，应当承担侵权责任。

医院随意让患者做不必要的检查，患者该怎么办呢？

现实问题

廖某是一名中学生，平时喜欢踢足球，在一次足球比赛中，廖某被对手铲伤了腿。家长带着廖某到社区医院拍了片子、做了CT，医生看了片子和CT后让廖某去市医院治疗。到了市医院，医生却不认可社区医院拍的片子和CT，于是又要求廖某再去拍片子、做CT。廖某的家长认为这是市医院故意在找理由收费，但为了给廖某看病也不敢提出意见。那么，医院可以随意让患者做不必要的检查吗？

律师解答

依据《民法典》的规定，医疗机构及其医务人员不得违反诊疗规范实施不必要的检查。本条是关于过度诊疗检查侵权行为的规定。过度检查行为，是指医疗机构或者医务人员违反基本诊疗规范，采取与患者疾病无关的、不必要的诊疗检查。

在这则案例中，市医院让刚刚拍了片子、做了CT的廖某再做一遍，不但会增加医疗费用，辐射也会对廖某的身体造成不必要的伤害，是不必要的检查，廖某的家长可以拒绝。

法条链接

《中华人民共和国民法典》

第一千二百二十七条　医疗机构及其医务人员不得违反诊疗规范实施不必要的检查。

五、饲养动物损害责任

饲养的动物造成他人损害的，由谁来承担侵权责任？

现实问题

谭某家里养了一条小狗，一天谭某带狗乘电梯，准备下楼遛狗，由于小狗平时一直很温顺，因此没有给狗戴嘴套。在电梯里，初中生申某拿出香肠去喂小狗，不料小狗突然发怒把申某咬伤。事发后，申某的家长要谭某赔偿相关损失，但谭某觉得这是意外，且是因为申某喂食造成的，故不同意赔偿。申某的损失该由谁来赔偿？

律师解答

依据《民法典》的规定，饲养的动物造成他人损害的，动物饲养人或者管理人应当承担侵权责任，但能够证明损害是因被侵权人故意或者重大过失造成的，可以不承担或者减轻责任。违反管理规定，未对动物采取安全措施造成他人损害的，动物饲养人或者管理人应当承担侵权责任。由于动物本身所具有的危险性，因此，动物致人损害的赔偿责任是一种特殊的民事侵权责任。

在这则案例中，谭某没有采取安全措施给狗戴嘴套，由此造成他人的损害，其应承担全部的责任。

法条链接

《中华人民共和国民法典》

第一千二百四十五条　饲养的动物造成他人损害的，动物饲养人或者管理人应当承担侵权责任；但是，能够证明损害是因被侵权人故意或者重大过失造成的，可以不承担或者减轻责任。

第一千二百四十六条　违反管理规定，未对动物采取安全措施造成他人损害的，动物饲养人或者管理人应当承担侵权责任；但是，能够证明损害是因被侵权人故意造成的，可以减轻责任。

动物园的动物造成他人损害的，由谁来承担侵权责任？

现实问题

赖某在周末带着女儿小赖到动物园去玩，在大象馆外的草坪上，两头体态庞大的非洲象引来众多游客围观。一些游客在用买来的饲料喂大象，一些游客在给大象拍照，还有一些游客用一些小石头扔大象。不料，一头大象突然发狂，竟用鼻子从地上卷起一块拳头大小的石头，朝人群扔去，石头正中小赖的头部，小赖顿时血流满面。赖某找动物园理论，但动物园认为这是意外，不同意赔偿。那么，法律对这种情况有相关规定吗？小赖的损失该由谁来赔偿？

律师解答

依据《民法典》的规定，动物园的动物造成他人损害的，动物园应当承担侵权责任，但能够证明尽到管理职责的，不承担责任。也就是说，如果动物园能够证明兽舍设施、设备没有瑕疵，有明显的警示牌，管理人员对游客挑逗、投打动物或者擅自翻越栏杆靠近动物等行为进行了劝阻，可以说该尽的管理职责已经做得很好了，那么动物园可以不承担侵权责任。否则，动物园就应当承担侵权责任。

在这则案例中，动物园没有对游客进行有效的管理，也没有及时制止游客对大象的挑逗行为，故应当对小赖的损害承担赔偿责任。

法条链接

《中华人民共和国民法典》

第一千二百四十八条　动物园的动物造成他人损害的，动物园应当承担侵权责任；但是，能够证明尽到管理职责的，不承担侵权责任。

遗弃、逃逸的动物在遗弃、逃逸期间造成他人损害的，由谁来承担侵权责任？

现实问题

印某饲养了一条狗，由于该狗天性好动，不服从指挥，经常给印某惹麻烦，于是印某在一次遛狗的途中将该狗遗弃。但几天过去了，白某却牵着狗找上了印某，原来该狗在被遗弃后将白某咬伤，白某是来向印某索赔的，但印某表示该狗被遗弃后咬人与自己无关。那么，法律对这种情况有规定吗？白某的损失该由谁来赔偿？

律师解答

依据《民法典》的规定，遗弃、逃逸的

动物在遗弃、逃逸期间造成他人损害的，由原动物饲养人或者管理人承担侵权责任。遗弃、逃逸的动物由于缺乏管理，加剧了对人和社会的危险性，为了社会公众利益，充分保护被侵权人利益，遗弃、逃逸动物的原饲养人或者管理人就应当对自己遗弃动物的行为，以及疏于管理没有尽到管理义务的行为承担责任。

在这则案例中，印某应当赔偿白某的损失，不能以已经遗弃该狗的借口来推诿。

法条链接

《中华人民共和国民法典》

第一千二百四十九条　遗弃、逃逸的动物在遗弃、逃逸期间造成他人损害的，由动物原饲养人或者管理人承担侵权责任。

因第三人的过错致使动物造成他人损害的，由谁来承担侵权责任？

现实问题

詹某是一名牧民，家里饲养了一匹马，拴在自家的院子里。龙某是一名游客，路过詹某家院子时看见马很漂亮，便拿小棍子拍马，并用带闪光灯的照相机给马拍照，马受惊挣脱绳子冲出门，把正巧路过的叶某撞伤。叶某向马主人詹某提出索赔，但詹某认为这起意外是龙某造成的。那么，叶某的损失该由谁来赔偿？

律师解答

依据《民法典》的规定，因第三人的过错致使动物造成他人损害的，被侵权人可以向动物饲养人或者管理人请求赔偿，也可以向第三人请求赔偿。动物饲养人或者管理人赔偿后，有权向第三人追偿。法律赋予被侵权人选择权，这样可使被侵权人获得法律救济、得到实际赔偿的可能性大大增加。

在这则案例中，叶某既可以要求动物饲养人詹某赔偿，也可以要求第三人龙某赔偿。

法条链接

《中华人民共和国民法典》

第一千二百五十二条　建筑物、构筑物或者其他设施倒塌、塌陷造成他人损害的，由建设单位与施工单位承担连带责任，但是建设单位与施工单位能够证明不存在质量缺陷的除外。建设单位、施工单位赔偿后，有其他责任人的，有权向其他责任人追偿。

因所有人、管理人、使用人或者第三人的原因，建筑物、构筑物或者其他设施倒塌、塌陷造成他人损害的，由所有人、管理人、使用人或者第三人承担侵权责任。

六、物件损害责任

阳台花盆坠落造成他人损害，需要承担侵权责任吗？

现实问题

武某刚刚退休，闲暇的时候喜欢养花，在武某的阳台上放了大大小小十几盆花，由于数量太多，武某把几盆花放到了阳台外面，只是简单地搭了块木板，没有太多的保护措施。一天突然刮起大风，将武某阳台上的花盆刮落，正好砸伤了路过的刘某，将刘某砸得头破血流。知道事情经过后，刘某向武某提出索赔，但武某认为这是天灾造成的意外，不同意赔偿。那么，武某的损失该由谁来赔偿？

律师解答

依据《民法典》的规定，建筑物、构筑物或者其他设施及其搁置物、悬挂物发生脱落、坠落造成他人损害，所有人、管理人或者使用人不能证明自己没有过错的，应当承担侵权责任。所有人、管理人或者使用人赔偿后，有其他责任人的，有权向其他责任人追偿。

在这则案例中，武某对阳台上的花盆没有尽到管理义务，对刘某损害的发生存在过错，应承担赔偿责任。

法条链接

《中华人民共和国民法典》

第一千二百五十三条　建筑物、构筑物或者其他设施及其搁置物、悬挂物发生脱落、坠落造成他人损害，所有人、管理人或者使用人不能证明自己没有过错的，应当承担侵权责任。所有人、管理人或者使用人赔偿后，有其他责任人的，有权向其他责任人追偿。

设施倒塌造成他人损害的，该由谁来承担侵权责任？

现实问题

宁某家附近正在盖新的住宅小区，一天宁某吃完饭后外出散步，突然下起了大雨，宁某就跑到工地的围墙下避雨，不料围墙突然倒塌，将宁某压在下面，致使宁某受了伤，所幸没有生命危险。宁某伤愈后找到工地理论，要求工地赔偿相关损失，但工地认为这是天灾，不同意赔偿。宁某的损失该由谁来赔偿？

律师解答

依据《民法典》的规定，建筑物、构筑物或者其他设施倒塌、塌陷造成他人损害的，由建设单位与施工单位承担连带责任，但是建设单位与施工单位能够证明不存在质量缺陷的除外。因所有人、管理人、使用人或者第三人的原因，建筑物、构筑物或者其他设施倒塌造成他人损害的，由所有人、管理人、使用人或者第三人承担侵权责任。

在这则案例中，墙被雨水弄倒塌，自然是质量不好，工地上的建设单位和施工单位要对宁某的损失承担连带赔偿责任。

法条链接

《中华人民共和国民法典》

第一千二百五十二条　建筑物、构筑物或者其他设施倒塌、塌陷造成他人损害的，由建设单位与施工单位承担连带责任，但是建设单位与施工单位能够证明不存在质量缺陷的除外。建设单位、施工单位赔偿后，有其他责任人的，有权向其他责任人追偿。

因所有人、管理人、使用人或者第三人的原因，建筑物、构筑物或者其他设施倒塌、塌陷造成他人损害的，由所有人、管理人、使用人或者第三人承担侵权责任。

抛掷或坠落的物品造成他人损害，难以确定具体侵权人的，该由谁来承担侵权责任？

现实问题

巫某最近很倒霉，一次外出散步的时候，突然被一幢大厦楼上扔下来的垃圾砸中脑袋，当场被砸得头破血流，所幸没有什么大碍。但出院后，当巫某找到该大楼的业主理论的时候，大厦的业主们不是说自己当时不在家，就是说垃圾不是自己扔的，没有一个人出来承担责任，这下巫某连索赔的对象都没有了。在这种情况下，巫某的损失该由谁来赔偿？

律师解答

依据《民法典》的规定，禁止从建筑物中抛掷物品。从建筑物中抛掷物品或者从建筑物上坠落的物品造成他人损害的，由侵权人依法承担侵权责任；经调查难以确定具体侵权人的，除能够证明自己不是侵权人的外，由可能加害的建筑物使用人给予补偿。

在这则案例中，大厦业主除非能够证明自己没有扔垃圾，否则应当对巫某进行补偿。

法条链接

《中华人民共和国民法典》

第一千二百五十四条　禁止从建筑物中抛掷物品。从建筑物中抛掷物品或者从建筑物上坠落的物品造成他人损害的，由侵权人依法承担侵权责任；经调查难以确定具体侵权人的，除能够证明自己不是侵权人的外，由可能加害的建筑物使用人给予补偿。可能加害的建筑物使用人补偿后，有权向侵权人追偿。

物业服务企业等建筑物管理人应当采取必要的安全保障措施防止前款规定情形的发生；未采取必要的安全保障措施的，应当依法承担未履行安全保障义务的侵权责任。

发生本条第一款规定的情形的，公安等机关应当依法及时调查，查清责任人。

堆放物倒塌致人损害的，该由谁来承担侵权责任?

现实问题

曲某和段某是邻居，曲某住3楼，段某住4楼，曲某由于家里东西多，就将一些家里不常用的东西堆在3楼和4楼之间的楼道上，日积月累，东西越堆越多，随时都有倒塌的危险，为此段某多次向曲某反映，但曲某一直置之不理。终于有一次，在段某上楼的时候，堆放的东西突然倒塌将段某砸伤。段某找曲某理论，但曲某认为这是段某自己不小心造成的，与其无关。那么，段某的损失该由谁来赔偿?

律师解答

依据《民法典》的规定，堆放物倒塌、滚落或者滑落造成他人损害，堆放人不能证明自己没有过错的，应当承担侵权责任。这是法律关于堆放物倒塌造成他人损害责任的规定。

在这则案例中，曲某对堆放物没有尽到管理的义务，对段某的受伤存在过错，应承担赔偿责任。

法条链接

《中华人民共和国民法典》

第一千二百五十五条　堆放物倒塌、滚落或者滑落造成他人损害，堆放人不能证明自己没有过错的，应当承担侵权责任。

在公共道路上堆放、倾倒、遗撒妨碍通行的物品造成他人损害的，该由谁来承担侵权责任?

现实问题

于某回家的必经之路是一条美食街，街两边都是餐馆。一天夜里，于某下夜班回家，突然脚下打滑摔倒在地，手臂被擦破。事后于某才知道原来是美食街上的一家餐馆为了图省事，直接把废油和泔水倾倒在了路边，这才导致于某打滑摔倒。于某找到该餐厅要求赔偿，但该餐厅认为其他餐厅也是这么做的，于某摔倒是自己不小心造成的。那么，法律对这种情况有规定吗? 于某的损失该由谁来赔偿?

律师解答

依据《民法典》的规定，在公共道路上堆放、倾倒、遗撒妨碍通行的物品造成他人损害的，由行为人承担侵权责任。公共道路管理人不能证明已经尽到清理、防护、警示等义务的，应当承担相应的责任。这是法律关于在公共道路上堆放、倾倒、遗撒妨碍通行物造成他人损害责任的规定。任何人都应当遵守道路管理规则，避免在道路上堆放、倾倒、遗撒妨碍通行物。

在这则案例中，餐厅将废油和泔水直接

倾倒在公共道路上，对他人造成损害的，应承担侵权责任。

法条链接

《中华人民共和国民法典》

第一千二百五十六条 在公共道路上堆放、倾倒、遗撒妨碍通行的物品造成他人损害的，由行为人承担侵权责任。公共道路管理人不能证明已经尽到清理、防护、警示等义务的，应当承担相应的责任。

因林木折断造成他人损害的，该由谁来承担侵权责任？

现实问题

陆某租住的四合院里有一棵大树，由于常年没有人照顾，树干和树枝都已经干枯，陆某多次向房东翁某反映这个情况，但翁某都置之不理，终于在一次暴雨后，一根很粗的树枝突然折断，正巧将经过的陆某砸伤。陆某要求翁某赔偿损失，但翁某认为树枝折断是自然原因造成的，与其无关。那么，法律对这种情况有规定吗？陆某的损失该由谁来赔偿？

律师解答

依据《民法典》的规定，因林木折断、倾倒或者果实坠落等造成他人损害，林木的所有人或者管理人不能证明自己没有过错的，应当承担侵权责任。这是法律关于林木折断造成他人损害责任的规定。

在这则案例中，翁某没有对该树木尽到管理义务，及时进行修剪和处理，应对陆某的损失承担责任。

法条链接

《中华人民共和国民法典》

第一千二百五十七条 因林木折断、倾倒或者果实坠落等造成他人损害，林木的所有人或者管理人不能证明自己没有过错的，应当承担侵权责任。

修缮安装地下设施，未采取安全措施造成他人损害的，该由谁来承担侵权责任？

现实问题

程某所在的城市正在大规模地修缮地下排水管道，很多地方的地面都被挖开施工。一天程某下班开车回家，行驶过一个转弯路口后，程某的车子突然陷入一个大坑，车的底盘被磕坏，所幸人没事。事后才知道原来这段路今天开始修缮了，施工人员把路挖开，但是没有设置相应的警示标志。程某找到施工队讨要说法，但施工队认为地上挖开了这么大一个坑，程某应当看得见，不同意赔偿。那么，程某的损失该由谁来赔偿？

律师解答

依据《民法典》的规定，在公共场所或者道路上挖掘、修缮安装地下设施等造成他人损害，施工人不能证明已经设置明显标志和采取安全措施的，应当承担侵权责任。公共场所是不特定人聚集、通行的场所，在这些场所施工，很有可能对他人造成损害，因此，需要更加注意保护他人的安全。

在这则案例中，施工队没有设置明显的标志，也没有采取安全措施，应对程某的损失承担责任。

法条链接

《中华人民共和国民法典》

第一千二百五十八条 在公共场所或者道路上挖掘、修缮安装地下设施等造成他人损害，施工人不能证明已经设置明显标志和采取安全措施的，应当承担侵权责任。

窨井等地下设施造成他人损害，管理人不能证明尽到管理职责的，应当承担侵权责任。

地下设施造成他人损害的，该由谁来承担侵权责任？

现实问题

龚某平时骑自行车上下班，在上下班的路上会经过几处窨井，窨井上面的盖子经常会被小偷偷去卖废铁，但市政部门却没能采取什么有效的措施。一天龚某下夜班，当他骑到一处昏暗路段时，突然自行车前轮摔到了窨井里，龚某也被摔得头破血流，自行车也摔坏了，原来窨井的盖子又被偷走了。龚某向管理该路段的市政部门讨要说法，但市政部门称窨井盖是小偷偷走的，与他们无关。那么，法律对这种情况有相关规定吗？龚某的损失该由谁来赔偿？

律师解答

依据《民法典》的规定，窨井等地下设施造成他人损害，管理人不能证明尽到管理职责的，应当承担侵权责任。这是法律关于窨井等地下设施造成他人损害责任的规定。《民法典》明确了窨井等地下设施致人损害时责任的承担，有利于保护被侵权人的利益，也有利于促使地下设施的管理人认真履行职责，确保窨井等地下设施的安全，保护公众合法权益。

在这则案例中，市政部门没有尽到管理职责，采取有效措施防止盗窃，应对龚某的损失承担责任。

法条链接

《中华人民共和国民法典》

第一千二百五十八条　在公共场所或者道路上挖掘、修缮安装地下设施等造成他人损害，施工人不能证明已经设置明显标志和采取安全措施的，应当承担侵权责任。

窨井等地下设施造成他人损害，管理人不能证明尽到管理职责的，应当承担侵权责任。

第七章　民事诉讼篇
——法院诉讼，并不神秘

邻里之间产生纠纷，该到哪一级的人民法院起诉？

现实问题

赵某和钱某是楼上楼下的邻居，赵某住在楼上，一次，因为赵某家的排水管出现故障，导致脏水顺着墙壁流到了钱某家，不但弄脏了墙壁，还弄坏了地板，钱某向赵某提出索赔，但赵某却置之不理。无奈之下，钱某准备向法院起诉，但具体该去哪一个法院，钱某没了方向。那么，法律对此是怎么规定的呢？

律师解答

依据《民事诉讼法》的规定，基层人民法院管辖第一审民事案件，但本法另有规定的除外。

邻里纠纷属于一般的民事纠纷，不存在专属管辖等特殊情况，因此应到基层人民法院起诉。

法条链接

《中华人民共和国民事诉讼法》

第十七条　基层人民法院管辖第一审民事案件，但本法另有规定的除外。

被告不是本地人，该到哪个法院去起诉？

现实问题

孙某和李某都是做生意的，在一次朋友聚会上相识，一来二去成了朋友。一次孙某向李某提出借5万元现金周转，李某爽快地答应了。但到了还款的时间，孙某却以种种理由搪塞。经查，孙某不是本地人，但在当地做生意已经三年，一直租房子住。无奈之下，李某准备向法院起诉，但具体该去哪一个法院，是要到孙某老家起诉，还是在本地起诉，李某没了方向。那么，法律对此是怎么规定的呢？

律师解答

依据《民事诉讼法》以及相关司法解释的规定，对公民提起的民事诉讼，由被告住所地人民法院管辖；被告住所地与经常居住地不一致的，由经常居住地人民法院管辖。公民的经常居住地是指公民离开住所地至起诉时已连续居住一年以上的地方。但公民住院就医的地方除外。

在本案中，孙某虽然不是本地人，但在当地已经连续居住三年，李某可以直接到孙某租房所在地基层人民法院起诉。

法条链接

《中华人民共和国民事诉讼法》

第二十一条　对公民提起的民事诉讼，由被告住所地人民法院管辖；被告住所地与经常居住地不一致的，由经常居住地人民法院管辖。

对法人或者其他组织提起的民事诉讼，由被告住所地人民法院管辖。

同一诉讼的几个被告住所地、经常居住地在两个以上人民法院辖区的，各该人民法院都有管辖权。

《最高人民法院关于适用〈中华人民共和国民事诉讼法〉的解释》

第三条　公民的住所地是指公民的户籍所在地，法人或者其他组织的住所地是指法人或者其他组织的主要办事机构所在地。

法人或者其他组织的主要办事机构所在地不能确定的，法人或者其他组织的注册地或者登记地为住所地。

第四条　公民的经常居住地是指公民离开住所地至起诉时已连续居住一年以上的地方，但公民住院就医的地方除外。

丈夫在国外，妻子该向哪个法院起诉离婚？

现实问题

周某（男）是美籍华人，和吴某（女）在国内登记结婚。两人本来约定周某先回美国，再把吴某接去美国。但婚后不久两人就发生了激烈的争吵，周某一怒之下就回了美国，从此与吴某失去了联系，这种状态一晃就是两年。无奈之下，吴某准备向法院起诉离婚，但具体该去哪一个法院起诉呢？

律师解答

依据《民事诉讼法》的规定，对不在中华人民共和国领域内居住的人提起的有关身份关系的诉讼，由原告住所地人民法院管辖；原告住所地与经常居住地不一致的，由原告经常居住地人民法院管辖。

本案中，周某是美籍华人，不在国内居住，吴某可以直接到自己的住所地或经常居住地人民法院起诉离婚。

法条链接

《中华人民共和国民事诉讼法》

第二十二条　下列民事诉讼，由原告住所地人民法院管辖；原告住所地与经常居住地不一致的，由原告经常居住地人民法院管辖：

（一）对不在中华人民共和国领域内居住的人提起的有关身份关系的诉讼；

（二）对下落不明或者宣告失踪的人提起的有关身份关系的诉讼；

（三）对被采取强制性教育措施的人提起的诉讼；

（四）对被监禁的人提起的诉讼。

丈夫下落不明，妻子该向哪个法院起诉离婚？

现实问题

郑某（男）和王某（女）是老乡，在老家登记结婚后一起到A市打拼，两人做点小生意，日子过得还算不错。一次郑某去外地山区进货，乘坐的大巴在途中遇到了泥石流，连人带车被冲下了山崖，从此与王某失去了联系，这种状态一晃就是两年。无奈之下，王某准备向法院起诉离婚，但不知该向哪个法院起诉。那么，法律对此是怎么规定的呢？

律师解答

依据《民事诉讼法》的规定，对下落不明或者宣告失踪的人提起的有关身份关系的诉讼，由原告住所地人民法院管辖；原告住所地与经常居住地不一致的，由原告经常居住地人民法院管辖。

在本案中，郑某下落不明，王某可以直接到其自己的住所地或经常居住地人民法院起诉离婚。

法条链接

《中华人民共和国民事诉讼法》

第二十二条　下列民事诉讼，由原告住所地人民法院管辖；原告住所地与经常居住地不一致的，由原告经常居住地人民法院管辖：

（一）对不在中华人民共和国领域内居住的人提起的有关身份关系的诉讼；

（二）对下落不明或者宣告失踪的人提起的有关身份关系的诉讼；

（三）对被采取强制性教育措施的人提起的诉讼；

（四）对被监禁的人提起的诉讼。

丈夫被监禁的，妻子该向哪个法院起诉离婚？

现实问题

冯某（男）和陈某（女）是老乡，在老家登记结婚后一起到A市打拼，两人做点小生意，日子过得还算不错。哪知道冯某在日子好过后却染上了赌博的恶习，陈某多次劝说无果，冯某反而变本加厉，终于因为赌博罪被判处有期徒刑三年。无奈之下，陈某决定向法院起诉离婚，但具体该去哪一个法院，陈某没了主意。法律对此是怎么规定的呢？

律师解答

依据《民事诉讼法》的规定，对被监禁的人提起的诉讼，由原告住所地人民法院管辖；原告住所地与经常居住地不一致的，由原告经常居住地人民法院管辖。

在本案中，冯某被监禁，陈某可以直接到其自己的住所地或经常居住地人民法院起诉离婚。

法条链接

《中华人民共和国民事诉讼法》

第二十二条　下列民事诉讼，由原告住所地人民法院管辖；原告住所地与经常居住地不一致的，由原告经常居住地人民法院管辖：

（一）对不在中华人民共和国领域内居住的人提起的有关身份关系的诉讼；

（二）对下落不明或者宣告失踪的人提起的有关身份关系的诉讼；

（三）对被采取强制性教育措施的人提起的诉讼；

（四）对被监禁的人提起的诉讼。

老人追索赡养费的案件，该向哪个法院起诉？

现实问题

卫某是一名退休老人，老伴已经去世，两个孩子分别在两个城市打工，由于退休工资无法满足日常开支，卫某多次向两个孩子索要赡养费，但两个孩子都以种种理由搪塞。无奈之下，卫某准备向法院起诉追索赡养费，请问卫某应当向哪个法院起诉？

律师解答

依据《民事诉讼法》以及相关司法解释的规定，一般情况下，对公民提起的民事诉讼，由被告住所地人民法院管辖；被告住所地与经常居住地不一致的，由经常居住地人民法院管辖。追索赡养费案件的几个被告住所地不在同一辖区的，可以由原告住所地人民法院管辖。

在本案中，卫某的两个孩子都不在本地，且不在同一辖区，因此卫某可以直接到自己的住所地人民法院起诉追索赡养费。

法条链接

《中华人民共和国民事诉讼法》

第二十一条　对公民提起的民事诉讼，由被告住所地人民法院管辖；被告住所地与经常居住地不一致的，由经常居住地人民法院管辖。

对法人或者其他组织提起的民事诉讼，由被告住所地人民法院管辖。

同一诉讼的几个被告住所地、经常居住地在两个以上人民法院辖区的，各该人民法院都有管辖权。

《最高人民法院关于适用〈中华人民共和国民事诉讼法〉的解释》

第九条　追索赡养费、抚育费、扶养费案件的几个被告住所地不在同一辖区的，可以由原告住所地人民法院管辖。

丈夫常年在外打工，妻子该向哪个法院起诉离婚？

现实问题

韩某（男）和杨某（女）经人介绍相亲后登记结婚，婚后不久，韩某就到外地打工，一开始韩某还常会回家看看，寄些钱贴补家用，可到后来的几年，韩某几乎就不回家了，也不再寄钱贴补家用。无奈之下，杨某准备向法院起诉离婚，根据规定，哪个法院对此案享有管辖权？

律师解答

依据《民事诉讼法》相关司法解释的规定，夫妻一方离开住所地超过一年，另一方起诉离婚的案件，由原告住所地人民法院管辖。

在本案中，韩某常年在外打工，离家时间早已超过一年，因此杨某可以直接到自己的住所地人民法院起诉离婚。

法条链接

《最高人民法院关于适用〈中华人民共和国民事诉讼法〉的解释》

第十二条　夫妻一方离开住所地超过一年，另一方起诉离婚的案件，可以由原告住所地人民法院管辖。

夫妻双方离开住所地超过一年，一方起诉离婚的案件，由被告经常居住地人民法院管辖；没有经常居住地的，由原告起诉时被告居住地人民法院管辖。

因侵权行为提起的诉讼，该向哪个法院起诉？

现实问题

朱某和秦某在酒吧里因为一点琐事发生肢体冲突，朱某将秦某打伤，对于赔偿的数额，双方没有达成一致，警方告知秦某可以向朱某提出民事诉讼。经查，朱某不是本地人，在当地的居住时间还不满一年。秦某准备向法院起诉，但具体该去哪一个法院，是要到朱某老家起诉，还是在本地起诉，秦某没了方向。那么，法律对此是怎么规定的呢？

律师解答

依据《民事诉讼法》的规定，因侵权行为提起的诉讼，由侵权行为地或者被告住所地人民法院管辖。

在本案中，朱某虽然不是本地人，经常居住地也不在当地，但由于朱某打伤秦某是侵权行为，因此秦某可以直接到酒吧所在地的人民法院起诉。

法条链接

《中华人民共和国民事诉讼法》

第二十八条　因侵权行为提起的诉讼，由侵权行为地或者被告住所地人民法院管辖。

因继承遗产纠纷提起的诉讼，该向哪个法院起诉？

现实问题

尤某是一名退休老人，一直居住在A市B区的房子里直到去世。尤某有四个子女，分别居住在A市C区和D市，因如何继承尤某遗留的房产产生了纠纷，多次协商无果后，子女们决定用诉讼的方式彻底解决纠纷。但具体该去哪一个法院，是要到尤某房产所在的A市B区起诉，还是要去子女居住的A市C区或D市起诉，子女们没了方向。那么，法律对此是怎么规定的呢？

律师解答

依据《民事诉讼法》的规定，因继承遗产纠纷提起的诉讼，由被继承人死亡时住所地或者主要遗产所在地人民法院管辖。

在本案中，尤某的住所地和主要遗产房屋的所在地都在A市B区，因此子女们可以到A市B区的人民法院起诉。

法条链接

《中华人民共和国民事诉讼法》

第三十三条　下列案件，由本条规定的人民法院专属管辖：

（一）因不动产纠纷提起的诉讼，由不动产所在地人民法院管辖；

（二）因港口作业中发生纠纷提起的诉讼，由港口所在地人民法院管辖；

（三）因继承遗产纠纷提起的诉讼，由被继承人死亡时住所地或者主要遗产所在地人民法院管辖。

法官是对方当事人的亲戚该怎么办？

现实问题

许某因与何某产生了合同纠纷，将何某起诉到了法院。何某在开庭前就对许某说自己法院有人，许某是绝对告不了他的。在庭审过程中，许某果然发现何某和主审法官很熟悉，后经打听才知道原来主审法官是何某的父亲。那么，此时许某该如何保护自己的权利呢？法律对这种情况是怎么规定的呢？

律师解答

依据《民事诉讼法》的规定，审判人员是本案当事人的近亲属，必须回避，当事人有权用口头或者书面方式申请他们回避。

在本案中，主审法官是何某的父亲，是近亲属，许某有权申请其回避。

法条链接

《中华人民共和国民事诉讼法》

第四十四条　审判人员有下列情形之一的，应当自行回避，当事人有权用口头或者书面方式申请他们回避：

（一）是本案当事人或者当事人、诉讼代理人近亲属的；

（二）与本案有利害关系的；

（三）与本案当事人、诉讼代理人有其他关系，可能影响对案件公正审理的。

审判人员接受当事人、诉讼代理人请客送礼，或者违反规定会见当事人、诉讼代理人的，当事人有权要求他们回避。

审判人员有前款规定的行为的，应当依法追究法律责任。

前三款规定，适用于书记员、翻译人员、鉴定人、勘验人。

第四十五条　当事人提出回避申请，应当说明理由，在案件开始审理时提出；回避事由在案件开始审理后知道的，也可以在法庭辩论终结前提出。

被申请回避的人员在人民法院作出是否回避的决定前，应当暂停参与本案的工作，但案件需要采取紧急措施的除外。

当事人在诉讼中享有哪些权利义务？

现实问题

吕某和施某在履行双方之间合同的过程中产生了纠纷，在协商无果的情况下，两人决定将纠纷起诉到法院解决，但两人之前都没有去过法院，对于在法院诉讼过程中自己享有的权利和应尽的义务都不清楚。那么，当事人在诉讼中享有哪些权利义务？

律师解答

依据《民事诉讼法》的规定，当事人在诉讼中的权利义务包括：委托代理人，提出回避申请，收集、提供证据，进行辩论，请求调解，提起上诉，申请执行，查阅、复制本案有关材料，自行和解，放弃或者变更诉讼请求，承认或者反驳诉讼请求，提起反诉，依法行使诉讼权利，遵守诉讼秩序，履行发生法律效力的判决书、裁定书和调解书等。

法条链接

《中华人民共和国民事诉讼法》

第四十九条　当事人有权委托代理人，提出回避申请，收集、提供证据，进行辩论，请求调解，提起上诉，申请执行。

当事人可以查阅本案有关材料，并可以复制本案有关材料和法律文书。查阅、复制本案有关材料的范围和办法由最高人民法院规定。

当事人必须依法行使诉讼权利，遵守诉讼秩序，履行发生法律效力的判决书、裁定书和调解书。

第五十条　双方当事人可以自行和解。

第五十一条　原告可以放弃或者变更诉讼请求。被告可以承认或者反驳诉讼请求，有权提起反诉。

未成年人权益受到侵害，该由谁提起诉讼？

现实问题

张某是一名年仅9岁的小学生，在一次和同学出去玩的途中被孔某驾驶的汽车撞伤，住院治疗了一个星期才出院。张某的父母多次找到孔某要求赔偿损失，但孔某却以种种借口搪塞，在协商无果的情况下，张某的父母决定起诉孔某，但张某是个未成年人，没有诉讼行为能力，不能独立提起诉讼。那么，该由谁来替张某提起诉讼呢？

律师解答

依据《民事诉讼法》的规定，无诉讼行为能力人由他的监护人作为法定代理人代为诉讼。法定代理人之间互相推诿代理责任的，由人民法院指定其中一人代为诉讼。

在本案中，张某只有9岁，是无诉讼行为能力人，应由其监护人父母作为法定代理人代为提起诉讼。

法条链接

《中华人民共和国民事诉讼法》

第五十七条　无诉讼行为能力人由他的监护人作为法定代理人代为诉讼。法定代理人之间互相推诿代理责任的，由人民法院指定其中一人代为诉讼。

诉讼案件中当事人一定要本人到庭吗？

现实问题

曹某和严某原来是朋友，一起合作做生意。合作过程中因为一些问题产生了纠纷，在协商无果的情况下，两人决定将纠纷提交法院解决。起诉后，曹某觉得和严某对簿公堂感情上接受不了，想委托律师代为出庭，但又不清楚是不是委托了律师自己就可以不出庭。那么，诉讼案件中当事人一定要本人到庭吗？

律师解答

依据《民事诉讼法》的规定，当事人、法定代理人可以委托一至二人作为诉讼代理人。离婚案件有诉讼代理人的，本人除不能表达意志的以外，仍应出庭；确因特殊情况无法出庭的，必须向人民法院提交书面意见。

在本案中，两人的纠纷不是离婚纠纷，任何一方都可以委托符合条件的诉讼代理人代为出庭，而不必本人亲自出庭。

法条链接

《中华人民共和国民事诉讼法》

第五十八条　当事人、法定代理人可以委托一至二人作为诉讼代理人。

下列人员可以被委托为诉讼代理人：

（一）律师、基层法律服务工作者；

（二）当事人的近亲属或者工作人员；

（三）当事人所在社区、单位以及有关社会团体推荐的公民。

第六十二条　离婚案件有诉讼代理人的，本人除不能表达意志的以外，仍应出庭；确因特殊情况无法出庭的，必须向人民法院提交书面意见。

哪些材料可以作为认定事实的证据？

现实问题

华某和金某在履行双方合作协议的过程中产生了纠纷，在双方协商未果的情况下，华某决定将金某告到法院，让法院来解决双方的纠纷。为了证明自己的主张，华某收集了大量的材料，有合同，有往来信函，有电话录音，还有证人等，面对众多材料，华某有些犯晕，不知道哪些可以作为证据向法院提交。那么，法律对于证据有什么相关规定吗？

律师解答

依据《民事诉讼法》的规定，下列材料经过查证属实，可以作为认定事实的根据：（1）当事人的陈述；（2）书证；（3）物证；（4）视听资料；（5）电子数据；（6）证人证言；（7）鉴定意见；（8）勘验笔录。

法条链接

《中华人民共和国民事诉讼法》

第六十三条　证据包括：

（一）当事人的陈述；

（二）书证；

（三）物证；

（四）视听资料；

（五）电子数据；

（六）证人证言；

（七）鉴定意见；

（八）勘验笔录。

证据必须查证属实，才能作为认定事实的根据。

法院审理案件是不是可以久调不决？

现实问题

魏某和陶某是夫妻，后因感情破裂，魏某起诉到法院要求离婚。主审案件的是一名中年法官，为了和谐地处理双方纠纷，法官先是调解双方不要离婚，在和好的可能性破灭后，法官又对双方离婚进行调解，前前后后调解了七八次，就是不开庭审理，这让魏某很困惑。那么，离婚案件可以久调不决吗？

律师解答

依据《民事诉讼法》及其相关司法解释的规定，人民法院审理民事案件，根据当事人自愿的原则，在事实清楚的基础上，分清是非，进行调解。人民法院审理离婚案件，应当进行调解，但不应久调不决。

在本案中，法官进行调解是没错的，但不应该久调不决，对于调解未达成协议的，法院应当及时判决。

法条链接

《中华人民共和国民事诉讼法》

第九十三条　人民法院审理民事案件，根据当事人自愿的原则，在事实清楚的基础上，分清是非，进行调解。

第九十六条　调解达成协议，必须双方自愿，不得强迫。调解协议的内容不得违反法律规定。

第九十九条　调解未达成协议或者调解书送达前一方反悔的，人民法院应当及时判决。

《最高人民法院关于适用〈中华人民共和国民事诉讼法〉的解释》

第一百四十五条　人民法院审理民事案件，应当根据自愿、合法的原则进行调解。当事人一方或者双方坚持不愿调解的，应当及时裁判。

人民法院审理离婚案件，应当进行调解，但不应久调不决。

被告在诉讼过程中转移财产，原告该怎么办？

现实问题

姜某和谢某是生意上的朋友，一次姜某向谢某借款 10 万元作为周转资金，谢某爽快地答应了，可到了还款期限，姜某却耍起了无赖。无奈之下，谢某将姜某告上了法院，但在庭审过程中，谢某了解到姜某为了逃避债务，正在私下转移自己的财产，那么，此时姜某该采取什么措施来维护自己的权利呢？

律师解答

依据《民事诉讼法》的规定，人民法院对于可能因当事人一方的行为或者其他原因，使判决难以执行或者造成当事人其他损害的案件，根据对方当事人的申请，可以裁定对其财产进行保全、责令其作出一定行为或禁止其作出一定行为。

在本案中，由于谢某存在转移财产的行为，可能导致判决难以执行，此时姜某可以向法院申请财产保全来维护自身的权利。

法条链接

《中华人民共和国民事诉讼法》

第一百条　人民法院对于可能因当事人一方的行为或者其他原因，使判决难以执行或者造成当事人其他损害的案件，根据对方当事人的申请，可以裁定对其财产进行保全、责令其作出一定行为或者禁止其作出一定行为；当事人没有提出申请的，人民法院在必要时也可以裁定采取保全措施。

人民法院采取保全措施，可以责令申请人提供担保，申请人不提供担保的，裁定驳回申请。

人民法院接受申请后，对情况紧急的，必须在四十八小时内作出裁定；裁定采取保全措施的，应当立即开始执行。

当事人交纳诉讼费用确有困难，该怎么办？

现实问题

喻某是一名独居老人，没有子女，生活仅仅靠退休工资维持，平时生活比较困难。一次喻某外出散步，被章某驾驶的汽车撞伤，住院治疗一个月才出院。经鉴定喻某的伤势已构成八级伤残。出院后，喻某向章某提出索赔，要求赔偿相关损失，但章某却置之不理。喻某想去法院起诉，但又担心自己没钱交诉讼费。那么，此时喻某该如何来维护自己的权利呢？

律师解答

依据《民事诉讼法》的规定，当事人交纳诉讼费用确有困难的，可以按照规定向人民法院申请缓交、减交或者免交。

在本案中，喻某不必担心诉讼费问题，因为其交纳诉讼费用确有困难，可以向人民法院申请缓交、减交或者免交。

法条链接

《中华人民共和国民事诉讼法》

第一百一十八条　当事人进行民事诉讼，应当按照规定交纳案件受理费。财产案件除交纳案件受理费外，并按照规定交纳其他诉讼费用。

当事人交纳诉讼费用确有困难的，可以按照规定向人民法院申请缓交、减交或者免交。

收取诉讼费用的办法另行制定。

第八章 劳动篇
——安心工作，依法用工

一、劳动合同的订立

用人单位能够单方修改员工手册吗？

现实问题

小李是某公司的财务，在进公司伊始，曾经在公司员工手册上签字确认已经了解该公司的相应规定。工作半年后，公司总经理突然召集全体员工开会，通知所有员工，公司的上班时间从原先的9:00～17:00改为9:00～18:00，中间一小时为休息吃饭时间，予以在工作时间内扣除。小李就修改员工手册的事项询问公司总经理为什么不召开职工会议进行讨论，总经理表示，公司的员工都是为公司打工的，员工手册制定与修改的权利在于公司，员工只能接受，如不愿意接受可以辞职。那么，法律是怎么规定的呢？

律师解答

根据《劳动合同法》的规定，用人单位在制定、修改或者决定有关劳动报酬、工作时间、休息休假、劳动安全卫生、保险福利、职工培训、劳动纪律以及劳动定额管理等直接涉及劳动者切身利益的规章制度或者重大事项时，应当经职工代表大会或者全体职工讨论，提出方案和意见，与工会或者职工代表平等协商确定。

所以，小李所在公司的做法是不对的，公司如欲变更工作时间，应当经过职代会或全体职工讨论，协商确定。

法条链接

《中华人民共和国劳动合同法》

第四条　用人单位应当依法建立和完善劳动规章制度，保障劳动者享有劳动权利、履行劳动义务。

用人单位在制定、修改或者决定有关劳动报酬、工作时间、休息休假、劳动安全卫生、保险福利、职工培训、劳动纪律以及劳动定额管理等直接涉及劳动者切身利益的规章制度或者重大事项时，应当经职工代表大会或者全体职工讨论，提出方案和意见，与工会或者职工代表平等协商确定。

在规章制度和重大事项决定实施过程中，工会或者职工认为不适当的，有权向用人单位提出，通过协商予以修改完善。

用人单位应当将直接涉及劳动者切身利益的规章制度和重大事项决定公示，或者告知劳动者。

劳动者在应聘时，有权了解用人单位的劳动报酬吗？

现实问题

郭小姐前往某外资企业面试，面试后公司人事部经理当即告知郭小姐三天后可以来上班了，郭小姐询问相关待遇情况，人事部经理表示，郭小姐还未与公司签订合同，在还没签订前公司不便透露，等三天后郭小姐肯去上班了，签合同时自然就知道了。郭小姐很是想不通，难道在不知道具体待遇的情况下就要开始上班了？可是不知道具体待遇如何决定究竟上不上班呢？

律师解答

根据法律的规定，了解劳动报酬是劳动者在应聘时的一种权利，因为只有在具体了解了用人单位所涉及的工作内容、工作条件、工作地点、职业危害、安全生产状况、劳动报酬等情况后，劳动者才能充分考量是否适合该工作，上述案例中外资企业的做法是不对的。

法条链接

《中华人民共和国劳动合同法》

第八条　用人单位招用劳动者时，应当如实告知劳动者工作内容、工作条件、工作地点、职业危害、安全生产状况、劳动报酬，以及劳动者要求了解的其他情况；用人单位有权了解劳动者与劳动合同直接相关的基本情况，劳动者应当如实说明。

用人单位招用劳动者，可以扣押劳动者的身份证件吗？

现实问题

崔小姐至某有限公司应聘前台，公司当即录取了崔小姐，并要求崔小姐马上与公司订立劳动合同，并要求她将身份证拿出来复印留底，崔小姐很开心，于是将身份证交给人事经理。但在签完劳动合同后，公司人事经理表示，为了更好地监督崔小姐之后的工作，要暂时扣押崔小姐的身份证，直到试用期满了再予退还，崔小姐当即与该人事经理发生冲突，要求归还其身份证。那么，该人事经理的做法合法吗？

律师解答

根据《劳动合同法》的相关规定，用人单位招用劳动者，不得扣押劳动者的居民身份证和其他证件。

对该企业而言，无论在何种情况下，无论以什么理由，都不能扣押劳动者的身份证及其他证件。扣押证件的行为是违法行为，会受到相应的行政处罚。

法条链接

《中华人民共和国劳动合同法》

第九条　用人单位招用劳动者，不得扣押劳动者的居民身份证和其他证件，不得要求劳动者提供担保或者以其他名义向劳动者收取财物。

用人单位招用劳动者，可以向劳动者收取押金吗？

现实问题

王某被某饭店录取，在前去报到并签订劳动合同时，领班要求王某支付1000元押金，理由是，该饭店提供王某两套工作服价值1000元，如果将来王某不做了，工作服有任何破损的，均从押金中扣除。王某表示，是饭店要求员工穿工作服，并不是员工本身自愿穿的，为什么在已经被要求穿工作服后还要交押金？

律师解答

根据《劳动合同法》的相关规定，用人单位招用劳动者，不得要求劳动者提供担保或者以其他名义向劳动者收取财物。

对该企业而言，向员工收取服装押金的做法是违法的，没有收取的不能再收取，已经收取的应当无条件立即退还。

法条链接

《中华人民共和国劳动合同法》

第九条　用人单位招用劳动者，不得扣押劳动者的居民身份证和其他证件，不得要求劳动者提供担保或者以其他名义向劳动者收取财物。

分公司有权与劳动者订立劳动合同吗？

现实问题

小周至某投资公司的分公司工作，在签订劳动合同时，小周发现，合同上的用人单位为该投资公司的分公司，而非投资公司，小周感到很疑惑，难道分公司也是《劳动合同法》所规定的可以作为用人单位的吗？

律师解答

小周所遇到的情况，如该分公司是依法取得营业执照或者登记证书的，那么依照《劳动合同法》的规定，是可以作为用人单位与他订立劳动合同的；但是如果该分公司未依法取得营业执照或者登记证书的，那么，在受投资公司委托的情况下，以投资公司的名义，可以与小周订立劳动合同。

法条链接

《中华人民共和国劳动合同法实施条例》

第四条　劳动合同法规定的用人单位设立的分支机构，依法取得营业执照或者登记证书的，可以作为用人单位与劳动者订立劳动合同；未依法取得营业执照或者登记证书的，受用人单位委托可以与劳动者订立劳动合同。

子公司有权与劳动者订立劳动合同吗？

现实问题

刘某至某大型集团公司所属的子公司就职，在报到第一天签订劳动合同时，刘某发现，该劳动合同上的用人单位为该集团公司的子公司，而非集团公司，刘某当即就该点询问人事部经理，人事部经理表示，既然是在子公司上班，则自然是与子公司订立劳动合同。那么，人事部经理的说法正确吗？

律师解答

子公司是指一定数额的股份被另一公司控制或依照协议被另一公司实际控制、支配的公司。子公司具有独立的法人资格，拥有自己所有的财产，自己的公司名称、章程和董事会，以自己的名义开展经营活动、从事各类民事活动，独立承担公司行为所带来的一切后果和责任。只是，因为由母公司控股，所以在涉及公司利益的重大决策或重大人事安排上，仍要由母公司决定。

因此，该子公司完全可以作为用人单位与刘某订立劳动合同。

法条链接

《中华人民共和国劳动合同法》

第二条第一款　中华人民共和国境内的企业、个体经济组织、民办非企业单位等组织（以下称用人单位）与劳动者建立劳动关系，订立、履行、变更、解除或者终止劳动合同，适用本法。

用人单位与劳动者约定的劳动报酬不明确的，劳动报酬应当按照什么标准执行？

现实问题

外来务工人员秦某至某饭店上班，担任传菜员的工作，但是该饭店与秦某的劳动合同中并未约定工资，只写明“包吃包住，具体工资依秦某表现发放”。一个月后发工资，秦某发现其他传菜员的工资都在1200元以上，但是自己只拿到了500元，而且自己的工作与其他传菜员的工作是一模一样的，秦某感到很委屈，不知道怎样才能维护自己的权益。那么，该法律对此是如何规定的呢？

律师解答

根据《劳动合同法》的相关规定，劳动合同对劳动报酬和劳动条件等标准约定不明确引发争议的，用人单位可以与劳动者重新协商解决；协商不成的，如果有集体合同，适用集体合同规定；没有集体合同或者集体合同未规定劳动报酬的，实行同工同酬；没有集体合同或者集体合同未规定劳动条件等标准的，适用国家相关规定。

对该饭店来说，由于在与员工的劳动合同中对劳动报酬的约定不明确，如果要确定劳动报酬，则首先应尝试与秦某协商，如果协商不成，再看看集体合同中是否有相关规定，如果没有，则应当适用与秦某相同岗位员工的工资标准，如果这些都没有，就应该适用国家关于该行业职位的平均工资标准了，该饭店的做法显然是违法的。

法条链接

《中华人民共和国劳动合同法》

第十一条　用人单位未在用工的同时订立书面劳动合同，与劳动者约定的劳动报酬不明确的，新招用的劳动者的劳动报酬按照集体合同规定的标准执行；没有集体合同或者集体合同未规定的，实行同工同酬。

第十八条　劳动合同对劳动报酬和劳动条件等标准约定不明确，引发争议的，用人单位与劳动者可以重新协商；协商不成的，适用集体合同规定；没有集体合同或者集体合同未规定劳动报酬的，实行同工同酬；没有集体合同或者集体合同未规定劳动条件等标准的，适用国家相关规定。

第五十五条　集体合同中劳动报酬和劳动条件等标准不得低于当地人民政府规定的最低标准；用人单位与劳动者订立的劳动合同中劳动报酬和劳动条件等标准不得低于集体合同规定的标准。

劳动合同履行地与用人单位注册地不一致的，劳动者最低工资应按照何地的标准执行？

现实问题

小楼与注册在上海的某公司签订劳动合同，合同约定，小楼的实际工作地为兰州，双方约定的工资低于上海市规定的最低工资，但是高于兰州所规定的最低工资，小楼感到很不公平，其与上海的公司签订劳动合同难道不应该按照上海市的规定支付工资吗？

律师解答

根据《劳动合同法实施条例》的相关规定，劳动合同履行地与用人单位注册地不一致的，有关劳动者的最低工资标准、劳动保护、劳动条件、职业危害防护和本地区上年度职工月平均工资标准等事项，按照劳动合同履行地的相关规定执行；用人单位注册地的有关标准高于劳动合同履行地的有关标准，且用人单位与劳动者约定按照用人单位注册地的相关规定执行的，从其约定。

对该企业来说，由于聘用小楼是派往兰州工作，因此除非该企业与小楼约定相关的工资标准、劳动保护、劳动条件等事项按照上海的相关规定执行，否则相关事项都应按照兰州的相关规定执行。

法条链接

《中华人民共和国劳动合同法实施条例》

第十四条　劳动合同履行地与用人单位注册地不一致的，有关劳动者的最低工资标准、劳动保护、劳动条件、职业危害防护和本地区上年度职工月平均工资标准等事项，按照劳动合同履行地的相关规定执行；用人单位注册地的有关标准高于劳动合同履行地的有关标准，且用人单位与劳动者约定按照用人单位注册地的相关规定执行的，从其约定。

劳动合同分为哪几种类型？

现实问题

小谷大学毕业后，被某公司录取，担任人事助理一职，入职伊始，在整理公司人事合同档案时，发现公司有的员工劳动合同期限为两年，有的为三年，而她自己的则为一年，还有的员工没有年限，她感到非常困惑。那么，劳动合同究竟有几种类型呢？

律师解答

根据《劳动合同法》的相关规定，劳动合同分为固定期限劳动合同、无固定期限劳动合同和以完成一定工作任务为期限的劳动合同。用人单位应根据不同的情况，与员工签订适合的劳动合同。

法条链接

《中华人民共和国劳动合同法》

第十二条　劳动合同分为固定期限劳动合同、无固定期限劳动合同和以完成一定工作任务为期限的劳动合同。

第十三条　固定期限劳动合同，是指用人单位与劳动者约定合同终止时间的劳动合同。

用人单位与劳动者协商一致，可以订立固定期限劳动合同。

第十四条　无固定期限劳动合同，是指用人单位与劳动者约定无确定终止时间的劳动合同。

用人单位与劳动者协商一致，可以订立无固定期限劳动合同。有下列情形之一，劳动者提出或者同意续订、订立劳动合同的，除劳动者提出订立固定期限劳动合同外，应当订立无固定期限劳动合同：

（一）劳动者在该用人单位连续工作满十年的；

（二）用人单位初次实行劳动合同制度或者国有企业改制重新订立劳动合同时，劳动者在该用人单位连续工作满十年且距法定退休年龄不足十年的；

（三）连续订立二次固定期限劳动合同，且劳动者没有本法第三十九条和第四十条第一项、第二项规定的情形，续订劳动合同的。

用人单位自用工之日起满一年不与劳动者订立书面劳动合同的，视为用人单位与劳动者已订立无固定期限劳动合同。

第十五条　以完成一定工作任务为期限的劳动合同，是指用人单位与劳动者约定以某项工作的完成为合同期限的劳动合同。

用人单位与劳动者协商一致，可以订立以完成一定工作任务为期限的劳动合同。

在哪些情况下，用人单位应当与劳动者订立无固定期限劳动合同？

现实问题

老李在某保安服务公司已经工作满11年了，在合同到期时，公司人事部找老李续签合同，合同的期限为两年，老李表示，他已经在该公司工作满10年了，他要求订立无固定期限劳动合同。但是人事部经理称，该公司从未与员工订立过无固定期限劳动合同，属于没有先例，而且公司老总也不愿意签订这类合同，所以希望老李在期限为两年的合同上签字。那么，法律对此是如何规定的呢？

律师解答

根据《劳动合同法》的相关规定，无固定期限劳动合同，是指用人单位与劳动者约定无确定终止时间的劳动合同。用人单位与劳动者协商一致，可以订立无固定期限劳动合同。如果存在以下情形之一的，除劳动者提出订立固定期限劳动合同外，应当订立无固定期限劳动合同：劳动者在用人单位连续工作满十年的；用人单位初次实行劳动合同制度或者国有企业改制重新订立劳动合同时，劳动者在该用人单位连续工作满十年且距法定退休年龄不足十年的；连续订立二次固定期限劳动合同，且劳动者没有《劳动合同法》第三十九条和第四十条第一项、第二项规定情形的。

本案中，对该公司来说，老李工已经连续工作满十年，除非老李主动提出订立固定期限劳动合同，否则公司就应该与其订立无固定期限劳动合同。

法条链接

《中华人民共和国劳动合同法》

第十四条　无固定期限劳动合同，是指用人单位与劳动者约定无确定终止时间的劳动合同。

用人单位与劳动者协商一致，可以订立无固定期限劳动合同。有下列情形之一，劳动者提出或者同意续订、订立劳动合同的，除劳动者提出订立固定期限劳动合同外，应当订立无固定期限劳动合同：

（一）劳动者在该用人单位连续工作满十年的；

（二）用人单位初次实行劳动合同制度或者国有企业改制重新订立劳动合同时，劳动者在该用人单位连续工作满十年且距法定退休年龄不足十年的；

（三）连续订立二次固定期限劳动合同，且劳动者没有本法第三十九条和第四十条第一项、第二项规定的情形，续订劳动合同的。

用人单位自用工之日起满一年不与劳动者订立书面劳动合同的，视为用人单位与劳动者已订立无固定期限劳动合同。

劳动合同应当具备哪些条款？

现实问题

冯小姐到某知名化妆品公司应聘销售员，应聘成功后，冯小姐在签订劳动合同时发现，该公司提供的劳动合同没有关于工作地点的约定。冯小姐当即提出疑问，得到的回答是，因为该化妆品公司有几十家专柜，需要根据专柜的需要安排冯小姐的上班地点，所以未在合同内约定。冯小姐感到很困惑，如果将来公司派其到离家有三小时以上路程的专柜上班怎么办？是否签了该合同就不能说“不”了呢？

律师解答

根据《劳动合同法》的相关规定，劳动合同应当具备以下各项：用人单位的名称、住所和法定代表人或者主要负责人；劳动者的姓名、住址和居民身份证或者其他有效身份证件号码；劳动合同期限；工作内容和工作地点；工作时间和休息休假；劳动报酬；社会保险；劳动保护、劳动条件和职业危害防护；试用期、培训、保守秘密、补充保险和福利待遇等条款。

对该公司来说，应当规范劳动合同的基础格式，列明所有的必备条款，再根据实际需要与冯小姐约定工作地点。对于必备条款，应当与员工协商沟通详细约定，对于其他事项，在需要的情况下，可以与员工协商约定。

法条链接

《中华人民共和国劳动合同法》

第十七条　劳动合同应当具备以下条款：

（一）用人单位的名称、住所和法定代表人或者主要负责人；

（二）劳动者的姓名、住址和居民身份证或者其他有效身份证件号码；

（三）劳动合同期限；

（四）工作内容和工作地点；

（五）工作时间和休息休假；

（六）劳动报酬；

（七）社会保险；

（八）劳动保护、劳动条件和职业危害防护；

（九）法律、法规规定应当纳入劳动合同的其他事项。

劳动合同除前款规定的必备条款外，用人单位与劳动者可以约定试用期、培训、保守秘密、补充保险和福利待遇等其他事项。

用人单位可以随意规定试用期的长短吗？

现实问题

小张至某网络公司应聘，应聘成功后，该公司欲与小张签订期限为2年、试用期为半年的劳动合同。小张认为试用期太长，而试用期的薪水又是按80%拿的，对其太不公平，但是公司表示，这是公司的规定，没有例外。那么，该公司的做法是否合法呢？

律师解答

根据《劳动合同法》的相关规定，试用期的期限长短根据劳动合同期限的不同而不同。劳动合同期限三个月以上不满一年的，试用期不得超过一个月；劳动合同期限一年以上不满三年的，试用期不得超过二个月；三年以上固定期限和无固定期限的劳动合同，试用期不得超过六个月。以完成一定工作任务为期限的劳动合同或者劳动合同期限不满三个月的，不得约定试用期。

对该公司来说，要根据员工劳动期限的长短来确定试用期的期限，对于劳动合同期限为2年的劳动合同，可以约定不超过2个月的试用期，如果想用更长时间的试用期对员工进行考察的话，则需要延长劳动合同的期限，但要注意的是，试用期最长期限不能超过6个月。

法条链接

《中华人民共和国劳动合同法》

第十九条　劳动合同期限三个月以上不满一年的，试用期不得超过一个月；劳动合同期限一年以上不满三年的，试用期不得超过二个月；三年以上固定期限和无固定期限的劳动合同，试用期不得超过六个月。

同一用人单位与同一劳动者只能约定一次试用期。

以完成一定工作任务为期限的劳动合同或者劳动合同期限不满三个月的，不得约定试用期。

试用期包含在劳动合同期限内。劳动合同仅约定试用期的，试用期不成立，该期限为劳动合同期限。

用人单位可以与劳动者约定两次试用期吗？

现实问题

小范在某物流公司担任行政工作，与该公司在劳动合同约定，合同期限为1年，试用期为2个月，但是在小范工作满1年后，公司人事经理给小范续签的劳动合同内依然约定了试用期。小范感到很困惑，人事经理表示，这是公司的新规定，每位员工在续签时都必须再经历一次试用期，通过了才能继续在公司工作。那么，该公司的做法是否合法呢？

律师解答

根据《劳动合同法》的相关规定，同一用人单位与同一劳动者只能约定一次试用期。

本案中，由于已经在第一次订立劳动合同的时候约定了试用期，因此公司与小范续约的时候，不能再约定试用期，而是直接进入合同的正式履行期。

法条链接

《中华人民共和国劳动合同法》

第十九条　劳动合同期限三个月以上不满一年的，试用期不得超过一个月；劳动合同期限一年以上不满三年的，试用期不得超过二个月；三年以上固定期限和无固定期限的劳动合同，试用期不得超过六个月。

同一用人单位与同一劳动者只能约定一次试用期。

以完成一定工作任务为期限的劳动合同或者劳动合同期限不满三个月的，不得约定试用期。

试用期包含在劳动合同期限内。劳动合同仅约定试用期的，试用期不成立，该期限为劳动合同期限。

用人单位可以随意约定劳动者在试用期的工资吗？

现实问题

巫小姐被录用担任某房地产公司销售，但在签订合同时，巫小姐发现该劳动合同中规定，试用期为2个月，试用期薪水为约定薪水的50%，连该市最低工资标准都未达到，巫小姐当即表示该合同有问题，但被告知，只要合同约定的工资不低于该市最低工资即可，试用期间公司向来是按照约定工资的50%发放的，从未出现过问题。那么，该公司的做法是否合法呢？

律师解答

根据《劳动合同法》和《劳动合同法实施条例》的相关规定，劳动者在试用期的工资不得低于本单位相同岗位最低档工资或者劳动合同约定工资的百分之八十，并不得低于用人单位所在地的最低工资标准。

对该公司来说，在确定试用期工资时应注意两个底线，一是不得低于相同岗位最低档工资或者劳动合同约定工资的百分之八十，二是不得低于所在地的最低工资标准。所以，该房地产公司的做法是不合法的。

法条链接

《中华人民共和国劳动合同法》

第二十条　劳动者在试用期的工资不得低于本单位相同岗位最低档工资或者劳动合同约定工资的百分之八十，并不得低于用人单位所在地的最低工资标准。

《中华人民共和国劳动合同法实施条例》

第十五条　劳动者在试用期的工资不得低于本单位相同岗位最低档工资的80%或者不得低于劳动合同约定工资的80%，并不得低于用人单位所在地的最低工资标准。

什么是服务期协议？用人单位与劳动者订立服务期协议需要满足哪些条件？

现实问题

吴先生在某大型企业担任技术经理一职，与该公司的劳动合同为两年。一年后，公司欲派吴先生到英国培训半年，吴先生感到很高兴，但是公司同时要求吴先生在培训前必须与公司签订为期3年的服务期合同，吴先生感到很困惑，其合同在培训完之后都尚未到期，为什么要在培训前就签订服务期合同？

律师解答

根据《劳动合同法》的相关规定，用人单位为劳动者提供专项培训费用，对其进行专业技术培训的，可以与该劳动者订立协议，约定服务期。

对该企业来说，由于为吴先生提供了专项培训费用，送其出国接受专业的技术培训，因此可以与他订立书面的服务期协议，约定其为企业提供劳动服务的服务期。

法条链接

《中华人民共和国劳动合同法》

第二十二条　用人单位为劳动者提供专项培训费用，对其进行专业技术培训的，可以与该劳动者订立协议，约定服务期。

劳动者违反服务期约定的，应当按照约定向用人单位支付违约金。违约金的数额不得超过用人单位提供的培训费用。用人单位要求劳动者支付的违约金不得超过服务期尚未履行部分所应分摊的培训费用。

用人单位与劳动者约定服务期的，不影响按照正常的工资调整机制提高劳动者在服务期期间的劳动报酬。

劳动合同期满，但是服务期尚未到期的，应如何处理？

现实问题

林某与公司签订了期限为三年的劳动合同，在工作一年后，因林某表现卓越，公司将其派往香港培训一年，并与其签订了为期五年的服务期合同。林某参加培训后又在该公司工作了一年，在劳动合同到期时，林某表示不再续签，但是公司提出，因为林某已与公司签订了服务期合同，而服务期合同还有四年才届满，所以林某不能因合同期限届满为由离职，但林某表示，其在公司的工作期限约定，只看劳动合同，不看其他，于是与公司发生了纠纷。那么，法律对此是如何规定的呢？

律师解答

根据《劳动合同法实施条例》的相关规定，劳动合同期满，但是用人单位与劳动者约定的服务期尚未到期的，劳动合同应当续延至服务期满；双方另有约定的，从其约定。

对林某来说，虽然与公司之间的劳动合同已到期，但由于双方之间另行签订了服务期协议，服务期尚未届满，因此，公司可以要求林某继续履行服务期协议，直到服务期协议期限届满为止。

法条链接

《中华人民共和国劳动合同法实施条例》

第十七条　劳动合同期满，但是用人单位与劳动者依照劳动合同法第二十二条的规定约定的服务期尚未到期的，劳动合同应当续延至服务期满；双方另有约定的，从其约定。

劳动者违反服务期约定的，将承担怎样的责任？

现实问题

吴某在某饮料公司工作一年后被派往意大利培训三个月，公司与吴某签订了为期三年的服务期合同，合同同时约定，因该次培训公司总共花费人民币6万元，如果吴某不能按照服务期合同的约定工作满三年的，必须一次性全额返还该笔培训费。此外，吴某与该公司签订的劳动合同的期限为两年，在两年期届满后，吴某提出不续签劳动合同了，但公司要求吴某按照服务期合同返还培训费6万元后才能离职，但吴某表示，就算要返还培训费，因其已经工作两年了，按照年限折算，也只需要返还2万元，要求其全数返还不符合法律的规定。那么，法律对此究竟是如何规定的呢？

律师解答

根据《劳动合同法》的相关规定，劳动者违反服务期约定的，应当按照约定向用人单位支付违约金。违约金的数额不得超过用人单位提供的培训费用。用人单位要求劳动者支付的违约金不得超过服务期尚未履行部分所应分摊的培训费用。

对吴某来说，如果其执意要求提前解除服务期合同，违反服务期的约定，将需要承担相应的违约金，但违约金的金额应当按照服务期合同，未履行的服务期为两年，所应分摊的培训费用应当为4万元。

法条链接

《中华人民共和国劳动合同法》

第二十二条　用人单位为劳动者提供专项培训费用，对其进行专业技术培训的，可以与该劳动者订立协议，约定服务期。

劳动者违反服务期约定的，应当按照约定向用人单位支付违约金。违约金的数额不得超过用人单位提供的培训费用。用人单位要求劳动者支付的违约金不得超过服务期尚未履行部分所应分摊的培训费用。

用人单位与劳动者约定服务期的，不影响按照正常的工资调整机制提高劳动者在服务期期间的劳动报酬。

所有的劳动者都要与用人单位约定竞业限制条款吗？

现实问题

陈小姐在某电器公司担任前台工作，在签订劳动合同时，公司要求签一份竞业限制合同，合同约定，在陈小姐离职后，将不能进入与该公司类似的公司工作。陈小姐感到不理解，难道她将来离职后，去别的电器公司再做前台也不行吗？

律师解答

根据《劳动合同法》的相关规定，对负有保密义务的劳动者，用人单位可以在劳动合同或者保密协议中与劳动者约定竞业限制条款，竞业限制的人员限于用人单位的高级管理人员、高级技术人员和其他负有保密义务的人员。竞业限制的范围、地域、期限由用人单位与劳动者约定，竞业限制的约定不得违反法律、法规的规定。

所以，陈小姐的工作并不属于《劳动合同法》所规定的需要订立竞业限制合同的人员。

法条链接

《中华人民共和国劳动合同法》

第二十三条　用人单位与劳动者可以在劳动合同中约定保守用人单位的商业秘密和与知识产权相关的保密事项。

对负有保密义务的劳动者，用人单位可以在劳动合同或者保密协议中与劳动者约定竞业限制条款，并约定在解除或者终止劳动合同后，在竞业限制期限内按月给予劳动者经济补偿。劳动者违反竞业限制约定的，应当按照约定向用人单位支付违约金。

第二十四条　竞业限制的人员限于用人单位的高级管理人员、高级技术人员和其他负有保密义务的人员。竞业限制的范围、地域、期限由用人单位与劳动者约定，竞业限制的约定不得违反法律、法规的规定。

在解除或者终止劳动合同后，前款规定的人员到与本单位生产或者经营同类产品、从事同类业务的有竞争关系的其他用人单位，或者自己开业生产或者经营同类产品、从事同类业务的竞业限制期限，不得超过二年。

劳动者违反竞业限制条款，将承担怎样的责任？

现实问题

刘某在某网络公司任职技术部经理时，与该公司在劳动合同内约定了竞业限制条款，内容为，刘某在离开公司后两年内，不得从事与公司相类似的工作，公司会在这两年内，每月给刘某一定的补偿金，如刘某违约则应支付5万元违约金。但是，就在刘某离开公司半年后，刘某却出现在了该网络公司敌对公司的办公室内，担任与之前相同的工作。该网络公司的负责人感到非常气愤，遂申请劳动仲裁，要求刘某支付违约金，并赔偿损失。那么，法律对此是如何规定的呢？

律师解答

根据《劳动合同法》的相关规定，用人单位与劳动者可以在劳动合同中约定保守用人单位的商业秘密和与知识产权相关的保密事项。对负有保密义务的劳动者，用人单位可以在劳动合同或者保密协议中与劳动者约定竞业限制条款，并约定在解除或者终止劳动合同后，在竞业限制期限内按月给予劳动者经济补偿。劳动者违反竞业限制约定的，应当按照约定向用人单位支付违约金。

对刘某来说，在其违反竞业限制条款的情况下，公司完全可以按照约定向其主张违约金，如果有充足的证据证明违约金的数额不足以赔偿公司经济损失的，公司还可能继续要求刘某进行赔偿。

法条链接

《中华人民共和国劳动合同法》

第二十三条　用人单位与劳动者可以在劳动合同中约定保守用人单位的商业秘密和与知识产权相关的保密事项。

对负有保密义务的劳动者，用人单位可以在劳动合同或者保密协议中与劳动者约定竞业限制条款，并约定在解除或者终止劳动合同后，在竞业限制期限内按月给予劳动者经济补偿。劳动者违反竞业限制约定的，应当按照约定向用人单位支付违约金。

用人单位以胁迫的手段，使劳动者在违背真实意思的情况下订立的劳动合同有效吗？

现实问题

徐某在某咨询公司任会计一职，在工作几个月后，徐某明显感觉该公司表面上是合法的咨询公司，实际上却是一家专门放高利贷干违法勾当的公司，徐某感到再工作下去风险重重，但是又不敢提出辞职，在合同期限一年届满之时，徐某对公司表示，不愿意续签合同了，但是公司负责人不同意，称徐某知道公司太多“内幕”，不能说走就走，并找来了几个彪形大汉围住徐某，并对徐某说，如果不再签一年合同，就别想走出公司，徐某感到很害怕，只得在合同上签字，但是回家后，徐某感到这样下去不是办法，还是要离职。那么，法律对此是如何规定的呢？

律师解答

根据《劳动合同法》的相关规定，以欺诈、胁迫的手段或者乘人之危，使对方在违背真实意思的情况下订立或者变更劳动合同的，该劳动合同无效或者部分无效。

该咨询公司的做法，显然是让徐某在违背真实意思的情况下，基于该公司胁迫的手段而不得不在劳动合同上签字。根据法律的规定，该合同应属无效。

法条链接

《中华人民共和国劳动合同法》

第二十六条　下列劳动合同无效或者部分无效：

（一）以欺诈、胁迫的手段或者乘人之

危，使对方在违背真实意思的情况下订立或者变更劳动合同的；

（二）用人单位免除自己的法定责任、排除劳动者权利的；

（三）违反法律、行政法规强制性规定的。

对劳动合同的无效或者部分无效有争议的，由劳动争议仲裁机构或者人民法院确认。

用人单位免除自己的法定责任、排除劳动者权利的劳动合同有效吗？

现实问题

小沈到某服装公司工作，工作不久后，感到该公司工作时间太长，工作压力太大，于是，向公司提出辞职，公司人事部员工拿着小沈的劳动合同向其指出，根据该劳动合同的约定，劳动者只有在劳动合同期限届满之时才能离职，不得在期限未到之时离职，小沈感到自己的合法权益受到了侵害，难道签了这样的劳动合同，就再也不能辞职了吗？

律师解答

根据《劳动合同法》的相关规定，用人单位免除自己的法定责任、排除劳动者权利的，所订立的劳动合同无效或者部分无效。

该服装公司与沈某订立的劳动合同，显然是违反法律的规定的，属于排除劳动者权利的条款，应属无效。

法条链接

《中华人民共和国劳动合同法》

第二十六条　下列劳动合同无效或者部分无效：

（一）以欺诈、胁迫的手段或者乘人之危，使对方在违背真实意思的情况下订立或者变更劳动合同的；

（二）用人单位免除自己的法定责任、排除劳动者权利的；

（三）违反法律、行政法规强制性规定的。

对劳动合同的无效或者部分无效有争议的，由劳动争议仲裁机构或者人民法院确认。

劳动合同被确认无效，劳动者已付出劳动的，能得到劳动报酬吗？

现实问题

陆某在甲公司工作，在陆某工作期间，公司派陆某至关联公司乙公司上班，并由乙公司支付其工资。但在工作几个月后，陆某感到乙公司路途太远，于是要求甲公司重新安排工作，甲公司拿出陆某的合同，让陆某仔细看，陆某才发现，他从来没与甲公司签订过合同，当时人事部员工拿合同给他，直接要求他在空白处签字，陆某一时大意签了。陆某感到十分气愤，并称，根据《劳动合同法》的规定，这是在违背意愿的情况下签的，属于无效合同。但是乙公司称，同意该合同为无效合同，那么陆某这几个月的工资也是在没有合法劳动合同基础上拿的，应当返还。那么，法律对此究竟是如何规定的呢？

律师解答

根据《劳动合同法》的相关规定，劳动合同被确认无效，劳动者已付出劳动的，用人单位应当向劳动者支付劳动报酬。劳动报酬的数额，参照本单位相同或者相近岗位劳动者的劳动报酬确定。

对陆某来说，虽然与乙公司之间的劳动合同为无效，但其在职期间提供了劳动，乙公司也接受了相应的劳动，因此，乙公司应当向陆某支付劳动报酬，相应的金额可以参考企业相同或者相近岗位劳动者的劳动报酬确定。

法条链接

《中华人民共和国劳动合同法》

第二十七条　劳动合同部分无效，不影响其他部分效力的，其他部分仍然有效。

第二十八条　劳动合同被确认无效，劳动者已付出劳动的，用人单位应当向劳动者支付劳动报酬。劳动报酬的数额，参照本单位相同或者相近岗位劳动者的劳动报酬确定。

二、劳动合同的履行和变更

哪些情况下用人单位可以安排劳动者加班？

现实问题

小姚在某玩具厂担任生产线技术工一职。一次，该厂接到一笔数目巨大的加工项目，于是工厂领导在员工会议上通知所有员工，从该天起，连续一个星期，每个员工每天多工作2小时，该工厂会相应发放加班费。那么，该玩具厂的做法是否符合法律的规定呢？

律师解答

根据《劳动合同法》的规定，玩具厂确因特殊原因而需要延长工作时间的，可以与员工进行协商，协商一致的，可以安排员工加班。同时，根据法律的规定，因特殊原因需要延长工作时间的，在保障劳动者身体健康的条件下延长工作时间每日不得超过三小时，玩具厂也未超过三小时，且只连续一星期，月加班时间未超过三十六小时。所以，只要与员工协商一致，这样的加班是合法的。

法条链接

《中华人民共和国劳动法》

第四十一条　用人单位由于生产经营需要，经与工会和劳动者协商后可以延长工作时间，一般每日不得超过一小时；因特殊原因需要延长工作时间的，在保障劳动者身体健康的条件下延长工作时间每日不得超过三小时，但是每月不得超过三十六小时。

第四十二条　有下列情形之一的，延长工作时间不受本法第四十一条规定的限制：

（一）发生自然灾害、事故或者因其他原因，威胁劳动者生命健康和财产安全，需要紧急处理的；

（二）生产设备、交通运输线路、公共设施发生故障，影响生产和公众利益，必须及时抢修的；

（三）法律、行政法规规定的其他情形。

用人单位可以强迫或者变相强迫劳动者加班吗？

现实问题

某手工玩具厂要求员工每个月必须完成一定数量的玩具，员工进度慢的，则必须自觉加班补偿，如每个月无法达到工厂规定的标准的，则扣当月工资，达到标准的，也不另行奖励。事实上，该工厂对员工要求的必须完成的玩具数量底线，已经使得每个员工不得不每天至少加班三小时，很多员工不堪忍受这种加班而提出辞职。那么，该厂的做法符合法律的规定吗？

律师解答

根据《劳动合同法》的相关规定，用人单位应当严格执行劳动定额标准，不得强迫或者变相强迫劳动者加班。用人单位安排加班的，应当按照国家相关规定向劳动者支付加班费。

对该工厂来说，直接强迫员工加班的行为是禁止的，而这种过度增加员工工作量，变相强迫员工加班的行为也是不允许的，工厂应该立即停止这种行为，如果员工已经加班的，工厂应按照国家相关规定向员工支付加班费。

法条链接

《中华人民共和国劳动合同法》

第三十一条　用人单位应当严格执行劳动定额标准，不得强迫或者变相强迫劳动者加班。用人单位安排加班的，应当按照国家相关规定向劳动者支付加班费。

用人单位安排劳动者加班，应按照什么标准支付加班费？

现实问题

某公司在国庆前接到几个项目，于是要求员工国庆长假加班完成该项目，公司同时规定，在加班期间，公司提供午饭与晚饭，同时提供每人每天200元的车贴，等该项目完成后，自然会在员工的奖金里体现，很多外地的员工无法回老家探亲，准备外出旅游的员工不得不取消。那么，该公司的做法是否合法呢？

律师解答

《劳动法》对于加班费的支付标准有明确的规定，该公司以提供午饭、晚饭，提供车贴，承诺将来可能会加奖金的方式代替法律所规定用人单位必须支付的加班费，显然是不合法的。

法条链接

《中华人民共和国劳动法》

第四十四条　有下列情形之一的，用人单位应当按照下列标准支付高于劳动者正常工作时间工资的工资报酬：

（一）安排劳动者延长工作时间的，支付不低于工资的百分之一百五十的工资报酬；

（二）休息日安排劳动者工作又不能安排补休的，支付不低于工资的百分之二百的工资报酬；

（三）法定休假日安排劳动者工作的，支付不低于工资的百分之三百的工资报酬。

用人单位可以自行设置不定时工作制吗？

现实问题

小夏自2007年9月起，担任某设计公司总经理李某的秘书。双方的劳动合同约定，小夏每月的手机通信费由公司报销，但小夏手机必须24小时开着。同时合同还约定，小夏的薪水为公司经理级别待遇，因此小夏的工作时间采取不定时工作制。因该公司业务多，公司李总常常要求小夏陪其加班、应酬，有的时候三更半夜，李总也会打小夏电话，要求她马上准备好行李和他一起飞往外地见客户。

2009年1月小夏结婚了，考虑到还是家庭比较重要，而现在的工作太过繁忙，小夏向公司提出辞职。在结算所有工资奖金时，小夏提出，一年多来，她一直超负荷工作，虽然与公司的合同约定采取不定时工作制，但是该公司从未经过劳动行政部门审批，所以，公司应当按照法律的规定向她支付加班费。但是，公司表示，公司一般秘书的工资远远低于小夏，在她的薪水里面已经包含了加班费，并且，双方早已在合同中就此点达成了一致，故此，公司不需要支付小夏任何加班费。那么，法律对此是如何规定的呢？

律师解答

根据《劳动法》第三十九条的规定，企

业因生产特点不能实行第三十六条规定的，经劳动行政部门批准，可以实行其他工作和休息办法。《劳动部关于企业实行不定时工作制和综合计算工时工作制的审批办法》中也明确规定了用人单位如需实行不定时工作制和综合计算工时工作制应当报有关部门进行审批。所以，该公司虽然在合同中与小夏约定采取不定时工作制，并且给予小夏高级管理人员级别的薪水，但是未经劳动行政部门批准，该约定是无效的，公司应当按照法律规定支付小夏加班费。

法条链接

《中华人民共和国劳动法》

第三十六条　国家实行劳动者每日工作时间不超过八小时、平均每周工作时间不超过四十四小时的工时制度。

第三十八条　用人单位应当保证劳动者每周至少休息一日。

第三十九条　企业因生产特点不能实行本法第三十六条、第三十八条规定的，经劳动行政部门批准，可以实行其他工作和休息办法。

双休日安排员工加班，用人单位可以安排补休而不支付加班费吗?

现实问题

小沈在某工厂工作，2008 年 10 月，该工厂接了一个大订单，小沈连续 1 个月周日都在加班，但是到了月底，她拿到工资单后发现并没有加班费，她感到非常气愤，找到工厂领导理论，她认为工厂违反了《劳动合同法》的规定，应该按照 200% 的标准支付加班费，但是工厂领导表示，工厂会在下个月安排她补休，而安排了补休就不需要支付她加班费了。那么，工厂的做法是否符合法律的规定呢?

律师解答

根据《劳动合同法》的规定，双休日加班应首先考虑安排补休，不能安排补休的，则支付不低于工资 200% 的加班费。所以，在本案中，是支付小沈加班费还是安排小沈补休，决定权在工厂而非小沈，工厂安排小沈补休而不是支付其加班费的行为是符合法律规定的。

法条链接

《中华人民共和国劳动法》

第四十四条　有下列情形之一的，用人单位应当按照下列标准支付高于劳动者正常工作时间工资的工资报酬：

（一）安排劳动者延长工作时间的，支付不低于工资的百分之一百五十的工资报酬；

（二）休息日安排劳动者工作又不能安排补休的，支付不低于工资的百分之二百的工资报酬；

（三）法定休假日安排劳动者工作的，支付不低于工资的百分之三百的工资报酬。

《劳动部关于贯彻执行〈中华人民共和国劳动法〉若干问题的意见》

70. 休息日安排劳动者工作的，应先按同等时间安排其补休，不能安排补休的应按劳动法第四十四条第（二）项的规定支付劳动者延长工作时间的工资报酬。法定节假日（元旦、春节、劳动节、国庆节）安排劳动者工作的，应按劳动法第四十四条第（三）项支付劳动者延长工作时间的工资报酬。

用人单位变更名称，是否影响劳动合同的履行?

现实问题

某公司原来的名称体现了三位股东的名字，后来因为一位股东将股权转让给了另一位股东，造成公司只有两位股东的情况，于是该两位股东协商变更了公司的名称，很多员工就此产生了疑问，当初所签的劳动合同的用人单位的名字已经不存在了，那么劳动合同还有效吗？

律师解答

根据《劳动合同法》的相关规定，用人单位变更名称、法定代表人、主要负责人或者投资人等事项，不影响劳动合同的履行。

对该公司的员工来说，虽然企业由于内部问题变更了名称，在外界看来好像是另一个公司，但实际上企业独立法人资格没有变化，仍然是劳动合同的一方当事人，这样的变更并不会影响员工与企业之间劳动合同的履行。

法条链接

《中华人民共和国劳动合同法》

第三十三条　用人单位变更名称、法定代表人、主要负责人或者投资人等事项，不影响劳动合同的履行。

用人单位发生合并或者分立等情况，原劳动合同是否继续有效？

现实问题

A公司与B公司都是C公司的子公司，因为经济危机的原因，公司决定将两公司合并经营，并让B公司的员工搬入A公司空余的办公室以节约经营成本，将B公司进行了注销，A、B两公司合并后名称为A公司。小陈是B公司的员工，如果B公司不复存在，那他与B公司签订的劳动合同还有效吗？

律师解答

根据《劳动合同法》的相关规定，用人单位发生合并或者分立等情况，原劳动合同继续有效，劳动合同由承继其权利和义务的用人单位继续履行。

对该员工来说，虽然企业与其他企业进行了合并，原来的企业已经不复存在，但其原有的权利义务均由合并后新设立的企业承担，原来与员工之间订立的劳动合同继续有效，只是劳动合同中用人单位一方由原企业变更成为新设立的企业而已。

法条链接

《中华人民共和国劳动合同法》

第三十四条　用人单位发生合并或者分立等情况，原劳动合同继续有效，劳动合同由承继其权利和义务的用人单位继续履行。

用人单位是否可以单方变更劳动合同约定的内容？

现实问题

李小姐与A公司订立了劳动合同，约定李小姐从事营运经理一职，合同同时约定，作为用人单位的A公司可以随时单方面变更该劳动合同的条款，在书面通知李小姐时该变更内容自行生效。工作半年后，李小姐发现自己怀孕了并有先兆流产的现象，于是请假较多。公司高层感到非常不满意，认为给李小姐的薪水已经非常高，但是频繁请假与将来势必会有的产假，使得公司不得不另找人来做李小姐的工作，必然又增加支出，于是找来人事部的经理，要求其找李小姐协商，要求李小姐主动辞职。但很快，人事部经理报告说李小姐严词拒绝。公司高层让人事部经理拟一封“变更劳动合同通知书”快递给李小姐，内容是将李小姐的岗位变更为保洁部员工，负责公司厕所的清洁工作，薪水只有原来的十分之一。

李小姐感到很气愤，并找公司理论，得到的答案是，劳动合同约定公司有随时变更劳动合同的权利，如果李小姐不愿意到新岗位报到上班，可以主动离开公司，李小姐一气之下申请劳动仲裁。那么，该公司的做法是否合法呢？

律师解答

根据《劳动合同法》的相关规定，用人单位与劳动者协商一致，可以变更劳动合同约定的内容。变更劳动合同，应当采用书面形式。

对该企业来说，虽然劳动合同中约定企业可以单方变更劳动合同约定的内容，但这一条款与法律规定相违背，属于无效条款。因此，企业必须与员工协商一致，才能变更劳动合同约定的内容，不得单方面进行变更。

法条链接

《中华人民共和国劳动合同法》

第三十五条　用人单位与劳动者协商一致，可以变更劳动合同约定的内容。变更劳动合同，应当采用书面形式。

变更后的劳动合同文本由用人单位和劳动者各执一份。

三、休息休假

青年节、妇女节要放假吗？

现实问题

陈小姐在某公司担任前台一职，在妇女节前夕，公司通知她，虽然其他女职员可以休息半天，但是陈小姐是该公司唯一的前台，如果没前台就没人转接电话了，所以不放她假。同时，因为公司本来就在妇女节时给每位女职员200元的“过节费”，所以就不另行支付陈小姐加班费也不安排调休了，陈小姐感到很委屈。那么，该公司的做法是否合法呢？

律师解答

我们国家规定，妇女节妇女放假半天，该公司既不放陈小姐假又不支付加班费或者安排调休的方式显然是违反法律规定的。

但是，对于全体公民放假的假日，如果适逢星期六、星期日，应当在工作日补假。部分公民放假的假日，如果适逢星期六、星期日，则不补假。

法条链接

《全国年节及纪念日放假办法》

第一条　为统一全国年节及纪念日的假期，制定本办法。

第二条　全体公民放假的节日：

（一）新年，放假1天（1月1日）；

（二）春节，放假3天（农历正月初一、初二、初三）；

（三）清明节，放假1天（农历清明当日）；

（四）劳动节，放假1天（5月1日）；

（五）端午节，放假1天（农历端午当日）；

（六）中秋节，放假1天（农历中秋当日）；

（七）国庆节，放假3天（10月1日、2日、3日）。

第三条　部分公民放假的节日及纪念日：

（一）妇女节（3月8日），妇女放假半天；

（二）青年节（5月4日），14周岁以上的青年放假半天；

（三）儿童节（6月1日），不满14周岁的少年儿童放假1天；

（四）中国人民解放军建军纪念日（8月1日），现役军人放假半天。

第四条　少数民族习惯的节日，由各少数民族聚居地区的地方人民政府，按照各该民族习惯，规定放假日期。

第五条　二七纪念日、五卅纪念日、七七抗战纪念日、九三抗战胜利纪念日、九一八纪念日、教师节、护士节、记者节、植树节等其他节日、纪念日，均不放假。

第六条　全体公民放假的假日，如果适逢星期六、星期日，应当在工作日补假。部分公民放假的假日，如果适逢星期六、星期日，则不补假。

第七条　本办法自公布之日起施行。

新员工与老员工的带薪年休假有区别吗？

现实问题

某公司规定，凡在本公司工作一年以上的，享有五天带薪年休假，一年以下的均无带薪年休假。小顾在进入该公司上班前曾在其他的公司工作过三年，但是人事部的人告诉他，无论他以前上过几年班，只要在现在的公司上班不满一年，就没有带薪年休假，小顾感到很纳闷，该公司的做法正确吗？

律师解答

休息权是我国宪法规定的公民权利，劳动者应当平等享有。为了平等保护各类职工的休息休假权利，充分调动广大职工的工作积极性，《职工带薪年休假条例》对各类用人单位实行覆盖，规定：机关、团体、企业、事业单位、民办非企业单位、有雇工的个体工商户等单位的职工连续工作1年以上的，享受带薪年休假。单位应当保证职工享受年休假。该1年连续工作，是指职工在同一或者不同用人单位工作时间累积超过1年。所以该公司的规定显然是违反相关规定的。

法条链接

《职工带薪年休假条例》

第二条　机关、团体、企业、事业单位、民办非企业单位、有雇工的个体工商户等单位的职工连续工作1年以上的，享受带薪年休假（以下简称年休假）。单位应当保证职工享受年休假。职工在年休假期间享受与正常工作期间相同的工资收入。

《企业职工带薪年休假实施办法》

第三条　职工连续工作满12个月以上的，享受带薪年休假（以下简称年休假）。

第四条　年休假天数根据职工累计工作时间确定。职工在同一或者不同用人单位工作期间，以及依照法律、行政法规或者国务院规定视同工作期间，应当计为累计工作时间。

法定年休假有多少天？

现实问题

秦某在某公司担任货运代理一职已满两年，该公司规定，员工累计工作满一年的，带薪年休假为一天，之后每增加一年工龄休假增加一天，但最多不超过十天。秦某因有事请假三天，被扣了一天工资，秦某找人事部询问，为什么其他公司最少也有五天年休假，而本公司工作满两年才只有两天年休假？人事部回答他，这就是公司的规定，等他工作满五年了，自然有五天带薪年休假。那么，该公司的做法是否合法呢？

律师解答

对于年休假的天数，《职工带薪年休假条例》有明确的规定，根据规定，秦某的情况应当至少享有5天的年休假，该公司的做法显然是不符合规定的。

法条链接

《职工带薪年休假条例》

第三条　职工累计工作已满1年不满10年的，年休假5天；已满10年不满20年的，年休假10天；已满20年的，年休假15天。

国家法定休假日、休息日不计入年休假的假期。

年休假与其他休假能同时享受吗?

现实问题

小刘因要准备结婚装修繁忙，于是向公司请了一个月的事假，公司未扣小刘工资。后因需要陪妻子至苏州购买婚纱，小刘遂向公司请年休假。公司表示，小刘之前请假一个月公司未扣小刘工资已经很照顾其结婚了，小刘因此不应该再请年休假了，如果要请假，就请事假，公司会按规定扣相应的薪水。小刘感到很气愤，之前请的是事假，这次用年休假和上次不一样，为什么还要扣钱?

律师解答

目前，我国职工可以享受的其他休假主要有：寒暑假、探亲假、病假、事假等。《职工带薪年休假条例》对年休假与这些休假的关系作了明确规定：

第一，年休假与寒暑假。在我国，学校一直实行寒暑假制度，教职员工享受的寒暑假天数（寒假2周至3周，暑假5周至6周）远远超过条例规定的年休假天数。因此，《职工带薪年休假条例》规定：职工依法享受寒暑假，其休假天数多于年休假天数的，不享受当年的年休假。

第二，年休假与病假、事假。在保障职工年休假权利的同时，也要保证单位正常的工作秩序，对于较长时间休病假、请事假的职工，不应当再享受年休假待遇。《职工带薪年休假条例》规定：职工请事假累计20天以上且单位按照规定不扣工资的，不享受当年的年休假；累计工作满1年不满10年的职工请病假累计2个月以上的，累计工作满10年不满20年的职工请病假累计3个月以上的，累计工作满20年以上的职工请病假累计4个月以上的，不享受当年的年休假。

第三，年休假与探亲假。探亲假与年休假是两种功能不同的休假制度，不应互相冲抵。

所以，小刘公司不批准其休年休假而是要按照事假扣相应的工资的做法，是符合规定的。

法条链接

《职工带薪年休假条例》

第四条　职工有下列情形之一的，不享受当年的年休假：

（一）职工依法享受寒暑假，其休假天数多于年休假天数的；

（二）职工请事假累计20天以上且单位按照规定不扣工资的；

（三）累计工作满1年不满10年的职工，请病假累计2个月以上的；

（四）累计工作满10年不满20年的职工，请病假累计3个月以上的；

（五）累计工作满20年以上的职工，请病假累计4个月以上的。

《企业职工带薪年休假实施办法》

第六条　职工依法享受的探亲假、婚丧假、产假等国家规定的假期以及因工伤停工留薪期间不计入年休假假期。

第七条　职工享受寒暑假天数多于其年休假天数的，不享受当年的年休假。确因工作需要，职工享受的寒暑假天数少于其年休假天数的，用人单位应当安排补足年休假天数。

职工因工作原因不能休年休假的怎么办?

现实问题

胡某在某广告公司工作两年，按照该公司规定，胡某享有6天的年休假，但是因为工作实在繁忙，胡某一直没空休假。后因有更好的公司接洽胡某，并许以更高的薪水，胡某遂向公司提出辞职。公司批准了胡某的辞职，但是表示胡某是自己不休年休假而且是主动辞职，所以公司不再折算成年休假工资支付给胡某，胡某感到很疑惑，公司这样做是合法的吗？

律师解答

目前，确有部分职工因工作需要不能休年休假。为了保障这部分职工的权益，《职工带薪年休假条例》规定，职工因工作原因未能享受年休假的，单位除正常支付工资收入外，还要支付相应的补偿。对于补偿的标准，该条例规定：单位确因工作需要不能安排职工休年休假的，经职工本人同意，可以不安排职工休年休假。对职工应休未休的年休假天数，单位应当按照该职工日工资收入的300%支付年休假工资报酬。

所以，除非胡某本人同意，对于因为工作而不能休的年休假，公司是应该支付给胡某年休假工资的。

法条链接

《职工带薪年休假条例》

第五条　单位根据生产、工作的具体情况，并考虑职工本人意愿，统筹安排职工年休假。

年休假在1个年度内可以集中安排，也可以分段安排，一般不跨年度安排。单位因生产、工作特点确有必要跨年度安排职工年休假的，可以跨1个年度安排。

单位确因工作需要不能安排职工休年休假的，经职工本人同意，可以不安排职工休年休假。对职工应休未休的年休假天数，单位应当按照该职工日工资收入的300%支付年休假工资报酬。

《企业职工带薪年休假实施办法》

第十条　用人单位经职工同意不安排年休假或者安排职工年休假天数少于应休年休假天数，应当在本年度内对职工应休未休年休假天数，按照其日工资收入的300%支付未休年休假工资报酬，其中包含用人单位支付职工正常工作期间的工资收入。

用人单位安排职工休年休假，但是职工因本人原因且书面提出不休年休假的，用人单位可以只支付其正常工作期间的工资收入。

第十一条　计算未休年休假工资报酬的日工资收入按照职工本人的月工资除以月计薪天数（21.75天）进行折算。

前款所称月工资是指职工在用人单位支付其未休年休假工资报酬前12个月剔除加班工资后的月平均工资。在本用人单位工作时间不满12个月的，按实际月份计算月平均工资。

职工在年休假期间享受与正常工作期间相同的工资收入。实行计件工资、提成工资或者其他绩效工资制的职工，日工资收入的计发办法按照本条第一款、第二款的规定执行。

女职工能享受多长时间的产假？

现实问题

姜女士在某公司上班，后怀孕生子，按照该公司的规定，女职工的产假一律为98天，但因姜女士系难产，身体恢复情况一直不佳，于是在98天后，姜女士向公司请求再请假两星期，公司表示，要请假可以，但是要扣工资，姜女士感到很委屈。那么，公司这样做是合法的吗？

律师解答

根据《女职工劳动保护特别规定》第七条规定，女职工生育享受98天产假，其中产前可以休假15天；难产的，增加产假15天；生育多胞胎的，每多生育1个婴儿，增加产假15天。姜女士的情况，正是符合该点，因难产可增加产假15天。其在产假98天后再向公司请假两个星期，依然是“合法产假”，该公司按照姜女士请事假扣工资的做法显然是违反法律规定的。

法条链接

《女职工劳动保护特别规定》

第七条　女职工生育享受98天产假，其中产前可以休假15天；难产的，增加产假15天；生育多胞胎的，每多生育1个婴儿，增加产假15天。

女职工怀孕未满4个月流产的，享受15天产假；怀孕满4个月流产的，享受42天产假。

流产的女职工能享受产假吗？

现实问题

万小姐怀孕两个月后，经医生检查发现胚胎一直没有成长，医生表示，这样的情况只能进行流产。流产后，万小姐请假十天在家休息，但当其上班后，发现公司已经扣了她休息十天的工资，人事部同事告诉她，公司只规定生产的女职工有产假，而对于流产的女职工未规定可以休假，所以只能按事假扣她工资。那么，该公司的做法是否合法呢？

律师解答

根据《女职工劳动保护特别规定》第七条规定，女职工怀孕未满4个月流产的，享受15天产假；怀孕满4个月流产的，享受42天产假。万小姐是在怀孕两个月后流产的，按照该条例享有15天的产假。该公司因其流产后请假10天而作为事假扣发工资的做法是错误的。

法条链接

《女职工劳动保护特别规定》

第七条　女职工生育享受98天产假，其中产前可以休假15天；难产的，增加产假15天；生育多胞胎的，每多生育1个婴儿，增加产假15天。

女职工怀孕未满4个月流产的，享受15天产假；怀孕满4个月流产的，享受42天产假。

四、劳动合同的解除和终止

用人单位与劳动者协商解除劳动合同的，劳动者能拒绝协商吗？

现实问题

某公司因产品转型与几位销售部员工协商解除劳动合同，巫某就是其中之一，但因公司只愿意按其工作年限给他三个月的工资作为补偿，巫某感到太少，拒绝解除劳动合同。公司表示，无论巫某是否同意，公司肯定是不要他了，肯好好协商，能多拿三个月工资，不肯的直接让巫某走人。那么，该公司的做法是否合法呢？

律师解答

根据《劳动合同法》的相关规定，用人单位与劳动者协商一致，可以解除劳动合同。但是前提必须是协商一致，巫某与公司没有协商一致，在巫某不同意的情况下，公司不能因产品转型而提前与巫某解除劳动合同。

法条链接

《中华人民共和国劳动合同法》

第三十六条　用人单位与劳动者协商一致，可以解除劳动合同。

劳动者提前通知用人单位解除劳动合同，需要得到用人单位的批准吗？

现实问题

小李在某咨询公司担任市场推广的工作，因个人原因想要辞职，故以邮件的方式提前30日向公司人事部及自己的上级领导发送了辞职信。但公司称暂时不接受小李的辞职，因为小李手中有相关的一个项目，必须等到该项目全部完成了方可辞职。然而，这个项目最快也要两个月的时间才能完成。在小李等待了30天后，公司依然拒绝给小李办理离职手续，双方因此僵持不下。那么，法律对此是如何规定的呢？

律师解答

根据《劳动合同法》的相关规定，小李已以书面形式提前30日通知公司解除劳动合同，可以解除劳动合同。劳动者以提前30日通知的方式解除劳动合同的，并不需要征得公司的同意。该咨询公司的做法是不合法的。

需要提醒的是，在实践中，用人单位与劳动者因解除劳动合同而发生争议时，常常因劳动者在解除劳动合同时无证据意识，不知道保留证据，而使劳动者陷于被动局面。因此，劳动者在解除劳动合同时应注意保留相关的证据，如上文的小李通过邮件这种方式“书面提出”。

法条链接

《中华人民共和国劳动合同法》

第三十七条　劳动者提前三十日以书面形式通知用人单位，可以解除劳动合同。劳动者在试用期内提前三日通知用人单位，可以解除劳动合同。

用人单位未按照劳动合同约定提供劳动保护或者劳动条件的，劳动者能否单方解除劳动合同？

现实问题

小吴是某保洁公司的员工，2008年7月，公司与一家物业公司签订保洁协议，约定由保洁公司负责该物业公司管理的某大厦外部玻璃清洁工作。部门经理要求小吴擦拭35楼至20楼外的玻璃，但小吴表示，保险绳索搭扣处有松动的迹象，要更换新的保险绳索后方能工作，否则会有危险。可是部门经理坚持认为不会有太大的问题，强令小吴系上绳索开始工作。小吴考虑到生命比较重要，故坚决不同意擦玻璃。部门经理非常生气，表示要因此扣发小吴当月奖金。小吴不服，提出解除劳动合同，并要求保洁公司支付相应的工资和经济补偿。那么，小吴的做法是否会得到法律的支持呢？

律师解答

本案中保洁公司明知保险绳索搭扣有问题，而罔顾小吴的生命安全，坚持要求小吴冒险作业，公司这种违章指挥、强令冒险作业危及劳动者人身安全的行为严重违反了法律规定，小吴有权拒绝。根据《劳动合同法》的相关规定，小吴可以立即解除劳动合同，不需要事先告知用人单位，而且公司仍旧需要支付相应的经济补偿金。

法条链接

《中华人民共和国劳动合同法》

第三十八条　用人单位有下列情形之一的，劳动者可以解除劳动合同：

（一）未按照劳动合同约定提供劳动保护或者劳动条件的；

（二）未及时足额支付劳动报酬的；

（三）未依法为劳动者缴纳社会保险费的；

（四）用人单位的规章制度违反法律、法规的规定，损害劳动者权益的；

（五）因本法第二十六条第一款规定的情形致使劳动合同无效的；

（六）法律、行政法规规定劳动者可以解除劳动合同的其他情形。

用人单位以暴力、威胁或者非法限制人身自由的手段强迫劳动者劳动的，或者用人单位违章指挥、强令冒险作业危及劳动者人身安全的，劳动者可以立即解除劳动合同，不需事先告知用人单位。

用人单位拖欠劳动报酬的，劳动者可以单方解除劳动合同吗？

现实问题

严某在某公司担任总经理助理一职，但是该公司因经营不佳，总是拖欠员工工资，一般少则拖欠一个月，多则三个月，严某在忍无可忍之下提出辞职。但总经理称，要么严某再工作一个月后离职，要么就支付一个月工资立刻离职，严某表示，公司一直拖欠工资，凭什么要求自己再做一个月后走或者支付一个月工资才能走？那么，法律对此是如何规定的呢？

律师解答

根据《劳动合同法》的相关规定，未及时足额支付劳动报酬的劳动者可以解除合同，严某的情况符合《劳动合同法》的规定，总经理给他的选择是违反法律的规定的，严某可以立即解除劳动合同，且可以得到经济补偿金。

法条链接

《中华人民共和国劳动合同法》

第三十八条　用人单位有下列情形之一的，劳动者可以解除劳动合同：

（一）未按照劳动合同约定提供劳动保护或者劳动条件的；

（二）未及时足额支付劳动报酬的；

（三）未依法为劳动者缴纳社会保险费的；

（四）用人单位的规章制度违反法律、法规的规定，损害劳动者权益的；

（五）因本法第二十六条第一款规定的情形致使劳动合同无效的；

（六）法律、行政法规规定劳动者可以解除劳动合同的其他情形。

用人单位以暴力、威胁或者非法限制人身自由的手段强迫劳动者劳动的，或者用人单位违章指挥、强令冒险作业危及劳动者人身安全的，劳动者可以立即解除劳动合同，不需事先告知用人单位。

用人单位没有为劳动者缴纳社会保险费的，劳动者可以单方解除劳动合同吗？

现实问题

施某在某公司上班，该公司内部规定，只支付薪水与按照业绩给予不同的奖金，但一律不给员工缴纳社会保险费。工作一年后，施某感到这样工作下去自己没有任何保障，遂开始找寻新的工作，很快便被一家外资公司录用，但要求他即刻上班，于是施某马上向公司提出辞职。但公司表示，施某必须把手头的工作全部做完并交接完成后方能离职，施某感到时间上来不及，于是不愿意答应。该公司称，不按规定办理离职的，不予开退工单。那么，公司这种做法是否合法呢？

律师解答

根据《劳动合同法》的相关规定，用人单位未依法为劳动者缴纳社会保险费的，劳动者可以解除劳动合同。施某符合该条的规定，可以立即与该公司解除劳动合同，该公司不予开退工单的做法显然是违法的。

法条链接

《中华人民共和国劳动合同法》

第三十八条　用人单位有下列情形之一的，劳动者可以解除劳动合同：

（一）未按照劳动合同约定提供劳动保护或者劳动条件的；

（二）未及时足额支付劳动报酬的；

（三）未依法为劳动者缴纳社会保险费的；

（四）用人单位的规章制度违反法律、法规的规定，损害劳动者权益的；

（五）因本法第二十六条第一款规定的情形致使劳动合同无效的；

（六）法律、行政法规规定劳动者可以解除劳动合同的其他情形。

用人单位以暴力、威胁或者非法限制人身自由的手段强迫劳动者劳动的，或者用人单位违章指挥、强令冒险作业危及劳动者人身安全的，劳动者可以立即解除劳动合同，不需事先告知用人单位。

用人单位的规章制度有违法规定，损害劳动者权益的，劳动者是否可以解除劳动合同？

现实问题

某服装厂的《员工手册》规定，凡是生产线上的员工下班的，必须在保安通过搜查确定没有私自夹带工厂产品的情况下才能出厂。李小姐为该工厂生产线工人，某天下班，李小姐照例将包打开给保安检查，但在检查后，保安要求由另一女保安搜查李小姐全身以再次确认，遭到李小姐拒绝，随后，李小姐被告知因其不合作，本月奖金扣除一半作为惩罚。李小姐一怒之下申请劳动仲裁，要求解除劳动合同并要求该厂支付经济补偿金。那么，李小姐的做法会得到法律的支持吗？

律师解答

该服装厂在《员工手册》内的规定是违法的，我们国家的法律，没有赋予过任何用人单位有对员工进行搜查、搜身的权利。所以，李小姐可以因该服装厂的规章制度违反法律的规定并损害了她的权益，而要求解除劳动合同，并要求该厂支付经济补偿金。

法条链接

《中华人民共和国劳动合同法》

第三十八条　用人单位有下列情形之一的，劳动者可以解除劳动合同：

（一）未按照劳动合同约定提供劳动保护或者劳动条件的；

（二）未及时足额支付劳动报酬的；

（三）未依法为劳动者缴纳社会保险费的；

（四）用人单位的规章制度违反法律、法规的规定，损害劳动者权益的；

（五）因本法第二十六条第一款规定的情形致使劳动合同无效的；

（六）法律、行政法规规定劳动者可以解除劳动合同的其他情形。

用人单位以暴力、威胁或者非法限制人身自由的手段强迫劳动者劳动的，或者用人单位违章指挥、强令冒险作业危及劳动者人身安全的，劳动者可以立即解除劳动合同，不需事先告知用人单位。

用人单位可以在试用期内随意解除劳动合同吗？

现实问题

小郭于2008年6月27日与一家公司签订了劳动合同，约定合同期限为2年，同时约定试用期为2个月，试用期工资为1500元，转正后的工资为1800元。但在小郭工作到2008年8月25日时，该公司以小郭无法胜任工作为由，单方提出与小郭解除劳动合同。那么，在试用期内用人单位是否可以随意解除劳动合同？

律师解答

根据《劳动合同法》的相关规定，劳动者在试用期间被证明不符合录用条件的，用人单位可以解除劳动合同。

所以，对于该公司来说，只要证明小郭在试用期内确实不符合录用条件（比如说不能胜任工作的），即可以与小郭解除劳动合同。

法条链接

《中华人民共和国劳动合同法》

第三十九条　劳动者有下列情形之一的，用人单位可以解除劳动合同：

（一）在试用期间被证明不符合录用条件的；

（二）严重违反用人单位的规章制度的；

（三）严重失职，营私舞弊，给用人单位造成重大损害的；

（四）劳动者同时与其他用人单位建立劳动关系，对完成本单位的工作任务造成严重影响，或者经用人单位提出，拒不改正的；

（五）因本法第二十六条第一款第一项规定的情形致使劳动合同无效的；

（六）被依法追究刑事责任的。

劳动者工作中有错误的，用人单位可以单方解除劳动合同吗？

现实问题

小陈是一家软件公司的员工，有一次，他把一份内容为公司某软件报价单的邮件错发给另一位客户。后公司以小陈严重失职导致公司重大损害为由解除与小陈的劳动合同，但没有提供造成重大损害的相应证据。小陈要求公司支付经济补偿金，但遭到拒绝。后小陈申请劳动仲裁。那么，法律对此是如何规定的呢？

律师解答

小陈在工作中虽有失误，但错发邮件的行为并未造成公司重大损害，公司也没能举证证明实际造成的经济损失。所以，公司以小陈工作严重失职、造成公司重大损害为由单方面解除劳动合同不符合法律的规定，应当恢复劳动关系，或向小陈支付违法解除劳动合同的经济赔偿金。

法条链接

《中华人民共和国劳动合同法》

第三十九条　劳动者有下列情形之一的，用人单位可以解除劳动合同：

（一）在试用期间被证明不符合录用条件的；

（二）严重违反用人单位的规章制度的；

（三）严重失职，营私舞弊，给用人单位造成重大损害的；

（四）劳动者同时与其他用人单位建立劳动关系，对完成本单位的工作任务造成严重影响，或者经用人单位提出，拒不改正的；

（五）因本法第二十六条第一款第一项规定的情形致使劳动合同无效的；

（六）被依法追究刑事责任的。

劳动者严重失职的，用人单位是否可以解除劳动合同？

现实问题

小王是A厂生产线上操作机器的员工，因为小王具有较高的技术水平，故拥有较高的薪水。一日，小王自认为对机器操作非常熟悉而未按照相关操作规定进行操作，致使价值上百万元的机器严重损坏，导致公司支付巨额修复费用及生产线多日停产，后果非常严重。A厂随后以小王严重失职为由将其辞退，并拒绝支付经济补偿金。

事后小王申请劳动仲裁，要求公司支付经济补偿金及因未提前30日通知须额外支付的一个月薪水。A厂称，按照A厂的《规章制度》明确规定，因失职而造成经济损失20000元以上的，属于严重失职，公司有权辞退。这份《规章制度》早已告知小王，小王业已签字确认。小王在明知机器操作规定的情况下，未按照规定进行操作，造成公司10万元以上的损失，明显属于严重失职。故此，A厂可以不支付经济补偿金，且可即时解除劳动合同。那么，法律对此是如何规定的呢？

律师解答

根据《劳动合同法》的相关规定，严重失职，营私舞弊，给用人单位造成重大损害的，用人单位可以解除劳动合同。小王因自己的失职行为给A厂带来了巨大损失，且A厂《规章制度》中已对此行为进行了明确规定。因此，A厂根据《规章制度》以小王的行为系严重失职，A厂将其辞退符合法律的规定。

法条链接

《中华人民共和国劳动合同法》

第三十九条　劳动者有下列情形之一的，用人单位可以解除劳动合同：

（一）在试用期间被证明不符合录用条件的；

（二）严重违反用人单位的规章制度的；

（三）严重失职，营私舞弊，给用人单位造成重大损害的；

（四）劳动者同时与其他用人单位建立劳动关系，对完成本单位的工作任务造成严重影响，或者经用人单位提出，拒不改正的；

（五）因本法第二十六条第一款第一项规定的情形致使劳动合同无效的；

（六）被依法追究刑事责任的。

劳动者在其他单位兼职的，用人单位是否可以单方解除劳动合同？

现实问题

顾小姐是A公司的财务，同时私下兼任B公司的财务，为了兼顾这两份工作，顾小姐常常利用为A公司前往银行办事的机会前往B公司的开户银行办事，往往一出去就是几个小时。很快，顾小姐这一兼职的情况被A公司财务经理发现了，公司对其出具书面警告，要求她停止这种利用上班时间为其他公司工作的行为，但是顾小姐依然我行我素，后该公司提出与顾小姐解除劳动合同。那么，该公司是否可以以此提出解除劳动合同呢？

律师解答

顾小姐的这种兼职行为，已经对完成本工作造成了严重影响，而且已经经A公司提出，却还依然不予改正，根据《劳动合同法》的规定，A公司可以单方面与顾小姐解除劳动合同。

法条链接

《中华人民共和国劳动合同法》

第三十九条　劳动者有下列情形之一的，用人单位可以解除劳动合同：

（一）在试用期间被证明不符合录用条件的；

（二）严重违反用人单位的规章制度的；

（三）严重失职，营私舞弊，给用人单位造成重大损害的；

（四）劳动者同时与其他用人单位建

立劳动关系，对完成本单位的工作任务造成严重影响，或者经用人单位提出，拒不改正的；

（五）因本法第二十六条第一款第一项规定的情形致使劳动合同无效的；

（六）被依法追究刑事责任的。

劳动者被判刑的，用人单位是否可以解除劳动合同？

现实问题

小孟是某公司的司机，某次因醉酒驾驶并造成他人死亡而被判交通肇事罪，在一审判决生效后，该公司书面寄送给他一份《解除劳动合同通知书》，告知小孟因其被判刑所以公司决定单方面解除与其的劳动合同，并且不给予任何经济补偿金。小孟感到很生气，他认为，之所以当时醉酒驾驶，是因为陪公司领导应酬，在领导的要求下喝酒的，造成被判刑这个结果公司有一定的责任，被开除没问题，但是应当给予经济补偿金。那么，法律对此是如何规定的呢？

律师解答

被依法追究刑事责任，是用人单位可以单方面解除劳动合同的法定情形之一，小孟被判交通肇事罪，已经被依法追究了刑事责任。所以，公司与小孟解除劳动合同完全合乎法律的规定。需要特别指出的是，关于该法律规定，恰恰是用人单位无需支付经济补偿金的情形。因此，上述公司的做法没有任何不妥之处。

法条链接

《中华人民共和国劳动合同法》

第三十九条　劳动者有下列情形之一的，用人单位可以解除劳动合同：

（一）在试用期间被证明不符合录用条件的；

（二）严重违反用人单位的规章制度的；

（三）严重失职，营私舞弊，给用人单位造成重大损害的；

（四）劳动者同时与其他用人单位建立劳动关系，对完成本单位的工作任务造成严重影响，或者经用人单位提出，拒不改正的；

（五）因本法第二十六条第一款第一项规定的情形致使劳动合同无效的；

（六）被依法追究刑事责任的。

劳动者患病而长期休病假的，用人单位是否可以单方解除劳动合同？

现实问题

老李是某公司保安，某次回家，因走楼梯不慎滑倒，导致手臂骨折，医院出具半年的病假单。但在老李康复后病假期满时，却被公司书面告知一个月后解除劳动合同，要求老李在这一个月里好好交接工作。老李找该公司人事经理理论，却被告知，老李医疗期已满，根据法律的规定，该公司可以提前一个月通知的方式与老李解除劳动合同。那么，法律对此究竟是如何规定的呢？

律师解答

根据《劳动合同法》的相关规定，只有当劳动者患病或者非因工负伤，在规定的医疗期满后不能从事原工作的，同时也不能从事由用人单位另行安排的其他工作的，用人单位才可以提前三十日以书面形式通知劳动者，或者以额外支付劳动者一个月工资的方式单方面解除劳动合同。

上述案例中，公司仅仅在老李医疗期满后就提前一个月单方面提出与老李解除劳动合同，而不是因为老李无法从事原工作，或者经过另行安排仍然无法胜任新工作的情形下解除劳动合同，是不符合法律的规定的。

法条链接

《中华人民共和国劳动合同法》

第四十条　有下列情形之一的，用人单位提前三十日以书面形式通知劳动者本人或者额外支付劳动者一个月工资后，可以解除劳动合同：

（一）劳动者患病或者非因工负伤，在规定的医疗期满后不能从事原工作，也不能从事由用人单位另行安排的工作的；

（二）劳动者不能胜任工作，经过培训或者调整工作岗位，仍不能胜任工作的；

（三）劳动合同订立时所依据的客观情况发生重大变化，致使劳动合同无法履行，经用人单位与劳动者协商，未能就变更劳动合同内容达成协议的。

劳动者工作能力差的，用人单位是否可以单方解除劳动合同？

现实问题

小赵被某外资企业录用后，顺利通过了为期两个月的试用期。但就在试用期通过没多久，小赵却收到公司人事部发出的书面通知，告知其因工作能力差，并不胜任现有的工作，所以公司提前三十日告知他解除劳动合同。那么，该公司的做法是否合法呢？

律师解答

《劳动合同法》第四十条规定的用人单位可以解除劳动合同的条件是：不能胜任工作的劳动者，经过培训或者调整工作岗位，仍不能胜任工作的。

因此，该用人单位的做法是违反法律规定的，如该企业认为小赵不能胜任该公司的工作，理所当然地应当在试用期内就依据此点与小赵解除劳动合同，既然该公司并未在试用期内认定小赵不胜任工作，就不能仅因此而解除与小赵的劳动合同，除非该企业经过培训或者调整了小赵的工作岗位，证明小赵依然无法胜任工作的，才得以按《劳动合同法》第四十条的规定解除与小赵的劳动合同。

法条链接

《中华人民共和国劳动合同法》

第四十条　有下列情形之一的，用人单位提前三十日以书面形式通知劳动者本人或者额外支付劳动者一个月工资后，可以解除劳动合同：

（一）劳动者患病或者非因工负伤，在规定的医疗期满后不能从事原工作，也不能从事由用人单位另行安排的工作的；

（二）劳动者不能胜任工作，经过培训或者调整工作岗位，仍不能胜任工作的；

（三）劳动合同订立时所依据的客观情况发生重大变化，致使劳动合同无法履行，经用人单位与劳动者协商，未能就变更劳动合同内容达成协议的。

劳动者与用人单位订立劳动合同约定的职位被取消了，用人单位是否可以单方解除劳动合同？

现实问题

小张在某国有企业担任生产线工人一职，劳动合同期限为三年。工作一年后，公司以接到政府通知实行新的操作标准为由解除劳动合同，要求小张即刻交接工作并领取剩余工资后离开公司。小张表示不服，遂向劳动争议仲裁委员会申请劳动仲裁，要求继续履行劳动合同。

律师解答

根据《劳动合同法》的相关规定，劳动合同订立时所依据的客观情况发生重大变化，致使劳动合同无法履行的，经用人单位与劳动者协商，未能就变更劳动合同内容达成协议的，用人单位提前三十日以书面形式通知劳动者本人或者额外支付劳动者一个月工资后，可以解除劳动合同。

因此，对于该公司来说，应当首先找小张进行协商，协商不成的，提前三十日以书面形式通知小张或者额外支付小张一个月工资后，可以解除劳动合同。公司要求小张立刻离开公司的做法是不合法的。并且，根据《劳动合同法》的规定，该公司还应当支付小张经济补偿金。

法条链接

《中华人民共和国劳动合同法》

第四十条 有下列情形之一的，用人单位提前三十日以书面形式通知劳动者本人或者额外支付劳动者一个月工资后，可以解除劳动合同：

（一）劳动者患病或者非因工负伤，在规定的医疗期满后不能从事原工作，也不能从事由用人单位另行安排的工作的；

（二）劳动者不能胜任工作，经过培训或者调整工作岗位，仍不能胜任工作的；

（三）劳动合同订立时所依据的客观情况发生重大变化，致使劳动合同无法履行，经用人单位与劳动者协商，未能就变更劳动合同内容达成协议的。

用人单位可以以效益不好为由随意裁减人员吗？

现实问题

某家电公司因连年亏损，经过股东会表决，决定进行裁员。该公司全体员工有100多名，需要裁减30人左右。很快公司着手裁员工作，每个被裁的员工，按照前12个月平均工资乘以工作年限计算经济补偿金。该公司这一行为遭到了被裁员工的激烈抗议，并集体申请了劳动仲裁。那么，该公司的做法是否合法呢？

律师解答

对于裁员，我国《劳动合同法》有非常明确的规定，该公司裁员二十人以上，既没有听取工会或者职工的意见，又未将裁员方案向劳动行政部门报告，且目前仅仅是亏损，尚未到生产经营发生严重困难的程度，所以该裁员行为是违反法律规定的，属于与员工违法解除劳动合同。

法条链接

《中华人民共和国劳动合同法》

第四十一条 有下列情形之一，需要裁减人员二十人以上或者裁减不足二十人但占企业职工总数百分之十以上的，用人单位提前三十日向工会或者全体职工说明情况，听取工会或者职工的意见后，裁减人员方案经向劳动行政部门报告，可以裁减人员：

（一）依照企业破产法规定进行重整的；

（二）生产经营发生严重困难的；

（三）企业转产、重大技术革新或者经营方式调整，经变更劳动合同后，仍需裁减人员的；

（四）其他因劳动合同订立时所依据的客观经济情况发生重大变化，致使劳动合同无法履行的。

裁减人员时，应当优先留用下列人员：

（一）与本单位订立较长期限的固定期限劳动合同的；

（二）与本单位订立无固定期限劳动合同的；

（三）家庭无其他就业人员，有需要扶养的老人或者未成年人的。

用人单位依照本条第一款规定裁减人员，在六个月内重新招用人员的，应当通知被裁减的人员，并在同等条件下优先招用被裁减的人员。

女职工在孕期、产期、哺乳期的，用人单位是否一定不能解除劳动合同？

现实问题

小刘是一家公司的出纳，2007 年 8 月，在享受完产假后，她即回公司上班，女儿则由自己的婆婆照顾。在恢复上班的当月，因为女儿生病，她连续三次在不办理任何请假手续的情况下即离开公司赶往家中照顾女儿。在小刘第三次“不告而别”后，她接到了公司人事科王经理的电话，称因小刘连续三次在未办理请假手续的情况下擅自离开公司属于旷工，根据早已送达小刘的《员工手册》的规定，该公司的员工在一个月内连续三次旷工属于严重过失，公司可以予以辞退，同时，王经理还告知小刘，要其尽快回公司办理离职手续。

但是小刘认为，自己尚在哺乳期内，公司不能辞退她，并称如果公司坚持要辞退她，她就会去劳动仲裁机构申诉。那么，法律对此是如何规定的呢？

律师解答

本案中，小刘的行为属于《劳动合同法》第三十九条中，严重违反用人单位的规章制度的行为。虽然她尚在哺乳期内，但是，这不能成为她可以任意违反公司规章制度的“护身符”，该公司完全可以根据《劳动合同法》第三十九条的规定，解除与其的劳动合同。

法条链接

《中华人民共和国劳动合同法》

第三十九条　劳动者有下列情形之一的，用人单位可以解除劳动合同：

（一）在试用期间被证明不符合录用条件的；

（二）严重违反用人单位的规章制度的；

（三）严重失职，营私舞弊，给用人单位造成重大损害的；

（四）劳动者同时与其他用人单位建立劳动关系，对完成本单位的工作任务造成严重影响，或者经用人单位提出，拒不改正的；

（五）因本法第二十六条第一款第一项规定的情形致使劳动合同无效的；

（六）被依法追究刑事责任的。

女职工在孕期、产期、哺乳期的，女职工本人是否可以单方解除劳动合同？

现实问题

万小姐在某软件公司从事软件开发工作，在得知自己怀孕后，万小姐考虑到每天工作不得不坐在电脑前，辐射较大，对胎儿不好，于是向该公司提出即刻解除劳动合同的要求。但该公司拒绝了万小姐的要求，称万小姐的软件开发工作正处于最关键的时期，且其尚处孕期，根据法律规定不能与公司解除劳动合同。那么，法律对此是如何规定的呢？

律师解答

我国法律只是禁止用人单位不得随意与处于“三期”的女职工解除劳动合同，其目的是照顾女性的利益。但作为劳动者，如果处于“三期”的女职工主动提出解除劳动合同，根据法律的规定是可以的。需要注意的是，根据《劳动合同法》的规定，员工单方面提出解除劳动合同的，应当以书面形式提前三十日提出，万小姐即刻离职的要求显然是不妥的。

法条链接

《中华人民共和国劳动合同法》

第三十七条　劳动者提前三十日以书面形式通知用人单位，可以解除劳动合同。

劳动者在试用期内提前三日通知用人单位，可以解除劳动合同。

第四十二条　劳动者有下列情形之一的，用人单位不得依照本法第四十条、第四十一条的规定解除劳动合同：

（一）从事接触职业病危害作业的劳动者未进行离岗前职业健康检查，或者疑似职业病病人在诊断或者医学观察期间的；

（二）在本单位患职业病或者因工负伤并被确认丧失或者部分丧失劳动能力的；

（三）患病或者非因工负伤，在规定的医疗期内的；

（四）女职工在孕期、产期、哺乳期的；

（五）在本单位连续工作满十五年，且距法定退休年龄不足五年的；

（六）法律、行政法规规定的其他情形。

用人单位宣告破产的，劳动合同是否自然终止？

现实问题

某工厂因连年亏损资不抵债，依法宣告了破产。于是，该工厂的几百名员工全数失业，但是部分员工对此非常想不通，原因是，该工厂还有其他关联单位，那些关联单位可以解决部分员工的工作问题，因此认为是工厂的“不作为”导致了他们的失业，实际上他们的劳动合同完全可以继续履行，于是找到工厂原领导抗议。那么，法律对此是如何规定的呢？

律师解答

用人单位被依法宣告破产的，是劳动合同终止的法定情形，本案中，工人在该工厂依法宣告破产后，他们与该工厂的劳动合同就已经终止。因此，无法要求工厂继续履行合同，至于工厂是不是有其他关联企业，对于员工与工厂的劳动合同来说，其他企业决非合同方，所以员工无权要求其他关联企业代为继续履行劳动合同。

法条链接

《中华人民共和国劳动合同法》

第四十四条　有下列情形之一的，劳动合同终止：

（一）劳动合同期满的；

（二）劳动者开始依法享受基本养老保险待遇的；

（三）劳动者死亡，或者被人民法院宣告死亡或者宣告失踪的；

（四）用人单位被依法宣告破产的；

（五）用人单位被吊销营业执照、责令关闭、撤销或者用人单位决定提前解散的；

（六）法律、行政法规规定的其他情形。

用人单位是否可以与劳动者约定劳动合同终止的情况？

现实问题

冯小姐被某化妆品公司录取为该公司某百货内的专柜销售，基于工作的特殊性，公司与冯小姐的劳动合同约定，一旦冯小姐结婚，冯小姐与该公司的合同则立即终止。为了得到工作，冯小姐违心地在劳动合同上签字。一年后，冯小姐结婚了，该消息很快被公司知晓，公司立即给其出具了《即刻终止劳动合同通知书》，冯小姐感到很气愤，遂申请劳动仲裁。那么，该公司的做法是否合法呢？

律师解答

根据《劳动合同法》与《劳动合同法实施条例》的相关规定，对于劳动合同的终止情况，只能法定不能约定。也就是说，劳动合同的终止，只能适用《劳动合同法》第四十四条列举的情形，而不能由用人单位与劳动者自行约定。所以，化妆品公司的做法是违法的，其与冯小姐约定的条款是无效的。

法条链接

《中华人民共和国劳动合同法》

第四十四条 有下列情形之一的，劳动合同终止：

（一）劳动合同期满的；

（二）劳动者开始依法享受基本养老保险待遇的；

（三）劳动者死亡，或者被人民法院宣告死亡或者宣告失踪的；

（四）用人单位被依法宣告破产的；

（五）用人单位被吊销营业执照、责令关闭、撤销或者用人单位决定提前解散的；

（六）法律、行政法规规定的其他情形。

《劳动合同法实施条例》

第十三条 用人单位与劳动者不得在劳动合同法第四十四条规定的劳动合同终止情形之外约定其他的劳动合同终止条件。

劳动合同期满时，女职工在孕期、产期、哺乳期的，用人单位应如何处理？

现实问题

小滕任某外企的部门主管，在与公司劳动合同期满前6个月查出怀孕。劳动合同期满时，公司并未与她续约，而是由人事部向其书面发送《劳动合同终止通知书》，告知她因双方劳动合同约定期限届满，公司不愿意续签劳动合同，按照法律的规定，给小滕以按照工作年限计算的经济补偿金，并要求她尽快完成交接手续。小滕气愤之下申请劳动仲裁。那么，该外企的做法是否合法呢？

律师解答

虽然小滕与公司的劳动合同约定的期限已到，但是根据《劳动合同法》的规定，小滕尚在孕期，她的劳动合同应当顺延至哺乳期结束时终止，所以，该公司的做法完全是违法的。

法条链接

《中华人民共和国劳动合同法》

第四十五条 劳动合同期满，有本法第四十二条规定情形之一的，劳动合同应当续延至相应的情形消失时终止。但是，本法第四十二条第二项规定丧失或者部分丧失劳动能力劳动者的劳动合同的终止，按照国家有关工伤保险的规定执行。

劳动合同终止的，用人单位是否一定要支付给员工经济补偿金？

现实问题

小陈是某物业公司保卫科的员工，劳动合同期满后，公司表示愿意续签合同，但工资照旧，小陈感觉工资一点都没加，再工作下去也没意思，表示不愿意续签合同，但是公司需要向他支付经济补偿金。那么，法律对此是怎样规定的呢？

律师解答

根据《劳动合同法》的相关规定，在本案中，小陈与公司的劳动合同到期，公司表示愿意维持原劳动合同条件续订劳动合同，小陈不愿意续订的情况，那么，劳动合同就自到期之日终止，公司不需要支付小陈经济补偿金。

法条链接

《中华人民共和国劳动合同法》

第四十六条 有下列情形之一的，用人单位应当向劳动者支付经济补偿：

（一）劳动者依照本法第三十八条规定解除劳动合同的；

（二）用人单位依照本法第三十六条

规定向劳动者提出解除劳动合同并与劳动者协商一致解除劳动合同的；

（三）用人单位依照本法第四十条规定解除劳动合同的；

（四）用人单位依照本法第四十一条第一款规定解除劳动合同的；

（五）除用人单位维持或者提高劳动合同约定条件续订劳动合同，劳动者不同意续订的情形外，依照本法第四十四条第一项规定终止固定期限劳动合同的；

（六）依照本法第四十四条第四项、第五项规定终止劳动合同的；

（七）法律、行政法规规定的其他情形。

用人单位应如何计算劳动者的经济补偿金？

现实问题

袁某与滕某均为上海某印刷公司的经理，两人在该印刷公司的工作年限均为18年，袁某的月工资为6000元，滕某的月工资为9000元。后因客观情况发生重大变化，公司决定在同一天解除与袁某和滕某的劳动合同。那么，按照《劳动合同法》的规定，两人各应获得多少经济补偿金呢？

律师解答

假设解除劳动合同的同时，上海上年度职工月平均工资为2800元，则职工月平均工资三倍即为8400元，显然，袁某的月工资未超过该数额，而滕某的月工资已超过该数额。因此：

袁某解除劳动合同的经济补偿金为：$6000\times18=108000$元；

滕某解除劳动合同的经济补偿金为：$8400\times12=100800$元；

虽然，滕某的月薪比袁某多3000元，但是按照《劳动合同法》的规定，最终他能获得的经济补偿金却比袁某少7200元。

法条链接

《中华人民共和国劳动合同法》

第四十七条　经济补偿按劳动者在本单位工作的年限，每满一年支付一个月工资的标准向劳动者支付。六个月以上不满一年的，按一年计算；不满六个月的，向劳动者支付半个月工资的经济补偿。

劳动者月工资高于用人单位所在直辖市、设区的市级人民政府公布的本地区上年度职工月平均工资三倍的，向其支付经济补偿的标准按职工月平均工资三倍的数额支付，向其支付经济补偿的年限最高不超过十二年。

本条所称月工资是指劳动者在劳动合同解除或者终止前十二个月的平均工资。

用人单位违法解除或者终止劳动合同，劳动者要求继续履行劳动合同的，用人单位应如何处理？

现实问题

齐某为某咨询公司的员工，与公司订立的合同期限为五年。但就在齐某上班刚满三年后，公司以减少营运成本为由辞退齐某，齐某感到非常气愤，于是到劳动仲裁委员会申请劳动仲裁，要求继续履行其与公司的劳动合同。那么，法律对此是如何规定的呢？

律师解答

根据《劳动合同法》的相关规定，用人单位违反本法规定解除或者终止劳动合同，劳动者要求继续履行劳动合同的，用人单位应当继续履行。

“减少营运成本”不是用人单位可以单方面解除与劳动者劳动合同的法定理由。因此，该公司属于违法解除劳动合同，小张要求继续履行的，该公司应当继续履行劳动合同。

法条链接

《中华人民共和国劳动合同法》

第四十八条　用人单位违反本法规定解除或者终止劳动合同，劳动者要求继续履行劳动合同的，用人单位应当继续履行；劳动者不要求继续履行劳动合同或者劳动合同已经不能继续履行的，用人单位应当依照本法第八十七条规定支付赔偿金。

第八十七条　用人单位违反本法规定解除或者终止劳动合同的，应当依照本法第四十七条规定的经济补偿标准的二倍向劳动者支付赔偿金。

劳动者可以同时获得经济补偿金与赔偿金吗？

现实问题

小林自2003年4月起，在上海某化妆品公司担任销售的工作，2008年11月，小林收到公司的《解雇员工通知书》，称因小林长期达不到公司规定的销售指标，并连续多次在销售部员工业绩表上排名末尾，公司决定解除劳动合同，并且不给予小林任何补偿，同时要求小林在收到通知书后即办理离职手续。小林非常气愤，认为公司的行为不符合法律的规定，拒绝办理离职手续，并要求公司支付经济补偿金与赔偿金。那么，法律对此是如何规定的呢？

律师解答

本案中，该化妆品公司在认为小林不胜任销售工作时，不安排小林培训或调整工作岗位，而是通过发放《解雇员工通知书》的方式，即时解除与小林的劳动合同，且不给予小林任何经济补偿，属于典型的违法解除劳动合同行为。按照《劳动合同法》第四十八条和第八十七条的规定，该公司应继续履行劳动合同，如小林不要求继续履行劳动合同或劳动合同已经不能继续履行的，化妆品公司应支付给小林经济补偿金两倍的赔偿金。依据《劳动合同法实施条例》第二十五条的规定，经济补偿和赔偿金不能同时适用，本案中，化妆品公司支付了赔偿金后，不再支付经济补偿金。

法条链接

《中华人民共和国劳动合同法》

第四十八条　用人单位违反本法规定解除或者终止劳动合同，劳动者要求继续履行劳动合同的，用人单位应当继续履行；劳动者不要求继续履行劳动合同或者劳动合同已经不能继续履行的，用人单位应当依照本法第八十七条规定支付赔偿金。

第八十七条　用人单位违反本法规定解除或者终止劳动合同的，应当依照本法第四十七条规定的经济补偿标准的二倍向劳动者支付赔偿金。

《中华人民共和国劳动合同法实施条例》

第二十五条　用人单位违反劳动合同法的规定解除或者终止劳动合同，依照劳动合同法第八十七条的规定支付了赔偿金的，不再支付经济补偿。赔偿金的计算年限自用工之日起计算。

五、用人单位责任

用人单位不与劳动者订立书面劳动合同的，应承担什么责任？

现实问题

蒋某为某保安公司的保安，但自2008

年5月在该保安公司工作之日起，公司都未与其订立劳动合同，直到2009年7月，公司认为蒋某工作表现还不错，才与其订立了期限为一年的劳动合同。2010年7月，蒋某合同到期时，公司提出不续签劳动合同，并给了蒋某一个月的工资作为经济补偿金。蒋某感到很气愤，但是公司表示，根据法律的规定，劳动合同期满而公司不愿以同样条件与劳动者续约的，只要支付经济补偿金即可，所以无论蒋某闹到哪里都是没用的。那么，法律对此是如何规定的呢？

律师解答

根据《劳动合同法》的规定，用人单位应当自用工之日起一个月内与劳动者订立书面的劳动合同，如果不订立的，则自用工之日起超过一个月不满一年这段时间的工资以二倍计。用人单位自用工之日起满一年不与劳动者订立书面劳动合同的，视为用人单位与劳动者已订立无固定期限劳动合同。

由此可见，保安公司因超过一年未与蒋某订立劳动合同，应当支付十一个月的双倍工资给蒋某，同时，自用工之日满一年起，已视为蒋某和保安公司订立了无固定期限劳动合同。所以尽管保安公司与蒋某订立了期限为一年的劳动合同，但其事实上与蒋某订立的是无固定期限劳动合同，这就意味着，该公司不能以合同到期为由与蒋某终止合同。

法条链接

《中华人民共和国劳动合同法》

第十四条　无固定期限劳动合同，是指用人单位与劳动者约定无确定终止时间的劳动合同。

用人单位与劳动者协商一致，可以订立无固定期限劳动合同。有下列情形之一，劳动者提出或者同意续订、订立劳动合同的，除劳动者提出订立固定期限劳动合同外，应当订立无固定期限劳动合同：

（一）劳动者在该用人单位连续工作满十年的；

（二）用人单位初次实行劳动合同制度或者国有企业改制重新订立劳动合同时，劳动者在该用人单位连续工作满十年且距法定退休年龄不足十年的；

（三）连续订立二次固定期限劳动合同，且劳动者没有本法第三十九条和第四十条第一项、第二项规定的情形，续订劳动合同的。

用人单位自用工之日起满一年不与劳动者订立书面劳动合同的，视为用人单位与劳动者已订立无固定期限劳动合同。

第八十二条　用人单位自用工之日起超过一个月不满一年未与劳动者订立书面劳动合同的，应当向劳动者每月支付二倍的工资。

用人单位违反本法规定不与劳动者订立无固定期限劳动合同的，自应当订立无固定期限劳动合同之日起向劳动者每月支付二倍的工资。

《中华人民共和国劳动合同法实施条例》

第六条　用人单位自用工之日起超过一个月不满一年未与劳动者订立书面劳动合同的，应当依照劳动合同法第八十二条的规定向劳动者每月支付两倍的工资，并与劳动者补订书面劳动合同；劳动者不与用人单位订立书面劳动合同的，用人单位应当书面通知劳动者终止劳动关系，并依照劳动合同法第四十七条的规定支付经济补偿。

前款规定的用人单位向劳动者每月支付两倍工资的起算时间为用工之日起满一个月的次日，截止时间为补订书面劳动合同的前一日。

用人单位不与劳动者订立无固定期限劳动合同的，应承担什么责任？

现实问题

林某在某公司工作了十年，每隔两年公司人事部都会找林某签订期限为两年的劳动合同。在第五个劳动合同期满后，公司人事部再次找到林某要求续签为期两年的劳动合同，林某向人事部提出，其已在该公司工作满十年，不是应当订立无固定期限劳动合同吗？人事部表示，如果林某不签两年期的劳动合同，公司即拒绝再与其续约，迫于失业压力，林某不得已只能在该劳动合同上签字。那么，法律对此是如何规定的呢？

律师解答

根据《劳动合同法》的规定，用人单位违反本法规定不与劳动者订立无固定期限劳动合同的，自应当订立无固定期限劳动合同之日起向劳动者每月支付二倍的工资。在同一用人单位连续工作满十年的，应当订立无固定期限劳动合同。

所以，林某在该公司已经连续工作满十年，该公司找其续约就应当订立无固定期限劳动合同，而该公司在法定应当订立无固定期限劳动合同的情形下不与林某订立无固定期限劳动合同，就应当于应订立无固定期限劳动合同之日起向林某每月支付双倍工资。

法条链接

《中华人民共和国劳动合同法》

第八十二条　用人单位自用工之日起超过一个月不满一年未与劳动者订立书面劳动合同的，应当向劳动者每月支付二倍的工资。

用人单位违反本法规定不与劳动者订立无固定期限劳动合同的，自应当订立无固定期限劳动合同之日起向劳动者每月支付二倍的工资。

用人单位违反规定与劳动者约定试用期的，应承担什么责任？

现实问题

小杜于2008年7月23日与一家公司签订了劳动合同，约定合同期限为2年，试用期为3个月，试用期工资为1800元，转正后的工资为2000元。2008年10月21日，公司以小杜无法胜任工作为由，单方提出与小杜解除劳动合同。该公司在解除劳动合同时提出10月21日仍在试用期之内，且有相关证据证明小杜无法胜任工作，所以公司表示将不支付经济补偿金。但小杜认为公司应当向其支付经济补偿金，双方由此发生争议。那么，该公司的做法是否合法呢？

律师解答

根据《劳动合同法》的相关规定，劳动合同期限一年以上不满三年的，试用期不得超过二个月，所以，该公司与小杜关于试用期的约定不合法。小杜与该公司的劳动合同约定的期限为2年，那么试用期最长则不超过2个月。由于小杜在2008年9月22日时试用期已届满，只要该公司在期满后继续用工，则自动转正，无需办理手续。因此，从2008年9月23日起，小杜就不再处于试用期，而是转为劳动合同正式期限。如果该公司确有证据证明小杜不能胜任工作的，那么应该按照《劳动合同法》第四十条的规定，对小杜进行培训或者调整工作岗位，如果仍不能胜任工作的，公司提前三十日以书面形式通知小杜或者额外支付她一个月工资后，才可以解除双方的劳动合同。需要注意的是，在这样的情况下，公司需要向小杜支付经济补偿金。

需要进一步说明的是，根据《劳动合同法》第八十三条的规定，用人单位违反本法规定与劳动者约定试用期的，由劳动行政部门责令改正；违法约定的试用期已经履行的，由用人单位以劳动者试用期满月工资为标准，按已经履行的超过法定试用期的期间向劳动者支付赔偿金。所以，该公司还应以小杜试用期满月工资为标准，按她已经履行的超过法定试用期的期间向其支付赔偿金。

法条链接

《中华人民共和国劳动合同法》

第十九条　劳动合同期限三个月以上不满一年的，试用期不得超过一个月；劳动合同期限一年以上不满三年的，试用期不得超过二个月；三年以上固定期限和无固定期限的劳动合同，试用期不得超过六个月。

同一用人单位与同一劳动者只能约定一次试用期。

以完成一定工作任务为期限的劳动合同或者劳动合同期限不满三个月的，不得约定试用期。

试用期包含在劳动合同期限内。劳动合同仅约定试用期的，试用期不成立，该期限为劳动合同期限。

第八十三条　用人单位违反本法规定与劳动者约定试用期的，由劳动行政部门责令改正；违法约定的试用期已经履行的，由用人单位以劳动者试用期满月工资为标准，按已经履行的超过法定试用期的期间向劳动者支付赔偿金。

用人单位违法扣押劳动者的证件或要求劳动者提供担保，应承担什么责任？

现实问题

小耿为外来务工人员，在某饭店面试传菜员职位时被告知，根据饭店规定，因传菜员个人问题送错菜的，传菜员需要承担全部费用，因此每个传菜员必须先支付500元“押金”，如有送错菜的，先行在押金里扣除。所以，如果小耿肯先交“押金”，第二天就可以上班，如不愿交的就另谋高就。苦于生活所迫，小耿只有先交“押金”。半年后，小耿找到了更好的工作，向饭店提出辞职。饭店老板称，要走可以，但“押金”就不退了。小耿感到非常气愤，于是将该情况反映至劳动监察大队。那么，法律对此是如何规定的呢？

律师解答

根据《劳动合同法》的规定，用人单位招用劳动者，不得扣押劳动者的居民身份证和其他证件，不得要求劳动者提供担保或者以其他名义向劳动者收取财物。所以，饭店的做法是违反法律规定的。并且，根据规定，用人单位违反本法规定，以担保或者其他名义向劳动者收取财物的，由劳动行政部门责令限期退还劳动者本人，并以每人五百元以上二千元以下的标准处以罚款；给劳动者造成损害的，应当承担赔偿责任。

法条链接

《中华人民共和国劳动合同法》

第八十四条　用人单位违反本法规定，扣押劳动者居民身份证等证件的，由劳动行政部门责令限期退还劳动者本人，并依照有关法律规定给予处罚。

用人单位违反本法规定，以担保或者其他名义向劳动者收取财物的，由劳动行政部门责令限期退还劳动者本人，并以每人五百元以上二千元以下的标准处以罚款；给劳动者造成损害的，应当承担赔偿责任。

劳动者依法解除或者终止劳动合同，用人单位扣押劳动者档案或者其他物品的，依照前款规定处罚。

用人单位未按照劳动合同的约定或者国家规定及时足额支付劳动者劳动报酬的，应承担什么责任？

现实问题

小泉在某超市担任收银员，根据劳动合同，每月工资为1200元，但是因为该超市地处偏僻地段，生意长期不好，超市以暂时没钱为理由连续三个月只支付给员工一半的工资，并称会在年底一并发放另一半工资。于是收银员一起找店长理论，店长称，如有不满意的可以立马走人，但是走的员工就拿不到剩余部分的工资了。小泉等员工感到异常气愤，一起到劳动监察大队反映此情况。那么，法律对此是如何规定的呢？

律师解答

劳动者为用人单位工作，付出时间与劳动，用人单位就应当依据劳动合同的约定及时、足额地支付劳动者工资。很显然，该超市不足额支付员工工资的情况系违反《劳动合同法》，更不应该以剩余未发的工资威胁员工继续工作。

根据《劳动合同法》的规定，未按照劳动合同的约定及时足额支付劳动者劳动报酬的，由劳动行政部门责令限期支付劳动报酬，逾期不支付的，责令用人单位按应付金额百分之五十以上百分之一百以下的标准向劳动者加付赔偿金。

法条链接

《中华人民共和国劳动合同法》

第八十五条　用人单位有下列情形之一的，由劳动行政部门责令限期支付劳动报酬、加班费或者经济补偿；劳动报酬低于当地最低工资标准的，应当支付其差额部分；逾期不支付的，责令用人单位按应付金额百分之五十以上百分之一百以下的标准向劳动者加付赔偿金：

（一）未按照劳动合同的约定或者国家规定及时足额支付劳动者劳动报酬的；

（二）低于当地最低工资标准支付劳动者工资的；

（三）安排加班不支付加班费的；

（四）解除或者终止劳动合同，未依照本法规定向劳动者支付经济补偿的。

用人单位低于当地最低工资标准支付劳动者工资的，应承担什么责任？

现实问题

小刘为某零食连锁企业的营业员，该公司与小刘的劳动合同约定，如小刘月销售量达不到公司规定的指标，则工资为900元，没有任何提成，如达到指标，则除工资为960元以外，超过指标的销售量均有提成。然而自在该连锁企业上班后，小刘连续半年未达到该公司规定的销售指标，小刘感到公司“太欺负人”，存心规定较高的指标让她和其他营业员都拿不全基本工资，后又听说其所在地的最低工资标准为960元，于是与其他营业员商量举报该公司的违法行为。那么，法律对此是如何规定的呢？

律师解答

我国地域广泛，地区与地区之间的贫富差距大，所以每个地区所规定的最低工资标准都不尽相同，然而，无论是富裕的地区还是贫困的地区，用人单位都应当按照当地所规定的最低标准支付给劳动者工资，低于当地标准支付工资的行为，无论以怎样的理由“粉饰”都是违反法律规定的。

根据《劳动合同法》的规定，劳动报酬低于当地最低工资标准的，应当支付其差额部分；逾期不支付的，责令用人单位按应付金额百分之五十以上百分之一百以下的标准向劳动者加付赔偿金。

法条链接

《中华人民共和国劳动合同法》

第八十五条　用人单位有下列情形之一的，由劳动行政部门责令限期支付劳动报酬、加班费或者经济补偿；劳动报酬低于当地最低工资标准的，应当支付其差额部分；逾期不支付的，责令用人单位按应付金额百分之五十以上百分之一百以下的标准向劳动者加付赔偿金：

（一）未按照劳动合同的约定或者国家规定及时足额支付劳动者劳动报酬的；

（二）低于当地最低工资标准支付劳动者工资的；

（三）安排加班不支付加班费的；

（四）解除或者终止劳动合同，未依照本法规定向劳动者支付经济补偿的。

用人单位安排加班不支付加班费的，应承担什么责任？

现实问题

顾某为某民营小公司的财务，经常被公司总经理要求加班，但从来没有加班费。就在顾某怀孕期间，总经理依然要求她每天加班，顾某感到不堪重负，不愿意加班，总经理称如不加班，就扣工资。那么，该公司的做法是否合法呢？

律师解答

要求员工加班却不支付加班费显然是违法的，根据《劳动合同法》的规定，安排加班不支付加班费的，由劳动行政部门责令限期支付加班费，逾期不支付的，责令用人单位按应付金额百分之五十以上百分之一百以下的标准向劳动者加付赔偿金。

法条链接

《中华人民共和国劳动合同法》

第八十五条　用人单位有下列情形之一的，由劳动行政部门责令限期支付劳动报酬、加班费或者经济补偿；劳动报酬低于当地最低工资标准的，应当支付其差额部分；逾期不支付的，责令用人单位按应付金额百分之五十以上百分之一百以下的标准向劳动者加付赔偿金：

（一）未按照劳动合同的约定或者国家规定及时足额支付劳动者劳动报酬的；

（二）低于当地最低工资标准支付劳动者工资的；

（三）安排加班不支付加班费的；

（四）解除或者终止劳动合同，未依照本法规定向劳动者支付经济补偿的。

用人单位解除或者终止劳动合同，未依照规定向劳动者支付经济补偿的，应承担什么责任？

现实问题

秦某在某公司工作了三年，就在劳动合同期满前一个月，公司告知秦某不准备与其续约，并要求秦某尽快完成工作交接，一旦合同期满就不用来上班了。秦某提出，合同期满就离职没有关系，但是其已经在公司工作了三年，是否应该给三个月的工资作为经济补偿呢？公司拒绝了秦某的要求，并提出，如果不能按时交接并离职，就不支付给他当月工资。秦某感到非常气愤，于是咨询律师打算申请劳动仲裁。那么，法律对此是如何规定的呢？

律师解答

根据《劳动合同法》的规定，除用人单位维持或者提高劳动合同约定条件续订劳动合同，劳动者不同意续订的情形外，劳动合同期满而用人单位不续约的，用人单位应当支付给劳动者经济补偿。很显然，该公司的做法是违反法律的规定的，该公司应当以秦某前十二个月平均工资为标准，支付秦某经济补偿金，如不依照《劳动合同法》支付经济补偿的，可由劳动行政部门责令限期支付，逾期不支付的，责令用人单位按应付金额百分之五十以上百分之一百以下的标准向劳动者加付赔偿金。

法条链接

《中华人民共和国劳动合同法》

第八十五条　用人单位有下列情形之一的，由劳动行政部门责令限期支付劳动报酬、加班费或者经济补偿；劳动报酬低于当地最低工资标准的，应当支付其差额部分；逾期不支付的，责令用人单位按应付金额百分之五十以上百分之一百以下的标准向劳动者加付赔偿金：

（一）未按照劳动合同的约定或者国家规定及时足额支付劳动者劳动报酬的；

（二）低于当地最低工资标准支付劳动者工资的；

（三）安排加班不支付加班费的；

（四）解除或者终止劳动合同，未依照本法规定向劳动者支付经济补偿的。

六、工伤保险

用人单位要求劳动者为自己缴纳工伤保险费是否合法？

现实问题

崔某为某公司生产线上的工人，但是该公司不给工人交纳工伤保险费，并称，如果工人想要缴纳的，就向公司提交申请，公司会按规定在应发工资内扣除缴纳。那么，该公司的做法是否合法呢？

律师解答

为劳动者缴纳工伤保险费，是每个用人单位的法定义务，根据《工伤保险条例》的规定，用人单位应当按时缴纳工伤保险费。故此，该公司将缴纳工伤保险费的义务转嫁到员工身上的做法显然是违法的。

法条链接

《工伤保险条例》

第十条第一款、第二款　用人单位应当按时缴纳工伤保险费。职工个人不缴纳工伤保险费。

用人单位缴纳工伤保险费的数额为本单位职工工资总额乘以单位缴费费率之积。

劳动者在上班途中发生交通事故是否可以认定为工伤？

现实问题

殷某为某设计公司的员工，因与公司离得近，所以殷某每天骑自行车上下班。一日，殷某在十字路口过绿灯时，被一辆横向闯红灯的轿车撞飞，肇事车辆逃逸，而殷某除腿部骨折外还造成了脑震荡。住院期间，殷某致电公司，希望公司按照工伤给其一定的补贴，但遭到拒绝。那么，法律对此是如何规定的呢？

律师解答

根据《工伤保险条例》的规定，在上下班途中，受到非本人主要责任的交通事故的，应当认定为工伤，故殷某的情形属于工伤的范畴，设计公司拒绝他要求的做法显然是不对的。

法条链接

《工伤保险条例》

第十四条　职工有下列情形之一的，应当认定为工伤：

（一）在工作时间和工作场所内，因工作原因受到事故伤害的；

（二）工作时间前后在工作场所内，从事与工作有关的预备性或者收尾性工作受到事故伤害的；

（三）在工作时间和工作场所内，因履行工作职责受到暴力等意外伤害的；

（四）患职业病的；

（五）因工外出期间，由于工作原因受到伤害或者发生事故下落不明的；

（六）在上下班途中，受到非本人主要责任的交通事故或者城市轨道交通、客运轮渡、火车事故伤害的；

（七）法律、行政法规规定应当认定为工伤的其他情形。

哪些情况视同工伤？

现实问题

卢某为某会计师事务所的注册会计师，某日上班突然晕倒，并在送往医院的途中停止了呼吸，经认定为突发性心脏病导致死亡。卢某的父母在伤心之余，找到该事务所，要求该事务所按照工伤对卢某家庭进行补偿，但是遭到了拒绝。那么，法律对此是如何规定的呢？

律师解答

根据《工伤保险条例》的规定，员工在工作时间和工作岗位，突发疾病死亡或者在48小时之内经抢救无效死亡的，视为工伤。所以，卢某的情形应属于工伤的范畴。

法条链接

《工伤保险条例》

第十五条　职工有下列情形之一的，视同工伤：

（一）在工作时间和工作岗位，突发疾病死亡或者在48小时之内经抢救无效死亡的；

（二）在抢险救灾等维护国家利益、公共利益活动中受到伤害的；

（三）职工原在军队服役，因战、因公负伤致残，已取得革命伤残军人证，到用人单位后旧伤复发的。

职工有前款第（一）项、第（二）项情形的，按照本条例的相关规定享受工伤保险待遇；职工有前款第（三）项情形的，按照本条例的相关规定享受除一次性伤残补助金以外的工伤保险待遇。

《劳动和社会保障部关于实施〈工伤保险条例〉若干问题的意见》

三、条例第十五条规定“职工在工作时间和工作岗位，突发疾病死亡或者在48小时之内经抢救无效死亡的，视同工伤”。这里“突发疾病”包括各类疾病。“48小时”的起算时间，以医疗机构的初次诊断时间作为突发疾病的起算时间。

哪些情况不得认定为工伤或者视同工伤？

现实问题

贾某为某台资制造企业的员工，一日突然从该公司顶楼跳楼自杀，并留下遗书称生无可恋。贾某的父母认为因该公司长期压榨员工精力，以致贾某心理压力大，贾某又性格内向而长期郁结在心，最终造成了贾某的自杀，故该公司应当按照工伤的规定进行赔偿，但是该公司认为贾某自杀的行为与公司无关，拒绝赔偿。那么，法律对此是如何规定的呢？

律师解答

根据《工伤保险条例》的规定，职工自残或者自杀的，不得认定为工伤或者视同工伤。因此，无论员工是否因工作压力大而自杀，又或者是否在上班时间或上班地点自杀，都不是法定的认定为工伤或者视同工伤的情形。

法条链接

《工伤保险条例》

第十六条　职工符合本条例第十四条、第十五条的规定，但是有下列情形之一的，不得认定为工伤或者视同工伤：

（一）故意犯罪的；

（二）醉酒或者吸毒的；

（三）自残或者自杀的。

既符合认定工伤的条件，又符合不认定工伤的条件，是否应认定为工伤？

现实问题

陆某为某超市保安，一日在超市内巡逻时发现一小偷，于是立刻向前一把抓住该小偷，仔细一看，发现该小偷是惯偷，已经看到其盗窃数次，于是陆某气不打一处来，对着该小偷一顿狠打，陆某的同事过来相劝但拉不住，该小偷被陆某打得连牙齿都掉落了。没多久，该小偷的同伴闻声赶来，为救同伴几个人一起上前拉住陆某，陆某一个踉跄摔倒在地，并摔伤，陆某上医院医治花费了一笔医疗费，后要求该超市按照工伤报销其医疗费，但遭到了超市的拒绝，陆某感到非常气愤，他认为受伤完全是为了保护超市利益，理应属于工伤的范畴。那么，法律对此是如何规定的呢？

律师解答

虽然陆某的受伤是“在工作时间和工作场所内，因履行工作职责受到暴力等意外伤害”，但在他抓住小偷而小偷并未反抗的情况下，他依然肆意殴打小偷，在同事规劝时依然不肯停手，这种行为显然至少是违反《治安管理处罚法》的，甚至有可能触犯《刑法》。因此，他的受伤不应认定为工伤。

法条链接

《劳动和社会保障部办公厅关于对工伤认定法律适用问题的复函》

辽宁省劳动保障厅：

你厅《关于工伤认定法律适用问题的请示》（辽劳社〔2006〕150号）收悉。经研究，我们认为，受伤职工符合《工伤保险条例》第十四条、第十五条规定的情形，且不存在第十六条情形的，应当认定为工伤或视同工伤；受伤职工虽不存在第十六条情形，但也不符合第十四条、第十五条规定情形的，不予认定为工伤或视同工伤；受伤职工虽符合第十四条、第十五条规定的情形，但存在第十六条情形的，不能认定为工伤或视同为工伤。

劳动者发生事故伤害后，如何申请工伤认定？

现实问题

李某为某厂生产线上的工人，因机器故障，不慎被生产线上的机器夹断了两根手指，但工厂拒绝承认李某的受伤为工伤。那么，李某该如何自行申请工伤认定呢？

律师解答

根据《工伤保险条例》的规定，职工发生事故伤害的，所在单位应当自事故伤害发生之日起30日内，向统筹地区劳动保障行政部门提出工伤认定申请。遇有特殊情况，经报劳动保障行政部门同意，申请时限可以适当延长。用人单位未按上述规定提出工伤认定申请的，工伤职工或者其直系亲属、工会组织在事故伤害发生之日起 1 年内，可以直接向用人单位所在地统筹地区社会保险行政部门提出工伤认定申请。并且，如果用人单位未在规定时限内提交工伤认定申请的，在此期间发生本条例规定的工伤待遇等有关费用由该用人单位负担。

法条链接

《工伤保险条例》

第十七条　职工发生事故伤害或者按照职业病防治法规定被诊断、鉴定为职业病，所在单位应当自事故伤害发生之日或者被诊断、鉴定为职业病之日起 30 日内，向统筹地区社会保险行政部门提出工伤认定申请。遇有特殊情况，经报社会保险行政部门同意，申请时限可以适当延长。

用人单位未按前款规定提出工伤认定申请的，工伤职工或者其近亲属、工会组织在事故伤害发生之日或者被诊断、鉴定为职业病之日起 1 年内，可以直接向用人单位所在地统筹地区社会保险行政部门提出工伤认定申请。

按照本条第一款规定应当由省级社会保险行政部门进行工伤认定的事项，根据属地原则由用人单位所在地的设区的市级社会保险行政部门办理。

用人单位未在本条第一款规定的时限内提交工伤认定申请，在此期间发生符合本条例规定的工伤待遇等有关费用由该用人单位负担。

《劳动和社会保障部关于实施〈工伤保险条例〉若干问题的意见》

六、条例第十七条第四款规定"用人单位未在本条第一款规定的时限内提交工伤认定申请的，在此期间发生符合本条例规定的工伤待遇等有关费用由该用人单位负担"。这里用人单位承担工伤待遇等有关费用的期间是指从事故伤害发生之日或职业病确诊之日起到劳动保障行政部门受理工伤认定申请之日止。

劳动者因工死亡，其近亲属能享受哪些待遇？

现实问题

许某为某公司员工，一日在上班途中遭遇车祸，不治身亡，经认定为工伤后，无工作而又年迈的母亲作为许某唯一的亲人，欲领取相关补助金，但却不知究竟可以领哪类补助金。那么，法律对此是如何规定的呢？

律师解答

根据《工伤保险条例》的规定，许某的母亲可以从工伤保险基金领取丧葬补助金、供养亲属抚恤金和一次性工亡补助金。具体为：丧葬补助金为 6 个月的统筹地区上年度职工月平均工资；供养亲属抚恤金按照职工本人工资的一定比例发给由因工死亡职工生前提供主要生活来源、无劳动能力的亲属。标准为：配偶每月 40%，其他亲属每人每月 30%，孤寡老人或者孤儿每人每月在上述标准的基础上增加 10%。核定的各供养亲属的抚恤金之和不应高于因工死亡职工生前的工资；一次性工亡补助金标准为 48 个月至 60 个月的统筹地区上年度职工月平均工资。

法条链接

《工伤保险条例》

第三十九条　职工因工死亡，其近亲属按照下列规定从工伤保险基金领取丧葬补助金、供养亲属抚恤金和一次性工亡补助金：

（一）丧葬补助金为 6 个月的统筹地区上年度职工月平均工资；

（二）供养亲属抚恤金按照职工本人工资的一定比例发给由因工死亡职工生前提供主要生活来源、无劳动能力的亲属。标准为：配偶每月40%，其他亲属每人每月30%，孤寡老人或者孤儿每人每月在上述标准的基础上增加10%。核定的各供养亲属的抚恤金之和不应高于因工死亡职工生前的工资。供养亲属的具体范围由国务院社会保险行政部门规定；

（三）一次性工亡补助金标准为上一年度全国城镇居民人均可支配收入的20倍。

伤残职工在停工留薪期内因工伤导致死亡的，其近亲属享受本条第一款规定的待遇。

一级至四级伤残职工在停工留薪期满后死亡的，其近亲属可以享受本条第一款第（一）项、第（二）项规定的待遇。

职工因工外出期间发生事故下落不明的，应如何处理？

现实问题

于某为某医疗器材公司的业务员，某次出差后便杳无音信，公司与其家属都无法联系到他。在失踪两个月后，于某的妻子向公司提出，虽然于某暂时失踪，但公司仍应将工资打入于某工资卡内，然而公司却拒绝了于某妻子的要求。那么，法律对此是如何规定的呢？

律师解答

根据《工伤保险条例》的规定，职工因工外出期间发生事故或者在抢险救灾中下落不明的，从事故发生当月起3个月内照发工资，从第4个月起停发工资，由工伤保险基金向其供养亲属按月支付供养亲属抚恤金。所以，该公司理应将两个月工资打入于某工资卡内。

法条链接

《工伤保险条例》

第四十一条　职工因工外出期间发生事故或者在抢险救灾中下落不明的，从事故发生当月起3个月内照发工资，从第4个月起停发工资，由工伤保险基金向其供养亲属按月支付供养亲属抚恤金。生活有困难的，可以预支一次性工亡补助金的50%。职工被人民法院宣告死亡的，按照本条例第三十九条职工因工死亡的规定处理。

用人单位分立、合并、转让的，工伤保险责任如何处理？

现实问题

雷某为甲公司的员工，后甲公司分立，将一部分员工及业务并给了乙公司，雷某成为被并给乙公司的员工之一。某日，雷某在加班后回家，因天黑不慎发生交通事故，身体多处受伤。雷某认为自己属于工伤的情形，然而乙公司负责人表示因公司未为员工缴纳工伤保险费，故员工无法得到工伤的相关补偿，要么请雷某找甲公司要补偿。那么，法律对此是如何规定的呢？

律师解答

根据《工伤保险条例》的规定用人单位分立、合并、转让的，承继单位应当承担原用人单位的工伤保险责任。所以，乙公司应承担被合并部门员工的工伤保险责任。

法条链接

《工伤保险条例》

第四十三条　用人单位分立、合并、转让的，承继单位应当承担原用人单位的工伤保险责任；原用人单位已经参加工伤保险的，承继单位应当到当地经办机构办理工伤保险变更登记。

用人单位实行承包经营的，工伤保险责任由职工劳动关系所在单位承担。

职工被借调期间受到工伤事故伤害的，由原用人单位承担工伤保险责任，但原用人单位与借调单位可以约定补偿办法。

企业破产的，在破产清算时依法拨付应当由单位支付的工伤保险待遇费用。

职工被派遣出境工作的，如何处理工伤保险？

现实问题

余小姐为某跨国企业翻译，后被派往国外办事处工作，根据当地的规定，余小姐无法参加当地的工伤保险。得知该公司已经不再为其缴纳国内的工伤保险费用后，余小姐向公司提出能否继续缴纳，但公司认为余小姐不在国内上班，不需要为其缴纳工伤保险费。那么，法律对此是如何规定的呢？

律师解答

根据《工伤保险条例》的规定，虽然余小姐的上班地点已经不在国内，但是因余小姐不能在所在国家参加工伤保险，她国内的工伤保险关系就不能中止，相应地所在的公司依然须要为其缴纳工伤保险费。

法条链接

《工伤保险条例》

第四十四条　职工被派遣出境工作，依据前往国家或者地区的法律应当参加当地工伤保险的，参加当地工伤保险，其国内工伤保险关系中止；不能参加当地工伤保险的，其国内工伤保险关系不中止。

无营业执照单位的职工受到事故伤害如何处理？

现实问题

温某在某小工厂工作，该工厂为无证企业，专门制造假冒伪劣产品。一日温某被生产线上的机器夹断手指致残。出院后温某找到该小工厂的老板要求其按工伤给予他一定的补偿，但遭到了拒绝。那么，法律对此是如何规定的呢？

律师解答

虽然温某所在小工厂系无证经营，但这并不免除该小工厂的工伤责任，根据《工伤保险条例》的规定，无营业执照或者未经依法登记、备案的单位应向伤残职工或者死亡职工的直系亲属给予一次性赔偿，赔偿标准不得低于本条例规定的工伤保险待遇。

法条链接

《工伤保险条例》

第六十六条　无营业执照或者未经依法登记、备案的单位以及被依法吊销营业执照或者撤销登记、备案的单位的职工受到事故伤害或者患职业病的，由该单位向伤残职工或者死亡职工的近亲属给予一次性赔偿，赔偿标准不得低于本条例规定的工伤保险待遇；用人单位不得使用童工，用人单位使用童工造成童工伤残、死亡的，由该单位向童工或者童工的近亲属给予一次性赔偿，赔偿标准不得低于本条例规定的工伤保险待遇。具体办法由国务院社会保险行政部门规定。

前款规定的伤残职工或者死亡职工的近亲属就赔偿数额与单位发生争议的，以及前款规定的童工或者童工的近亲属就赔偿数额与单位发生争议的，按照处理劳动争议的相关规定处理。

第九章　消费者权益篇
——开心消费，明白维权

什么是消费者？

现实问题

小王一直玩某知名网络公司推出的网络游戏，在游戏中，有一些装备可以通过该网络公司的网站，以网上银行交易方式或者手机充值方式购买，小王在某次购买中发现实际在游戏中获得的装备并非自己所买，小王想知道自己是否可以以消费者的身份，要求该网络公司退换该游戏装备呢？

律师解答

根据《消费者权益保护法》的规定，消费者应当是为了满足个人生活和工作需要而购买、使用商品或者接受服务的单位和个人。根据这个规定，消费者有四个特点：（1）购买、使用商品或者接受服务是为了生活性消费，而不是为了生产性消费。以生产性消费为目的的消费者，实质上是生产经营者，而不是消费者，不是《消费者权益保护法》所调整的对象。（2）消费行为的客体是商品或者服务。（3）消费方式应当是有偿购买、使用商品和接受服务。（4）消费者既包括公民个人，也包括进行生活消费的单位。购买虚拟装备是随着科技发展而衍生出来的新型消费，根据消费者的概念，以货币购买虚拟产品的也是消费者。

法条链接

《中华人民共和国消费者权益保护法》

第二条　消费者为生活消费需要购买、使用商品或者接受服务，其权益受本法保护；本法未作规定的，受其他有关法律、法规保护。

消费者有哪些权利？

现实问题

小周在某个小店内欲购买一台小台灯，他要求营业员让他详细看一下该灯的样子、颜色等，但是该营业员告诉他只能看着包装盒选购，除非已经付钱购买，否则不拆盒。小周认为自己有权利看清楚货物才购买，遂与营业员发生争执。那么，对于消费者来说究竟有哪些权利呢？

律师解答

消费者的权利是指消费者在购买、使用商品或者接受服务过程中，依法享有的受法律保护的利益。根据《消费者权益保护法》的规定，消费者享有以下几种权利：（1）安全保障权。即消费者在购买、使用商品和接受服务的同时，享有人身、财产安全不受损害的权利。（2）知悉真情权。即消费者享有知悉其购买、使用的商品和接受的服务的真实情况的权利。（3）自主选择权。即消费者在消费时享有自主选择商品或者服务的权利。（4）公平交易权。即消费者在购买商品或者接受服务时，有获得质量保障、价格合理、计量正确等公平交易条件的权利。（5）获得赔偿权。即消费者因购买、使用商品或者接受服务受到人身、财产损害时，享有依法获得赔偿的权利。（6）依法结社权。即消费者享有依法成立维护自身合法权益的社会团体的权利。（7）获得知识权。即消费者享有获得有关消费和消费者权益保护方面的知识的权利。（8）维护尊严和民族习惯权。即消费者在购买、使用商品和接受服务时，享有其人格尊严、民族风俗习惯得到尊重的权利。(9) 监督批评权。即消费者享有对商品和服务以及保护消费者权益工作等进行监督、批评、建议的权利，以及对违法行为进行检举、控告的权利。

小周要购买灯，作为消费者，根据《消费者权益保护法》，他显然具有知悉真情权，营业员要求他只有在付款购买后才能打开包装盒了解灯的外观、颜色等信息的做法是违反法律的规定的。

法条链接

《中华人民共和国消费者权益保护法》

第七条　消费者在购买、使用商品和接受服务时享有人身、财产安全不受损害的权利。

消费者有权要求经营者提供的商品和服务，符合保障人身、财产安全的要求。

第八条　消费者享有知悉其购买、使用的商品或者接受的服务的真实情况的权利。

消费者有权根据商品或者服务的不同情况，要求经营者提供商品的价格、产地、生产者、用途、性能、规格、等级、主要成份、生产日期、有效期限、检验合格证明、使用方法说明书、售后服务，或者服务的内容、规格、费用等有关情况。

第十一条　消费者因购买、使用商品或者接受服务受到人身、财产损害的，享有依法获得赔偿的权利。

第十二条　消费者享有依法成立维护自身合法权益的社会组织的权利。

第十三条　消费者享有获得有关消费和消费者权益保护方面的知识的权利。

消费者应当努力掌握所需商品或者服务的知识和使用技能，正确使用商品，提高自我保护意识。

第十四条　消费者在购买、使用商品和接受服务时，享有人格尊严、民族风俗习惯得到尊重的权利，享有个人信息依法得到保护的权利。

第十五条　消费者享有对商品和服务以及保护消费者权益工作进行监督的权利。

消费者有权检举、控告侵害消费者权益的行为和国家机关及其工作人员在保护消费者权益工作中的违法失职行为，有权对保护消费者权益工作提出批评、建议。

消费者购买产品时，是否可以任意挑选？

现实问题

刘小姐欲在某大型百货商场的化妆品专柜购买一支桃红色的口红，专柜小姐在刘小姐付款后即给了刘小姐一支包装完好的口红。刘小姐仔细一看，发现该支口红的保质期还有1年就到期了，同时她发现该专柜柜台内还有几支同样颜色的口红是最新进货的，包装盒略有不同，但价格和口红本身都一样，保质期还有三年，于是刘小姐要求该专柜小姐予以调换。但是专柜小姐称，刘小姐在买的时候并没有要求一定要保质期三年的，两支口红是完全一样的，且刘小姐手中的口红虽然保质期只剩一年，但还未过保质期，所以不给换，刘小姐一气之下找到该商场经理理论。那么，法律对此究竟是如何规定的呢？

律师解答

消费者的选择权是消费者满足消费需要的一项必不可少的重要权利，是消费者在众多商品和服务提供者面前自主选择商品和服务的权利。消费者行使选择权时，既可以选择经营者，也可以选择商品品种和服务方式，更可以在同一款式的商品内选择自己想要的。根据《消费者权益保护法》的规定，刘小姐完全可以在付款后要求店员给予其挑选的哪怕颜色是不一样的口红，这是法律赋予消费者的权利。

法条链接

《中华人民共和国消费者权益保护法》

第九条 消费者享有自主选择商品或者服务的权利。

消费者有权自主选择提供商品或者服务的经营者，自主选择商品品种或者服务方式，自主决定购买或者不购买任何一种商品、接受或者不接受任何一项服务。

消费者在自主选择商品或者服务时，有权进行比较、鉴别和挑选。

经营者限定最低消费额的行为是否合法?

现实问题

陈某在某饭店包房与同事庆祝生日，用餐完毕结账时，被饭店服务员告知他们的消费未达到该饭店包房所规定的最低消费额1000元，如果不继续点餐直至达到最低消费额，就必须按1000元结账，陈某感到相当不满，于是向消费者协会投诉。那么，经营者究竟是否可以限定最低消费额呢?

律师解答

现在有很多经营者在向消费者提供服务时，设定了最低消费的标准，强迫消费者接受，这类消费者与经营者关于最低消费额的冲突屡见不鲜。根据《消费者权益保护法》的相关规定，消费者享有自主选择商品或者服务的权利。同时法律还规定，消费者有权自主选择提供商品或者服务的经营者，自主选择商品品种或者服务方式，自主决定购买或者不购买任何一种商品、接受或者不接受任何一项服务。

《消费者权益保护法》的该规定表明，消费者有权依据自己的经济情况、兴趣爱好等决定自己将购买、使用的商品或者接受的服务，其消费行为不受来自各方面的干扰、限制。本案中，该饭店规定的最低消费额是对消费者自主选择权的限制和对消费者消费行为的一种干涉和阻挠，侵犯了消费者的合法权益，是一种违法行为。

法条链接

《中华人民共和国消费者权益保护法》

第九条 消费者享有自主选择商品或者服务的权利。

消费者有权自主选择提供商品或者服务的经营者，自主选择商品品种或者服务方式，自主决定购买或者不购买任何一种商品、接受或者不接受任何一项服务。

消费者在自主选择商品或者服务时，有权进行比较、鉴别和挑选。

消费者有哪些义务?

现实问题

李某购买了某组装家具，但是未按说明书的要求正确安装，后家具因错误安装断裂倒塌，将李某新铺的实木地板压坏，李某找到组装家具的商家要求退货并获得赔偿，商家以其未按说明书正确安装致使家具受力不均匀而断裂为由拒绝退货并赔偿，李某想不通。那么，法律对此究竟是如何规定的呢?

律师解答

消费者购买、使用商品或者接受服务，在享有上述权利的同时，还应当履行相应的义务，比如：遵守法律、法规和社会公德；爱护商品，尊重经营者的劳动和服务；按照说明书正确安装、使用和维护商品，按照服务规定接受服务；等等。

李某在商家已经提供安装说明书的情况下，仍然不按照说明书的规定进行安装，致使该家具断裂的责任在李某，所以，李某不能因此而要求商家进行赔偿，更不能就因其行为造成地板被压坏的损失要求商家赔偿。

法条链接

《中华人民共和国消费者权益保护法》

第十三条　消费者享有获得有关消费和消费者权益保护方面的知识的权利。

消费者应当努力掌握所需商品或者服务的知识和使用技能，正确使用商品，提高自我保护意识。

消费者是否可以拒绝“指定”商品?

现实问题

某市电信公司规定，凡需要安装电话机的用户必须购买该电信公司指定的电话，否则安装人员一律不上门安装。那么，该电信公司的规定是否合法呢?

律师解答

经营者以自己所具有的市场支配地位强迫消费者购买“指定商品”是一种强制交易的行为。强制交易是指经营者违背消费者的意愿，采取各种手段，强行推销产品或者服务的行为。根据《消费者权益保护法》的规定，消费者在购买商品或者接受服务时，有权拒绝经营者的强制交易行为。拒绝强制交易既是消费者选择权的体现也是消费者公平交易权的体现。

法条链接

《中华人民共和国消费者权益保护法》

第十条　消费者享有公平交易的权利。

消费者在购买商品或者接受服务时，有权获得质量保障、价格合理、计量正确等公平交易条件，有权拒绝经营者的强制交易行为。

《中华人民共和国反垄断法》

第六条　具有市场支配地位的经营者，不得滥用市场支配地位，排除、限制竞争。

什么是经营者?

现实问题

大学生小张在学校门口的小地摊上购买了一部二手手机，付款后，摊主将该手机放入包装盒中交给小张。回寝室后，小张打开盒子，发现内装的是一支玩具手机，而不是当时所看到的二手手机。于是，小张找到该摊主，要求退换，然而摊主以他只是一个摊贩，不是经营者，不需要履行经营者的义务为由拒绝退换。那么，究竟什么是经营者呢?

律师解答

经营者是指以营利为目的而从事商品生产和销售以及提供服务的法人、其他经济组织和个人。包括生产者、消费者以及服务者。经营者是与消费者相对应的一种主体。

校门口的小摊贩虽然不具备营业执照，但是仍然是商品的销售者，理所当然属于经营者的一种，需要遵守法律对于经营者所须履行义务的规定。

法条链接

《中华人民共和国消费者权益保护法》

第三条　经营者为消费者提供其生产、销售的商品或者提供服务，应当遵守本法；本法未作出规定的，应当遵守其他有关法律、法规。

经营者应当履行哪些义务?

现实问题

朱某在某电器店内购买了一个电子闹钟，使用 10 个月后，该闹钟就坏了，朱某找到该商店，要求退换，商店营业员告诉他，该闹钟的使用寿命仅为半年，半年内如果坏了，店内一定会换一个新的给他，但是现在已经超过半年了，一律不予退换。那么，法律对此是如何规定的呢?

律师解答

经营者是与消费者相对应的另一方当事人，消费者的权利即为经营者的义务。根据《消费者权益保护法》的规定，经营者应当提供的商品和服务的义务有：（1）严格履行法定义务或与消费者约定的义务；（2）接受消费者的监督；（3）提供安全商品和安全服务；（4）提供有关商品和服务的真实信息；（5）标明其真实名称和标记；（6）出具购货凭证和服务单据；（7）保障商品质量；（8）承担“三包”责任；（9）严格遵守公平交易；（10）尊重消费者的人格权。

根据《消费者权益保护法》的相关规定，经营者应当保证在正常使用商品或者接受服务的情况下其提供的商品或者服务应当具有的质量、性能、用途和有效期限。上述案例中，商店在销售产品时未将产品的使用期限告知朱某，在产品无法使用后却以此点为由拒绝退换，很明显是违反法律规定的。

法条链接

《中华人民共和国消费者权益保护法》

第十六条　经营者向消费者提供商品或者服务，应当依照本法和其他有关法律、法规的规定履行义务。

经营者和消费者有约定的，应当按照约定履行义务，但双方的约定不得违背法律、法规的规定。

经营者向消费者提供商品或者服务，应当恪守社会公德，诚信经营，保障消费者的合法权益；不得设定不公平、不合理的交易条件，不得强制交易。

第十七条　经营者应当听取消费者对其提供的商品或者服务的意见，接受消费者的监督。

第十八条　经营者应当保证其提供的商品或者服务符合保障人身、财产安全的要求。对可能危及人身、财产安全的商品和服务，应当向消费者作出真实的说明和明确的警示，并说明和标明正确使用商品或者接受服务的方法以及防止危害发生的方法。

宾馆、商场、餐馆、银行、机场、车站、港口、影剧院等经营场所的经营者，应当对消费者尽到安全保障义务。

第十九条　经营者发现其提供的商品或者服务存在缺陷，有危及人身、财产安全危险的，应当立即向有关行政部门报告和告知消费者，并采取停止销售、警示、召回、无害化处理、销毁、停止生产或者服务等措施。采取召回措施的，经营者应当承担消费者因商品被召回支出的必要费用。

第二十条　经营者向消费者提供有关商品或者服务的质量、性能、用途、有效期限等信息，应当真实、全面，不得作虚假或者引人误解的宣传。

经营者对消费者就其提供的商品或者服务的质量和使用方法等问题提出的询问，应当作出真实、明确的答复。

经营者提供商品或者服务应当明码标价。

第二十一条　经营者应当标明其真实名称和标记。

租赁他人柜台或者场地的经营者，应当标明其真实名称和标记。

第二十二条　经营者提供商品或者服务，应当按照国家有关规定或者商业惯例向消费者出具发票等购货凭证或者服务单据；消费者索要发票等购货凭证或者服务单据的，经营者必须出具。

第二十三条　经营者应当保证在正常使用商品或者接受服务的情况下其提供的商品或者服务应当具有的质量、性能、用途和有效期限；但消费者在购买该商品或者接受该服务前已经知道其存在瑕疵，且存在该瑕疵不违反法律强制性规定的除外。

经营者以广告、产品说明、实物样品或者其他方式表明商品或者服务的质量状况的，应当保证其提供的商品或者服务的实际质量与表明的质量状况相符。

经营者提供的机动车、计算机、电视机、电冰箱、空调器、洗衣机等耐用商品或者装饰装修等服务，消费者自接受商品或者服务之日起六个月内发现瑕疵，发生争议的，由经营者承担有关瑕疵的举证责任。

第二十四条　经营者提供的商品或者服务不符合质量要求的，消费者可以依照国家规定、当事人约定退货，或者要求经营者履行更换、修理等义务。没有国家规定和当事人约定的，消费者可以自收到商品之日起七日内退货；七日后符合法定解除合同条件的，消费者可以及时退货，不符合法定解除合同条件的，可以要求经营者履行更换、修理等义务。

依照前款规定进行退货、更换、修理的，经营者应当承担运输等必要费用。

第二十七条　经营者不得对消费者进行侮辱、诽谤，不得搜查消费者的身体及其携带的物品，不得侵犯消费者的人身自由。

什么情况下，经营者侵犯消费者合法权益应当承担民事责任?

现实问题

陆某在某保健用品商店购买了两套远红外线保健内衣，店员称该内衣对人体有很大的保健作用，还能缓解腰酸背痛、关节炎等。陆某买回家后，连续穿了一个月却丝毫没感觉到有任何保健作用，于是到相关部门鉴定，得到的答案是，该内衣仅仅是普通全棉内衣，没有任何特殊作用。陆某找到该保健用品商店要求其承担民事责任。那么，该保健品商店是否要承担民事责任呢?

律师解答

民事责任是指经营者在提供商品或者服务的过程中，侵犯消费者的合法权益，使消费者受到人身、财产损失所应当承担的赔偿责任。根据《消费者权益保护法》的规定，经营者提供商品或者服务有下列情形之一的，除本法另有规定外，应当依照其他有关法律、法规的规定，承担民事责任：（1）商品或者服务存在缺陷的；（2）不具备商品应当具备的使用性能而出售时未作说明的；（3）不符合在商品或者其包装上注明采用的商品标准的；（4）不符合商品说明、实物样品等方式表明的质量状况的；（5）生产国家明令淘汰的商品或者销售失效、变质的商品的；（6）销售的商品数量不足的；（7）服务的内容和费用违反约定的；（8）对消费者提出的修理、重作、更换、退货、补足商品数量、退还货款和服务费用或者赔偿损失的要求，故意拖延或者无理拒绝的；（9）法律、法规规定的其他损害消费者权益的情形。

陆某所购买的该内衣不具备购买时所称的保健功能，根据《消费者权益保护法》的规定，该商店应当承担相应的民事责任。

法条链接

《中华人民共和国消费者权益保护法》

第四十八条　经营者提供商品或者服务有下列情形之一的，除本法另有规定外，应当依照其他有关法律、法规的规定，承担民事责任：

（一）商品或者服务存在缺陷的；

（二）不具备商品应当具备的使用性能而出售时未作说明的；

（三）不符合在商品或者其包装上注明采用的商品标准的；

（四）不符合商品说明、实物样品等方式表明的质量状况的；

（五）生产国家明令淘汰的商品或者销售失效、变质的商品的；

（六）销售的商品数量不足的；

（七）服务的内容和费用违反约定的；

（八）对消费者提出的修理、重作、更换、退货、补足商品数量、退还货款和服务费用或者赔偿损失的要求，故意拖延或者无理拒绝的；

（九）法律、法规规定的其他损害消费者权益的情形。

经营者对消费者未尽到安全保障义务，造成消费者损害的，应当承担侵权责任。

什么情况下，经营者侵犯消费者合法权益应当承担刑事责任？

现实问题

某厂生产白酒，由于技术不足，所酿造出的白酒酒精度达不到规定的标准，为了提高白酒的高酒精度，同时降低成本，该厂厂长吕某从某化工厂购进几百公斤甲醇，直接用塑料管随意注入其生产的成品、半成品白酒中，以达到提高白酒酒精度的目的。后因白酒中甲醇含量严重超标，致使多位消费者在饮用后出现头痛、失明甚至死亡的后果。那么，该厂是否要承担刑事责任呢？

律师解答

《消费者权益保护法》对刑事责任作了原则性规定，即经营者提供商品或者服务，造成消费者或者其他受害人人身、财产伤害或者死亡，构成犯罪的，应当依法承担刑事责任。

根据《刑法》的规定，该厂厂长已经构成了生产、销售有毒、有害食品罪。

法条链接

《中华人民共和国消费权益保护法》

第四十九条　经营者提供商品或者服务，造成消费者或者其他受害人人身伤害的，应当赔偿医疗费、护理费、交通费等为治疗和康复支出的合理费用，以及因误工减少的收入。造成残疾的，还应当赔偿残疾生活辅助具费和残疾赔偿金。造成死亡的，还应当赔偿丧葬费和死亡赔偿金。

什么情况下，经营者侵犯消费者合法权益应当承担行政责任？

现实问题

某市市卫生防疫站接到群众举报，从某个体粮油门市部购买的食用豆油有异味，食品卫生监督员迅速赶赴现场调查并采样，经检验发现该市某集团公司植物油厂生产的食用豆油中的浸出溶剂（6#汽油）含量超过国家规定的卫生标准8倍。造成购买该食用油的消费者多人出现不同程度的不适症状。后该厂受到了责令停产、没收违法所得并处以罚款等行政处罚。那么，什么是行政责任呢？

律师解答

行政责任是指经营者违反消费者权益保护法律、法规规定所必须承担的行政法律后果。具体表现为保护消费者权益的国家行政机关，对侵犯消费者合法权益行为所作的各种行政处罚。经营者具有《消费者权益保护法》第五十六条规定的十种情形的，除承担相应的民事责任外，其他有关法律、法规对处罚机关和处罚方式有规定的，依照法律、法规的规定执行；法律、法规未作规定的，由工商行政管理部门或者其他有关行政部门责令改正，可以根据情节单处或者并处警告、没收违法所得、处以违法所得一倍以上十倍以下的罚款，没有违法所得的，处以五十万元以下的罚款；情节严重的，责令停业整顿、吊销营业执照。

法条链接

《中华人民共和国消费者权益保护法》

第五十六条　经营者有下列情形之一，除承担相应的民事责任外，其他有关法律、法规对处罚机关和处罚方式有规定的，依照法律、法规的规定执行；法律、法规未作规定的，由工商行政管理部门或者其他有关行政部门责令改正，可以根据情节单处或者并处警告、没收违法所得、处以违法所得一倍以上十倍以下的罚款，没有违法所得的，处以五十万元以下的罚款；情节严重的，责令停业整顿、吊销营业执照：

（一）提供的商品或者服务不符合保障人身、财产安全要求的；

（二）在商品中掺杂、掺假，以假充真，以次充好，或者以不合格商品冒充合格商品的；

（三）生产国家明令淘汰的商品或者销售失效、变质的商品的；

（四）伪造商品的产地，伪造或者冒用他人的厂名、厂址，篡改生产日期，伪造或者冒用认证标志等质量标志的；

（五）销售的商品应当检验、检疫而未检验、检疫或者伪造检验、检疫结果的；

（六）对商品或者服务作虚假或者引人误解的宣传的；

（七）拒绝或者拖延有关行政部门责令对缺陷商品或者服务采取停止销售、警示、召回、无害化处理、销毁、停止生产或者服务等措施的；

（八）对消费者提出的修理、重作、更换、退货、补足商品数量、退还货款和服务费用或者赔偿损失的要求，故意拖延或者无理拒绝的；

（九）侵害消费者人格尊严、侵犯消费者人身自由或者侵害消费者个人信息依法得到保护的权利的；

（十）法律、法规规定的对损害消费者权益应当予以处罚的其他情形。

经营者有前款规定情形的，除依照法律、法规规定予以处罚外，处罚机关应当记入信用档案，向社会公布。

第五十九条　经营者对行政处罚决定不服的，可以依法申请行政复议或者提起行政诉讼。

当消费者的合法权益受到侵害时，由谁承担法律责任？

现实问题

李小姐看了某电视台的广告，购买了该广告所称的涂抹在任何有疤痕的皮肤上均能去除疤痕的药膏。在付款并收到该药膏后，李小姐涂抹至自己脸颊两边的痘印上，谁知，痘印非但没有消失，涂抹该药膏的部位全部泛红，并带有灼热感。李小姐马上至医院皮肤科挂急诊，医生告知李小姐，该药膏含有让李小姐皮肤过敏的成分，且目前尚未有任何药膏可以一涂抹便让疤痕消失。李小姐一气之下找到了电视台，要求该电视台退款，并赔偿其医药费，电视台以其非销售者为由拒绝，但同时又不肯透露该产品经营者的真实名称和地址。那么，根据法律的规定究竟应由谁承担法律责任呢？

律师解答

消费者为维护自身合法权益进行索赔时，可根据《消费者权益保护法》及其他相关法律的规定，要求以下组织或个人承担法律责任：

（1）生产者。生产者应对其生产的产品的质量负责，因产品质量存在缺陷造成人身、财产损害的，由生产者承担赔偿责任。

（2）销售者。对于消费者来说，商品销售者是最主要的责任承担者。消费者或者其他受害人因商品缺陷造成人身、财产损害的，可以向销售者要求赔偿，也可以向生产者要求赔偿。

（3）服务者。服务者向消费者提供服务时，造成消费者人身伤害和财产损失的，应当承担赔偿责任。如果消费者受到的损害是服务者所使用的设备、器械等的缺陷引起的，消费者要求服务者赔偿的，服务者应当先行赔偿，然后向责任者追偿。

（4）营业执照出租者、出借者。使用他

人营业执照的违法经营者提供商品或者服务，损害消费者合法权益的，消费者可以向其要求赔偿，也可以向营业执照的持有人要求赔偿。

（5）展销会举办者、柜台出租者。消费者在展销会、租赁柜台购买商品或者接受服务，其合法权益受到损害的，在展销会举办期间，可以向销售者或者服务者要求赔偿；展销会结束或者柜台租赁期满后，可以直接向销售者或者服务者或展销会的举办者、柜台的出租者要求赔偿。

（6）广告经营者。广告的经营者发布虚假广告的，消费者可以请求行政主管部门予以惩处。广告的经营者不能提供经营者的真实名称、地址的，应承担赔偿责任。

电视台所发布的广告明显是虚假的，李小姐可以请求行政主管部门予以惩处，如果该电视台不能提供经营者的真实名称、地址的，就应当承担赔偿责任。

法条链接

《中华人民共和国消费者权益保护法》

第四十条　消费者在购买、使用商品时，其合法权益受到损害的，可以向销售者要求赔偿。销售者赔偿后，属于生产者的责任或者属于向销售者提供商品的其他销售者的责任的，销售者有权向生产者或者其他销售者追偿。

消费者或者其他受害人因商品缺陷造成人身、财产损害的，可以向销售者要求赔偿，也可以向生产者要求赔偿。属于生产者责任的，销售者赔偿后，有权向生产者追偿。属于销售者责任的，生产者赔偿后，有权向销售者追偿。

消费者在接受服务时，其合法权益受到损害的，可以向服务者要求赔偿。

第四十二条　使用他人营业执照的违法经营者提供商品或者服务，损害消费者合法权益的，消费者可以向其要求赔偿，也可以向营业执照的持有人要求赔偿。

第四十三条　消费者在展销会、租赁柜台购买商品或者接受服务，其合法权益受到损害的，可以向销售者或者服务者要求赔偿。展销会结束或者柜台租赁期满后，也可以向展销会的举办者、柜台的出租者要求赔偿。展销会的举办者、柜台的出租者赔偿后，有权向销售者或者服务者追偿。

第四十四条　消费者通过网络交易平台购买商品或者接受服务，其合法权益受到损害的，可以向销售者或者服务者要求赔偿。网络交易平台提供者不能提供销售者或者服务者的真实名称、地址和有效联系方式的，消费者也可以向网络交易平台提供者要求赔偿；网络交易平台提供者作出更有利于消费者的承诺的，应当履行承诺。网络交易平台提供者赔偿后，有权向销售者或者服务者追偿。

网络交易平台提供者明知或者应知销售者或者服务者利用其平台侵害消费者合法权益，未采取必要措施的，依法与该销售者或者服务者承担连带责任。

第四十五条　消费者因经营者利用虚假广告或者其他虚假宣传方式提供商品或者服务，其合法权益受到损害的，可以向经营者要求赔偿。广告经营者、发布者发布虚假广告的，消费者可以请求行政主管部门予以惩处。广告经营者、发布者不能提供经营者的真实名称、地址和有效联系方式的，应当承担赔偿责任。

广告经营者、发布者设计、制作、发布关系消费者生命健康商品或者服务的虚假广告，造成消费者损害的，应当与提供该商品或者服务的经营者承担连带责任。

社会团体或者其他组织、个人在关系消费者生命健康商品或者服务的虚假广告或者其他虚假宣传中向消费者推荐商品或者服务，造成消费者损害的，应当与提供该商品或者服务的经营者承担连带责任。

企业合并或者分立后，就已经售出的商品如何承担相应责任？

现实问题

巫小姐在秋天于某商场购买了两套知名品牌的保暖内衣，预备冬季来临时穿。然而，当冬天到了她准备穿的时候，一打开包装盒，发现其中一套上衣有一个破洞，于是她来到商场柜台要求退换，但是营业员以原来这个品牌是属于甲公司的，现在甲公司分立为乙、丙两家公司，现在这个柜台属于丙公司负责为由，概不退换原来甲公司存在时出售的衣服。那么，究竟应该由谁承担责任呢？

律师解答

根据我国的法律，对于单位来说，原有的权利或者义务不会因为合并或者分立而消灭，单位合并的，应由合并后的单位承受原有的权利与义务，同样地，单位分立的，也会有相应承受该权利义务的单位。

在《消费者权益保护法》中，对于这种单位合并或者分立的情况，也有着明确的规定，即消费者可以向变更后承受其权利义务的企业要求赔偿。所以，巫小姐完全有权利要求换货。

法条链接

《中华人民共和国消费者权益保护法》

第四十一条　消费者在购买、使用商品或者接受服务时，其合法权益受到损害，因原企业分立、合并的，可以向变更后承受其权利义务的企业要求赔偿。

在什么情况下，经营者不承担赔偿责任？

现实问题

某厂生产了一批电热毯，但因生产时正值秋天，该批电热毯就存放于仓库内，仓库管理员范某因夜间在门房值班太冷，于是将仓库内的电热毯取出一条使用，但在范某躺至铺好电热毯的小木床后便感到全身发麻触电，范某感到害怕，就把电热毯电源拉掉继续睡觉，第二天，范某就找到厂领导，称该电热毯是伪劣产品，造成了他触电受伤，要求厂方赔偿。该厂领导以范某私自偷拿仓库内电热毯使用，厂方免责为由拒绝了范某的要求。那么，该厂是否要对范某的受伤承担赔偿责任呢？

律师解答

根据《消费者权益保护法》的相关规定，经营者应当保证其提供的商品或者服务符合保障人身、财产安全的要求。可见，因产品缺陷造成人身、财产损害的，经营者应当承担赔偿责任。但是《产品质量法》同时规定，因产品存在缺陷造成人身、缺陷产品以外的其他财产损害的，生产者应当承担赔偿责任。生产者能够证明有下列情形之一的，不承担赔偿责任：（1）未将产品投入流通的；（2）产品投入流通时，引起损害的缺陷尚不存在的；（3）将产品投入流通时的科学技术水平尚不能发现缺陷的存在的。所以，该工厂无需承担对范某的赔偿责任。

法条链接

《中华人民共和国消费者权益保护法》

第十八条　经营者应当保证其提供的商品或者服务符合保障人身、财产安全的要求。对可能危及人身、财产安全的商品和服务，应当向消费者作出真实的说明和明确的警示，并说明和标明正确使用商品或者接受服务的方法以及防止危害发生的方法。

宾馆、商场、餐馆、银行、机场、车站、港口、影剧院等经营场所的经营者，应当对消费者尽到安全保障义务。

第十九条　经营者发现其提供的商品或者服务存在缺陷，有危及人身、财产安全危险的，应当立即向有关行政部门报告和告知消费者，并采取停止销售、警示、召回、无害化处理、销毁、停止生产或者服务等措施。采取召回措施的，经营者应当承担消费者因商品被召回支出的必要费用。

《中华人民共和国产品质量法》

第四十一条　因产品存在缺陷造成人身、缺陷产品以外的其他财产（以下简称他人财产）损害的，生产者应当承担赔偿责任。

生产者能够证明有下列情形之一的，不承担赔偿责任：

（一）未将产品投入流通的；

（二）产品投入流通时，引起损害的缺陷尚不存在的；

（三）将产品投入流通时的科学技术水平尚不能发现缺陷的存在的。

经营者所指定的格式条款是否有效？

现实问题

小郑在路过一家路边小店时，感到天热口渴欲买棒冰。至店内时，看到该店内贴着“售出雪糕如有断裂，本店概不负责”的告示，小郑不以为意，依然购买了一根棒冰，但是打开一看，竟然是断裂的，于是要求店主更换，店主指着店内的告示说，已经告知小郑如果购买的棒冰断裂概不负责，小郑还是购买，其就无权要求更换，双方因此引发冲突。那么，该店的这种做法是否合法呢？

律师解答

根据《消费者权益保护法》的相关规定，经营者不得以格式合同、通知、声明、店堂告示等方式作出对消费者不公平、不合理的规定，或者减轻、免除其损害消费者合法权益应当承担的民事责任。格式合同、通知、声明、店堂告示等含有前款所列内容的，其内容无效。《合同法》对于格式条款也有相关规定。

法律在赋予经营者利用格式合同、通知、声明、店堂告示等形式进行经营活动的权利的同时，要求经营者必须严格履行公平交易的义务。具体是：（1）格式合同、通知、声明、店堂告示必须符合平等、自愿、公平、诚实信用的原则，其内容不得对消费者作出不公平、不合理的规定；（2）经营者不得利用格式合同、通知、声明、店堂告示等将自己的意志强加于消费者，更不能欺骗消费者，损害消费者的利益；（3）格式合同、通知、声明、店堂告示等不得单方减轻、免除经营者应当承担的民事责任，给消费者造成损害的，经营者必须予以赔偿。可见，该小店在店内张贴的告示因侵犯消费者合法权益而显失公平，格式合同无效。

法条链接

《中华人民共和国消费者权益保护法》

第二十六条　经营者在经营活动中使用格式条款的，应当以显著方式提请消费者注意商品或者服务的数量和质量、价款或者费用、履行期限和方式、安全注意事项和风险警示、售后服务、民事责任等与消费者有重大利害关系的内容，并按照消费者的要求予以说明。

经营者不得以格式条款、通知、声明、店堂告示等方式，作出排除或者限制消费者权利、减轻或者免除经营者责任、加重消费者责任等对消费者不公平、不合理的规定，不得利用格式条款并借助技术手段强制交易。

格式条款、通知、声明、店堂告示等含有前款所列内容的，其内容无效。

消费者是否有权向经营者索要发票？

现实问题

施某到某家具店购买家具，选购完毕并已全额交付货款后，施某要求家具店提供发票，家具店营业员表示，在购买的时候施某未说需要发票，所以卖给施某的价格较优惠，商店可以提供给施某收据，也是一样的。施某坚持要发票，但是营业员表示，如果施某非要发票，则需要再多支付5%的货款。施某拒绝多支付货款，营业员也拒绝开发票，双方僵持不下。那么，该家具店对于消费者要开发票就要多支付货款的规定是否合法呢？

律师解答

根据法律的规定，消费者接受经营者提供的商品或者服务后，向经营者索要发票、收据、购货卡、保修卡等购货凭证或者服务单据的，经营者必须出具，并不得加收任何费用。消费者索要发票的，经营者不得以收据、购货卡、保修证等代替。有正当理由不能即时出具的，经营者应当按照与消费者协商的时间、地点送交或者约定消费者到指定地点索取。经营者约定消费者到指定地点索取的，应当向消费者支付合理的交通费用。

由此可见，消费者有向经营者索要发票的权利，经营者向消费者提供发票同时也是经营者的义务，经营者不得拒绝提供给消费者发票，该家具店的行为显然是违反法律的规定的。

法条链接

《中华人民共和国消费者权益保护法》

第二十三条　经营者应当保证在正常使用商品或者接受服务的情况下其提供的商品或者服务应当具有的质量、性能、用途和有效期限；但消费者在购买该商品或者接受该服务前已经知道其存在瑕疵，且存在该瑕疵不违反法律强制性规定的除外。

经营者以广告、产品说明、实物样品或者其他方式表明商品或者服务的质量状况的，应当保证其提供的商品或者服务的实际质量与表明的质量状况相符。

经营者提供的机动车、计算机、电视机、电冰箱、空调器、洗衣机等耐用商品或者装饰装修等服务，消费者自接受商品或者服务之日起六个月内发现瑕疵，发生争议的，由经营者承担有关瑕疵的举证责任。

以预收款方式提供商品或者服务出现问题的，应承担怎样的法律责任？

现实问题

陈小姐在某减肥中心花9000元购买了为期三个月的减肥疗程，该中心承诺，在这个减肥疗程里，一定可以使陈小姐的体重下降20公斤。然而，陈小姐在参加了第一个月的疗程后，该中心电话通知陈小姐称因租约到期，该中心将搬到另一家商场内，要求陈小姐剩余的疗程前往新搬的地点完成。然而，新搬的中心距离陈小姐的家非常远，于是她要求该中心退还剩余的两个月疗程款，即6000元，但是遭到了该中心负责人的拒绝，该负责人称，陈小姐可以不参与接下来的两个月疗程，但是他们不会退款的，不参与剩余疗程的后果要陈小姐自己承担。那么，该减肥中心的做法是否合法？

律师解答

以预收款的方式提供商品或者服务，是指经营者预先向消费者收取商品价格款或者服务的全部或者一部分，在此之后的一定期限内，再向消费者提供商品或者服务的行为。根据《消费者权益保护法》的规定，经营者以预付款方式提供商品或者服务，应当按照与消费者确立的符合法律规定的合同，全面、适当地履行其义务，在约定的时间、地点，按照约定的方式，向消费者提供商品或者服务，经营者不得单方对合同的内容作任何随意变动，否则，即为没有全面、适当地履行合同义务，应承担以下民事责任：

第一，履行预定或者退回预付款。即经营者未按照约定提供商品或者服务的，消费者可以从有利于自己的角度出发，选择要求经营者履行约定或者退回预付款。

第二，承担预付款的利息。消费者要求经营者继续履行合同的，经营者应当承担在迟延提供商品或者服务期间预付款的利息；消费者要求经营者退回预付款的，经营者应当承担预付款自收取之日起至退还之日止的利息。

第三，承担消费者必须支付的合理费用，如消费者索要的交通费、通讯费等。

第四，支付违约金。如果消费者与经营者签订的合同中有违约金及其他违约规定的，经营者应当依法承担违约责任，并支付违约金。

如果发生了不可抗力或者完全属于消费者的过错而使经营者无法按照约定提供商品或者服务的，经营者的责任可以免除；因部分属于消费者的过错而使经营者违约的，则应视情节减轻经营者的责任；如果经营者应当承担而拒不承担的，消费者可以请求人民法院予以追究。

所以，陈小姐完全有权利要求该减肥中心退还剩余的钱款，因为减肥中心的搬迁行为，已经造成不能如约履行自己的服务的后果。

法条链接

《中华人民共和国消费者权益保护法》

第五十三条　经营者以预收款方式提供商品或者服务的，应当按照约定提供。未按照约定提供的，应当按照消费者的要求履行约定或者退回预付款；并应当承担预付款的利息、消费者必须支付的合理费用。

经营者发生欺诈时，消费者是否有权利要求经营者赔偿损失？

现实问题

吴先生在某商店购买了一套所谓的红外线保健内衣，售货员称，该套内衣拥有国外专利的特别技术，能够释放对身体有利的红外线，以此来治疗各种慢性病，尤其对皮肤过敏这种顽症有奇效，吴先生因一直受皮肤过敏的折磨，便信以为真，花了2000元购买。回家后，吴先生越想越觉得不可思议，于是，到了相关鉴定部门要求鉴定，后被告知这只是普通全棉内衣而已。吴先生感到很气愤，便前往该商店要求退货，并要求该商店双倍返还货款，该商店的负责人称，可以进行退货，但是不能双倍返还货款。那么，吴先生是否有权利要求该商店双倍返还货款呢？

律师解答

根据《消费者权益保护法》的规定，经营者提供商品或者服务有欺诈行为，是适用双倍返还的。

根据《民法总则》相关司法解释规定，一方当事人故意告知对方虚假情况，或者故意隐瞒真实情况，诱使对方当事人作出错误意思表示的，可以认定为欺诈行为。

本案中的情况，经营者采用的是欺诈的手段，消费者有权要求其双倍返还货款。

法条链接

《中华人民共和国消费者权益保护法》

第五十五条　经营者提供商品或者服务有欺诈行为的，应当按照消费者的要求增加赔偿其受到的损失，增加赔偿的金额为消费者购买商品的价款或者接受服务的费用的三倍；增加赔偿的金额不足五百元的，为五百元。法律另有规定的，依照其规定。

经营者明知商品或者服务存在缺陷，仍然向消费者提供，造成消费者或者其他受害人死亡或者健康严重损害的，受害人有权要求经营者依照本法第四十九条、第五十一条等法律规定赔偿损失，并有权要求所受损失二倍以下的惩罚性赔偿。

消费者协会是怎样保护消费者的合法权益的？

现实问题

小周在某知名百货购买了一件国际名牌

的打折大衣，但是后来在其他地方逛该品牌的专卖店时，却被店员告知该大衣系假货，该品牌从未设计过该种款式的大衣。一怒之下，小周到该百货要求退货，但是无论是售货员还是百货的相关负责人，都拒绝予以退货，小周的朋友建议小周至区消费者协会投诉，但是小周一直不明白，消费者协会到底是干什么的？它们究竟有哪些职能？

律师解答

消费者协会是依法成立的对商品和服务进行社会监督的保护消费者合法权益的社会团体，我国设立中国消费者协会和地方各级消费者协会。消费者协会通过对商品和服务进行社会监督的方式来保护消费者的合法权益。这一任务通过其行使的职能来体现。根据《消费者权益保护法》的规定，消费者协会具体有以下几点职能：

（1）向消费者提供消费信息和咨询服务，提高消费者维护自身合法权益的能力，引导文明、健康、节约资源和保护环境的消费方式；

（2）参与制定有关消费者权益的法律、法规、规章和强制性标准；

（3）参与有关行政部门对商品和服务的监督、检查；

（4）就有关消费者合法权益的问题，向有关部门反映、查询，提出建议；

（5）受理消费者的投诉，并对投诉事项进行调查、调解；

（6）投诉事项涉及商品和服务质量问题的，可以委托具备资格的鉴定人鉴定，鉴定人应当告知鉴定意见；

（7）就损害消费者合法权益的行为，支持受损害的消费者提起诉讼或者依照本法提起诉讼；

（8）对损害消费者合法权益的行为，通过大众传播媒介予以揭露、批评。

消费者协会是社会组织，有组织优势，可组织理事单位（相关行政职能部门、行业主管）开展活动并通过其查处案件，可依靠社会力量，通过调解、督促和社会监督等方式来发挥保护消费者权益的作用。

法条链接

《中华人民共和国消费者权益保护法》

第三十六条　消费者协会和其他消费者组织是依法成立的对商品和服务进行社会监督的保护消费者合法权益的社会组织。

第三十七条　消费者协会履行下列公益性职责：

（一）向消费者提供消费信息和咨询服务，提高消费者维护自身合法权益的能力，引导文明、健康、节约资源和保护环境的消费方式；

（二）参与制定有关消费者权益的法律、法规、规章和强制性标准；

（三）参与有关行政部门对商品和服务的监督、检查；

（四）就有关消费者合法权益的问题，向有关部门反映、查询，提出建议；

（五）受理消费者的投诉，并对投诉事项进行调查、调解；

（六）投诉事项涉及商品和服务质量问题的，可以委托具备资格的鉴定人鉴定，鉴定人应当告知鉴定意见；

（七）就损害消费者合法权益的行为，支持受损害的消费者提起诉讼或者依照本法提起诉讼；

（八）对损害消费者合法权益的行为，通过大众传播媒介予以揭露、批评。

各级人民政府对消费者协会履行职责应当予以必要的经费等支持。

消费者协会应当认真履行保护消费者合法权益的职责，听取消费者的意见和建议，接受社会监督。

依法成立的其他消费者组织依照法律、法规及其章程的规定，开展保护消费者合法权益的活动。

第三十八条　消费者组织不得从事商品经营和营利性服务，不得以收取费用或者其他牟取利益的方式向消费者推荐商品和服务。

第十章　物业篇
——小区是我家，大家管理它

一、业主与业主委员会

什么是业主？

现实问题

周先生购买了某高档小区房屋一套，但并未搬入居住，而是借给自己的哥哥一家居住。周先生哥哥为让自己的孩子就读该小区周边的小学，在经过周先生的同意后一家三口均将户口迁入该套房屋，周先生本人的户口并未迁入，小区竞选业委会成员，周先生不知其到底算不算业主，究竟是否能参与？

律师解答

根据我国《民法典》的规定，取得建筑物专有部分所有权的人，应当认定为业主。基于与建设单位之间的商品房买卖民事法律行为，已经合法占有建筑物专有部分，但尚未依法办理所有权登记的，也可以认定为业主。

所以上述案例中的周先生，显然是该套房屋的业主，是否是业主，与户籍所在地无关。

法条链接

《物业管理条例》

第六条第一款　房屋的所有权人为业主。

业主享有哪些权利？

现实问题

李小姐购买了某商品房一套，但是她一直没搞懂，作为业主，她拥有哪些权利呢？

律师解答

具体来说，业主有以下权利：

第一，住房财产权：业主对所购房屋的权利是来自业权，也就是住房财产权。政府规定业主应享有的基本物业权益有：小区的道路、绿化、休憩地、空余地、电梯、楼梯、连廊、走廊或政府规定的其他公用设施的权益。业权特指买房人在获得商品房产权的同时，对公共区域和公共设施，如楼顶广告、地面公共停车位、公共绿地等所拥有的使用权和收益权。

第二，物业服务自主选择权：除国家法律法规另有规定的以外，业主对于物业采用何种方式进行管理具有选择权。在共有物业的处分中，这个权力由全体业主来行使，通常授权业主委员会来具体行使，共有物业中任何一个单独的业主无权单独行使该权力。

在业主享有的权利中，住房所有权是基础和核心，共有所有权和成员权的产生和存在都是源于专有所有权。成员权是与物业管理关系最直接的权利，具体包括：知情权；表决权；参与制订规约权；选举及解任管理者的权利；请求权；监督权。

法条链接

《物业管理条例》

第六条　房屋的所有权人为业主。

业主在物业管理活动中，享有下列权利：

（一）按照物业服务合同的约定，接受物业服务企业提供的服务；

（二）提议召开业主大会会议，并就物业管理的有关事项提出建议；

（三）提出制定和修改管理规约、业主大会议事规则的建议；

（四）参加业主大会会议，行使投票权；

（五）选举业主委员会成员，并享有被选举权；

（六）监督业主委员会的工作；

（七）监督物业服务企业履行物业服务合同；

（八）对物业共用部位、共用设施设备和相关场地使用情况享有知情权和监督权；

（九）监督物业共用部位、共用设施设备专项维修资金（以下简称专项维修资金）的管理和使用；

（十）法律、法规规定的其他权利。

业主有哪些义务？

现实问题

袁小姐购买了某市郊区的别墅一套，拿到房地产权证之后，她知道自己已经成为业主了，对于自己有哪些权利她大致知道，但是自己作为业主还有哪些义务呢？

律师解答

对于业主来说，其所应当履行的义务也并不比权利少，具体分为以下几点：

第一，对共有部位和共有物承担的义务

（1）不非法占有的义务；

（2）不非法加害的义务；

（3）分摊管理费用的义务；

（4）业主不得以不享有权利而不履行义务。

第二，共同管理的义务

（1）遵守业主公约、业主大会议事规则；

（2）遵守物业管理区域内物业共用部位和共用设施设备的使用、公共秩序和环境卫生的维护等方面的规章制度；

（3）执行业主大会的决定和业主大会授权业主委员会作出的决定；

（4）按照国家有关规定交纳专项维修资金；

（5）按时交纳物业服务费用；

（6）法律、法规规定的其他义务。

法条链接

《物业管理条例》

第七条　业主在物业管理活动中，履行下列义务：

（一）遵守管理规约、业主大会议事规则；

（二）遵守物业管理区域内物业共用部位和共用设施设备的使用、公共秩序和环境卫生的维护等方面的规章制度；

（三）执行业主大会的决定和业主大会授权业主委员会作出的决定；

（四）按照国家有关规定交纳专项维修资金；

（五）按时交纳物业服务费用；

（六）法律、法规规定的其他义务。

哪些事项需要业主共同决定？

现实问题

老李购买了商品房后，得知小区内的业主大会议事规则是开发商选定的物业公司制定的。其中规定，修改业主大会议事规则必须经物业公司的认可，老李想不通，难道物业公司有那么大的权力？

律师解答

短短十几年间，物业服务机构从无到有、从小到大，已经成为覆盖面广，对群众生活产生重要影响的行业，而业主和物业服务机构之间的纠纷也逐渐多了起来。为顺应这种发展，法律法规也一步步趋向完善。我国《物权法》与《物业管理条例》对于有哪些事项需要业主共同决定，以及对于各种决定通过与否所占业主的比例有了明确的规定。而对于物业公司来说，不可能享有业主所享有的各类决定权。

法条链接

《物业管理条例》

第十一条　下列事项由业主共同决定：

（一）制定和修改业主大会议事规则；

（二）制定和修改管理规约；

（三）选举业主委员会或者更换业主委员会成员；

（四）选聘和解聘物业服务企业；

（五）筹集和使用专项维修资金；

（六）改建、重建建筑物及其附属设施；

（七）有关共有和共同管理权利的其他重大事项。

什么是业主大会?

现实问题

顾先生购买了某套商品房后，听说小区内有业主大会，他不知道自己是不是业主大会的成员呢?

律师解答

业主大会是由全体业主组成，决定物业管理重大事项的业主自治管理组织。业主自治是指业主有权对自己拥有的房产的使用、经营和管理作出决定。这种自治是通过业主大会来实现的。业主人数较多时，可以按比例推选业主代表，组成业主代表大会。业主大会或业主代表大会邀请使用人代表列席。所以，顾先生已经是业主大会的一员了。

法条链接

《物业管理条例》

第八条　物业管理区域内全体业主组成业主大会。

业主大会应当代表和维护物业管理区域内全体业主在物业管理活动中的合法权益。

第九条　一个物业管理区域成立一个业主大会。

物业管理区域的划分应当考虑物业的共用设施设备、建筑物规模、社区建设等因素。具体办法由省、自治区、直辖市制定。

第十条　同一个物业管理区域内的业主，应当在物业所在地的区、县人民政府房地产行政主管部门或者街道办事处、乡镇人民政府的指导下成立业主大会，并选举产生业主委员会。但是，只有一个业主的，或者业主人数较少且经全体业主一致同意，决定不成立业主大会的，由业主共同履行业主大会、业主委员会职责。

业主大会召开条件及议事的规则是怎样的?

现实问题

老朱在郊区买了一栋别墅，该别墅区共有64栋别墅。入住半年后，物业管理公司通知老朱参加业主大会。在会上，物业管理公司负责人宣布经过本次业主大会选举产生第一任业主委员会。但是老朱发现，来开会的业主还不到30人，按照规定，至少应该有一半业主参加大会投票产生的业主委员会才能有效。于是老朱当场向物业管理企业负责人提出质询，要求物业管理企业尽快通知其他业主，待人员超过半数以上时，再召开业主大会。这一建议，得到了其他与会业主的支持和响应。物业管理人员被迫无奈，宣布此次大会选举的结果无效。那么，业主大会召开的条件及议事的规则究竟是怎样的呢？

律师解答

在物业交付使用且住用率达到一定比例时，由政府物业管理行政主管部门指导，监督开发建设企业或其委托的物业管理企业，按法定程序和形式召集第一次业主大会。业主委员会成立后，负责召集此后的业主大会，每年至少召开一次，称为业主大会的年度会议。业主大会必须由一半以上的业主出席才能举行。

业主大会的议程主要有：听取业主委员会工作报告；审议和通过上一年度财务决算报告和下一年度财务预算；审核与修订《业主公约》《业主委员会章程》等文件；决定物业管理企业的选聘、续聘与改聘；业主委员会的换届选举与委员的增减；认为有必要讨论决定的其他重大事项。

在第一次业主大会上，还应听取房地产开发企业所作的物业管理前期工作报告，物业管理企业所作的物业验收情况报告，选举产生业主委员会。

法条链接

《物业管理条例》

第十二条第一款　业主大会会议可以采用集体讨论的形式，也可以采用书面征求意见的形式；但是，应当有物业管理区域内专有部分占建筑物总面积过半数的业主且占总人数过半数的业主参加。

第十三条　业主大会会议分为定期会议和临时会议。

业主大会定期会议应当按照业主大会议事规则的规定召开。经20%以上的业主提议，业主委员会应当组织召开业主大会临时会议。

第十四条　召开业主大会会议，应当于会议召开15日以前通知全体业主。

住宅小区的业主大会会议，应当同时告知相关的居民委员会。

业主委员会应当做好业主大会会议记录。

第十八条　业主大会议事规则应当就业主大会的议事方式、表决程序、业主委员会的组成和成员任期等事项作出约定。

业主大会决定哪些事项需要多数业主同意？

现实问题

某小区经过业主大会过半数同意，决定使用专项维修资金更换小区内所有老旧电梯，业主老陈强烈反对，称该小区的电梯虽然比其他小区的老旧，但是使用性能各方面都是没问题的，电梯公司也定期进行检查，如将专项维修资金用于更换电梯，太过浪费。然而业委会主任却告诉老陈，一半业主都同意了，所以老陈即使反对也没用，老陈想不通。那么，该业委会主任的说法是否正确呢？

律师解答

根据法律的规定，业主大会决定需要业主共同决定的事项，应当经专有部分占建筑物总面积过半数的业主且占总人数过半的业主同意。但是，在决定以下事项时，应当经专有部分占建筑物总面积2/3以上的业主且占总人数2/3以上的业主同意：（1）筹集和使用专项维修基金；（2）改建、重建建筑物及其附属设施。

所以，上述业委会主任的说法是不正确的。

法条链接

《物业管理条例》

第十二条　业主大会会议可以采用集体讨论的形式，也可以采用书面征求意见的形式；但是，应当有物业管理区域内专有部分占建筑物总面积过半数的业主且占总人数过半数的业主参加。

业主可以委托代理人参加业主大会会议。

业主大会决定本条例第十一条第（五）项和第（六）项规定的事项，应当经专有部分占建筑物总面积2/3以上的业主且占总人数2/3以上的业主同意；决定本条例第十一条规定的其他事项，应当经专有部分占建筑物总面积过半数的业主且占总人数过半数的业主同意。

业主大会或者业主委员会的决定，对业主具有约束力。

业主大会或者业主委员会作出的决定侵害业主合法权益的，受侵害的业主可以请求人民法院予以撤销。

什么是业主委员会，业主委员会履行哪些职责？

现实问题

刘某得知自己的小区在选举业主委员会，他也想参加，但是他不知道业主委员会究竟是做什么的，有哪些职责？

律师解答

业主委员会是在物业管理区域内代表全体业主实施自治管理的组织。业主委员会由业主大会从全体业主中选举产生，经政府批准成立的代表物业全体业主合法权益的社会团体。其合法权益受国家法律保护。

业主委员会的宗旨是代表本物业的合法权益，实行业主自治与专业化管理相结合的管理体制，保障物业的合理与安全使用，维护本物业的公共秩序，创造整洁、优美、安全、舒适、文明的环境。

法条链接

《物业管理条例》

第十五条　业主委员会执行业主大会的决定事项，履行下列职责：

（一）召集业主大会会议，报告物业管理的实施情况；

（二）代表业主与业主大会选聘的物业服务企业签订物业服务合同；

（三）及时了解业主、物业使用人的意见和建议，监督和协助物业服务企业履行物业服务合同；

（四）监督管理规约的实施；

（五）业主大会赋予的其他职责。

业主委员会是怎样产生的？

现实问题

老李购买了某套商品房后，得知该小区已经有业主委员会了，他向业主委员会表示，想要参与进去，但是遭到了拒绝，老李想不通，为什么他成为业主了，却不能进入业主委员会，业主委员会究竟是如何产生的？

律师解答

业主委员会委员必须由业主担任，一般设主任、副主任、秘书及其他干事。与业主大会一样，召开业主委员会必须有过半数委员出席，作出的决定也须经过半数委员同意。因此，业主委员会的委员人选非常重要，关系到全体业主的切身利益以及物业公司管理工作的成败。在物业管理中，业主委员会只扮演监督的角色，不介入具体操作。根据《物业管理条例》的规定，业主委员会应当自选举产生之日起30日内，向物业所在地的区、县人民政府房地产行政主管部门和街道办事处、乡镇人民政府备案。

法条链接

《物业管理条例》

第十六条　业主委员会应当自选举产生之日起30日内，向物业所在地的区、县人民政府房地产行政主管部门和街道办事处、乡镇人民政府备案。

业主委员会委员应当由热心公益事业、责任心强、具有一定组织能力的业主担任。

业主委员会主任、副主任在业主委员会成员中推选产生。

业主大会或者业主委员会作出的决定侵害业主合法权益的怎么办？

现实问题

某小区业主委员会决定，将小区花园内的健身区域拆除，盖建成为一间咖啡厅进行出租，所得到的租金作为业主委员会委员的固定“管理工资”，这一决定遭到了广大业主的反对。那么，法律对此究竟是如何规定的呢？

律师解答

本案中，业主委员会的决定显然是侵害其他业主的合法权益的。那么，一旦发生这种情况，其他业主该如何维护自己的权益呢？

根据法律的规定，业主大会或者业主委员会作出的决定侵害业主合法权益的，受侵害的业主可以请求人民法院予以撤销。业主大会、业主委员会作出的决定违反法律、法规的，物业所在地的区、县人民政府房地产行政部门，应当责令限期改正或者撤销其决定，并通告全体业主。

业主以业主大会或者业主委员作出的决定侵害其合法权利或者违反法律法规的程序为由，依法请求人民法院撤销该决定的，应当在知道或者应当知道业主大会或者业主委员会作出决定之日起1年内行使。

法条链接

《物业管理条例》

第十九条　业主大会、业主委员会应当依法履行职责，不得作出与物业管理无关的决定，不得从事与物业管理无关的活动。

业主大会、业主委员会作出的决定违反法律、法规的，物业所在地的区、县人民政府房地产行政主管部门或者街道办事处、乡镇人民政府，应当责令限期改正或者撤销其决定，并通告全体业主。

业主大会、业主委员会与居民委员会是什么关系？

现实问题

某小区在选举完业主委员会后，被居委会告知今后彼此应相互配合工作，并指出将来业主委员会作出的各项决定，都接受居委会的监督。业主委员会主任觉得，业主所作的任何决定都与居委会无关，无须接受居委会的监督。那么，法律对此究竟是如何规定的呢？

律师解答

居委会是一个群众自治组织，以居民为服务对象（居民未必是业主），偏向于“人权”方面，调节的是人和人之间的关系，权力来源是居民（代表）的选举。业委会作为业主大会的常设机构，也是一个自治组织，以业主为服务对象（业主未必是居民），偏向于“物权”方面，调节财产所有权、使用权方面的关系，权力来源是业主（代表）的选举。

两者之间不存在谁领导谁的关系，只是一种互相合作和相互指导的平等关系。

我国法律规定，无论是业主大会还是业主委员会都应当配合居民委员会工作，并接受其指导与监督，共同做好物业管理区域内的各项工作。

法条链接

《物业管理条例》

第二十条　业主大会、业主委员会应当配合公安机关，与居民委员会相互协作，共同做好维护物业管理区域内的社会治安等相关工作。

在物业管理区域内，业主大会、业主委员会应当积极配合相关居民委员会依法履行自治管理职责，支持居民委员会开展工作，并接受其指导和监督。

住宅小区的业主大会、业主委员会作出的决定，应当告知相关的居民委员会，并认真听取居民委员会的建议。

二、物业管理

什么是物业管理？

现实问题

“物业管理”这个词在当今社会非常常见，几乎每个小区都有物业管理公司，然而，很多人对物业管理的概念不甚了解。那么，究竟什么是物业管理呢？

律师解答

广义的物业管理泛指一切有关房地产发展、租赁、销售及售（租）后的服务。狭义的物业管理则涉及楼宇的维修及相关机电设备和公共设施的管护、治安保卫、清洁卫生、绿化等内容。理论上可总结为：由专业化的企业组织，运用现代管理手段和先进的维修养护技术，为物业售后的整个使用过程提供对房屋及其设备、基础设施与周围环境的专业化管理。它是以经济方法为房屋、居住环境、物业维修等方面提供高效优质、经济的服务。

法条链接

《物业管理条例》

第二条　本条例所称物业管理，是指业主通过选聘物业服务企业，由业主和物业服务企业按照物业服务合同约定，对房屋及配套的设施设备和相关场地进行维修、养护、管理，维护物业管理区域内的环境卫生和相关秩序的活动。

什么是前期物业服务合同，前期物业服务合同有哪些特征？

现实问题

郑先生购买了某商品房后，得知该商品房所在的小区有前期物业服务合同，他不明白，到底什么是前期物业服务合同呢？

律师解答

前期物业服务合同是指在业主、业主大会选聘物业服务企业之前，建设单位选聘物业服务企业并与之签订的关于前期物业管理的物业服务合同。前期物业服务合同有以下三个特征：

第一，前期物业服务合同具有过渡性。即：一旦业主大会成立或者全体业主选聘了物业服务企业，业主与物业服务企业签订的合同发生效力，就意味着前期物业管理阶段结束。

第二，前期物业服务合同由建设单位和物业服务企业签订。

第三，前期物业服务合同是要式合同，即法律要求必须具备一定形式的合同。

法条链接

《物业管理条例》

第二十一条　在业主、业主大会选聘物业服务企业之前，建设单位选聘物业服务企业的，应当签订书面的前期物业服务合同。

什么是临时管理规约，临时管理规约应于何时制定？

现实问题

冯先生在购买了某别墅区的一套别墅后得知，该别墅区有临时管理规约，冯先生认为，该规约不是业主大会或者业主委员会制定的，对于业主不应该具有约束力。那么，法律对此究竟是如何规定的呢？

律师解答

在大多数情况下，物业建立后，业主的入住是一个逐渐的过程，业主大会并不能立即成立。而管理规约在物业买受人购买物业时就必须存在，这种在业主大会制定管理规约之前存在的管理规约，即为临时管理规约。建设单位应当在销售物业之前，制定临时管理规约，对有关物业的使用、维护、管理，业主的共同利益，业主应当履行的义务，违反临时管理规约应当承担的责任等事项依法作出约定。建设单位制定的临时管理规约，不得侵害物业买受人的合法权益。

所以，对于冯先生来说，只要该临时管理规约的内容符合法律的规定，对冯先生是有约束力的。

法条链接

《物业管理条例》

第二十二条　建设单位应当在销售物业之前，制定临时管理规约，对有关物业的使用、维护、管理，业主的共同利益，业主应当履行的义务，违反临时管理规约应当承担的责任等事项依法作出约定。

建设单位制定的临时管理规约，不得侵害物业买受人的合法权益。

第二十三条　建设单位应当在物业销售前将临时管理规约向物业买受人明示，并予以说明。

物业买受人在与建设单位签订物业买卖合同时，应当对遵守临时管理规约予以书面承诺。

如何选聘前期物业管理的物业服务企业？

现实问题

胡先生在入住其购买的某套精装修的商品房后，得知开发商已经选聘了相应的物业公司管理小区，胡先生觉得该物业公司是开发商选定的，不是业主选定的，所以拒绝支付物业费，物业公司的负责人称，胡先生的房屋买卖合同内包含该物业公司为前期物业服务管理单位的内容，胡先生既然签字，就应当支付物业费。那么，法律对此究竟是如何规定的呢？

律师解答

住宅物业的建设单位，应当通过招投标的方式选聘具有相应资质的物业服务企业，而非住宅物业是否以招投标方式选聘物业服务企业，目前不作强制性要求。招投标少于3个或者住宅规模较小的，经物业所在地的区、县人民政府房地产行政主管部门批准，可以采用协议方式选聘具有相应资质的物业服务企业。国家提倡建设单位按照房地产开发与物业管理相分离的原则，通过招投标的方式选聘具有相应资质的物业服务企业。

本案中，胡先生在签订房屋买卖合同时，该合同内容已经包含前期物业服务合同所约定的内容，他既然已经签字，就应当接受该物业公司的管理，支付物业费。

法条链接

《物业管理条例》

第二十四条　国家提倡建设单位按照房地产开发与物业管理相分离的原则，通过招投标的方式选聘具有相应资质的物业服务企业。

住宅物业的建设单位，应当通过招投标的方式选聘具有相应资质的物业服务企业；投标人少于3个或者住宅规模较小的，经物业所在地的区、县人民政府房地产行政主管部门批准，可以采用协议方式选聘物业服务企业。

第二十五条　建设单位与物业买受人签订的买卖合同应当包含前期物业服务合同约定的内容。

前期物业服务合同的法律效力延续到何时？

现实问题

某新小区在成立业主委员会后，即与A物业管理公司签订了物业服务合同，约定自签订之日起生效，在A物业管理公司欲搬入小区原物业管理B公司办公处时，遭到了B公司的阻挠。B物业管理公司负责人称，该公司与开发商签订的合同还有半年才到期，业主委员会与该A物业管理公司所签订的立即生效的合同对B公司没有约束力，B公司负责人称该公司在半年内绝对不会搬走。那么，法律对此究竟是如何规定的呢？

律师解答

前期物业服务合同可以约定期限；但是，期限未满的，业主委员会和物业服务企业签订的物业服务合同生效的，前期物业服务合同终止。也就是说，一旦业主大会选聘的物业服务合同生效，前期物业服务合同就立即终止。这是由前期物业管理本身的过渡性决定的。一旦业主组成了代表和维护自己利益的业主大会，选聘了物业服务企业，进入了正常的物业管理阶段，则前期物业管理就不再有存在的必要了，应自动终止，终止的时间以业主委员会与物业服务企业签订的物业服务合同生效时间为准。

法条链接

《物业管理条例》

第二十六条　前期物业服务合同可以约定期限；但是，期限未满、业主委员会与物业服务企业签订的物业服务合同生效的，前期物业服务合同终止。

建设单位是否可以擅自处分物业共用部位、共用设备？

现实问题

某建设单位欲在该单位建造的小区内，将小区花园内一片绿地去除并在该绿地上建造一家会所以便出租，遭到了业主委员会的反对。那么，该建设单位是否有权利处置小区的花园呢？

律师解答

物业共用部位、共用设施设备，是物业管理区域内、业主专有房屋以外的，属于全体业主共同所有、共同使用的建筑物的部位、场所、设施、设备。

根据我国法律的规定，共用部位指住宅主体承重结构部位（包括基础、内外承重墙体、柱、梁、楼板、屋顶等）、户外墙面、门厅、楼梯间、走廊通道等。共用设施设备是指住宅小区或者单幢住宅内，共用的上下水管道、落水管、水箱、加压水泵、电梯、天线、供电线路、照明、锅炉、暖气线路、燃气线路、消防设施、绿地、道路、路灯、沟渠、池、井、非经营性车场车库、公益性文体设施和共用设施设备使用的房屋等。

物业共用部位、共用设施设备为全体业主共同所有或者使用，建设单位无权对之擅自进行处分。但是在实践中，建设单位擅自处分归业主所有或者使用的物业共用部位、共用设备设施，侵害业主合法的财产权利的情况屡见不鲜。所以《物业管理条例》也特别强调“建设单位不得擅自处分”。

法条链接

《物业管理条例》

第二十七条　业主依法享有的物业共用部位、共用设施设备的所有权或者使用权，建设单位不得擅自处分。

哪些资料在物业承接验收时应当移交?

现实问题

某物业管理公司在承接验收手续时，发现建设单位并没有移交相关技术资料，但在向建设单位提出时遭到了拒绝，建设单位称那些资料为公司内部机密，拒绝移交。那么，法律对此究竟是如何规定的呢?

律师解答

物业承接验收时涉及需要移交的文件资料大体包括物业的权属文件和技术资料。前者是反映物业上的法律权利义务关系的资料，而后者则是关于物业建设的相关技术文件。这两类资料都是物业服务企业开展有效的物业服务所应拥有的，在办理物业承接验收的时候都需要进行移交。

权属文件就是记载物业产权及其他法律权利义务关系的文件。物业不仅表现为建筑物和设施设备，而且体现在物业上附着的各种权益关系。权属文件承接验收的目的就是明晰这些权利义务关系，尤其是明晰物业产权关系及附着其上的其他权利义务关系。

法条链接

《物业管理条例》

第二十八条　物业服务企业承接物业时，应当对物业共用部位、共用设施设备进行查验。

第二十九条　在办理物业承接验收手续时，建设单位应当向物业服务企业移交下列资料：

（一）竣工总平面图，单体建筑、结构、设备竣工图，配套设施、地下管网工程竣工图等竣工验收资料；

（二）设施设备的安装、使用和维护保养等技术资料；

（三）物业质量保修文件和物业使用说明文件；

（四）物业管理所必需的其他资料。

物业服务企业应当在前期物业服务合同终止时将上述资料移交给业主委员会。

物业的保修责任由谁承担?

现实问题

某小区为新开发的小区，物业刚刚进驻就发现有一栋楼出现了开裂的现象，该栋楼的居民也怨气很大，要求物业赶紧想办法，物业称建设的单位尚在保修期内，要求建设单位赶快修补，然而建设单位的负责人却称，已经有物业了，应当由物业想办法弥补，和他们无关。那么，法律对此究竟是如何规定的呢?

律师解答

物业的保修责任，是指建设单位有对物业竣工验收后在保修期内出现不符合工程建筑强制性标准和合同约定的质量缺陷，予以保证修复的责任。

虽然物业服务企业按照物业服务合同对物业进行维修、养护、管理，但前期物业管理一般处于建设单位的物业保修期间内，在保修期间与保修范围内的房屋维修由建设单位承担首要责任，这在《物业管理条例》中也有明确的规定。保修期限与保修范围以外的物业维修、保养，才由物业服务企业按照物业服务合同的约定承担。

法条链接

《物业管理条例》

第三十一条 建设单位应当按照国家规定的保修期限和保修范围，承担物业的保修责任。

是否任何有限责任公司都能成为物业服务企业?

现实问题

某小区业主委员会成立后，根据广大业主的意见，决定更换由开发商选定的物业公司。其中，业主委员会副主任李某提出，其朋友开了一家装潢公司，该公司对于小区内各类维修维护均能胜任，且服务态度一定比现在的物业公司好，但他一提出，就被其他业委会成员否定，其他人认为不是什么公司都能成为物业服务企业的。那么，法律对此究竟是如何规定的呢?

律师解答

物业服务企业，是指依法设立、具有独立法人资格，从事物业管理服务活动的企业。物业服务企业属于从事经营活动的市场主体，应当具有相应的主体资格，享有完全的民事权利能力和行为能力，能够独立地承担民事责任。从事物业管理活动的企业应当具有独立的法人资格，须具备下列条件：

第一，依法成立。即物业服务企业的设立程序要符合法律法规的规定。

第二，有必要的财产或者经费。最低资质（三级）物业服务企业的注册资本不得低于50万元。

第三，有自己的名称、组织机构和场所。

第四，能够独立承担民事责任。

国家对于从事物业管理活动的企业实行资质管理制度。相关规定对物业服务企业区分了三级资质，分别对应不同的注册资本、物业管理专业人员及专职管理和技术人员人数等企业。

法条链接

《物业管理条例》

第三十二条 从事物业管理活动的企业应当具有独立的法人资格。

国务院建设行政主管部门应当会同有关部门建立守信联合激励和失信联合惩戒机制，加强行业诚信管理。

同一个物业管理区域是否能有两个或者两个以上的物业服务企业实施物业管理?

现实问题

某小区占地面积较大，小区的中央有一个人工湖，该小区有前后两个出入门，人工湖两侧的居民平时更像是两个小区的居民。所以在一次业主大会上，有业主提出，能否成立两个业主委员会，并由两个物业管理公司管理。那么，法律对此究竟是如何规定的呢?

律师解答

物业管理区域，是指相对独立的、由业主自行管理或者委托物业服务企业、其他管理人实施统一管理的区域。根据《物业管理条例》的规定，确定了的物业管理区域统一管理原则，即一个物业管理区域由一个物业服务企业实施物业管理。而物业管理区域的划分、确定，需要由物业所在地国土房管局会同街道办事处负责协调。一般来说，住宅物业管理区域的划分和确定需要考虑建筑的规模、自然形成、设施设备共用程度等因素。本案的情况显然是一个物业管理区域，只能由一家物业服务企业进行管理。

法条链接

《物业管理条例》

第三十三条　一个物业管理区域由一个物业服务企业实施物业管理。

物业服务合同应当包括哪些内容？

现实问题

某小区业主委员会拟与一家物业管理公司订立物业服务合同，但该合同是由物业管理公司提供的，合同内容只规定了相关物业管理费，但是对于专项维修资金的管理和使用等均未在合同中约定，业主委员会看了后感到很困惑。那么，物业服务合同究竟应该包括哪些内容呢？

律师解答

业主委员会应当与业主大会选聘的物业服务企业订立书面的物业服务合同，具体内容应当包括：

第一，物业管理事项，主要包括物业共用部位的维护与管理，物业共用设备设施及其运行的维护和管理，环境卫生、绿地绿化管理服务，物业管理区域内公共秩序、消防、交通等协助管理事项的服务，物业装饰装修管理服务，专项维修资金的代管服务，物业档案资料的管理；

第二，服务质量，即对物业服务企业提供的服务的质量上的具体要求；

第三，服务费用，目前主要有两种计算方式：一是按照每平方米多少元来计算，二是按照每户多少元来计算；

第四，双方的权利义务；

第五，专项维修资金的管理和使用；

第六，物业管理用房；

第七，合同期限，期限条款应当尽量明确、具体，或者明确规定计算期限的方法；

第八，违约责任，即物业服务合同当事人一方或者双方不履行合同或者不适当履行合同，依照法律的规定或者按照当事人的约定应当承担的法律责任。

除此之外，物业服务合同一般还应当载明双方当事人的基本情况、物业管理区域的范围、合同终止和解除的约定、解决合同争议的方法以及当事人约定的其他事项等内容。

所以，上述物业管理公司所提供的格式合同显然内容不完整。

法条链接

《物业管理条例》

第三十四条　业主委员会应当与业主大会选聘的物业服务企业订立书面的物业服务合同。

物业服务合同应当对物业管理事项、服务质量、服务费用、双方的权利义务、专项维修资金的管理与使用、物业管理用房、合同期限、违约责任等内容进行约定。

物业管理企业与业主是否是管理与被管理的关系？

现实问题

某小区开业主大会，物业管理公司要求参与，但遭到业主委员会的拒绝，物业管理公司负责人称，他们是小区的物业管理企业，既然是管理者，他们有权参与小区的各项管理活动。但是业主委员会称，他们与物业管理公司所签订的合同叫《物业服务合同》，既然是提供服务，地位就不能和业主相提并论，只有业主让物业管理公司参加了，才能参加。那么，物业管理企业与业主究竟是怎样的关系呢？

律师解答

物业管理活动的基础是物业服务合同，物业服务合同是确立业主和物业服务企业在物业管理活动中的权利义务的法律依据。

物业服务合同属于民事合同的范畴，是业主、物业服务企业设立物业服务关系的协议。物业服务合同的当事人中，物业服务企业具有独立的法人资格，业主是分散的具有独立法律人格的自然人、法人或者其他组织。业主和物业服务企业之间是平等的民事主体的关系，不存在领导者和被领导者、管理者和被管理者的关系。

在上述案例中，虽然说物业管理公司与业主是平等的关系，但是基于本身是业主大会，物业管理公司不是业主，业主有权拒绝物业管理公司派人参加。

法条链接

《物业管理条例》

第三十五条第一款　物业服务企业应当按照物业服务合同的约定，提供相应的服务。

业主是否可以以物业服务企业并非自己参与选定为由拒绝物业服务企业提供的服务？

现实问题

小李在购入某套商品房后搬入该商品房所在的小区，没多久，他感到该小区的物业管理单位表现较差，他非常不满意，于是停止交物业管理费。物业管理公司与其交涉，小李称，该物业管理公司的选定没有经过他的同意，他拒绝该公司提供的服务，因此也拒交物业管理费。物业管理公司在无奈之下，只得将小李诉至法院。那么，小李以此拒绝支付物业费究竟是否合法呢？

律师解答

面对前期物业服务合同，以及业委会签订的物业服务合同，有些业主理所当然地认为，自己并没有参与合同的订立，不应当依据物业服务合同交纳物业服务费。对此，最高院的司法解释有明确的规定，即建设单位依法与物业服务企业签订的前期物业服务合同，以及业主委员会与业主大会依法选聘的物业服务企业签订的物业服务合同，对业主具有约束力。业主以其并非合同当事人为由提出抗辩的，法院不予支持。

法条链接

《最高人民法院关于审理物业服务纠纷案件具体应用法律若干问题的解释》

第一条　建设单位依法与物业服务企业签订的前期物业服务合同，以及业主委员会与业主大会依法选聘的物业服务企业签订的物业服务合同，对业主具有约束力。业主以其并非合同当事人为由提出抗辩的，人民法院不予支持。

物业管理用房究竟是属于物业管理公司的还是业主的？

现实问题

某小区的物业管理公司决定将物业管理用房分割出两间作为“门面房”出租，租金作为该物业管理公司的“创收”，年终进行公司内部分红。在得知该情况后，该小区的业主委员会聘请了律师向该物业管理公司发送了一封律师函，内容称，该小区的物业管理用房是属于全体业主的，如该物业管理公司擅自出租部分管理用房，则该小区的业主将根据法律的规定立即与该物业管理公司解除物业服务合同。那么，物业公司是否有权利处置物业管理用房呢？

律师解答

物业管理用房一般包括物业办公用房、物业清洁用房、物业储藏用房以及业主委员会活动用房等。物业管理用房的所有权依法属于业主。在未经业主大会同意的情况下，物业服务企业不得改变物业管理用房的用途。除非经过业主大会同意，并依法到有关部门办理相应的手续的情况下，才能改变物业管理用房的用途。

法条链接

《物业管理条例》

第三十七条　物业管理用房的所有权依法属于业主。未经业主大会同意，物业服务企业不得改变物业管理用房的用途。

物业服务企业是否能将部分服务内容委托给其他服务企业？

现实问题

某小区物业管理公司拟将小区内的保安服务委托给一家保安公司，但是遭到了业主委员会的抗议，业主委员会称，一个小区只能有一个物业管理公司，该公司委托给保安公司的行为相当于与保安公司对该小区进行共同管理，违反法律的规定。那么，法律对此究竟是如何规定的呢？

律师解答

物业服务企业可以将物业管理区域内的专项服务业务委托给专业性服务企业，但不得将该区域内的全部物业管理一并委托给他人。这里所指的专项服务业务，是指保安、保洁、绿化、电梯等公用设施设备的维护等服务业务；专业服务企业，是指专门为客户提供某项服务业务的专业化公司，例如：保安服务公司、保洁公司、绿化公司，等等。

在专项服务业务委托之后，物业服务企业与业主之间仍然是物业服务合同关系；物业服务企业与专业服务企业之间是属于委托服务合同关系，因此，最终是由物业服务企业就专业服务企业提供的服务向业主负责。

法条链接

《物业管理条例》

第三十九条　物业服务企业可以将物业管理区域内的专项服务业务委托给专业性服务企业，但不得将该区域内的全部物业管理一并委托给他人。

如何确定物业服务费用？

现实问题

某小区业主委员会因广大业主对该小区的物业管理公司不满意而决定重新与其他物业管理公司订立物业服务合同，在与某物业管理公司接洽的时候，业主委员会提出，原物业管理公司收费较高，能否降低收费，该物业管理公司称，原来的物业费是多少，将来也应该是多少，业主委员会不能擅自改变。那么，法律对此究竟是如何规定的呢？

律师解答

物业服务费用的多少，一直是一个非常敏感而重要的话题，也是物业服务合同中不可或缺的重要条款。在《物业管理条例》中，对于物业服务费用的收费并没有特别强制性的规定，只要遵循合理、公开以及费用与服务水平相适应的原则，由业主与物业服务企业按照国务院价格主管部门会同国务院建设行政主管部门制定的物业服务收费办法，在物业服务合同中进行约定即可。所以，只要不违反相关的收费规定，在合理的尺度内，是高是低取决于业主与物业服务企业最终协商的结果。

法条链接

《物业管理条例》

第四十条　物业服务收费应当遵循合理、公开以及费用与服务水平相适应的原则，区别不同物业的性质和特点，由业主和物业服务企业按照国务院价格主管部门会同国务院建设行政主管部门制定的物业服务收费办法，在物业服务合同中约定。

第四十一条 业主应当根据物业服务合同的约定交纳物业服务费用。业主与物业使用人约定由物业使用人交纳物业服务费用的，从其约定，业主负连带交纳责任。

已竣工但尚未出售或者尚未交给物业买受人的物业，物业服务费用由建设单位交纳。

第四十二条 县级以上人民政府价格主管部门会同同级房地产行政主管部门，应当加强对物业服务收费的监督。

物业服务企业可否提供物业服务合同约定以外的其他服务项目？

现实问题

某小区很多业主反映，该小区距离地铁有1000米的距离，很多业主上下班不方便，而该小区大多数适龄儿童所就读的小学也就在地铁旁，所以业主们希望业主委员会能与物业管理公司协商，增加定点班车的服务项目。那么，是否可以在物业服务合同约定以外增加其他服务项目呢？

律师解答

物业服务合同的内容是物业服务企业提供的物业服务，物业服务的对象是物业企业区域内的全体业主。由于不同的业主均为独立的民事主体，个体间存在差异，必然有着除共同需求以外的其他特殊需求。因此，物业服务企业可以根据业主的委托提供物业服务合同约定以外的合同项目。如上述案例中，物业管理公司完全可以根据部分业主的需求而设置定点班车，如有需要的业主可以以购买“月票”或者每次购买车票的方式享受这种并非每个业主都需要的班车接送服务。当然，这种服务属于派生服务，并不是物业服务企业的法定义务，物业服务企业也可以不接受在物业服务合同以外业主所提出的这种服务要求。

法条链接

《物业管理条例》

第四十三条 物业服务企业可以根据业主的委托提供物业服务合同约定以外的服务项目，服务报酬由双方约定。

业主可以以未享受物业服务而拒绝交纳物业管理费吗？

现实问题

某小区业主秦某长期拖欠物业管理费，物业管理公司多次上门催交，秦某均以从来未享受过物业服务为由拒绝交纳。万般无奈下，物业管理公司委托了律师寄送了律师函给秦某，内容为，如秦某在一个月内仍拒绝交纳物业管理费，该物业管理公司将起诉至法院。那么，法院是否会接受秦某拒绝交纳物业费的理由呢？

律师解答

物业服务企业如果已经按照物业服务合同的约定提供了物业服务，即使某些业主并未完全享受到这种服务，也不能因此拒绝交纳物业费，物业服务合同对所有业主均有约束力，而物业费也是物业服务合同内必然有而且相当重要的内容，所以，交纳物业费也是每个业主的合同义务。

法条链接

《最高人民法院关于审理物业服务纠纷案件具体应用法律若干问题的解释》

第六条 经书面催交，业主无正当理由拒绝交纳或者在催告的合理期限内仍未交纳物业费，物业服务企业请求业主支付物业费的，人民法院应予支持。物业服务企业已经按照合同约定以及相关规定提供服务，业主仅以未享受或者无需接受相关物业服务为抗辩理由的，人民法院不予支持。

业主与承租人约定物业费由承租人交纳的，业主是否可因此免予交纳物业费？

现实问题

某小区业主王某将其在该小区的商品房出租给施某，双方的房屋租赁合同约定，物业费由施某承担。然而在施某承租的一年内都未交纳物业管理费，合同到期后王某对此亦不知情。在施某搬走后，王某就搬入该套房屋自住，不久后，物业管理公司的员工上门催讨物业管理费，王某拿出与施某的合同，表示其不负责施某承租期内的物业费，要找就找施某。经过多次交涉，物业管理公司无奈之下只得起诉王某。那么，法律对此是如何规定的呢？

律师解答

王某虽然在与施某的房屋租赁合同中约定由施某负责物业费，但是这种约定，仅仅是约束合同的相对人，即王某与施某。而物业服务合同的相对人是业主，也就是王某。对于物业管理公司来说，王某的这份房屋租赁合同，并不能约束物业管理公司。作为业主，王某无论是否实际居住该套房屋，都应当按照物业服务合同支付物业管理费。当然，按照房屋租赁合同，王某完全可以在支付完物业管理费后向施某进行追偿。

法条链接

《最高人民法院关于审理物业服务纠纷案件具体应用法律若干问题的解释》

第七条　业主与物业的承租人、借用人或者其他物业使用人约定由物业使用人交纳物业费，物业服务企业请求业主承担连带责任的，人民法院应予支持。

物业服务企业可以因代为收取供水、供电、供气、供热、通信、有线电视费用而要求业主支付额外手续费吗？

现实问题

某小区的物业管理公司规定，小区内业主，凡是委托物业管理公司代收水费、电费、煤气费、电话费、有线电视费的，均应交纳一定比例的费用作为“手续费”，该小区的业主对此相当不满意。那么，物业管理公司是否有权利收取“手续费”呢？

律师解答

我国《物业管理条例》明确规定，物业服务企业可以代为收取各类水电气等公用事业费，但是不得向业主收取额外的费用。上述物业管理公司的规定，显然是违法的。

法条链接

《物业管理条例》

第四十四条　物业管理区域内，供水、供电、供气、供热、通信、有线电视等单位应当向最终用户收取有关费用。

物业服务企业接受委托代收前款费用的，不得向业主收取手续费等额外费用。

业主委员会可以向法院请求确认物业服务合同无效吗？

现实问题

某小区内的A物业管理公司，自与小区签订物业服务合同后即把所有的物业服务内容“转包”给另一家B物业管理公司，并且A公司也一并将物业管理用房转租给B公司。该小区业主委员会成员私下从A公司员工处了解到，A公司与B公司的“委托合同”约定，该小区每月的物业费，A公司收取后，会抽走20%作为“委托手续费”，由B公司实得80%，而再加上B公司所支付的“房租”，A公司可以在完全不做事的情况下轻易赚取该小区物业费的“差价”，得知这一情况后，该小区的业主们均感到很气愤，于是起诉至法院请求确认A、B公司之间的合同无效。那么，法律对此是如何规定的呢？

律师解答

我国《物业管理条例》规定：物业服务企业可以将物业管理区域内的专项服务业务委托给专业性服务企业，但不得将该区域内的全部物业管理一并委托给他人。同时，最高人民法院所作出的司法解释也明确规定，上述物业服务企业将物业服务区域内的全部物业服务业务一并委托他人而签订的委托合同是无效的。

法条链接

《最高人民法院关于审理物业服务纠纷案件具体应用法律若干问题的解释》

第二条　符合下列情形之一，业主委员会或者业主请求确认合同或者合同相关条款无效的，人民法院应予支持：

（一）物业服务企业将物业服务区域内的全部物业服务业务一并委托他人而签订的委托合同；

（二）物业服务合同中免除物业服务企业责任、加重业主委员会或者业主责任、排除业主委员会或者业主主要权利的条款。

前款所称物业服务合同包括前期物业服务合同。

物业服务企业公开作出的承诺，但未在物业服务合同内约定的，是否有效？

现实问题

某小区物业管理公司在物业管理用房外张贴告示牌，内容为：“物业维修电话：××××××××，24小时内上门维修。”小区业主顾女士在拨打了该维修电话5日后，仍不见物业的员工上门进行维修，顾女士遂找到物业管理公司负责人理论，负责人称，该告示只是物业管理公司表达服务态度的一种承诺，并不是与小区业主签订的物业服务合同的约定内容，就算做不到也没什么，并让顾女士在家继续等待。那么，这种服务承诺对物业管理公司究竟有没有制约力呢？

律师解答

根据规定物业服务企业如果工作作出服务承诺的，应当认定为物业服务合同的组成部分。上述物业管理公司既然在物业管理用房外公开张贴告示牌，即为公开作出了24小时内必然上门维修的服务承诺，已成为物业服务合同的一部分，应当按约履行，如不履行的，则为违约。

法条链接

《最高人民法院关于审理物业服务纠纷案件具体应用法律若干问题的解释》

第三条　物业服务企业不履行或者不完全履行物业服务合同约定的或者法律、法规规定以及相关行业规范确定的维修、养护、管理和维护义务，业主请求物业服务企业承担继续履行、采取补救措施或者赔偿损失等违约责任的，人民法院应予支持。

物业服务企业公开作出的服务承诺及制定的服务细则，应当认定为物业服务合同的组成部分。

物业服务企业可以重复收取物业费吗?

现实问题

某小区物业管理公司除每月收取固定的物业管理费外，还要求每位业主，按照共有的绿化面积，支付固定的物业绿化服务费。该物业管理公司负责人解释，小区的绿化面积相当大，该公司为了更好地维护小区的绿地，特委托专门的绿化公司进行维护，而根据该小区所支付的物业费，要更好地维护绿化已经入不敷出，所以希望各大业主进行配合。该小区业主均表示拒绝支付，于是，物业管理公司以小区业主不配合为由，停止养护该小区绿地，使得该小区绿地内杂草丛生。那么，该物业管理公司的做法是否合法呢?

律师解答

小区内绿地的养护工作，本来就是物业服务企业收取物业费后理所当然的工作之一，也是物业服务行业规范所确定的相关义务，物业服务企业与业主订立了物业服务合同，就应当遵照合同的约定，履行自己的义务，合同所约定的物业费，即为物业服务企业所收取的报酬。上述小区物业公司因绿化面积大养护费用高而向业主索要“物业绿化服务费”的做法显然是一种重复性的收费，是一种违约行为，业主有权请求物业服务企业承担继续履行、采取补救措施或者赔偿损失等责任。

法条链接

《最高人民法院关于审理物业服务纠纷案件具体应用法律若干问题的解释》

第五条　物业服务企业违反物业服务合同约定或者法律、法规、部门规章规定，擅自扩大收费范围、提高收费标准或者重复收费，业主以违规收费为由提出抗辩的，人民法院应予支持。

业主请求物业服务企业退还其已收取的违规费用的，人民法院应予支持。

物业服务企业被解聘的，已交纳的物业费如何处理?

现实问题

某小区业主因不满A物业管理公司的工作，而在合同终止后，与B物业管理公司订立了物业服务合同，但该小区的物业费为按季度收取，故有部分物业费尚在A物业管理公司处。小区业主委员会至A物业管理公司索要部分已交纳的物业费却遭到拒绝，A公司称，不续约是该小区业主的问题，并不是A公司的问题，况且，该小区的部分业主所拖欠的物业费的总额远远大于业主委员会欲要求退还的总额，故拒绝退还。那么，法律对此究竟是如何规定的呢?

律师解答

根据我国法律的规定，物业服务合同的权利义务终止后，如物业服务企业有预收，但尚未提供物业服务期间的物业费，是应当返还业主的，至于在物业服务合同的权利义务终止后，物业服务企业向业主委员会提出物业费主张的，应当向拖欠物业费的业主另行主张。所以上述物业管理公司以部分业主未交物业费为由拒绝返还预收而未提供服务部分的物业费，是不符合法律的规定的。

法条链接

《最高人民法院关于审理物业服务纠纷案件具体应用法律若干问题的解释》

第八条　业主大会按照物权法第七十六条规定的程序作出解聘物业服务企业的决定后，业主委员会请求解除物业服务合同的，人民法院应予支持。

物业服务企业向业主委员会提出物业费主张的，人民法院应当告知其向拖欠物业费的业主另行主张权利。

第九条　物业服务合同的权利义务终止后，业主请求物业服务企业退还已经预收，但尚未提供物业服务期间的物业费的，人民法院应予支持。

物业服务企业请求业主支付拖欠的物业费的，按照本解释第六条规定处理。

物业服务企业在物业服务合同终止时，应如何交接工作？

现实问题

某小区业主在与物业管理公司的物业服务合同到期后便不再续约，而是与另一家物业管理公司订立了物业服务合同。然而，前物业管理公司迟迟不愿搬出物业管理用房，并继续对小区进行日常服务、维修、养护等工作，并以事实上还在提供服务为由，拒绝与已经签订合同的物业管理公司进行移交工作，更不愿退还预收的物业费与代管的专项维修基金。那么，该物业管理公司的做法是否合法呢？

律师解答

在物业服务合同的权利义务终止后，办理相关的移交工作是物业服务企业基于物业服务合同而产生的后合同义务，上述物业管理公司拒绝的行为即违背了这种后合同义务，根据最高院的司法解释，物业服务企业拒绝退出、移交，并以存在事实上的物业服务关系为由，请求业主支付物业服务合同权利义务终止后的物业费的，人民法院不予支持。所以上述案例，如业主诉至法院，必然会得到人民法院的支持。

法条链接

《最高人民法院关于审理物业服务纠纷案件具体应用法律若干问题的解释》

第十条　物业服务合同的权利义务终止后，业主委员会请求物业服务企业退出物业服务区域、移交物业服务用房和相关设施，以及物业服务所必需的相关资料和由其代管的专项维修资金的，人民法院应予支持。

物业服务企业拒绝退出、移交，并以存在事实上的物业服务关系为由，请求业主支付物业服务合同权利义务终止后的物业费的，人民法院不予支持。

业主是否能将住宅改变为经营性用房？

现实问题

某小区一业主将其房屋用作棋牌室，平日里人来人往，影响楼下业主的日常生活。楼下业主要求楼上业主搬走但遭到拒绝，楼上的业主表示“自家的房子想干什么就干什么，别人无权干涉”。楼下业主无奈咨询律师，是不是自家房屋，即使对别人造成影响，别人也不能将其怎么样呢？

律师解答

依照《民法典》第二百七十九条的规定：“业主不得违反法律、法规以及管理规约，将住宅改变为经营性用房。业主将住宅改变为经营性用房的，除遵守法律、法规以及管理规约外，应当经有利害关系的业主一致同意。”也就是说，业主在未经有利害关系的业主同意的情况下，不能擅自将住宅改变为经营性用房，所有可能受其影响的业主均有权对邻居将住宅用作商业用途的做法说“不”。所以，上述楼上业主未经楼下业主的同意，擅自将住宅改变为棋牌室，对楼下业主日常生活造成了影响，侵害了楼下业主的权益。楼下业主有权要求楼上业主停止该种行为，如果该业主依然拒绝，楼下业主可诉至法院，要求他停止侵权。

法条链接

《物业管理条例》

第四十九条　物业管理区域内按照规划建设的公共建筑和共用设施，不得改变用途。

业主依法确需改变公共建筑和共用设施用途的，应当在依法办理有关手续后告知物业服务企业；物业服务企业确需改变公共建筑和共用设施用途的，应当提请业主大会讨论决定同意后，由业主依法办理有关手续。

第五十条　业主、物业服务企业不得擅自占用、挖掘物业管理区域内的道路、场地，损害业主的共同利益。

因维修物业或者公共利益，业主确需临时占用、挖掘道路、场地的，应当征得业主委员会和物业服务企业的同意；物业服务企业确需临时占用、挖掘道路、场地的，应当征得业主委员会的同意。

业主、物业服务企业应当将临时占用、挖掘的道路、场地，在约定期限内恢复原状。

物业服务企业是否可以擅自处分业主共有的部分？

现实问题

某物业管理公司将某一栋业主居住楼的顶楼，作为自己的员工食堂以及员工的休息区，该物业管理公司的行为遭到了业主的一致抗议，但该物业管理公司称，将该栋楼楼顶划为员工食堂及休息区，并未侵害其他业主的权益，因为该楼顶本来就是闲置无人用的。现在该小区业主想要维护自己的权益，该怎么办呢？

律师解答

根据法律的规定，居住房的顶楼系该楼全体业主的共有部分。既然是属于业主的，无论是否闲置，物业管理公司都无权处分该共有部分，上述楼房的业主，作为权利人，有权要求物业管理公司恢复原状甚至赔偿损失。

法条链接

《最高人民法院关于审理建筑物区分所有权纠纷案件具体应用法律若干问题的解释》

第十四条　建设单位或者其他行为人擅自占用、处分业主共有部分、改变其使用功能或者进行经营性活动，权利人请求排除妨害、恢复原状、确认处分行为无效或者赔偿损失的，人民法院应予支持。

属于前款所称擅自进行经营性活动的情形，权利人请求行为人将扣除合理成本之后的收益用于补充专项维修资金或者业主共同决定的其他用途的，人民法院应予支持。行为人对成本的支出及其合理性承担举证责任。

业主装修房屋需要告知物业服务企业吗？

现实问题

陆先生购买了某小区的房屋一套，在装修时，物业管理公司上门询问，并称陆先生应当事先告诉物业管理公司需要装修的情况，这样物业管理公司才能将相关禁止行为及注意事项告知他，陆先生想不通，他认为，他买了房子，爱怎么装修就怎么装修，为什么非要先告诉物业呢？

律师解答

装修房屋虽然说是业主的权利，但是这种权利的行使应当建立在不损害他人的利益和社会公共利益的基础上。我们国家的房屋，尤其是住宅房，多数是属于群体式类型，而不当的房屋装修活动可能会导致共用部位、共用设施设备的损坏，这不仅影响到装修房屋的结构安全，还会影响到相邻房屋的结构安全和其他居民的生命财产安全。因此，法律规定，业主需要装饰装修房屋的，应当事先告知物业服务企业。物业服务企业应当将房屋装饰装修中的禁止行为和注意事项告知业主。

法条链接

《物业管理条例》

第五十二条　业主需要装饰装修房屋的，应当事先告知物业服务企业。

物业服务企业应当将房屋装饰装修中的禁止行为和注意事项告知业主。

住房专项维修资金制度究竟是怎么回事?

现实问题

沈小姐购买了某套商品房后，得知需要交纳物业费，对于这一点沈小姐认为理所当然，但是在看了物业服务合同后，她发现，在交纳的物业费中，有一定比例是作为专项维修资金的，她搞不明白，这个专项维修资金到底是怎么回事，被划拨到专项维修资金后究竟是属于业主的还是物业管理公司的呢?

律师解答

专项维修资金是在房屋产权多元化的情况下，为了保证房屋的维修和正常使用，改善人民群众居住环境，依照国家规定建立的专门性资金，是房屋的“养老金”。

根据法律的规定，专项维修资金属于业主所有，专门用来维护或者更新、改造物业保修期满后物业共用部位、共用设施设备的。

法条链接

《物业管理条例》

第五十三条　住宅物业、住宅小区内的非住宅物业或者与单幢住宅楼结构相连的非住宅物业的业主，应当按照国家有关规定交纳专项维修资金。

专项维修资金属于业主所有，专项用于物业保修期满后物业共用部位、共用设施设备的维修和更新、改造，不得挪作他用。

专项维修资金收取、使用、管理的办法由国务院建设行政主管部门会同国务院财政部门制定。

三、法律责任

建设单位违法选聘物业服务企业的后果如何?

现实问题

某建设单位在建造了某高档商品房小区后，与关联单位某物业管理公司达成协议，由该物业管理公司任小区的前期物业管理单位。小区的业主陆续搬入该小区后，对物业管理公司的不满与日俱增。然而，因为该小区的一半以上的楼盘还未售出，刚搬入的业主也没开过业主大会，更未成立业主委员会，所以不满的业主也感到很无奈。那么，是否由建设单位随意与自己的关联物业管理公司达成的前期物业服务合同，物业管理公司也不好好服务业主，作为业主就没有办法改变了呢?

律师解答

根据《物业管理条例》的规定，上述建设单位的做法是违反规定的，如果住宅物业的建设单位未通过招投标的方式选聘物业服务企业或者未经批准，擅自采用协议方式选聘物业服务企业的，由县级以上地方人民政府房地产行政主管部门责令限期改正，给予警告，可以并处罚款，业主完全可以向相关部门反映情况，改变现状。

法条链接

《物业管理条例》

第五十六条　违反本条例的规定，住宅物业的建设单位未通过招投标的方式选聘物业服务企业或者未经批准，擅自采用协议方式选聘物业服务企业的，由县级以上地方人民政府房地产行政主管部门责令限期改正，给予警告，可以并处10万元以下的罚款。

建设单位擅自处分业主的共用部位的，应当承担怎样的法律责任？

现实问题

某建设单位建造了某高档商品房小区，但在大部分业主入住后，发现原本属于小区业主共同拥有的游泳池已被建设单位填平，并在该块土地上建造了几间房屋，分别租给了某健身俱乐部和某美容会馆，租金由该建设单位收取，小区业主怨声载道，几次向建设单位提出抗议，建设单位充耳不闻，甚至表示，都已经建造了，业主能拿他们怎么样呢？

律师解答

根据《物业管理条例》的规定，上述建设单位擅自处分属于业主的物业共用部位是违法的，如业主向有关部门反映情况，该建设单位必将遭受罚款，如果给业主造成损失的，还要承担相应的赔偿责任。

法条链接

《物业管理条例》

第五十七条　违反本条例的规定，建设单位擅自处分属于业主的物业共用部位、共用设施设备的所有权或者使用权的，由县级以上地方人民政府房地产行政主管部门处5万元以上20万元以下的罚款；给业主造成损失的，依法承担赔偿责任。

在被解聘后，物业服务企业拒不移交相关资料的法律后果是什么呢？

现实问题

某小区业主解聘了甲物业管理公司，并与乙物业管理公司订立了为期一年的物业服务合同，但是甲公司一直霸占物业管理用房，且拒不与乙公司进行交接工作，小区业主万般无奈之下，只能向相关部门投诉。那么，法律对此究竟是如何规定的呢？

律师解答

上述案例的情况在现实中屡见不鲜，各大报刊媒体也曝光过多起，很多人总认为，物业管理公司要无赖不肯搬走，业主总归拿他们没有办法。但是事实上，《物业管理条例》对此行为有明确的规定，如物业管理公司拒不移交有关资料的，由县级以上地方人民政府房地产行政主管部门责令限期改正；逾期仍不移交有关资料的，对建设单位、物业服务企业予以通报，处以罚款。

法条链接

《物业管理条例》

第五十八条　违反本条例的规定，不移交有关资料的，由县级以上地方人民政府房地产行政主管部门责令限期改正；逾期仍不移交有关资料的，对建设单位、物业服务企业予以通报，处1万元以上10万元以下的罚款。

物业服务企业将一个物业管理区域内的全部物业管理一并委托他人的，会产生哪些法律后果？

现实问题

某小区物业管理公司将小区内所有的物

业管理一并委托给另一家物业管理公司，并从中抽取“手续费”，小区业主纷纷抗议，但该物业管理公司置之不理。那么，法律对此究竟是如何规定的呢？

律师解答

根据法律的规定，物业服务企业可以将物业管理区域内的专项服务业务委托给专业性服务企业，但不得将该区域内的全部物业管理一并委托给他人。本案中，物业管理公司一并委托给其他物业管理公司的行为显然是无效的，并且，法律也规定了出现此种情况时物业管理公司所要面临的严重法律后果：由县级以上地方人民政府房地产行政主管部门责令限期改正，处委托合同价款30%以上50%以下的罚款；情节严重的，由颁发资质证书的部门吊销资质证书。委托所得收益，用于物业管理区域内物业共用部位、共用设施设备的维修、养护，剩余部分按照业主大会的决定使用；给业主造成损失的，依法承担赔偿责任。

法条链接

《物业管理条例》

第五十九条　违反本条例的规定，物业服务企业将一个物业管理区域内的全部物业管理一并委托给他人的，由县级以上地方人民政府房地产行政主管部门责令限期改正，处委托合同价款30%以上50%以下的罚款。委托所得收益，用于物业管理区域内物业共用部位、共用设施设备的维修、养护，剩余部分按照业主大会的决定使用；给业主造成损失的，依法承担赔偿责任。

物业服务企业挪用专项维修资金的，会产生哪些法律后果？

现实问题

某小区物业管理公司，私自将该小区由其代管的专项维修资金挪用进行投资，所得收益作为员工的“分红”，该小区业主得知后，要求物业管理公司返还专项维修资金却遭到了拒绝。那么，该物业管理公司的做法是否合法？

律师解答

根据法律的规定，专项维修资金属于业主所有，专项用于物业保修期满后物业共用部位、共用设施设备的维修和更新、改造，不得挪作他用。本案中，物业管理公司挪用的行为显然是一种违法行为，甚至有可能构成犯罪行为。根据《物业管理条例》的规定，针对此行为，应由县级以上地方人民政府房地产行政主管部门追回挪用的专项维修资金，给予警告，没收违法所得，可以并处罚款；物业服务企业挪用专项维修资金，情节严重的，并由颁发资质证书的部门吊销资质证书；构成犯罪的，依法追究直接负责的主管人员和其他直接责任人员的刑事责任。

法条链接

《物业管理条例》

第六十条　违反本条例的规定，挪用专项维修资金的，由县级以上地方人民政府房地产行政主管部门追回挪用的专项维修资金，给予警告，没收违法所得，可以并处挪用数额2倍以下的罚款；构成犯罪的，依法追究直接负责的主管人员和其他直接责任人员的刑事责任。

物业服务企业擅自改变物业管理用房用途的，有哪些法律后果？

现实问题

某小区物业管理公司将物业管理用房进行改建，并将其中两间出租作为棋牌室使用，所得租金作为公司收入，小区业主委员会与该物业进行交涉，要求其恢复原状，但物业管理公司负责人称，物业管理用房本来就是归物业服务企业使用的，他们想怎么样是他们的事情，轮不到业主管，业主无奈之下只能向有关部门反映。那么，法律对此究竟是如何规定的呢？

律师解答

物业管理用房的所有权依法属于业主。物业管理企业应当根据物业服务合同中的约定使用物业管理用房。未经业主大会同意，物业管理企业不得改变物业管理用房的用途。物业服务合同终止时，物业管理企业应当将物业管理用房交还给业主委员会。因此，本案中，物业管理公司的行为是违反法律规定的，应由县级以上地方人民政府房地产行政主管部门责令限期改正，给予警告，并处罚款。

法条链接

《物业管理条例》

第六十二条　违反本条例的规定，未经业主大会同意，物业服务企业擅自改变物业管理用房的用途的，由县级以上地方人民政府房地产行政主管部门责令限期改正，给予警告，并处1万元以上10万元以下的罚款；有收益的，所得收益用于物业管理区域内物业共用部位、共用设施设备的维修、养护，剩余部分按照业主大会的决定使用。

第十一章　治安篇
——看似小事，实则违法

一、总则、处罚的种类和适用

因民间纠纷引起打架斗殴的当事人一定会受到治安管理处罚吗？

现实问题

赵某和钱某在同一家酒店吃饭，不巧在上厕所的路上撞了一下，两人都喝了点酒，互不相让发生了口角，进而动起了手，但所幸两人都没有受伤。钱某的朋友报了警，警察赶到的时候，两人的酒也醒了，都对打架很后悔，表示互不追究责任，希望警察不要对两人进行治安管理处罚。那么，法律对此是如何规定的呢？

律师解答

依照《治安管理处罚法》的相关规定，对于因民间纠纷引起的打架斗殴或者损毁他人财物等违反治安管理行为，情节较轻的，公安机关可以调解处理。经公安机关调解，当事人达成协议的，不予处罚。

在这则案例中，赵某和钱某因为小摩擦动手，没有造成伤害，情节较轻，在两人调解达成协议的情况下，警察可以不予处罚。

法条链接

《中华人民共和国治安管理处罚法》

第九条　对于因民间纠纷引起的打架斗殴或者损毁他人财物等违反治安管理行为，情节较轻的，公安机关可以调解处理。经公安机关调解，当事人达成协议的，不予处罚。经调解未达成协议或者达成协议后不履行的，公安机关应当依照本法的规定对违反治安管理行为人给予处罚，并告知当事人可以就民事争议依法向人民法院提起民事诉讼。

治安管理处罚的种类有哪些？

现实问题

孙某一次因为喝多了，故意殴打酒店的服务员，被公安机关处以八日拘留和300元罚款，孙某以前听说治安管理处罚只有罚款一种方式，故对公安机关的拘留处罚方式表示不解。那么，治安管理处罚的种类有哪些？法律对此是如何规定的呢？

律师解答

依照《治安管理处罚法》的相关规定，治安管理处罚的种类分为：警告、罚款、行政拘留、吊销公安机关发放的许可证。对违反治安管理的外国人，可以附加适用限期出境或者驱逐出境。

在这则案例中，孙某殴打他人，公安机关处8日拘留，并处300元罚款，这种处罚方式和程度是合法合理的。

法条链接

《中华人民共和国治安管理处罚法》

第十条 治安管理处罚的种类分为：

（一）警告；

（二）罚款；

（三）行政拘留；

（四）吊销公安机关发放的许可证。

对违反治安管理的外国人，可以附加适用限期出境或者驱逐出境。

第四十三条第一款 殴打他人的，或者故意伤害他人身体的，处五日以上十日以下拘留，并处二百元以上五百元以下罚款；情节较轻的，处五日以下拘留或者五百元以下罚款。

公安机关可以将办理治安案件所查获的违禁品自行处理吗？

现实问题

公安机关在一次扫黄打非行动中查获了一批淫秽光碟，堆放在办公室，由周某看管。周某认为，反正是查获的物品，可以由公安机关自行处理，于是想拿一些回家自己看看。那么，周某可以自行处理光碟吗？法律对此是如何规定的呢？

律师解答

依照《治安管理处罚法》的相关规定，办理治安案件所查获的毒品、淫秽物品等违禁品，赌具、赌资，吸食、注射毒品的用具以及直接用于实施违反治安管理行为的本人所有的工具，应当收缴，按照规定处理。

在这则案例中，淫秽光碟是公安机关办理治安案件所查获的违禁品，应当收缴，按照规定处理，周某不能自行处理。

法条链接

《中华人民共和国治安管理处罚法》

第十一条 办理治安案件所查获的毒品、淫秽物品等违禁品，赌具、赌资，吸食、注射毒品的用具以及直接用于实施违反治安管理行为的本人所有的工具，应当收缴，按照规定处理。

违反治安管理所得的财物，追缴退还被侵害人；没有被侵害人的，登记造册，公开拍卖或者按照国家有关规定处理，所得款项上缴国库。

未成年人违反治安管理的，会受到治安管理处罚吗？

现实问题

吴某是名16岁的高中生，由于不喜欢学习，一直和社会上的小混混玩在一起。一次，小混混让吴某去打群架，吴某兴冲冲地参加了。十几个青年人在一处废弃的工厂打斗，直到警察来把人全带走才结束，在打斗中几乎人人都挂彩了。到了警署，吴某对警察说自己还未满18周岁，不应该受到处罚。那么，吴某的说法正确吗？法律对此又是如何规定的呢？

律师解答

依照《治安管理处罚法》的相关规定，已满十四周岁不满十八周岁的人违反治安管理的，从轻或者减轻处罚。

在这则案例中，吴某已满14岁，其行为应受到治安管理处罚，只不过其未满18岁，应从轻或者减轻处罚。

法条链接

《中华人民共和国治安管理处罚法》

第十二条 已满十四周岁不满十八周岁的人违反治安管理的，从轻或者减轻处罚；不满十四周岁的人违反治安管理的，不予处罚，但是应当责令其监护人严加管教。

第二十六条第一项 有下列行为之一

的，处五日以上十日以下拘留，可以并处五百元以下罚款；情节较重的，处十日以上十五日以下拘留，可以并处一千元以下罚款：

（一）结伙斗殴的；

精神病人违反治安管理的，会受到治安管理处罚吗？

现实问题

郑某是一名间歇性的精神病人，平时很少发病，一次郑某看到街上有一名时髦女郎，便就上前搭讪，女郎不理他，郑某就对女郎进行追逐、拦截，吓得女郎摔倒在地，身上多处擦伤。直到路人报警，警察把郑某带到了警署，郑某称自己是精神病人，不应受到治安管理处罚，后经鉴定事发时郑某精神正常。那么，郑某的说法正确吗？法律对此是如何规定的呢？

律师解答

依照《治安管理处罚法》的相关规定，间歇性的精神病人在精神正常的时候违反治安管理的，应当给予处罚。

在这则案例中，郑某在违反治安管理的时候精神正常，其行为应受到治安管理处罚。

法条链接

《中华人民共和国治安管理处罚法》

第十三条　精神病人在不能辨认或者不能控制自己行为的时候违反治安管理的，不予处罚，但是应当责令其监护人严加看管和治疗。间歇性的精神病人在精神正常的时候违反治安管理的，应当给予处罚。

第二十六条第二项　有下列行为之一的，处五日以上十日以下拘留，可以并处五百元以下罚款；情节较重的，处十日以上十五日以下拘留，可以并处一千元以下罚款：

（二）追逐、拦截他人的；

盲人违反治安管理的，会受到治安管理处罚吗？

现实问题

冯某是一名盲人，平时仗着自己有残疾，经常对街道干部无理取闹。一次冯某又去街道，要求街道给他额外的补助。街道干部耐心给他讲政策，冯某就是不听，还用盲人用的拐杖砸坏了街道办公室的办公桌和窗户玻璃。直到街道干部报警，警察把冯某带到了警署，冯某称自己是盲人，不应受到治安管理处罚。那么，冯某的说法正确吗？法律对此是如何规定的呢？

律师解答

依照《治安管理处罚法》的相关规定，盲人或者又聋又哑的人违反治安管理的，可以从轻、减轻或者不予处罚。

在这则案例中，冯某的行为应受到治安管理处罚，但因为其是盲人，可以从轻、减轻或者不予处罚。

法条链接

《中华人民共和国治安管理处罚法》

第十四条　盲人或者又聋又哑的人违反治安管理的，可以从轻、减轻或者不予处罚。

第二十六条第三项　有下列行为之一的，处五日以上十日以下拘留，可以并处五百元以下罚款；情节较重的，处十日以上十五日以下拘留，可以并处一千元以下罚款：

（三）强拿硬要或者任意损毁、占用公私财物的；

醉酒的人违反治安管理的，会受到治安管理处罚吗？

现实问题

陈某一天在酒店吃饭，几个好朋友聚在

一起就喝多了。买单的时候陈某总说账单算错了，服务员过来解释，陈某也不听，反而骂起了服务员，服务员说话声音大了点，陈某就冲上去动了手，还打碎了酒店的餐具。直到酒店报警，警察把陈某带到了警署，一到警署陈某的酒也醒了，陈某向警察表示自己刚刚喝多了，身体不受控制，希望警察不要给予处罚。那么，法律对此是如何规定的呢？

律师解答

依照《治安管理处罚法》的相关规定，醉酒的人违反治安管理的，应当给予处罚。

在这则案例中，陈某的行为违反治安管理规定，应受到治安管理处罚，醉酒不是免于处罚的借口。

法条链接

《中华人民共和国治安管理处罚法》

第十五条　醉酒的人违反治安管理的，应当给予处罚。

醉酒的人在醉酒状态中，对本人有危险或者对他人的人身、财产或者公共安全有威胁的，应当对其采取保护性措施约束至酒醒。

第二十六条第四项　有下列行为之一的，处五日以上十日以下拘留，可以并处五百元以下罚款；情节较重的，处十日以上十五日以下拘留，可以并处一千元以下罚款：

（四）其他寻衅滋事行为。

行政拘留期限最长是多少天？

现实问题

卫某因为非法持有少量毒品和注射毒品，被公安机关分别处以十五日拘留和十日拘留，合并执行二十日拘留。但卫某依稀记得曾听人说行政拘留最长不能超过十五日，认为处罚结果过重。那么，公安机关的处罚方式合法吗？法律对此是如何规定的呢？

律师解答

依照《治安管理处罚法》的相关规定，有两种以上违反治安管理行为的，分别决定，合并执行。行政拘留处罚合并执行的，最长不超过二十日。

在这则案例中，卫某有两种违反治安管理的行为，公安机关分别决定，合并执行二十日拘留的处罚是合法的。

法条链接

《中华人民共和国治安管理处罚法》

第十六条　有两种以上违反治安管理行为的，分别决定，合并执行。行政拘留处罚合并执行的，最长不超过二十日。

第七十二条　有下列行为之一的，处十日以上十五日以下拘留，可以并处二千元以下罚款；情节较轻的，处五日以下拘留或者五百元以下罚款：

（一）非法持有鸦片不满二百克、海洛因或者甲基苯丙胺不满十克或者其他少量毒品的；

（二）向他人提供毒品的；

（三）吸食、注射毒品的；

（四）胁迫、欺骗医务人员开具麻醉药品、精神药品的。

教唆他人违反治安管理的，会受到治安管理处罚吗？

现实问题

蒋某和沈某是邻居，沈某由于长期没有工作，心里总有仇视社会的情绪。一次蒋某和沈某聊天，教唆沈某去报复社会，到人多的地方扬言实施放火，吓吓人，让政府难堪。沈某听了蒋某的话，跑到广场上扬言实施放火，结果导致人群的恐慌，直到有人报警，警察将其带到了警署才平息。警察根据沈某的口供找到了蒋某，蒋某称自己就是和沈某开玩笑的。那么，蒋某会受到治安管理处罚吗？法律对此是如何规定的呢？

律师解答

依照《治安管理处罚法》的相关规定，教唆、胁迫、诱骗他人违反治安管理的，按照其教唆、胁迫、诱骗的行为处罚。

在这则案例中，蒋某有教唆行为，沈某实施了被教唆的行为，蒋某应按照其教唆的行为处罚。

法条链接

《中华人民共和国治安管理处罚法》

第十七条　共同违反治安管理的，根据违反治安管理行为人在违反治安管理行为中所起的作用，分别处罚。

教唆、胁迫、诱骗他人违反治安管理的，按照其教唆、胁迫、诱骗的行为处罚。

第二十五条第三项　有下列行为之一的，处五日以上十日以下拘留，可以并处五百元以下罚款；情节较轻的，处五日以下拘留或者五百元以下罚款：

（三）扬言实施放火、爆炸、投放危险物质扰乱公共秩序的。

哪些情况下，可以对违反治安管理的行为减轻处罚或者不予处罚？

现实问题

韩某是名在校大学生，一直暗恋同班同学杨某。韩某负责班级的信件收寄工作，便利用收寄信件的机会，私自开拆杨某的信件，看完内容后再寄出或交给杨某。一段时间过去后，韩某心里越来越不安，于是主动向杨某坦白，并取得了杨某的谅解。那么，韩某还会受到治安管理处罚吗？

律师解答

依照《治安管理处罚法》的相关规定，违反治安管理有下列情形之一的，减轻处罚或者不予处罚：（1）情节特别轻微的；（2）主动消除或者减轻违法后果，并取得被侵害人谅解的；（3）出于他人胁迫或者诱骗的；（4）主动投案，向公安机关如实陈述自己的违法行为的；（5）有立功表现的。

在这则案例中，韩某的行为违反了治安管理规定，但由于情节特别轻微，且取得了杨某的谅解，应减轻处罚或者不予处罚。

法条链接

《中华人民共和国治安管理处罚法》

第十九条　违反治安管理有下列情形之一的，减轻处罚或者不予处罚：

（一）情节特别轻微的；

（二）主动消除或者减轻违法后果，并取得被侵害人谅解的；

（三）出于他人胁迫或者诱骗的；

（四）主动投案，向公安机关如实陈述自己的违法行为的；

（五）有立功表现的。

第四十八条　冒领、隐匿、毁弃、私自开拆或者非法检查他人邮件的，处五日以下拘留或者五百元以下罚款。

哪些情况下，要对违反治安管理的行为从重处罚？

现实问题

朱某在3个月前因为嫖娼被公安机关处以10日拘留和3000元罚款，三个月后，朱某又一次在嫖娼的时候被公安机关抓获，这次公安机关对他处以15日拘留和5000元罚款，朱某认为公安机关处罚过重，与上次处罚不一致。那么，法律对此是如何规定的呢？公安机关的处罚合法吗？

律师解答

依照《治安管理处罚法》的相关规定，违反治安管理有下列情形之一的，从重处罚：（1）有较严重后果的；（2）教唆、胁迫、诱骗他人违反治安管理的；（3）对报案人、控告人、举报人、证人打击报复的；（4）六个月内曾受过治安管理处罚的。

在这则案例中，朱某在六个月内曾受过治安管理处罚，再次违反治安管理的，公安机关应对其从重处罚，因此公安机关的处罚结果是合法合理的。

法条链接

《中华人民共和国治安管理处罚法》

第二十条　违反治安管理有下列情形之一的，从重处罚：

（一）有较严重后果的；

（二）教唆、胁迫、诱骗他人违反治安管理的；

（三）对报案人、控告人、举报人、证人打击报复的；

（四）六个月内曾受过治安管理处罚的。

第六十六条　卖淫、嫖娼的，处十日以上十五日以下拘留，可以并处五千元以下罚款；情节较轻的，处五日以下拘留或者五百元以下罚款。

在公共场所拉客招嫖的，处五日以下拘留或者五百元以下罚款。

哪些人可以不执行行政拘留处罚？

现实问题

秦某因为在公共场所拉客招嫖，被公安机关处以五日拘留，由于秦某的小孩刚刚六个月，目前尚在哺乳期，因此公安机关决定不执行行政拘留处罚。那么，公安机关不执行行政拘留处罚的决定合法吗？

律师解答

依照《治安管理处罚法》的相关规定，违反治安管理行为人有下列情形之一，依照本法应当给予行政拘留处罚的，不执行行政拘留处罚：（1）已满十四周岁不满十六周岁的；（2）已满十六周岁不满十八周岁，初次违反治安管理的；（3）七十周岁以上的；（4）怀孕或者哺乳自己不满一周岁婴儿的。

在这则案例中，由于秦某正在哺乳自己不满一周岁婴儿，因此虽然依法应当给予行政拘留处罚，但可不执行，公安机关的决定是合法的。

法条链接

《中华人民共和国治安管理处罚法》

第二十一条　违反治安管理行为人有下列情形之一，依照本法应当给予行政拘留处罚的，不执行行政拘留处罚：

（一）已满十四周岁不满十六周岁的；

（二）已满十六周岁不满十八周岁，初次违反治安管理的；

（三）七十周岁以上的；

（四）怀孕或者哺乳自己不满一周岁婴儿的。

二、违反治安管理的行为和处罚

扰乱火车上正常秩序的行为会受到治安管理处罚吗？

现实问题

尤某在春运期间买了张假票上了火车，在列车员验票时被发现。列车员要求尤某补票，尤某非但不补，还对列车员大喊大叫，并推搡列车员，导致很多乘客围观，车厢秩序一片混乱，直到乘警将尤某带走乘客才散开。随后，公安机关对尤某作出了二百元罚款的治安管理处罚，但尤某认为自己并未违法，不应受到处罚。那么，法律对此是如何规定的呢？

律师解答

依照《治安管理处罚法》的相关规定，扰乱公共汽车、电车、火车、船舶、航空器或者其他公共交通工具上的秩序的，处警告或者二百元以下罚款；情节较重的，处五日以上十日以下拘留，可以并处五百元以下罚款。

在这则案例中，尤某的行为扰乱了火车上的秩序，公安机关依据具体情况，给予二百元的罚款是合法的。

法条链接

《中华人民共和国治安管理处罚法》

第二十三条　有下列行为之一的，处警告或者二百元以下罚款；情节较重的，处五日以上十日以下拘留，可以并处五百元以下罚款：

（一）扰乱机关、团体、企业、事业单位秩序，致使工作、生产、营业、医疗、教学、科研不能正常进行，尚未造成严重损失的；

（二）扰乱车站、港口、码头、机场、商场、公园、展览馆或者其他公共场所秩序的；

（三）扰乱公共汽车、电车、火车、船舶、航空器或者其他公共交通工具上的秩序的；

（四）非法拦截或者强登、扒乘机动车、船舶、航空器以及其他交通工具，影响交通工具正常行驶的；

（五）破坏依法进行的选举秩序的。

聚众实施前款行为的，对首要分子处十日以上十五日以下拘留，可以并处一千元以下罚款。

球迷冲入场中追打裁判的行为会受到治安管理处罚吗？

现实问题

许某是一名足球迷，经常去现场支持自己城市的球队。一次许某到现场看球，裁判在那场比赛里出现了多次不利于许某城市球队的误判，终于在一次漏判点球后，许某再也忍不住怒火，不顾保安阻拦强行冲入球场追打裁判，导致比赛中断，直到保安把许某制服扭送公安机关比赛才恢复正常。随后，公安机关对许某作出了五日拘留的治安管理处罚，但许某认为自己并未违法，不应受到处罚。那么，法律对此是如何规定的呢？

律师解答

依照《治安管理处罚法》的相关规定，强行进入场内，围攻裁判员、运动员或者其他工作人员，扰乱文化、体育等大型群众性活动秩序的，处警告或者二百元以下罚款；情节严重的，处五日以上十日以下拘留，可以并处五百元以下罚款。

在这则案例中，许某强行进入球场、追打裁判的行为，扰乱了球赛的秩序，公安机关依据具体情况，给予五日拘留的处罚是合法的。

法条链接

《中华人民共和国治安管理处罚法》

第二十四条　有下列行为之一，扰乱文化、体育等大型群众性活动秩序的，处警告或者二百元以下罚款；情节严重的，处五日以上十日以下拘留，可以并处五百元以下罚款：

（一）强行进入场内的；

（二）违反规定，在场内燃放烟花爆竹或者其他物品的；

（三）展示侮辱性标语、条幅等物品的；

（四）围攻裁判员、运动员或者其他工作人员的；

（五）向场内投掷杂物，不听制止的；

（六）扰乱大型群众性活动秩序的其他行为。

因扰乱体育比赛秩序被处以拘留处罚的，可以同时责令其十二个月内不得进入体育场馆观看同类比赛；违反规定进入体育场馆的，强行带离现场。

谎称投放炭疽病毒的行为会受到治安管理处罚吗？

现实问题

何某是个小混混，没有正当工作，一直在社会上瞎混。一次他为了看热闹，弄了些面粉包在报纸里，放在当地一家商城里，然后打电话报警，说在商场内放了炭疽病毒，警方接报后出动了大量警力，并封锁了商场，引来许多群众围观，周围秩序一片混乱。查明真相后，警方将何某抓获。随后，公安机关对何某作出了十日拘留的治安管理处罚，但何某认为自己只是开玩笑并未违法，不应受到处罚。那么，法律对此是如何规定的呢？

律师解答

依照《治安管理处罚法》的相关规定，投放虚假的爆炸性、毒害性、放射性、腐蚀性物质或者传染病病原体等危险物质扰乱公共秩序的，处五日以上十日以下拘留，可以并处五百元以下罚款；情节较轻的，处五日以下拘留或者五百元以下罚款。

在这则案例中，何某投放虚假的传染病病原体扰乱公共秩序，公安机关依据具体情况，给予十日拘留的处罚是合法的。

法条链接

《中华人民共和国治安管理处罚法》

第二十五条　有下列行为之一的，处五日以上十日以下拘留，可以并处五百元以下罚款；情节较轻的，处五日以下拘留或者五百元以下罚款：

（一）散布谣言，谎报险情、疫情、警情或者以其他方法故意扰乱公共秩序的；

（二）投放虚假的爆炸性、毒害性、放射性、腐蚀性物质或者传染病病原体等危险物质扰乱公共秩序的；

（三）扬言实施放火、爆炸、投放危险物质扰乱公共秩序的。

追逐、拦截他人的行为会受到治安管理处罚吗？

现实问题

一天张某在街上闲逛，看见迎面走过来的时髦女郎孔某，张某一时兴起，就上前搭讪表示想交个朋友，遭到孔某拒绝后，张某觉得很没面子，就在街上拦住孔某，表示非要和她交朋友，孔某吓得跑开，张某就追上前去。直到路人报警，警察来了孔某才得以脱身。公安机关对张某作出了五日拘留的治安管理处罚，但张某认为自己只是开玩笑并未违法，不应受到处罚。那么，法律对此是如何规定的呢？

律师解答

依照《治安管理处罚法》的相关规定，追逐、拦截他人的，处五日以上十日以下拘留，可以并处五百元以下罚款；情节较重的，处十日以上十五日以下拘留，可以并处一千元以下罚款。

在这则案例中，张某追逐、拦截他人的行为已违反了治安管理的法律规定，公安机关依据具体情况，给予五日拘留的处罚是合法的。

法条链接

《中华人民共和国治安管理处罚法》

第二十六条　有下列行为之一的，处

五日以上十日以下拘留，可以并处五百元以下罚款；情节较重的，处十日以上十五日以下拘留，可以并处一千元以下罚款：

（一）结伙斗殴的；

（二）追逐、拦截他人的；

（三）强拿硬要或者任意损毁、占用公私财物的；

（四）其他寻衅滋事行为。

冒用气功名义损害他人身体健康活动的行为会受到治安管理处罚吗？

现实问题

华某是名下岗工人，小时候学过点武术，由于实在找不到工作，就找了几个托，开始包装自己传授别人气功，号称自己的气功能治百病，还真有不少老人上当受骗，跟着华某学习所谓的气功。几个老人由于太过迷信华某的气功，生病没有及时治疗还丧了命，直到去世老人家属报案后大家才知道了真相。公安机关对华某作出了十日拘留的治安管理处罚，但华某认为老人都是自愿学气功的，自己不应受到处罚。那么，法律对此是如何规定的呢？

律师解答

依照《治安管理处罚法》的相关规定，冒用气功名义进行扰乱社会秩序、损害他人身体健康活动的，处十日以上十五日以下拘留，可以并处一千元以下罚款；情节较轻的，处五日以上十日以下拘留，可以并处五百元以下罚款。

在这则案例中，华某冒用气功名义损害他人身体健康活动的行为已经违反了治安管理的法律规定，公安机关依据具体情况，给予十日拘留的处罚是合法的。

法条链接

《中华人民共和国治安管理处罚法》

第二十七条　有下列行为之一的，处十日以上十五日以下拘留，可以并处一千元以下罚款；情节较轻的，处五日以上十日以下拘留，可以并处五百元以下罚款：

（一）组织、教唆、胁迫、诱骗、煽动他人从事邪教、会道门活动或者利用邪教、会道门、迷信活动，扰乱社会秩序、损害他人身体健康的；

（二）冒用宗教、气功名义进行扰乱社会秩序、损害他人身体健康活动的。

制作传播病毒程序的行为会受到治安管理处罚吗？

现实问题

曹某是一名在校计算机系的大学生，平时就喜欢埋在机房里编程序。一次曹某编出了一组病毒程序，只要点开该程序，计算机的硬盘就会被格式化。为了验证病毒的威力，曹某将该病毒程序改头换面成工具软件放到了网络上，导致很多用户下载点击后计算机瘫痪。后来警方找到了曹某，依法对其作出了五日拘留的治安管理处罚，但曹某认为自己只是贪玩，不应受到处罚。那么，法律对此是如何规定的呢？

律师解答

依照《治安管理处罚法》的相关规定，故意制作、传播计算机病毒等破坏性程序，影响计算机信息系统正常运行的，处五日以下拘留；情节较重的，处五日以上十日以下拘留。

在这则案例中，曹某制作传播病毒程序的行为，影响计算机信息系统正常运行，公安机关依据具体情况，给予五日拘留的处罚是合法的。

法条链接

《中华人民共和国治安管理处罚法》

第二十九条　有下列行为之一的，处五日以下拘留；情节较重的，处五日以上十日以下拘留：

（一）违反国家规定，侵入计算机信息系统，造成危害的；

（二）违反国家规定，对计算机信息系统功能进行删除、修改、增加、干扰，造成计算机信息系统不能正常运行的；

（三）违反国家规定，对计算机信息系统中存储、处理、传输的数据和应用程序进行删除、修改、增加的；

（四）故意制作、传播计算机病毒等破坏性程序，影响计算机信息系统正常运行的。

私自运输烟花爆竹的行为会受到治安管理处罚吗？

现实问题

严某是名个体司机，自己买了一辆小货车跑运输。一次过年前，严某听说运输烟花爆竹很赚钱，于是在没有采取任何安全措施，没有得到相关部门许可的情况下开始私自运输烟花爆竹，后在高速公路安检处被查获。由于运输的数量不多，公安机关对其作出了五日拘留的治安管理处罚，但严某认为自己只是想赚钱，也没发生事故，不应受到处罚。那么，法律对此是如何规定的呢？

律师解答

依照《治安管理处罚法》的相关规定，违反国家规定，制造、买卖、储存、运输、邮寄、携带、使用、提供、处置爆炸性危险物质的，处十日以上十五日以下拘留；情节较轻的，处五日以上十日以下拘留。

在这则案例中，严某违反国家规定运输爆炸性危险物质的行为已经违反了治安管理的法律规定，公安机关依据具体情况，给予五日拘留的处罚是合法的。

法条链接

《中华人民共和国治安管理处罚法》

第三十条　违反国家规定，制造、买卖、储存、运输、邮寄、携带、使用、提供、处置爆炸性、毒害性、放射性、腐蚀性物质或者传染病病原体等危险物质的，处十日以上十五日以下拘留；情节较轻的，处五日以上十日以下拘留。

《烟花爆竹安全管理条例》

第二十二条　经由道路运输烟花爆竹的，应当经公安部门许可。

经由铁路、水路、航空运输烟花爆竹的，依照铁路、水路、航空运输安全管理的有关法律、法规、规章的规定执行。

非法携带管制刀具进入公共场所的行为会受到治安管理处罚吗？

现实问题

金某是个小混混，平日游手好闲，一天听说广场上有庙会，金某就带着新买的管制刀具去玩了，在庙会上因为人多，金某与魏某发生摩擦，金某拿出随身携带的管制刀具称要废了魏某，这下引起了人群的恐慌，秩序大乱，直到有人报警，警察将金某带离，秩序才渐渐恢复。公安机关对金某作出了五日拘留的治安管理处罚，但金某认为自己只是好玩，也没真的伤害魏某，不应受到处罚。那么，法律对此是如何规定的呢？

律师解答

依照《治安管理处罚法》的相关规定，非法携带枪支、弹药或者弩、匕首等国家规定的管制器具进入公共场所或者公共交通工具的，处五日以上十日以下拘留，可以并处五百元以下罚款。

在这则案例中，金某非法携带管制刀具进入公共场所的行为违反了治安管理的法律规定，公安机关依据具体情况，给予五日拘留的处罚是合法的。

法条链接

《中华人民共和国治安管理处罚法》

第三十二条　非法携带枪支、弹药或者弩、匕首等国家规定的管制器具的，处五日以下拘留，可以并处五百元以下罚款；情节较轻的，处警告或者二百元以下罚款。

非法携带枪支、弹药或者弩、匕首等国家规定的管制器具进入公共场所或者公共交通工具的，处五日以上十日以下拘留，可以并处五百元以下罚款。

强行进入飞机驾驶舱的行为会受到治安管理处罚吗？

现实问题

陶某平时是个航空迷，对各种飞机很感兴趣，一次陶某乘飞机出差，发现乘坐的是一种新型客机，于是陶某向空姐要求想去驾驶舱看看，遭到拒绝后，陶某强行闯入了驾驶舱，直到乘警将其制服带出驾驶舱。飞机落地后，公安机关对陶某作出了十日拘留的治安管理处罚，但陶某认为自己只是好奇，不应受到处罚。那么，法律对此是如何规定的呢？

律师解答

依照《治安管理处罚法》的相关规定，强行进入航空器驾驶舱的，处十日以上十五日以下拘留。

在这则案例中，陶某强行进入飞机驾驶舱的行为违反了治安管理的法律规定，公安机关依据具体情况，给予十日拘留的处罚是合法的。

法条链接

《中华人民共和国治安管理处罚法》

第三十四条　盗窃、损坏、擅自移动使用中的航空设施，或者强行进入航空器驾驶舱的，处十日以上十五日以下拘留。

在使用中的航空器上使用可能影响导航系统正常功能的器具、工具，不听劝阻的，处五日以下拘留或者五百元以下罚款。

擅自进入铁路防护网的行为会受到治安管理处罚吗？

现实问题

姜某家住在铁路旁，经常到铁路上玩，也常常进入铁路防护网内玩耍，影响了站内行车安全，车站工作人员多次劝说，姜某就是不听，车站工作人员只好报警。公安机关对姜某作出了200元罚款的治安管理处罚，但姜某认为自己只是好玩，也没有危及行车安全，不应受到处罚。那么，法律对此是如何规定的呢？

律师解答

依照《治安管理处罚法》的相关规定，擅自进入铁路防护网或者火车来临时在铁路线路上行走坐卧、抢越铁路，影响行车安全的，处警告或者二百元以下罚款。

在这则案例中，姜某擅自进入铁路防护网的行为影响了行车安全，公安机关依据具体情况，给予二百元罚款的处罚是合法的。

法条链接

《中华人民共和国治安管理处罚法》

第三十六条　擅自进入铁路防护网或者火车来临时在铁路线路上行走坐卧、抢越铁路，影响行车安全的，处警告或者二百元以下罚款。

未经批准，安装、使用电网的行为会受到治安管理处罚吗？

现实问题

谢某是村里的养虾专业户，近期他发现有人趁天黑到他家的虾塘里偷虾，于是他自己拉了铁丝网，晚上通上电防备小偷。谢某家虾塘附近经常有村里的小孩玩耍，谢某的行为遭到村里人的反对，但谢某置之不理。无奈之下，村里人报了警。公安机关对谢某作出了500元罚款的治安管理处罚，但谢某认为自己是为了保护虾塘，不应受到处罚。那么，法律对此是如何规定的呢？

律师解答

依照《治安管理处罚法》的相关规定，未经批准，安装、使用电网的，或者安装、使用电网不符合安全规定的，处五日以下拘留或者五百元以下罚款；情节严重的，处五日以上十日以下拘留，可以并处五百元以下罚款。

在这则案例中，谢某未经批准，安装、使用电网的行为违反了治安管理的法律规定，公安机关依据具体情况，给予五百元罚款的处罚是合法的。

法条链接

《中华人民共和国治安管理处罚法》

第三十七条　有下列行为之一的，处五日以下拘留或者五百元以下罚款；情节严重的，处五日以上十日以下拘留，可以并处五百元以下罚款：

（一）未经批准，安装、使用电网的，或者安装、使用电网不符合安全规定的；

（二）在车辆、行人通行的地方施工，对沟井坎穴不设覆盖物、防围和警示标志的，或者故意损毁、移动覆盖物、防围和警示标志的；

（三）盗窃、损毁路面井盖、照明等公共设施的。

在旅馆消防通道里堆放杂物的行为会受到治安管理处罚吗？

现实问题

章某是一家旅馆的老板，由于场地有限，章某就把一些平时不常用的杂物堆在了消防通道里，导致消防通道阻塞。公安机关在例行检查的时候发现了这个问题并责令章某改正，但章某考虑到成本原因，表面上答应但实际上却并未改正。公安机关再次检查时发现章某拒不改正，于是依法对章某作出了五日拘留的治安管理处罚，但章某认为自己的行为并未导致危险，不应受到处罚。那么，法律对此是如何规定的呢？

律师解答

依照《治安管理处罚法》的相关规定，旅馆的经营管理人员，违反安全规定，致使该场所有发生安全事故危险，经公安机关责令改正，拒不改正的，处五日以下拘留。

在这则案例中，章某作为旅馆经营管理者，场所存在安全隐患，经公安机关责令改正却拒不改正，公安机关依据具体情况，给予五日拘留的处罚是合法的。

法条链接

《中华人民共和国治安管理处罚法》

第三十九条　旅馆、饭店、影剧院、娱乐场、运动场、展览馆或者其他供社会公众活动的场所的经营管理人员，违反安全规定，致使该场所有发生安全事故危险，经公安机关责令改正，拒不改正的，处五日以下拘留。

非法侵入他人住宅的行为会受到治安管理处罚吗？

现实问题

苏某和潘某是邻居，一次因为琐事发生口角，后潘某准备回家，但苏某仍旧不依不饶，还跟着潘某闯进了潘某家里，潘某让苏某出去，苏某不同意，非要潘某给个说法。于是潘某报警，公安机关对苏某作出了五日拘留和200元罚款的治安管理处罚，但苏某认为自己进入潘某家是因为吵架，不应受到处罚。那么，法律对此是如何规定的呢？

律师解答

依照《治安管理处罚法》的相关规定，非法侵入他人住宅的，处十日以上十五日以下拘留，并处五百元以上一千元以下罚款；情节较轻的，处五日以上十日以下拘留，并处二百元以上五百元以下罚款。

在这则案例中，苏某非法侵入他人住宅的行为违反了治安管理的法律规定，公安机关依据具体情况，给予五日拘留和二百元罚款的处罚是合法的。

法条链接

《中华人民共和国治安管理处罚法》

第四十条　有下列行为之一的，处十日以上十五日以下拘留，并处五百元以上一千元以下罚款；情节较轻的，处五日以上十日以下拘留，并处二百元以上五百元以下罚款：

（一）组织、胁迫、诱骗不满十六周岁的人或者残疾人进行恐怖、残忍表演的；

（二）以暴力、威胁或者其他手段强迫他人劳动的；

（三）非法限制他人人身自由、非法侵入他人住宅或者非法搜查他人身体的。

反复纠缠乞讨的行为会受到治安管理处罚吗？

现实问题

葛某是个无业游民，平时以乞讨为生。一次葛某向路人范某乞讨，遭到范某拒绝后，葛某开始跟着范某，反复纠缠范某乞讨，一直跟了范某15分钟，直到范某报警才罢休。公安机关对葛某作出了五日拘留的治安管理处罚，但葛某认为自己只是乞讨，不应受到处罚。那么，法律对此是如何规定的呢？

律师解答

依照《治安管理处罚法》的相关规定，反复纠缠、强行讨要或者以其他滋扰他人的方式乞讨的，处五日以下拘留或者警告。

在这则案例中，葛某反复纠缠乞讨的行为违反了治安管理的法律规定，公安机关依据具体情况，给予五日拘留的处罚是合法的。

法条链接

《中华人民共和国治安管理处罚法》

第四十一条　胁迫、诱骗或者利用他人乞讨的，处十日以上十五日以下拘留，可以并处一千元以下罚款。

反复纠缠、强行讨要或者以其他滋扰他人的方式乞讨的，处五日以下拘留或者警告。

多次发送淫秽信息的行为会受到治安管理处罚吗？

现实问题

鲁某（男）和马某（女）是同事，鲁某一直暗恋马某，在一次对马某表白被拒绝后，鲁某很不甘心，一直发送信息给马某，马某没有回复，鲁某就开始不断发送黄色笑话、黄色图片等淫秽信息骚扰马某。这种情况一直持续了半个月，严重干扰了马某的正常生活，无奈之下马某报了警。公安机关对鲁某作出了五日拘留的治安管理处罚，但鲁某认为自己只是在表达爱意，不应受到处罚。那么，法律对此是如何规定的呢？

律师解答

依照《治安管理处罚法》的相关规定，多次发送淫秽、侮辱、恐吓或者其他信息，干扰他人正常生活的，处五日以下拘留或者五百元以下罚款；情节较重的，处五日以上十日以下拘留，可以并处五百元以下罚款。

在这则案例中，鲁某持续发送淫秽信息的行为，干扰了马某的正常生活，公安机关依据具体情况，给予五日拘留的处罚是合法的。

法条链接

《中华人民共和国治安管理处罚法》

第四十二条　有下列行为之一的，处五日以下拘留或者五百元以下罚款；情节较重的，处五日以上十日以下拘留，可以并处五百元以下罚款：

（一）写恐吓信或者以其他方法威胁他人人身安全的；

（二）公然侮辱他人或者捏造事实诽谤他人的；

（三）捏造事实诬告陷害他人，企图使他人受到刑事追究或者受到治安管理处罚的；

（四）对证人及其近亲属进行威胁、侮辱、殴打或者打击报复的；

（五）多次发送淫秽、侮辱、恐吓或者其他信息，干扰他人正常生活的；

（六）偷窥、偷拍、窃听、散布他人隐私的。

殴打他人未构成轻伤的行为会受到治安管理处罚吗？

现实问题

花某是一名社会青年，平日游手好闲。一次花某在网吧上网，与同在上网的方某发生摩擦，一语不合花某就冲上去殴打方某，所幸很快被网吧的工作人员拉开，方某的朋友同时报了警。公安机关对花某作出了五日拘留的治安管理处罚，但花某认为对方也有错，自己不应受到处罚。那么，法律对此是如何规定的呢？

律师解答

依照《治安管理处罚法》的相关规定，殴打他人的，或者故意伤害他人身体的，处五日以上十日以下拘留，并处二百元以上五百元以下罚款；情节较轻的，处五日以下拘留或者五百元以下罚款。

在这则案例中，花某殴打他人的行为违反了治安管理的法律规定，公安机关依据具体情况，给予五日拘留的处罚是合法的。

法条链接

《中华人民共和国治安管理处罚法》

第四十三条　殴打他人的，或者故意伤害他人身体的，处五日以上十日以下拘留，并处二百元以上五百元以下罚款；情节较轻的，处五日以下拘留或者五百元以下罚款。

有下列情形之一的，处十日以上十五日以下拘留，并处五百元以上一千元以下罚款：

（一）结伙殴打、伤害他人的；

（二）殴打、伤害残疾人、孕妇、不满十四周岁的人或者六十周岁以上的人的；

（三）多次殴打、伤害他人或者一次殴打、伤害多人的。

在地铁里猥亵他人的行为会受到治安管理处罚吗？

现实问题

任某（男）是一名年轻白领，工作压力

大还没有女朋友。一次乘地铁上班，任某和袁某（女）挤得很近，任某有些想入非非，伸手摸向了袁某的身体。被袁某发觉后任某非但没有停止，反而变本加厉，露出了自己的下体。袁某吓得大叫，车厢一片混乱，有乘客报了警。随后公安机关对任某作出了五日拘留的治安管理处罚，但任某认为自己只是一时糊涂，不应受到处罚。那么，法律对此是如何规定的呢？

律师解答

依照《治安管理处罚法》的相关规定，猥亵他人的，或者在公共场所故意裸露身体，情节恶劣的，处五日以上十日以下拘留。

在这则案例中，任某猥亵他人、故意裸露身体的行为违反了治安管理的法律规定，公安机关依据具体情况，给予五日拘留的处罚是合法的。

法条链接

《中华人民共和国治安管理处罚法》

第四十四条　猥亵他人的，或者在公共场所故意裸露身体，情节恶劣的，处五日以上十日以下拘留；猥亵智力残疾人、精神病人、不满十四周岁的人或者有其他严重情节的，处十日以上十五日以下拘留。

虐待家庭成员的行为会受到治安管理处罚吗？

现实问题

柳某和儿子小柳生活在一起，自从小柳和小史结婚后，柳某和儿子儿媳的关系就急剧恶化。小柳、小史嫌柳某碍事，经常不让柳某吃饭，有时还对柳某拳脚相加，街道办几次上门调解都没有效果，一次小柳、小史又虐待柳某，柳某无奈报了警，要求警方对两人进行处罚。随后公安机关对小柳、小史作出了五日拘留的治安管理处罚，但小柳、小史认为这是家事，不应受到处罚。那么，法律对此是如何规定的呢？

律师解答

依照《治安管理处罚法》的相关规定，虐待家庭成员，被虐待人要求处理的，处五日以下拘留或者警告。

在这则案例中，小柳、小史的虐待行为违反了治安管理的法律规定，在柳某要求处理的情况下，公安机关依据具体情况，给予五日拘留的处罚是合法的。

法条链接

《中华人民共和国治安管理处罚法》

第四十五条　有下列行为之一的，处五日以下拘留或者警告：

（一）虐待家庭成员，被虐待人要求处理的；

（二）遗弃没有独立生活能力的被扶养人的。

强迫他人接受服务的行为会受到治安管理处罚吗？

现实问题

费某（女）一天逛街，看到路边有一家美容店有免费的护肤体验，于是就进店体验，哪知道刚开始体验，十几名店员就围过来要求费某做一些付费的美容项目，费某不同意，店员就不让费某离开，费某只好报警才得以脱身。随后公安机关对美容店店主作出了500元罚款的治安管理处罚，但美容店店主认为这是商业行为，不应受到处罚。那么，法律对此是如何规定的呢？

律师解答

依照《治安管理处罚法》的相关规定，强迫他人接受服务的，处五日以上十日以下拘留，并处二百元以上五百元以下罚款；情节较轻的，处五日以下拘留或者五百元以下罚款。

在这则案例中，美容店强迫费某接受美容服务的行为违反了治安管理的法律规定，公安机关依据具体情况，给予五百元罚款的处罚是合法的。

法条链接

《中华人民共和国治安管理处罚法》

第四十六条　强买强卖商品，强迫他人提供服务或者强迫他人接受服务的，处五日以上十日以下拘留，并处二百元以上五百元以下罚款；情节较轻的，处五日以下拘留或者五百元以下罚款。

私自开拆他人邮件的行为会受到治安管理处罚吗？

现实问题

雷某和贺某是邻居，由于贺某是个时髦女郎，雷某一直想找机会接近贺某，但贺某总是对雷某爱答不理的。于是雷某配了一把贺某信箱的钥匙，每天晚上就去翻贺某的信箱，有别人寄给贺某的信件雷某总是私自拆开来看，这种情况一直持续了半年，直到一次贺某发现报警才结束。公安机关对雷某作出了500元罚款的治安管理处罚，但雷某认为自己只是想多了解贺某，不应受到处罚。那么，法律对此是如何规定的呢？

律师解答

依照《治安管理处罚法》的相关规定，冒领、隐匿、毁弃、私自开拆或者非法检查他人邮件的，处五日以下拘留或者五百元以下罚款。

在这则案例中，雷某私自开拆贺某信件的行为违反了治安管理的法律规定，公安机关依据具体情况，给予五百元罚款的处罚是合法的。

法条链接

《中华人民共和国治安管理处罚法》

第四十八条　冒领、隐匿、毁弃、私自开拆或者非法检查他人邮件的，处五日以下拘留或者五百元以下罚款。

哄抢公私财物的行为会受到治安管理处罚吗？

现实问题

汤某是名无业游民，一次到集市上玩，看见有一处商户和顾客发生了口角，汤某也上前凑热闹，还煽风点火，最后导致顾客与商户发生肢体冲突，一些和汤某一样的无业游民开始哄抢商户的财物，直到商户报警，警察把汤某等人带走才结束。公安机关对汤某作出了五日拘留的治安管理处罚，但汤某认为自己只拿了些小东西，愿意退回商户，不应受到处罚。那么，法律对此是如何规定的呢？

律师解答

依照《治安管理处罚法》的相关规定，哄抢公私财物的，处五日以上十日以下拘留，可以并处五百元以下罚款；情节较重的，处十日以上十五日以下拘留，可以并处一千元以下罚款。

在这则案例中，汤某哄抢商户财物的行为违反了治安管理的法律规定，公安机关依据具体情况，给予五日拘留的处罚是合法的。

法条链接

《中华人民共和国治安管理处罚法》

第四十九条　盗窃、诈骗、哄抢、抢夺、敲诈勒索或者故意损毁公私财物的，处五日以上十日以下拘留，可以并处五百元以下罚款；情节较重的，处十日以上十五日以下拘留，可以并处一千元以下罚款。

冒充国家机关工作人员骗吃骗喝的行为会受到治安管理处罚吗？

现实问题

罗某是名无业游民，一次到某个村里去玩，罗某伪造了一个县里领导的工作证件，直接跑到村委会找村主任，村主任信以为真，热情地招待了罗某，陪吃陪喝还陪玩。直到一名县里的领导临时来检查工作把罗某拆穿才告终，村主任立刻报了警。公安机关对罗某作出了五日拘留的治安管理处罚，但罗某认为自己只是吃吃喝喝玩玩，不应受到处罚。那么，法律对此是如何规定的呢？

律师解答

依照《治安管理处罚法》的相关规定，冒充国家机关工作人员或者以其他虚假身份招摇撞骗的，处五日以上十日以下拘留，可以并处五百元以下罚款；情节较轻的，处五日以下拘留或者五百元以下罚款。

在这则案例中，罗某冒充县领导身份招摇撞骗的行为违反了治安管理的法律规定，公安机关依据具体情况，给予五日拘留的处罚是合法的。

法条链接

《中华人民共和国治安管理处罚法》

第五十一条　冒充国家机关工作人员或者以其他虚假身份招摇撞骗的，处五日以上十日以下拘留，可以并处五百元以下罚款；情节较轻的，处五日以下拘留或者五百元以下罚款。

冒充军警人员招摇撞骗的，从重处罚。

倒卖车票的行为会受到治安管理处罚吗？

现实问题

于某是一名火车票“黄牛”，每年都是乘春运时机倒卖火车票赚钱，这年春运，于某照例干起了倒卖车票的勾当，不料刚刚开始就被公安机关抓获。公安机关对于某作出了五日拘留的治安管理处罚，但于某认为自己只是为了谋生，不应受到处罚。那么，法律对此是如何规定的呢？

律师解答

依照《治安管理处罚法》的相关规定，倒卖车票、船票、航空客票、文艺演出票、体育比赛入场券或者其他有价票证、凭证的，处十日以上十五日以下拘留，可以并处一千元以下罚款；情节较轻的，处五日以上十日以下拘留，可以并处五百元以下罚款。

在这则案例中，于某倒卖车票的行为违反了治安管理的法律规定，公安机关依据具体情况，给予五日拘留的处罚是合法的。

法条链接

《中华人民共和国治安管理处罚法》

第五十二条　有下列行为之一的，处十日以上十五日以下拘留，可以并处一千元以下罚款；情节较轻的，处五日以上十日以下拘留，可以并处五百元以下罚款：

（一）伪造、变造或者买卖国家机关、人民团体、企业、事业单位或者其他组织的公文、证件、证明文件、印章的；

（二）买卖或者使用伪造、变造的国家机关、人民团体、企业、事业单位或者其他组织的公文、证件、证明文件的；

（三）伪造、变造、倒卖车票、船票、航空客票、文艺演出票、体育比赛入场券或者其他有价票证、凭证的；

（四）伪造、变造船舶户牌，买卖或者使用伪造、变造的船舶户牌，或者涂改船舶发动机号码的。

旅馆不按规定登记旅客身份证的行为会受到治安管理处罚吗?

现实问题

傅某是一家旅馆的老板，为了抢生意，只要能付钱，他让一些不能提供身份证的旅客也入住旅馆，这种情况在公安机关例行检查的时候被发现。公安机关对傅某作出了500元罚款的治安管理处罚，但傅某认为自己只是为了谋生，不应受到处罚。那么，法律对此是如何规定的呢?

律师解答

依照《治安管理处罚法》的相关规定，旅馆业的工作人员对住宿的旅客不按规定登记姓名、身份证件种类和号码的，或者明知住宿的旅客将危险物质带入旅馆，不予制止的，处二百元以上五百元以下罚款。

在这则案例中，傅某作为旅馆业工作人员，其不按规定对旅客登记姓名、身份证件种类和号码的行为违反了治安管理的法律规定，公安机关依据具体情况，给予五百元罚款的处罚是合法的。

法条链接

《中华人民共和国治安管理处罚法》

第五十六条　旅馆业的工作人员对住宿的旅客不按规定登记姓名、身份证件种类和号码的，或者明知住宿的旅客将危险物质带入旅馆，不予制止的，处二百元以上五百元以下罚款。

旅馆业的工作人员明知住宿的旅客是犯罪嫌疑人员或者被公安机关通缉的人员，不向公安机关报告的，处二百元以上五百元以下罚款；情节严重的，处五日以下拘留，可以并处五百元以下罚款。

房屋出租人对承租人犯罪活动知情不报的行为会受到治安管理处罚吗?

现实问题

齐某通过中介将自有房屋租给康某使用，后来齐某发现康某在房屋内开设赌场进行赌博，但齐某为了能够收房租，也就睁一只眼闭一只眼了。后来康某被警方抓获，公安机关也依法对齐某作出了500元罚款的治安管理处罚，但齐某认为自己没有进行违法犯罪活动，只是知情不报，不应受到处罚。那么，法律对此是如何规定的呢?

律师解答

依照《治安管理处罚法》的相关规定，房屋出租人明知承租人利用出租房屋进行犯罪活动，而不向公安机关报告的，处二百元以上五百元以下罚款；情节严重的，处五日以下拘留，可以并处五百元以下罚款。

在这则案例中，齐某明知康某利用出租房屋开设赌场进行赌博的违法犯罪活动，而不向公安机关报告的行为已经违反了治安管理的法律规定，公安机关依据具体情况，给予五百元罚款的处罚是合法的。

法条链接

《中华人民共和国治安管理处罚法》

第五十七条　房屋出租人将房屋出租给无身份证件的人居住的，或者不按规定登记承租人姓名、身份证件种类和号码的，处二百元以上五百元以下罚款。

房屋出租人明知承租人利用出租房屋进行犯罪活动，不向公安机关报告的，处二百元以上五百元以下罚款；情节严重的，处五日以下拘留，可以并处五百元以下罚款。

收购有赃物嫌疑物品的行为会受到治安管理处罚吗？

现实问题

叶某是一家二手车中介的老板，一天有个男子前来出售一辆新款宝马轿车，售价只有10万元，但男子不能提供相应的车辆证件，叶某怀疑是赃车，但由于利润很大，还是购买了这辆轿车。后来公安机关找到叶某，确定了该辆宝马轿车是赃车，依法对叶某作出了一千元罚款的治安管理处罚，但叶某认为自己只是为了赚钱，不应受到处罚。那么，法律对此是如何规定的呢？

律师解答

依照《治安管理处罚法》的相关规定，收购公安机关通报寻查的赃物或者有赃物嫌疑的物品的，处五百元以上一千元以下罚款；情节严重的，处五日以上十日以下拘留，并处五百元以上一千元以下罚款。

在这则案例中，叶某作为二手车老板，有能力判断出该车有赃物嫌疑，还进行收购的行为违反了治安管理的法律规定，公安机关依据具体情况，给予一千元罚款的处罚是合法的。

法条链接

《中华人民共和国治安管理处罚法》

第五十九条　有下列行为之一的，处五百元以上一千元以下罚款；情节严重的，处五日以上十日以下拘留，并处五百元以上一千元以下罚款：

（一）典当业工作人员承接典当的物品，不查验有关证明、不履行登记手续，或者明知是违法犯罪嫌疑人、赃物，不向公安机关报告的；

（二）违反国家规定，收购铁路、油田、供电、电信、矿山、水利、测量和城市公用设施等废旧专用器材的；

（三）收购公安机关通报寻查的赃物或者有赃物嫌疑的物品的；

（四）收购国家禁止收购的其他物品的。

刻划名胜古迹的行为会受到治安管理处罚吗？

现实问题

龙某喜欢旅游，一次在游览一处国家保护的名胜古迹时，突然诗兴大发，在古迹的墙上用小刀刻了一首打油诗，龙某的行为被工作人员发现，并报了警。公安机关对龙某作出了十日拘留和五百元罚款的治安管理处罚，但龙某认为他的行为只是表达自己对古迹的喜爱之情，不应受到处罚。那么，法律对此是如何规定的呢？

律师解答

依照《治安管理处罚法》的相关规定，刻划、涂污或者以其他方式故意损坏国家保护的文物、名胜古迹的，处警告或者二百元以下罚款；情节较重的，处五日以上十日以下拘留，并处二百元以上五百元以下罚款。

在这则案例中，龙某在古迹墙上刻打油诗的行为损坏了国家保护的名胜古迹，违反了治安管理的法律规定，公安机关依据具体情况，给予十日拘留和五百元罚款的处罚是合法的。

法条链接

《中华人民共和国治安管理处罚法》

第六十三条　有下列行为之一的，处警告或者二百元以下罚款；情节较重的，处五日以上十日以下拘留，并处二百元以上五百元以下罚款：

（一）刻划、涂污或者以其他方式故意损坏国家保护的文物、名胜古迹的；

（二）违反国家规定，在文物保护单位附近进行爆破、挖掘等活动，危及文物安全的。

停放尸体影响他人正常生活的行为会受到治安管理处罚吗？

现实问题

刘某的父亲老刘因病去世，依照刘某老家的风俗，必须做完“头七”后才能入葬，因刘某家里地方小，刘某便把装尸体的棺材放在了四合院的天井里，这严重影响了邻居的正常生活，邻居和居委多次劝阻，但刘某却不管不顾。无奈之下，邻居报了警。公安机关对刘某作出了五日拘留的治安管理处罚，但刘某认为这是他的家事，不应受到处罚。那么，法律对此是如何规定的呢？

律师解答

依照《治安管理处罚法》的相关规定，在公共场所停放尸体或者因停放尸体影响他人正常生活、工作秩序，不听劝阻的，处五日以上十日以下拘留；情节严重的，处十日以上十五日以下拘留，可以并处一千元以下罚款。

在这则案例中，刘某在天井停放尸体不听劝阻的行为，影响了邻居正常生活，违反了治安管理的法律规定，公安机关依据具体情况，给予五日拘留的处罚是合法的。

法条链接

《中华人民共和国治安管理处罚法》

第六十五条　有下列行为之一的，处五日以上十日以下拘留；情节严重的，处十日以上十五日以下拘留，可以并处一千元以下罚款：

（一）故意破坏、污损他人坟墓或者毁坏、丢弃他人尸骨、骨灰的；

（二）在公共场所停放尸体或者因停放尸体影响他人正常生活、工作秩序，不听劝阻的。

“找小姐”的行为会受到治安管理处罚吗？

现实问题

甘某是名年轻白领，年纪不小却一直没有女朋友，一次路过一家路边发廊，经不住诱惑就进去了，和发廊女武某发生了关系，不料正好遇到警察突击，甘某被抓获。公安机关对甘某作出了十日拘留和五千元罚款的治安管理处罚，但甘某认为处罚太重。那么，法律对此是如何规定的呢？

律师解答

依照《治安管理处罚法》的相关规定，卖淫、嫖娼的，处十日以上十五日以下拘留，可以并处五千元以下罚款；情节较轻的，处五日以下拘留或者五百元以下罚款。

在这则案例中，甘某“找小姐”嫖娼的行为违反了治安管理的法律规定，公安机关依据具体情况，给予十日拘留和五千元罚款的处罚是合法的。

法条链接

《中华人民共和国治安管理处罚法》

第六十六条　卖淫、嫖娼的，处十日以上十五日以下拘留，可以并处五千元以下罚款；情节较轻的，处五日以下拘留或者五百元以下罚款。

在公共场所拉客招嫖的，处五日以下拘留或者五百元以下罚款。

介绍他人卖淫的行为会受到治安管理处罚吗？

现实问题

戴某是名无业游民，一次结识了卖淫女宋某，宋某表示希望戴某帮她介绍生意，给戴某提成，戴某欣然答应。随后戴某陆续为宋某介绍了几名嫖客，直到宋某被警方抓获为止。随后公安机关找到戴某，对戴某作出了十日拘留的治安管理处罚，但戴某认为自己只是负责介绍，不应受到处罚。那么，法律对此是如何规定的呢？

律师解答

依照《治安管理处罚法》的相关规定，引诱、容留、介绍他人卖淫的，处十日以上十五日以下拘留，可以并处五千元以下罚款；情节较轻的，处五日以下拘留或者五百元以下罚款。

在这则案例中，戴某介绍卖淫的行为违反了治安管理的法律规定，公安机关依据具体情况，给予十日拘留的处罚是合法的。

法条链接

《中华人民共和国治安管理处罚法》

第六十七条　引诱、容留、介绍他人卖淫的，处十日以上十五日以下拘留，可以并处五千元以下罚款；情节较轻的，处五日以下拘留或者五百元以下罚款。

出售淫秽书刊的行为会受到治安管理处罚吗？

现实问题

成某是名个体书商，由于卖普通图书不怎么赚钱，成某就从香港进了一批黄色书刊，结果销路很好。尝到甜头后，成某又进了一批，后来成某的行为被公安机关查获，公安机关对成某作出了十日拘留的治安管理处罚，但成某认为自己只是为了赚钱，不应受到处罚。那么，法律对此是如何规定的呢？

律师解答

依照《治安管理处罚法》的相关规定，出售淫秽的书刊的，处十日以上十五日以下拘留，可以并处三千元以下罚款；情节较轻的，处五日以下拘留或者五百元以下罚款。

在这则案例中，成某出售淫秽书刊的行为违反了治安管理的法律规定，公安机关依据具体情况，给予十日拘留的处罚是合法的。

法条链接

《中华人民共和国治安管理处罚法》

第六十八条　制作、运输、复制、出售、出租淫秽的书刊、图片、影片、音像制品等淫秽物品或者利用计算机信息网络、电话以及其他通讯工具传播淫秽信息的，处十日以上十五日以下拘留，可以并处三千元以下罚款；情节较轻的，处五日以下拘留或者五百元以下罚款。

参与聚众淫乱活动的行为会受到治安管理处罚吗？

现实问题

萧某、尹某、姚某、邵某、汪某、毛某等男男女女经常玩在一起。一次萧某提议大家去夜总会喝酒，一伙人喝了很多酒，还有几个人吃了摇头丸，刚开始只有一对男女亲热，随后几个人都搞在了一起。不料此时警方突然临检，随后公安机关对几个人作出了十日拘留和五百元罚款的治安管理处罚，但几个人都认为只是玩玩，不应受到处罚。那么，法律对此是如何规定的呢？

律师解答

依照《治安管理处罚法》的相关规定，参与聚众淫乱活动的，处十日以上十五日以下拘留，并处五百元以上一千元以下罚款。

在这则案例中，萧某等人参与聚众淫乱活动的行为违反了治安管理的法律规定，公安机关依据具体情况，给予十日拘留和五百元罚款的处罚是合法的。

法条链接

《中华人民共和国治安管理处罚法》

第六十九条　有下列行为之一的，处十日以上十五日以下拘留，并处五百元以上一千元以下罚款：

（一）组织播放淫秽音像的；

（二）组织或者进行淫秽表演的；

（三）参与聚众淫乱活动的。

明知他人从事前款活动，为其提供条件的，依照前款的规定处罚。

参与赌博赌资较大的行为会受到治安管理处罚吗？

现实问题

黄某是名私企老板，因为生意做得大，赚了很多钱，在朋友的带动下，慢慢地染上了赌博的恶习，而且金额越来越大，每次输赢几十万元。黄某在一次警方打击“黄赌毒”的行动中被抓获，公安机关对黄某作出了五日拘留的治安管理处罚，但黄某认为是花自己的钱去玩，不应受到处罚。那么，法律对此是如何规定的呢？

律师解答

依照《治安管理处罚法》的相关规定，以营利为目的，为赌博提供条件的，或者参与赌博赌资较大的，处五日以下拘留或者五百元以下罚款；情节严重的，处十日以上十五日以下拘留，并处五百元以上三千元以下罚款。

在这则案例中，黄某参与赌博赌资较大的行为已经违反了治安管理的法律规定，公安机关依据具体情况，给予五日拘留的处罚是合法的。

法条链接

《中华人民共和国治安管理处罚法》

第七十条　以营利为目的，为赌博提供条件的，或者参与赌博赌资较大的，处五日以下拘留或者五百元以下罚款；情节严重的，处十日以上十五日以下拘留，并处五百元以上三千元以下罚款。

为违法犯罪行为人通风报信的行为会受到治安管理处罚吗？

现实问题

顾某是一名出租车司机，经常晚上为一家夜总会接送小姐，有时夜总会老板也让顾某多注意公安局的动静，有情况及时打电话。顾某多次在看到公安局出动很多警车的时候，通知夜总会老板赶紧关门。后来公安机关找到了顾某，对顾某作出了十日拘留的治安管理处罚，但顾某认为自己就是打打电话，不应受到处罚。那么，法律对此是如何规定的呢？

律师解答

依照《治安管理处罚法》的相关规定，旅馆业、饮食服务业、文化娱乐业、出租汽车业等单位的人员，在公安机关查处吸毒、赌博、卖淫、嫖娼活动时，为违法犯罪行为人通风报信的，处十日以上十五日以下拘留。

在这则案例中，顾某作为出租车驾驶员，在公安机关查处卖淫活动时，为夜总会通风报信的行为已经违反了治安管理的法律规定，公安机关依据具体情况，给予十日拘留的处罚是合法的。

法条链接

《中华人民共和国治安管理处罚法》

第七十四条　旅馆业、饮食服务业、文化娱乐业、出租汽车业等单位的人员，在公安机关查处吸毒、赌博、卖淫、嫖娼活动时，为违法犯罪行为人通风报信的，处十日以上十五日以下拘留。

放任动物恐吓他人的行为会受到治安管理处罚吗？

现实问题

元某家里养了一条斗牛犬，平时遛狗的时候元某都不拴狗链，这条狗经常冲到路人周围，冲着路人大叫，着实吓着了不少路人，有人要求元某注意，但元某却置之不理，直到有人报了警。公安机关对元某作出了500元罚款的治安管理处罚，但元某认为如何养狗是自己的自由，不应受到处罚。那么，法律对此是如何规定的呢？

律师解答

依照《治安管理处罚法》的相关规定，饲养动物，干扰他人正常生活的，处警告；警告后不改正的，或者放任动物恐吓他人的，处二百元以上五百元以下罚款。

在这则案例中，元某放任动物恐吓他人的行为已经违反了治安管理的法律规定，公安机关依据具体情况，给予五百元罚款的处罚是合法的。

法条链接

《中华人民共和国治安管理处罚法》

第七十五条　饲养动物，干扰他人正常生活的，处警告；警告后不改正的，或者放任动物恐吓他人的，处二百元以上五百元以下罚款。

驱使动物伤害他人的，依照本法第四十三条第一款的规定处罚。

第四十三条第一款　殴打他人的，或者故意伤害他人身体的，处五日以上十日以下拘留，并处二百元以上五百元以下罚款；情节较轻的，处五日以下拘留或者五百元以下罚款。

图书在版编目（CIP）数据

法律常识速查速用大全集：案例应用版／王旭，乐雯晴著．—7版．—北京：中国法制出版社，2020.11

ISBN 978－7－5216－1294－3

Ⅰ．①法…　Ⅱ．①王…②乐…　Ⅲ．①法律－基本知识－中国　Ⅳ．①D920.4

中国版本图书馆CIP数据核字（2020）第191280号

策划编辑/责任编辑　胡艺（ngaihu@gmail.com）　　封面设计　周黎明

法律常识速查速用大全集：案例应用版

FALÜ CHANGSHI SUCHA SUYONG DAQUANJI：ANLI YINGYONGBAN

著者/王旭　乐雯晴

经销/新华书店

印刷/三河市国英印务有限公司

开本/710毫米×1000毫米　16开　　印张/21.5　字数/496千

版次/2020年11月第7版　　2020年11月第1次印刷

中国法制出版社出版

书号ISBN 978－7－5216－1294－3　　定价：59.80元

北京西单横二条2号

邮政编码100031　　传真：010－66031119

网址：http：//www.zgfzs.com　　**编辑部电话：010－66034985**

市场营销部电话：010－66033393　　**邮购部电话：010－66033288**

（如有印装质量问题，请与本社印务部联系调换。电话：010－66032926）